CONSTITUIÇÃO TRIBUTÁRIA COMENTADA

GUSTAVO FOSSATI

Diretora de Conteúdo e Operações Editoriais
JULIANA MAYUMI ONO

Gerente de Conteúdo
MILISA CRISTINE ROMERA

Editorial: Aline Marchesi da Silva, Diego Garcia Mendonça, Karolina de Albuquerque Araújo Martino e Quenia Becker

Gerente de Conteúdo Tax: Vanessa Miranda de M. Pereira

Direitos Autorais: Viviane M. C. Carmezim

Assistente de Conteúdo Editorial: Juliana Menezes Drumond

Analista de Operações Editoriais: Alana Fagundes Valério

Analista de Conteúdo Editorial Júnior: Bárbara Baraldi

Estagiárias: Ana Amalia Strojnowski e Mirna Adel Nasser

Produção Editorial
Coordenação
ANDRÉIA R. SCHNEIDER NUNES CARVALHAES

Especialistas Editoriais: Gabriele Lais Sant'Anna dos Santos e Maria Angélica Leite

Analista de Projetos: Larissa Gonçalves de Moura

Analistas de Operações Editoriais: Caroline Vieira, Damares Regina Felício, Danielle Castro de Morais, Mariana Plastino Andrade, Mayara Macioni Pinto, Patrícia Melhado Navarra e Vanessa Mafra

Analistas de Qualidade Editorial: Ana Paula Cavalcanti, Fernanda Lessa, Thaís Pereira e Victória Menezes Pereira

Estagiárias: Bianca Satie Abduch, Maria Carolina Ferreira e Sofia Mattos

Capa: Lucas Kfouri

Adaptação capa: Linotec

Líder de Inovações de Conteúdo para Print
CAMILLA FUREGATO DA SILVA

Visual Law: Maria Lopes, Max Costa e Rodrigo Barcelos

Equipe de Conteúdo Digital
Coordenação
MARCELLO ANTONIO MASTROROSA PEDRO

Analistas: Gabriel George Martins, Jonatan Souza, Maria Cristina Lopes Araujo e Rodrigo Araujo

Gerente de Operações e Produção Gráfica
MAURICIO ALVES MONTE

Analistas de Produção Gráfica: Aline Ferrarezi Regis e Jéssica Maria Ferreira Bueno

Assistente de Produção Gráfica: Ana Paula de Araújo Evangelista

Dados Internacionais de Catalogação na Publicação (CIP)
(Câmara Brasileira do Livro, SP, Brasil)

Fossati, Gustavo
Constituição tributária comentada / Gustavo Fossati. -- 2. ed. rev., atual. e ampl. -- São Paulo : Thomson Reuters Brasil, 2021.

Bibliografia.
ISBN 978-65-5991-708-2

1. Direito constitucional - Brasil 2. Direito tributário - Brasil I. Título.

CDU-342(81)
21-79137 -34:336.2(81)

Índices para catálogo sistemático:
1. Brasil : Direito constitucional 342(81)
2. Brasil : Direito tributário 34:336.2(81)
Cibele Maria Dias - Bibliotecária - CRB-8/9427

CONSTITUIÇÃO TRIBUTÁRIA COMENTADA

GUSTAVO FOSSATI

2ª EDIÇÃO
revista, atualizada e ampliada

Prefácio à 2ª edição
EROS ROBERTO GRAU

Caminhante sobre o mar de névoa
Caspar David Friedrich

Visual Law
THOMSON REUTERS®

THOMSON REUTERS
REVISTA DOS TRIBUNAIS™

CONSTITUIÇÃO TRIBUTÁRIA COMENTADA

GUSTAVO FOSSATI

2ª edição revista, atualizada e ampliada.
1ª edição: 2020.

THOMSON REUTERS BRASIL CONTEÚDO E TECNOLOGIA LTDA.

JULIANA MAYUMI ONO
Diretora Responsável

Av. Dr. Cardoso de Melo, 1855 – 13º andar - Vila Olímpia
CEP 04548-005, São Paulo, SP, Brasil

CENTRAL DE RELACIONAMENTO THOMSON REUTERS SELO REVISTA DOS TRIBUNAIS
(atendimento, em dias úteis, das 09h às 18h)
Tel. 0800-702-2433

e-mail de atendimento ao consumidor: sacrt@thomsonreuters.com
e-mail para submissão dos originais: aval.livro@thomsonreuters.com
Conheça mais sobre Thomson Reuters: www.thomsonreuters.com.br

Acesse o nosso *eComm*
www.livrariart.com.br

Impresso no Brasil [10-2021]
Profissional
Fechamento desta edição [23.08.2021]

ISBN 978-65-5991-708-2

Para *Letícia*, minha esposa amada, minha companheira de vida.

Para *Pietra*, nossa filha abençoada, nosso milagre divino.

Atualize-se com Visual Law!

Algumas palavras

A informação jurídica em sentido amplo, sobretudo aquela direcionada a profissionais da área, é complexa e resultante de inúmeros dados: normas de várias hierarquias, julgados de diferentes Tribunais, doutrinas das mais diversas, dentre outros.

Sim, o dado jurídico é complexo, mas há várias maneiras de compreendê-lo, e estas podem ajudar a quem se propõe a conhecer o Direito. O formato *Visual Law* se insere neste contexto e tem como objetivo melhorar a comunicação jurídica por meio da preocupação com o design das informações.

Visual Law, assim, não significa privilegiar informações superficiais ou empobrecer a informação jurídica. Ao contrário, significa diversificar e democratizar os meios para a sua compreensão, proporcionando, por exemplo, o contato prévio e visualmente estimulante com dada matéria, favorecendo a reflexão posterior mais detida ou o contato facilitado dos jurisdicionados e dos profissionais de outras áreas com a informação jurídica.

Atualize-se, portanto, com *Visual Law*, e descubra uma nova maneira de incrementar seus conhecimentos de forma fácil e rápida.

EQUIPE THOMSON REUTERS

Acesse agora, por meio dos QR Codes abaixo, *Visual Law* de temas tributários relevantes abordados na obra:

Capacidade contributiva. Mínimo existencial. Confisco

Fiscalização tributária

Lei complementar em matéria tributária

Contribuições especiais

Limitações do Poder de Tributar

ICMS. Economia digital. Software. Evolução regulatória

ISS. Aspecto material e conceito. Amplitude da definição dos serviços. Operações mistas

Apresentação

A presente edição foi amplamente revisada, atualizada e ampliada, com base em mais de 70 (setenta) novos casos julgados pelo STF entre janeiro de 2020 e junho de 2021. Mantivemos a mesma estrutura de comentários sobre cada um dos dispositivos constitucionais em matéria tributária, a partir da jurisprudência do STF e, dependendo do caso, a partir da jurisprudência do STJ também, apresentando tanto os casos paradigmáticos já consagrados como os precedentes, os quais podem servir como fundamento de decisão para casos futuros. Como regra, mantivemos os comentários a cada dispositivo, expondo a norma jurídica envolvida e o(s) caso(s) pertinente(s) a ele, para então avançar na direção de uma breve análise crítica da questão problematizada. Os problemas continuam sendo apresentados e resolvidos. Conforme a norma jurídica ou o problema envolvido, avançamos na discussão, dialogando com o Direito alemão, a partir da jurisprudência do Tribunal Constitucional Federal alemão.

Agradecemos ao Prof. Dr. Joachim Englisch, catedrático de Direito Tributário da Universidade de Münster, Alemanha, meu querido orientador e mestre, pelo apoio constante em toda a minha caminhada acadêmica, e ao Prof. Dr. Eros Roberto Grau, querido amigo e fonte de inspiração intelectual, pelas carinhosas palavras lançadas no prefácio desta edição. Aos meus queridos alunos e às minhas queridas alunas da FGV Direito Rio, pois foi também pensando neles e nelas que escrevemos esses comentários, em especial à Bruna Arzolla Crossetti, Giovanna Sartori, Thifani Guerra e Gabriela Nunes, que nos ajudaram diretamente com a jurisprudência. E, como sempre, à Letícia, minha amada esposa, e à Pietra, nossa filha e nosso milagre, que me fornecem diariamente a inspiração e o combustível para viver.

Primavera de 2021

Gustavo Fossati

Prefácio à 2ª edição

Tenho cá em minhas mãos o texto a ser editado da segunda edição do livro do meu grande, imenso amigo Gustavo Fossati, *Constituição Tributária Comentada*.

Um belo livro que me encanta e fascina. Escrevo pedaços do que suponho venha a compor o prefácio desta edição, prefácio que ele, generosamente, pediu-me que escreva. Trechos e mais trechos desdobrados do entusiasmo intelectual pelo que leio. Tanto que de repente me convenço de que mais significativo seja escrever a respeito de sua pessoa. Os que vierem a ler esta nova edição restarão tão encantados e fascinados quanto eu.

Como aprendi lendo um pequeno poema de nosso conterrâneo Álvaro Moreyra, *as palavras não dizem nada, melhor é mesmo calar*! Daí que cá estou para celebrar nossa Amizade! E mais, para relembrar que nascemos, os três – Gustavo, Álvaro e eu – no nosso Rio Grande do Sul, lá *onde tudo que se planta cresce o que mais floresce é o amor*! Aquela linda canção do Jader Moreci Teixeira, que chamamos de Leonardo e em razão do que de repente somos quatro!

A Vida é maravilhosa, de verdade. Além de tudo nos conduz a vencer o Tempo e estarmos os quatro, agora, a reler o formidável livro do meu irmão do coração Gustavo!

EROS ROBERTO GRAU

Professor Emérito da Faculdade de Direito da USP. Professor Titular da Faculdade de Direito da USP. Professor Visitante da Université Paris 1 [Panthéon-Sorbonne], da Université de Montpellier I, da Université du Havre e da Université de Cergy-Pontoise. Doutor Honoris Causa da Université Cergy-Pontoise (França), da Université du Havre (França), da Universidad de la República del Uruguay, da Universidad Siglo 21 (Córdoba, Argentina). Membro da Academia Paulista de Letras. Ministro do Supremo Tribunal Federal. Officier da Légion d'honneur e Officier da Ordre National du Mérite, condecorações outorgadas pelo Presidente da República Francesa.

Sumário

Seção II

Das Limitações do Poder de Tributar

Seção III
Dos Impostos da União

Seção IV
Dos Impostos dos Estados e do Distrito Federal

Seção V
Dos Impostos dos Municípios

NORMAS TRIBUTÁRIAS FORA DO SISTEMA TRIBUTÁRIO NACIONAL

TÍTULO VII
DA ORDEM ECONÔMICA E FINANCEIRA

CAPÍTULO I
DOS PRINCÍPIOS GERAIS DA ATIVIDADE ECONÔMICA

TÍTULO VIII
DA ORDEM SOCIAL

CAPÍTULO II
DA SEGURIDADE SOCIAL

SEÇÃO I
Disposições Gerais

ATO DAS DISPOSIÇÕES CONSTITUCIONAIS TRANSITÓRIAS

CONSTITUIÇÃO DA REPÚBLICA FEDERATIVA DO BRASIL

Título VI

Da Tributação e do Orçamento

Capítulo I
Do Sistema Tributário Nacional

Seção I
Dos Princípios Gerais

Art. 145. A União, os Estados, o Distrito Federal e os Municípios poderão instituir os seguintes tributos:

I – impostos;

II – taxas, em razão do exercício do poder de polícia ou pela utilização, efetiva ou potencial, de serviços públicos específicos e divisíveis, prestados ao contribuinte ou postos a sua disposição;

III – contribuição de melhoria, decorrente de obras públicas.

1. Sistema Tributário Nacional. No Direito, a ideia de sistema pressupõe um conjunto de elementos ordenados entre si e interligados a um eixo central, que lhe serve como fundamento maior. Já é consolidado o entendimento no Direito brasileiro segundo o qual esse eixo central ou fundamento maior é a CF, que se apresenta como o alicerce fundamental para toda uma construção maior, cujas partes integrantes estão direta ou indiretamente interligadas a ele. A CF inaugura esse capítulo trazendo a ideia de um sistema tributário, o qual inicia com os *princípios gerais* e se estende, formalmente considerando, até os impostos de competência dos municípios. No entanto, a ideia de sistema pressupõe uma realidade maior de elementos ordenados, que podem não estar necessariamente avizinhados no texto constitucional, no mesmo capítulo ou seção. É preciso deixar claro que aquilo que é *formalmente* denominado de *Sistema Tributário Nacional* compreende outros dispositivos do texto constitucional, os quais traduzem as normas referentes a outros tributos, bem como as normas referentes a outros ramos do Direito, como os direitos fundamentais, as quais igualmente irradiam seus efeitos jurídicos sobre a realidade do Direito Tributário, em que pese se localizem em parte diversa do documento constitucional. Exemplificativamente, o art. 195 traz as regras para as contribuições de custeio da Seguridade Social, o art. 239 as regras para a contribuição ao PIS/PASEP e o art. 240 as regras para as contribuições de custeio do *Sistema S* (SEBRAE, SESI, SENAI E SENAC). Quanto aos *direitos fundamentais*, destacam-se a *garantia da propriedade*, a *liberdade de atividade econômica ou profissão*, a *liberdade de associação* e a *dignidade da pessoa humana*, a qual, em harmonização com o *princípio do Estado Social*, consubstancia a ideia de *Mínimo Existencial*. Esses e outros direitos fundamentais, inclusive os direitos sociais, possuem uma clara interface com o Direito Tributário, surtindo sua eficácia, sistematicamente, tanto na conformação como na aplicação do Direito Tributário, incorporando, juntamente com as limitações constitucionais ao poder de tributar, os chamados *direitos fundamentais do contribuinte*.

2. Abrangência nacional. A qualificação *nacional* imprime ao sistema tributário uma eficácia em *todo território nacional*, abrangendo a regulação tributária constitucional de todos os entes da Federação: União, estados, DF e municípios. Isso significa que as regras e os princípios previstos no Capítulo I são aplicáveis a todos os entes da Federação, seja para a instituição e cobrança dos impostos de sua *competência privativa*, seja para a instituição e cobrança de tributos da *competência concorrente*, como é o caso das taxas, que podem ser federais, estaduais, distritais ou municipais. Por exemplo, os princípios da legalidade, da igualdade, da anterioridade, da irretroatividade, da proibição de confisco, bem como as regras sobre as imunidades tributárias, aplicam-se ao Direito de todos os entes da Federação. Da mesma forma, podemos vislumbrar *leis tributárias de eficácia nacional*, tais como as leis complementares federais que disciplinam as normas gerais para o ICMS e o ISS.

3. Poder de tributar. O Sistema Tributário Nacional é inaugurado por um dispositivo que prevê competência genérica para os entes da Federação instituírem determinados tributos. Essa competência é, na prática, verdadeiro poder, atribuído ao Estado, para se apropriar de uma parte da riqueza dos cidadãos, seja ela a partir da *renda auferida*, da *renda acumulada* (patrimônio) ou da *renda despendida* (consumo). De forma geral, a tributação é legítima sobre essas três diferentes manifestações de renda, independentemente se ela foi auferida ou acumulada no mercado ou não, independentemente se ela foi despendida com recursos próprios ou de terceiros. A tributação é a atuação necessária e inadiável do Estado, para que ele possa viabilizar suas obrigações enquanto provedor e garantidor dos direitos fundamentais e dos direitos sociais. O *Estado Fiscal*, se observado na perspectiva dos *contratualistas clássicos*, desempenha a função do soberano, o qual recebe parte dos *direitos naturais* dos seus súditos e os devolve sob a forma de *direitos civis*. Para desempenhar tal missão, o Estado precisa não apenas estar legitimado pelos seus cidadãos, por meio do exercício da democracia, mas também munido de recursos suficientes para custear tarefas tão essenciais como essas. Assim, pode-se afirmar que o custeio desses direitos se dá ordinariamente via tributação, notadamente por meio dos impostos.

4. Conceito de tributo. O conceito de tributo não é previsto na CF, sendo relegado à lei complementar sobre normas gerais de Direito Tributário. Dado que o CTN, em que pese veiculado por uma lei ordinária (Lei 5.172/66), fora recepcionado pela ordem constitucional de 1988 com *status* de lei complementar, o conceito de tributo é aquele previsto no seu art. 3º: "*Tributo é toda prestação pecuniária compulsória, em moeda ou cujo valor nela se possa exprimir, que não constitua sanção de ato ilícito, instituída em lei e cobrada mediante atividade administrativa plenamente vinculada*". Desse conceito (que, na verdade, é uma definição – "tributo é") extrai-se que o tributo deve ser prestado em dinheiro, que deve ser expresso em moeda ou cujo valor nessa se possa exprimir. Essa prestação é obrigatória, o que a diferencia do pagamento da despesa de energia elétrica, por exemplo, a qual é voluntária. O tributo não é sanção de ato ilícito, não podendo, portanto, ser confundido com uma multa imposta pelo Estado, por exemplo. Por fim, deve ser instituído por lei, em obediência ao princípio da legalidade, e cobrado de forma vinculada, em regra, por órgão da administração pública. Eventual cobrança que não se enquadre nesse conceito não será uma cobrança de tributo, não estando sujeita, portanto, a princípios e regras tributários.

4.1. Pedágio. O STF decidiu que o *pedágio*, cobrado pela efetiva utilização de rodovias conservadas pelo Poder Público, não tem natureza jurídica de taxa, mas, sim, de *preço público*, não estando sua instituição sujeita ao princípio da legalidade estrita (ADI 800, Pleno, Rel. Min. Teori Zavascki, j. 06/2014). O relator entendeu pela ausência de compulsoriedade na exação e sustentou que eventual exigência de via alternativa gratuita para o tráfego de pessoas ou bens não tem previsão na CF, nem mesmo em lei ordinária. O pedágio, em que pese represente uma limitação ao tráfego de pessoas ou bens, foi ressalvado pela CF como uma cobrança possível para fazer frente à utilização de vias conservadas pelo Poder Público (ver abaixo os comentários ao art. 150, V).

4.2. "Seguro apagão". A Corte Suprema entendeu que os *encargos de capacidade emergencial*, (*"seguro apagão"*), de aquisição de energia elétrica emergencial e de energia livre, adquirida no MAE, instituídos pela Lei 10.438/02, não possuem natureza tributária. São *encargos* destituídos de compulsoriedade (configuram *tarifas*), gerando receita originária e privada para as concessionárias, permissionárias e autorizadas, visando à melhoria da infraestrutura energética, prevenindo momentos de escassez (RE 541.511, Pleno, Rel. Min. Ricardo Lewandowski, 04/2009).

4.3. Contribuição ao FGTS. A *contribuição ao FGTS* foi enquadrada como não tributária, em decisão da relatoria do Ministro Néri da Silveira, em 1987 (RE 100.249, Pleno). Na ocasião, entendeu acertadamente o STF que o FGTS configura um *direito do trabalhador*, que é efetivado mediante um depósito obrigatório a ser realizado pelo empregador, no âmbito das *relações de trabalho*. O fato de o Estado participar indiretamente dessa relação, quando institui por lei a obrigatoriedade do depósito de quantia certa por parte do empregador e quando atribui a fiscalização e o recolhimento a órgão da administração pública, não desvirtua a natureza de um *direito do trabalhador*, de índole social, destinado a lhe garantir determinado valor quando despedido. Em outras palavras, não se trata de receita do Estado, em que pese a respectiva prestação seja pecuniária e compulsória, expressa em moeda, instituída por lei e não constitui sanção por ato ilícito.

5. Espécies tributárias. Classificação corrente. O art. 145 da CF prevê competência para a instituição de impostos (competência privativa), taxas (competência concorrente) e contribuições de melhoria (competência concorrente). No entanto, as *espécies tributárias* não se encerram aqui. O Ministro Carlos Velloso propôs uma classificação, a qual foi reiterada em julgamentos posteriores, segundo a qual haveria *quatro espécies* de tributos:

impostos, taxas, contribuições e empréstimos compulsórios (RE 138.284, rel. Min. Carlos Velloso, Pleno, j. 01.07.1992). O STF também já sustentou expressamente cinco espécies: impostos, taxas, contribuições de melhoria, empréstimos compulsórios e contribuições especiais (RE 146.733, rel. Min. Moreira Alves, Pleno, j. 29.06.1992). De fato, de forma ampla e abrangente, os tributos são encontrados dentro desses quatro grandes grupos: impostos, taxas, contribuições e empréstimos compulsórios. No entanto, para vislumbrar melhor a complexidade e a diversidade das espécies que se enquadram nesses quatro grupos, propomos a seguinte divisão:

a) impostos

a.1. *ordinários* (federais – art. 153, estaduais – art. 155 e municipais – art. 156);

a.2. *residuais* (art. 154, I);

a.3. *extraordinários de guerra* (art. 154, II);

b) taxas

b.1. *de poder de polícia* (art. 145, II, primeira parte);

b.2. *de serviços públicos específicos e divisíveis* (art. 145, II, segunda parte);

c) contribuições de melhoria (art. 145, III);

d) contribuições especiais

d.1. sociais;

d.1.1. *gerais* (art. 149, primeira parte, §§ 2º, 3º e 4º);

d.1.2. *específicas;*

d.1.2.1. **de seguridade social** (art. 195);

d.1.2.1.1. *ordinárias* (art. 195, I, II, III e IV; art. 149, § 1º; art. 40);

d.1.2.1.2. *residuais* (art. 195, § 4º);

d.1.2.2. **de educação** (salário-educação – art. 212, § 5º);

d.1.2.3. **de seguro-desemprego, outras ações da previdência social e abono salarial** (PIS/PASEP – art. 239);

d.1.2.4. **de entidades privadas de serviço social e de formação profissional** (SESC, SENAC, SESI e SENAI – art. 240);

d.2. de intervenção no domínio econômico;

d.2.1. *gerais* (art. 149);

d.2.2. *específicas* (CIDE-combustíveis – art. 177, § 4º);

d.3. corporativas;

d.3.1. de interesse de categorias profissionais (art. 149);

d.3.2. de interesse de categorias econômicas (art. 149);

d.4. de iluminação pública (art. 149-A);

e) empréstimos compulsórios

e.1. *extraordinárias de calamidade ou guerra* (art. 148, I);

e.2. *de investimento* (art. 148, II).

6. Espécies tributárias. Critérios para classificação. Cumpre observar que a classificação acima não permite, de imediato, identificar todos os tributos vigentes no país. No entanto, o esquema acima pretende apresentar uma estrutura lógica da tipologia tributária, especialmente a partir dos seguintes critérios: i) *vinculação da receita*; ii) caráter *ordinário* ou *extraordinário* da cobrança; iii) *finalidade ou destinação*; iv) *generalidade* ou *especificidade*.

6.1. Contribuição ao INCRA. A contribuição ao INCRA, que é amplamente reconhecida pela doutrina nacional como uma *CIDE*, foi reconhecida pelo STJ como uma *contribuição especial atípica, sui generis*, o que dificulta o enquadramento em uma ou mais das categorias acima, ao menos na linha do decidido pelo STJ (ERESP 770.451, Rel. p/ acórdão Min. Castro Meira, 1ª Seção, 09/2006). Com relação à Contribuição ao INCRA, o STF tem decisões, no passado, entendendo pela sua manutenção. No entanto, em 03/11/2011, o Tribunal Pleno reconheceu a repercussão geral da matéria (RE 630.898 RG, Rel. Min. Dias Toffoli, j. 03/11/2011, Pleno, DJe 28/06/2012 – Tema 495 – Referibilidade e natureza jurídica da contribuição para o INCRA, em face da Emenda Constitucional nº 33/2001). Em 08 de abril de 2021, o Pleno do STF julgou o mérito do recurso e, por maioria de votos, negou provimento ao recurso do contribuinte, fixando a seguinte tese: "É constitucional a contribuição de intervenção no domínio econômico destinada ao INCRA devida pelas empresas urbanas e rurais, inclusive após o advento da EC nº 33/2001". Vencidos os Ministros Marco Aurélio, Rosa Weber, Ricardo Lewandowski e Edson Fachin (sobre a discussão, ver os comentários ao art. 149).

6.2. Contribuição de iluminação pública. A contribuição de iluminação pública inaugura uma espécie própria, visto que não se enquadra em qualquer dos tipos ou categorias acima (ver em detalhes abaixo nos comentários ao art. 149-A).

7. Impostos. Conforme mencionado acima, os impostos são a espécie tributária que, por excelência, deve custear a estrutura do Estado, especialmente no que toca aos direitos fundamentais e aos direitos sociais. Essa constatação é decisiva, porque toda vez que o Estado pretende financiar sua estrutura ou alguma prestação estatal positiva mediante outra espécie que não seja a dos impostos, ele está atuando de forma não ordinária enquanto Estado Fiscal. Assim, não raras vezes, observamos a União instituindo algum tipo de contribuição atípica ou *sui generis* (a Contribuição ao INCRA ou a Contribuição para o Fomento da Radiodifusão Pública, por exemplo), visando a cobrir alguma despesa que ela não conseguiu cobrir ordinariamente por meio do caixa geral dos impostos. Na análise das finanças públicas, observa-se, geralmente, que uma parte bastante significativa das despesas do Estado, na esfera federal, é equalizada mediante contribuições atípicas ou *sui generis* – não previstas na CF – e não pelo caixa geral dos impostos. O caráter primordial ou preferencial dos impostos, entre as demais espécies tributárias, para fazer frente ao financiamento da estrutura do Estado e dos direitos fundamentais e sociais, é claramente identificado no Direito Tributário alemão, há mais de um século, quando os alemães criaram uma disciplina específica para o *Direito dos Impostos* (*Steuerrecht*), que é a disciplina que, por excelência, incorpora toda a essência jurídico-filosófica daquilo que nós chamamos de Direito Tributário no Brasil. Por sua vez, o estudo das taxas e das contribuições é relegado, geralmente, à disciplina do Direito Administrativo, ficando claramente de fora do *Steuerrecht*.

7.1. Legislação anterior. O ADCT, no art. 34, § 5º, assegurou a aplicação da legislação tributária anterior ao sistema tributário inaugurado pela CF de 1988, naquilo que não fosse incompatível com ele e com a legislação que seria editada posteriormente pelos entes da Federação para regular esse novo sistema. Cumpre destacar que, se a União deixa de editar normas gerais sobre um determinado imposto, por exemplo, sobre o IPVA, podem os Estados exercer a competência legislativa plena e instituir e disciplinar, mediante norma local, esse imposto (STF, AI 500.743 AgR, Rel. Min. Marco Aurélio, 1ª Turma, j. 02/12/2010, DJe 03/03/2011). Um exemplo da aplicação da legislação tributária anterior ao Sistema Tributário Nacional, que ainda regula determinadas situações específicas no âmbito do ISS, é o Decreto-Lei 406/68. Esse instrumento estabelecia "normas gerais de direito financeiro, aplicáveis aos impostos sobre operações relativas à circulação de mercadorias e sobre serviços de qualquer natureza". Com o advento da LC 116/2003, foram revogados expressamente os arts. 8º, 10, 11 e 12 do Decreto-Lei 406/68, mas mantidos os demais dispositivos, cujas regras não conflitassem com as novas regras trazidas pela LC 116/2003. Nesse particular, permanece vigente a norma geral de tributação dos *profissionais liberais* e das *sociedades de profissionais* pelo ISS, por *valor fixo*, em cota anual ou mensal, independentemente do faturamento, conforme previsto nos §§ 1º e 3º do art. 9º do Decreto-Lei 406/68. Com eficácia de norma geral de Direito Tributário para o ISS, essas regras devem ser respeitadas pelos municípios, quando exercerem sua competência para legislar sobre o ISS local devido por profissionais liberais e por sociedades de profissionais.

7.2. Conceito. Em que pese a CF tenha previsto os impostos de competência dos entes da Federação, bem como tenha feito ressalva para a possibilidade de instituição de impostos residuais (art. 154, I) e de impostos extraordinários de guerra (art. 154, II), ela não apresentou o conceito de imposto, relegando-o à lei complementar sobre normas gerais de Direito Tributário. Dado que o CTN, em que pese veiculado por uma lei ordinária (Lei 5.172/66), fora recepcionado pela ordem constitucional de 1988 com *status* de lei complementar, o conceito de imposto é aquele previsto no seu art. 16: "*imposto é o tributo cuja obrigação tem por fato gerador uma situação independente de qualquer atividade estatal específica, relativa ao contribuinte*". O imposto tem por característica distintiva das demais espécies tributárias a sua *não vinculação* a uma atividade estatal específica. Por exemplo, quando o proprietário de um apartamento paga o IPTU referente a ele e aquele referente à vaga de estacionamento no prédio, não surge qualquer direito subjetivo a esse proprietário (contribuinte) para exigir do município determinada prestação estatal positiva. Em outras palavras, o pagamento do IPTU não legitima esse contribuinte a exigir do município onde reside que ele providencie o "tapamento dos buracos" existentes na via local de acesso à sua residência. Da mesma forma, os proprietários de veículos automotores, contribuintes do IPVA, não possuem direito subjetivo para exigir do Estado que ele amplie a malha rodoviária do Estado onde residem. Por outro lado, quando se verificar o exercício de alguma atividade estatal fiscalizatória ou a prestação estatal de algum serviço diretamente a um contribuinte, estar-se-á a falar de *taxas*. Da mesma forma, se determinada prestação estatal ocorrer sob a forma de obra pública, trazendo valorização imobiliária ao imóvel do contribuinte, estaremos frente a uma *contribuição de melhoria*. Nesses dois últimos casos, fica clara a atuação estatal específica, prestada e relativa ao contribuinte, trazendo-lhe algum *benefício* ou *utilidade* a ele individualmente considerável. O STF deixou claro que a vinculação a uma *finalidade específica* e a *destinação* das respectivas receitas são elementos decisivos para a distinção entre impostos e outras espécies de tributos. No julgamento da *contribuição dos inativos*, após a EC 41/03, a Corte registrou que o fato gerador e a base de cálculo são, de regra, os elementos identificadores de cada tributo, mas que, no caso das contribuições, devem ser necessariamente consideradas a *finalidade* da sua instituição e a *destinação* das respectivas receitas (ADI 3.128, Rel. p/ ac. Min. Cezar Peluso, Pleno, j. 08/2004). Por fim, a legitimidade constitucional dos impostos pressupõe a certeza quanto à possibilidade de identificação dos aspectos circunstanciais do seu fato gerador: i) aspecto material (o quê?), ii) aspecto subjetivo (quem?), iii) aspecto quantitativo (quanto?), iv) aspecto temporal (quando?) e v) aspecto espacial (onde?). Todos esses aspectos devem ser delimitados de forma clara e objetiva pela pessoa política competente para a instituição do imposto, considerando sempre as regras constitucionais de competência, os princípios tributários e os direitos fundamentais do contribuinte.

7.3. Classificação. A classificação dos impostos não é uma imposição legal. Ao contrário, trata-se de uma proposta da doutrina, no anseio de sistematizar melhor os impostos em categorias a partir das suas características. As principais categorias propostas levam em consideração os seguintes *critérios de distinção*: a) o caráter ordinário ou extraordinário da sua instituição, b) a finalidade, c) o elemento de vinculação, d) a sujeição ao ônus econômico, e) a forma de cobrança, f) a incidência dinâmica ou estática.

7.3.1. Ordinários ou extraordinários. Os impostos previstos na CF, cuja instituição é da competência privativa do ente a que lhe foi atribuída, são comumente denominados de *ordinários*, isto é, aqueles cuja base econômica já fora previamente delimitada pela CF e cuja cobrança deve, de regra, dar-se de forma permanente ou contínua. De outro lado, os extraordinários são aqueles ressalvados para situações excepcionais e temporárias, a exemplo da previsão para os impostos extraordinários de guerra (art. 154, II).

7.3.2. Fiscais ou extrafiscais. Os primeiros servem precipuamente à arrecadação tributária, ou seja, a gerir recursos para o caixa geral do Estado, para que ele possa fazer frente ao custeio da sua estrutura e das suas finalidades. Já os extrafiscais destinam-se a induzir determinado comportamento dos cidadãos potencialmente envolvidos, seja estimulando, seja desestimulando determinada conduta. Assim, a elevada alíquota do IPI para os cigarros possui a nítida intenção de desestimular seu consumo, tendo em vista sua nocividade à saúde humana e os gastos que o seu consumo provoca na saúde pública. Da mesma forma, a elevada tributação incidente sobre a importação de mercadorias do exterior visa a estimular mais o consumo no mercado interno. Por outro lado, não raras vezes, o Executivo Federal reduz o IPI sobre veículos automotores novos, visando ao aumento da sua aquisição e ao reaquecimento do respectivo mercado.

7.3.3. Pessoais ou reais. *Pessoais* são aqueles que levam (ou deveriam levar) em consideração as características pessoais do contribuinte, de modo que a sua imposição seja, em prol da justiça tributária, customizada da melhor forma possível à realidade da vida do contribuinte e dos seus dependentes. Assim, por exemplo, para o IRPF, a legislação permite que o contribuinte considere suas despesas médicas e parte das suas despesas com educação como forma de reduzir a base de cálculo do imposto a pagar ou a restituir, por ocasião da entrega da declaração de ajuste anual do IRPF, como uma forma de validar a redução da capacidade contributiva desse contribuinte, provocada pelo atendimento de despesas inadiáveis que integram o seu mínimo existencial e o de seus dependentes. Já no caso dos *impostos reais*, o elemento de vinculação é a coisa envolvida, como ocorre na situação do IPTU, cuja incidência se conecta à área e à localização do imóvel, e na situação do IPVA, que considera o tipo de veículo automotor, a marca/modelo, a potência e o ano de fabricação. O ICMS e o IPI são, de regra, impostos reais, cujo dimensionamento está ligado à mercadoria e ao produto, tendo especial relevância aqui o princípio da seletividade em função do critério da essencialidade do bem ou serviço para as necessidades humanas (ver abaixo sobre o princípio da seletividade em função da essencialidade nos comentários aos arts. 153 e 155).

7.3.4. Diretos ou indiretos. *Diretos* são aqueles cujo ônus econômico é suportado pelo próprio contribuinte. O IR do empregado de uma empresa, em que pese essa esteja legalmente na condição de responsável tributária pela retenção e recolhimento do imposto (IRRF), é suportado pelo próprio empregado, que permanece na condição de contribuinte. Nesse caso, a ele é diretamente imputável o fato gerador do imposto (quem aufere a renda). Mister não confundir a situação do IPTU do imóvel alugado, que, por força do contrato de locação, é transferido para o locatário. Nesse caso, o contribuinte do IPTU continua sendo o proprietário do imóvel, e o locatário passa a ser mero obrigado contratual ao pagamento da exação, em que pese o contrato em si, enquanto instrumento particular, seja inoponível ao Fisco, especialmente quando altera a responsabilidade pelo recolhimento do imposto (CTN, Art. 123: "*Salvo disposições de lei em contrário, as convenções particulares, relativas à responsabilidade pelo pagamento de tributos, não podem ser opostas à Fazenda Pública, para modificar a definição legal do sujeito passivo das obrigações tributárias correspondentes*"). De outro lado, os *impostos indiretos* manifestam-se por meio da transferência do ônus econômico para pessoa diversa da do contribuinte. Aqui, costuma-se sustentar a figura de um "contribuinte de fato", que seria aquele que, não ostentando a qualidade de "contribuinte de Direito", arcaria com o encargo tributário. É o que ocorre, por exemplo, com o ICMS e o IPI, transferidos no preço final de venda da mercadoria ao consumidor final e por ele suportados quando do pagamento do preço de venda da mercadoria. A denominação "contribuinte de fato" deve servir meramente para fins de compreensão e visualização da dinâmica financeira dos impostos sobre o consumo, nesse caso, dado que juridicamente essa figura não existe (o consumidor final não é, de regra, contribuinte). Por fim, essa classificação pode auxiliar na avaliação da consideração da capacidade contributiva em jogo, se importa a do fornecedor ou a do consumidor, e para fins de atribuição da legitimidade ativa nas ações de repetição de indébito tributário. Nesses casos, apenas o contribuinte (de Direito) tem legitimidade para essas ações, uma vez que o consumidor, que não é contribuinte, nunca participou da relação jurídico-tributária com o Estado, que serviu de base para eventual pedido de restituição.

7.3.5. Fixos, proporcionais ou progressivos. Essa classificação está voltada para a forma de cobrança do imposto, o que refletirá diretamente no montante a ser pago. O imposto *fixo* não varia, o que possibilita a plena previsibilidade quanto ao seu aspecto quantitativo (quanto) e temporal (quando). Nesse caso, quando vislumbramos o ISS cobrado dos profissionais liberais (por exemplo, dos advogados), observamos que, em geral, os municípios o cobram em valor fixo, por profissional habilitado, sócio, associado ou empregado da sociedade de advogados, em cota mensal ou anual.

De regra, o valor é fixo, mas varia conforme o número de profissionais envolvidos na prestação de serviços vinculados à sociedade contribuinte. Assim, um escritório de advocacia com dez profissionais pagará dez vezes o valor do imposto, independentemente do seu faturamento. Nesse caso, entendemos que há uma clara violação ao princípio da capacidade contributiva, tanto no extremo inferior como no extremo superior do plano vertical da capacidade contributiva. Em outras palavras, tanto quem não faturou nada em determinado mês (ausência de capacidade contributiva) terá que contribuir como quem faturou muito (presença de elevada capacidade contributiva) terá que contribuir muito pouco. Em verdade, trata-se de um suposto benefício fiscal aos profissionais liberais que, a nosso ver, não encontra mais justificativa para sua manutenção. Os impostos *proporcionais* e os *progressivos* implicam variação no montante a recolher. O proporcional varia conforme a base de cálculo: quanto maior esta for, maior será o imposto a recolher, sendo a alíquota constante. Exemplo é o ICMS incidente sobre computadores: quanto mais caro for o computador, maior será o imposto a pagar. Já o progressivo apresenta alíquotas variáveis conforme a variação da base de cálculo. É o que ocorre no IRPF, cujas alíquotas aumentam conforme o aumento da renda ou a modificação da faixa de incidência. Nesse caso, cumpre destacar que *o princípio da capacidade contributiva não exige a progressividade, mas esta não se opõe a ele*. O STF vinha decidindo sistematicamente que a progressividade deveria estar autorizada expressamente pela CF, como ocorre no caso do IR. Já no caso do ITCD, dado que não havia previsão constitucional para sua cobrança progressiva, a progressividade sempre fora negada, tendo em vista o entendimento pela necessidade de expressa previsão constitucional. No entanto, em decisão tomada em 2013, o Pleno entendeu, por maioria, que o ITCD tem caráter de imposto pessoal, sendo viável sua configuração com alíquotas progressivas, as quais observam a capacidade contributiva do seu contribuinte. Assim, passou a reconhecer a possibilidade de cobrança de alíquotas progressivas mesmo sem expressa previsão constitucional (RE 562.045, Rel. p/ac. Min. Cármen Lúcia, j. 06/02/2013, DJe 27/11/2013. Sobre a capacidade contributiva e a progressividade, ver abaixo).

7.3.6. Instantâneos, complexos ou continuados. Essa classificação pressupõe o caráter dinâmico ou estático da incidência tributária, conforme a consideração de um fato isolado, segmentado ou permanente no tempo. O ITCD é um imposto *instantâneo*, pois incide, por exemplo, sobre uma determinada doação isoladamente considerada; o IRPF é *complexo*, visto que leva em conta todos os tipos de rendimentos auferidos pelo contribuinte (e algumas despesas) ao longo do período de um ano; o IPTU é uma exação de execução *continuada* no tempo, porque enquanto o contribuinte for proprietário do imóvel, ele continuará obrigado ao recolhimento do imposto.

8. Taxas. A CF prevê duas situações específicas para a cobrança das taxas, situações que denotam, com segurança, as duas espécies de taxas e, ao mesmo tempo, os dois fatos geradores para esse tributo: a) em razão do *exercício do poder de polícia* ou b) pela utilização, efetiva ou potencial, de *serviços públicos específicos e divisíveis*, prestados ao contribuinte ou postos à sua disposição. O CTN, ao dispor sobre as normas gerais de Direito Tributário aplicáveis às taxas, dispõe que as taxas podem ser cobradas pela União, pelos estados, pelo Distrito Federal ou pelos municípios (competência concorrente), no âmbito de suas respectivas atribuições (que são fixadas na CF), tendo como fato gerador a) o *exercício regular do poder de polícia*, ou b) a *utilização, efetiva ou potencial, de serviço público específico e divisível*, prestado ao contribuinte ou posto à sua disposição (art. 77). Como visto, a CF praticamente reproduziu a redação do CTN relativa às taxas, sendo este plenamente compatível com aquela em relação aos fatos geradores das taxas, inclusive no que toca à competência para sua instituição.

8.1. Razoável equivalência. As taxas diferenciam-se dos impostos, primeiramente, por serem a contraprestação em virtude de uma prestação estatal específica, seja no âmbito do exercício do poder de polícia, seja no âmbito da prestação de um serviço público específico e divisível, prestado ao contribuinte ou posto à sua disposição. Em outras palavras, aqui há uma atividade estatal relacionada diretamente ao contribuinte, para a qual ele paga a taxa. Dessa *dinâmica de prestação e contraprestação* passível de relativização, infere-se o *caráter sinalagmático* das taxas. Na prática, o montante cobrado da taxa deve ser *proporcional* ao custo da atividade de poder de polícia ou do serviço. Em que pese essa proporcionalidade ou equivalência não esteja expressamente prevista na CF ou no CTN, ela é decorrente da própria natureza da taxa, notadamente do seu caráter sinalagmático. Tanto que o STF possui entendimento segundo o qual deve haver uma relação de *razoável equivalência* entre o custo real da atuação estatal referida ao contribuinte e o valor que o Estado pode exigir de cada contribuinte (ADI 2.551 MC-QO, Rel. Min. Celso de Mello, Pleno, j. 02/04/2003, DJ 20/04/2006). Assim, o que define aqui, de regra, a dimensão da taxa não é o critério da capacidade contributiva – ínsito, por excelência, aos impostos –, mas o critério da *retributividade*. Entendemos que essa (razoável) equivalência deve ser a máxima equivalência possível de aferição no caso concreto, sob pena de, em sendo cobrada a taxa em valor demasiadamente elevado ou desproporcional ao custo efetivo da atividade estatal relativa ao contribuinte, ser caso de *confisco*, devendo a exação ser declarada inconstitucional (ADI 2.551 MC-QO, Rel. Min. Celso de Mello, Pleno, j. 02/04/2003, DJ 20/04/2006).

8.2. Taxa de Expediente. No caso da ADI 2.551, foi proposta ação direta de inconstitucionalidade, com pedido de medida cautelar, impugnando o art. 16 da Lei 13.430/99, que, editada pelo Estado de Minas Gerais, criou novo contribuinte e novas hipóteses de incidência para a *Taxa de Expediente*. O valor da Taxa de Expediente era de dez reais por veículo, e seu custo não poderia ser acrescido ao valor do DPVAT e não poderia ser repassado ao contribuinte do IPVA. Alegou-se, na ação, em síntese, que a Taxa de Expediente criada na legislação impugnada excedia muito o custo do serviço e caracterizava-se, assim, como *imposto com efeitos de confisco*. Visando a corroborar os argumentos trazidos, as autoras trouxeram aos autos *pareceres técnicos* acerca do custo efetivo do serviço prestado, em relação a cada veículo. Um dos laudos consignou que o serviço de fornecimento dos dados cadastrais tinha um custo total de materiais de oitenta reais, acrescido do custo de pessoal de setecentos e cinquenta reais, valor esse que, dividido pelo número de dois milhões e seiscentos mil veículos, resultava no custo de trezentos e dezenove milionésimos de real por veículo.

8.3. Taxa de Pavimentação Asfáltica. Quando a taxa é cobrada por uma atividade estatal que não reflita o exercício do poder de polícia ou a prestação de um serviço público específico e divisível, prestado ou posto à disposição do contribuinte, ela deve ser declarada inconstitucional, e a atividade estatal em questão deve ser custeada por meio do caixa geral dos impostos. Assim foi o caso da *Taxa de Pavimentação Asfáltica*. O STF decidiu pela sua inconstitucionalidade, entendendo que se tratava de tributo que tinha por fato gerador benefício resultante de obra pública, próprio de contribuição de melhoria, e não a utilização, pelo contribuinte, de serviço público específico e divisível, prestado ao contribuinte ou posto à sua disposição (RE 140.779, rel. Min. Ilmar Galvão, Pleno, j. 02.08.1995). A tentativa dessa cobrança na via da taxa é de fato manifestamente inviável, visto que, mesmo que eventualmente se considere um serviço *stricto sensu*, ele não seria divisível em unidades de benefício entre os beneficiados pela melhoria trazida pela pavimentação (sobre a contribuição de melhoria, ver abaixo os comentários ainda dentro do presente artigo).

8.4. Taxa de Fiscalização Ambiental (TFA). A taxa também não poderá ser cobrada em virtude de atividade exercida pelo contribuinte. Foi o caso da *Taxa de Fiscalização Ambiental* (TFA), instituída pela Lei 9.960/2000, que previa, como fato gerador, não o serviço prestado ou posto à disposição do contribuinte, pelo ente público, no exercício do poder de polícia, mas a atividade exercida pelos contribuintes. Além disso, na ocasião, o STF entendeu que também havia um sério problema de validade na lei, pois havia definido, como contribuintes, pessoas físicas e jurídicas que exercessem atividades potencialmente poluidoras ou utilizadoras de recursos ambientais, não especificadas em lei (ADI 2.178 MC, Rel. Min. Ilmar Galvão, Pleno, j. 03/2000). Em 2004, o legislador instituiu novamente a taxa, ajustando-a aos apontamentos feitos pela Corte no julgamento de 2000. Em 2005, o STF foi instado a se manifestar novamente sobre a taxa, mas na sua nova formatação, entendendo pela sua constitucionalidade (RE 416.601, Rel. Min. Carlos Velloso, Pleno, j. 08/2005. Sobre a legitimidade da atual Taxa de Fiscalização Ambiental, ver abaixo em *poder de polícia*).

8.5. Poder de polícia. A CF não traz o conceito de poder de polícia, o que novamente remete a sua delimitação ao CTN que, nessa temática, igualmente se apresenta como compatível com o texto constitucional. O Código conceitua o poder de polícia como toda "*atividade da administração pública que, limitando ou disciplinando direito, interesse ou liberdade, regula a prática de ato ou abstenção de fato, em razão de interesse público concernente à segurança, à higiene, à ordem, aos costumes, à disciplina da produção e do mercado, ao exercício de atividades econômicas dependentes de concessão ou autorização do Poder Público, à tranquilidade pública ou ao respeito à propriedade e aos direitos individuais ou coletivos*" (art. 78). Na prática, trata-se de *atividade fiscalizatória* do Poder Público, a qual pode ocorrer previamente ou durante o exercício de determinada atividade desenvolvida pelo cidadão. Previamente, quando, por exemplo, um empreendedor pretende abrir o seu negócio e, inicialmente, precisa do *alvará de localização e funcionamento* e eventualmente de outros alvarás ou licenças, dependendo da atividade que for desenvolver (taxa de alvará ou taxa de licença). Nesse caso, o Poder Público Municipal, competente para a regulação e o controle das questões de interesse local, analisará se o empreendedor atende aos requisitos necessários para a instalação e a operação do negócio, conforme a sua natureza.

Algumas secretarias municipais já realizam essa *fiscalização de forma remota e digital*, resguardando-se o direito de vir a fiscalizar a empresa no local, conforme seus critérios de conveniência e oportunidade. No decorrer da atividade empresarial, geralmente as licenças e os alvarás precisam ser renovados, ocasião que legitima, ao menos em regra, nova fiscalização e nova cobrança da taxa. Por trás dessa relação jurídica entre a administração pública e o administrado, está o interesse público da sociedade como um todo com relação à ordem, à saúde pública e à segurança nas relações econômicas no mercado.

8.6. Poder de polícia, policiamento ostensivo e Taxa de Segurança Pública. O poder de polícia não pode ser confundido com o policiamento ostensivo de vias e logradouros públicos. Esse policiamento reflete, de fato e de Direito, uma atividade estatal, de sua competência privativa, mas que não é divisível entre os cidadãos beneficiados, devendo ser custeado por meio do caixa geral dos impostos. Nessa linha, já decidiu o STF, quando avaliou uma lei do estado do Pará, que havia instituído uma *Taxa de Segurança Pública*. Ressaltou a Corte que a segurança pública é um dos deveres primordiais do Estado, de interesse de toda a coletividade, só podendo ser custeada pelos impostos (ADI 1.942 MC, Rel. Min. Moreira Alves, Pleno, j. 05/1999). Aqui fica clara uma importante diferença entre impostos e taxas: estas devem *retribuir* o Poder Público por uma *prestação estatal específica*, cujo *benefício* é verificável individualmente. Aqueles fazem frente a despesas gerais do Poder Público, de interesse de toda a coletividade, mas cujo benefício ou utilidade não é verificável senão coletivamente.

8.7. Exercício regular do poder de polícia. Taxa de Controle e Fiscalização Ambiental do IBAMA (TCFA). A CF também não trata da forma como o poder de polícia deve ser exercido. O CTN, cumprindo sua função de regulador das normas gerais de Direito Tributário e, de fato, limitando-se a traçar apenas os contornos gerais dos principais conceitos gerais e institutos da área, prevê que o exercício do poder de polícia, para ser considerado *regular*, deve ser i) desempenhado pelo órgão competente, ii) nos limites da lei aplicável, iii) observando o devido processo legal e iv) sem abuso ou desvio de poder (parágrafo único do art. 78). À primeira vista, poder-se-ia afirmar que a avaliação da regularidade do poder de polícia pressupõe o seu *efetivo exercício*. Isso porque, para que se possa decidir se determinada atuação estatal fiscalizatória ocorreu dentro dos limites da lei e sem abuso de poder, necessariamente ela deve ter efetivamente ocorrido. Se a atuação do IBAMA, por exemplo, no controle e na fiscalização ambiental em determinada empresa potencialmente poluidora, foi regular ou não, é uma questão que somente pode ser resolvida à luz da análise do caso concreto, verificando a efetiva fiscalização realizada. No entanto, não foi esse o sentido apreendido pelo STF, quando da oportunidade de analisar a constitucionalidade da *Taxa de Controle e Fiscalização Ambiental* (TCFA) do IBAMA (Lei 6.938, com a redação da Lei 10.165/2000). A Corte decidiu que não se faz necessária a visita pela fiscalização ao estabelecimento empresarial (*in loco*), pois isso representaria o método antiquado da vistoria porta a porta, o qual deveria ceder espaço às inovações tecnológicas, as quais possibilitam uma fiscalização remota ou até mesmo simplesmente a partir da análise documental (RE 416.601, Rel. Min. Carlos Velloso, Pleno, j. 08/2005). Dessa forma, não há que se falar em efetiva fiscalização em sede de vistoria no estabelecimento empresarial, bastando que haja a manutenção, pelo sujeito ativo, de órgão de controle em funcionamento.

8.8. Crítica ao caso da TCFA IBAMA. Essa decisão merece um comentário especial, uma vez que afeta a essência das taxas e sua delimitação conceitual, quando confrontadas com os impostos. Da forma como decidiu a Corte Suprema, as taxas de poder de polícia podem ser cobradas até mesmo nas situações nas quais não há qualquer atividade estatal desenvolvida e relativa a um contribuinte em específico. Em outras palavras, elas são legítimas inclusive quando o serviço público está à disposição do cidadão, em que pese não tenha sido prestado. Ocorre que, conforme apresentado acima, entre as duas espécies de taxas existentes no Sistema Tributário Nacional, apenas uma delas encontra autorização para sua cobrança independentemente da efetiva prestação do serviço público relativo ao contribuinte individualmente considerado. É o caso da taxa de serviço (ver abaixo), a qual pode ser cobrada em virtude da *mera disponibilidade* do serviço, não havendo o que se falar na necessária prestação efetiva do serviço para o contribuinte isoladamente considerado e beneficiado. A *Taxa de Lixo* é o exemplo mais claro dessa realidade: o proprietário do imóvel permanece obrigado ao seu pagamento, mesmo na situação em que se encontra residindo no exterior, e o seu imóvel no Brasil permanece sem ocupação alguma, não havendo qualquer produção de lixo que justifique a coleta. Por razões sanitárias de ordem pública, a coleta de lixo é de execução permanente, independentemente do volume de lixo que é produzido em uma ou outra via pública. No entanto, no caso da taxa de polícia, não há a previsão da mera disponibilidade como condição suficiente para legitimar a cobrança, tanto que, consoante acima demonstrado, o conceito traz a ideia da *regularidade do exercício* do poder de polícia, o que, evidentemente, está pressupondo o seu efetivo desempenho. Além disso, conforme já alertamos acima, o critério que dimensiona as taxas é o critério da *retributividade*, que pressupõe que a taxa deva retribuir ao Estado sua atuação ou o serviço que ele prestou a determinado contribuinte. O *caráter sinalagmático* pressupõe necessariamente que haja uma prestação e uma contraprestação, em uma relação jurídica individualizável e que, dependendo da situação, traga um benefício ao indivíduo, não à coletividade, pois quando a atuação estatal realiza um dos seus deveres primordiais, como é a segurança pública e a proteção ambiental, o interesse passa a ser da coletividade, não mais de um indivíduo isoladamente considerado, não havendo mais espaço para a remuneração via taxa, mas apenas por meio do caixa geral dos impostos. Portanto, a decisão do STF alarga o conceito de taxa de polícia e permite que ela possa se tornar mais um imposto, camuflado de taxa, notadamente em um caso de controle e fiscalização ambiental, no qual, com mais razão ainda, o órgão de controle deveria fazer a vistoria *in loco* e verificar se há ou não efetivamente poluição ou degradação ambiental.

8.9. Taxa de Renovação de Localização e Funcionamento. Algumas situações eventualmente poderiam ser flexibilizadas, mediante adequada avaliação da real necessidade de uma vistoria presencial. No caso de uma *taxa de renovação de localização e funcionamento*, em princípio, a fiscalização eventualmente poderia ocorrer remotamente, a partir do envio eletrônico do requerimento e dos documentos pertinentes, pelo contribuinte, no próprio sítio eletrônico da repartição pública responsável. O STF, decidindo o Tema 217 da Repercussão Geral (comprovação do poder de polícia para cobrança de taxa de localização e funcionamento), entendeu que é constitucional a *Taxa de Renovação de Funcionamento e Localização do Município de Porto Velho/RO*, desde que efetivo o exercício do poder de polícia, "demonstrado pela existência de órgão e estrutura competentes para o respectivo exercício" (RE 588.322, Rel. Min. Gilmar Mendes, Pleno, j. 06/2010). A existência do órgão administrativo, em si, "constitui um dos elementos admitidos para se inferir o efetivo exercício do poder de polícia". Cumpre observar que, nessa mesma decisão, a Corte ressalvou expressamente que "o texto constitucional diferencia as taxas decorrentes do exercício do poder de polícia daquelas de utilização de serviços específicos e divisíveis, facultando apenas a estas a prestação potencial do serviço público", exatamente na linha do que sustentamos acima. Novamente, há uma distorção do conceito de taxa de polícia, aproximando-o – para não dizer, identificando-o – ao conceito de imposto. Como consequência da sua decisão, outras taxas, supostamente de poder de polícia, poderiam ser criadas livremente para fazer frente a despesas gerais do Estado, de custeio de infraestrutura de diversos órgãos públicos, inclusive para cobrir parte da folha de pagamento dos seus servidores, algo que, como visto, deve ser custeado pelos impostos.

8.10. Taxa de Licença para Localização, Funcionamento e Instalação. Em outro caso envolvendo uma *Taxa de Licença para Localização, Funcionamento e Instalação*, o STF entendeu acertadamente que, se a taxa em questão fixar como base de cálculo o número de empregados do contribuinte fiscalizado, a inconstitucionalidade é manifesta. Isso porque a taxa não se atém a signos presuntivos de riqueza, mas, sim, ao custo do serviço prestado ou da atividade de polícia desenvolvida. O Tribunal ressaltou a ilegitimidade da utilização de um "dado objetivo, meramente estimativo ou presuntivo de um ônus à administração pública", e não a efetiva atividade do poder público (RE 554.951, Rel. Min. Dias Toffoli, 1ª Turma, j. 15/10/2013, DJe 19/11/2013).

8.11. Taxa CVM. O STF já avaliou e consolidou seu entendimento pela constitucionalidade da *Taxa da CVM*, analisando-a sob a ótica da isonomia, da capacidade contributiva, dos critérios de fixação da taxa e da legitimidade do poder de polícia da CVM. Inicialmente, no RE 177.835, decidiu que o fato gerador era o exercício do poder de polícia atribuído à CVM, e que a variação dos valores em função do *patrimônio líquido* da empresa não significava que ele seria a sua base de cálculo, mas *mero referencial* para a cobrança por valores fixos (Pleno, Rel. Min. Carlos Velloso, DJ 25/05/2001). Sustentou-se que a lei em questão, ao instituir variação de valores nas taxas em função do patrimônio líquido da empresa, realizava o princípio da capacidade contributiva (art. 145, § 1º), o qual, em que pese relativo aos impostos – na redação do dispositivo constitucional –, poderia ser aplicado às taxas. O relator, Min. Gilmar Mendes, ressaltou que o *patrimônio líquido* seria *mero referencial* para a fixação dos valores da taxa, mas não base de cálculo, mesmo porque não se tratava de tributo percentual. Do seu voto: "É a complexidade do serviço de fiscalização que fixa os níveis de cobrança da taxa de que se cuida". Ao final, concluiu que a variação dos valores da taxa reflete não apenas a capacidade contributiva dos interessados, mas também espelha a quantidade necessária de serviço público dispensado, de utilidade individual, e que deve ser remunerado na exata proporção do trabalho de fiscalização efetivado (ADI 453-1, Rel. Min. Gilmar Mendes, Pleno, j. 30/08/2006, DJ 16/03/2007). Essa orientação foi consolidada na *Súmula 665*: "É constitucional a Taxa de Fiscalização dos Mercados de Títulos e Valores Mobiliários instituída pela Lei 7.940/*1989*". É problemática a fixação dos valores da Taxa da CVM com base no patrimônio líquido da empresa, como se ele pudesse denotar, com segurança, a quantidade de serviço público de fiscalização necessária. Sustentável, por outro lado, que do patrimônio líquido se possa presumir o porte da empresa e proporcionalmente a ele a quantidade de fiscalização devida. No entanto, esse critério está longe de ser seguro e compatível com a necessária retributividade que é ínsita às taxas. Reitere-se, o critério de dimensionamento das taxas, que prestigiará adequadamente os limites ao poder de tributar, é o da *retributividade* e não o da capacidade contributiva da empresa. Esta já é tributada por outros tributos com base na sua capacidade contributiva e somente pode ser obrigada ao pagamento de qualquer taxa no montante que reflita, na melhor medida possível (*razoável equivalência*), o custo do serviço que ela deu causa e que, por outro lado, trouxe-lhe um benefício.

8.12. Taxa sobre recursos hídricos. Custo de fiscalização. Proporcionalidade. A Lei 2.388/2018, do estado do Amapá, instituiu *Taxa de Controle, Acompanhamento e Fiscalização das Atividades de Exploração e Aproveitamento de Recursos Hídricos* (TFRH). O Plenário, por maioria, declarou a inconstitucionalidade de dispositivos dessa lei, afastando a cobrança da taxa (ADI 6.211/AP, rel. Min. Marco Aurélio, Pleno, j. 04.12.2019). Reiterou o princípio da retributividade, inerente às taxas, e o seu caráter contraprestacional e sinalagmático. No caso concreto, observou, da documentação apresentada pelo requerente, que a estimativa de arrecadação anual com o tributo alcançaria 88,9 milhões de reais, valor quase dez vezes superior ao orçamento anualmente destinado à Secretaria de Estado do Meio Ambiente. Os ministros ficaram convencidos de que os dados do caso evidenciavam a ausência de proporcionalidade entre o custo da atividade estatal envolvida e o valor a ser pago pela taxa. A lei era problemática relativamente à destinação da receita auferida: 10% para a "Política Estadual de Recursos Hídricos", 20% para o "Fundo Estadual de Recursos Hídricos" e os demais 70% à conta única do Tesouro Estadual. Ou seja, parcela substancial da arrecadação não seria destinada ao custeio da fiscalização das atividades de exploração e aproveitamento de recursos hídricos. Restou clara a perda da máxima equivalência possível entre o custo real da atividade estatal e o valor da taxa. Ao fim, essa taxa desdobra feições confiscatórias e termina buscando arrecadação geral, com nítida feição de imposto.

8.13. Taxa de controle, monitoramento e fiscalização ambiental (TFPG). Atividades da indústria de petróleo e gás. Valor da taxa. Desproporcionalidade. A legitimidade de fiscalização pelos órgãos ambientais estaduais nas atividades da indústria petrolífera, realizadas em águas marinhas, não obstaculiza a cobrança de taxas pelo exercício do poder de polícia, nem induz bitributação, havendo ainda a possibilidade de sua compensação com taxas cobradas no âmbito federal (art. 17-P da Lei 6.938/1981). No caso concreto, a base de cálculo indicada pela lei – barril de petróleo extraído ou unidade equivalente de gás a ser recolhida – não guardava congruência com os custos das atividades de fiscalização exercidas pelo órgão ambiental estadual (ADI 5.480/RJ, rel. Min. Alexandre de Moraes, Pleno, j. 20.04.2020).

8.14. Serviço público específico e divisível. A segunda espécie de taxa tem como causa a prestação de um serviço público *específico* e *divisível*. O CTN dispõe, no art. 79, que os serviços públicos a que se refere o art. 77 consideram-se específicos, "*quando possam ser destacados em unidades autônomas de intervenção, de utilidade ou de necessidade públicas*", e divisíveis, "*quando suscetíveis de utilização, separadamente, por parte de cada um dos seus usuários*". A cobrança da taxa traduz a retribuição devida ao Estado por um serviço que ele prestou a determinado indivíduo, trazendo-lhe certa utilidade ou benefício. Essa utilidade ou benefício deve poder ser atribuído individualmente a quem deu causa à cobrança da taxa. Aqui, duas notas são dignas de referência: a) se não for possível atribuir individualmente o benefício que cada tomador do serviço teve, então o serviço é indivisível e não pode ser remunerado por taxa; b) se o benefício for à coletividade, especialmente em casos de serviços que manifestam deveres prestacionais fundamentais do Estado, como é o caso da segurança pública, então a remuneração ao Estado deve ocorrer por intermédio do caixa geral dos impostos.

8.15. Taxa de Iluminação Pública. Sob a ótica da necessária divisibilidade, emblemática é a discussão acerca da impossibilidade de remuneração do *serviço de iluminação pública* por taxa. Durante anos, os municípios editaram leis, instituindo a cobrança da Taxa de Iluminação Pública, mas essas leis foram sistematicamente afastadas pelo STF, convencido de que o serviço de iluminação pública não poderia ser custeado na via da taxa. Sustentou-se, de forma acertada, que não havia como se dividir o custo da iluminação pública municipal entre os beneficiados por ela e muito menos na proporção de cada benefício. Em outras palavras, em sendo um serviço público que traz benefícios à coletividade, deveria então ser custeado por meio do caixa geral dos impostos. O entendimento foi consolidado na *Súmula 670*: "*O serviço de iluminação pública não pode ser remunerado mediante taxa*". Mais tarde, a Corte transformou esse enunciado na *Súmula Vinculante 41*, de idêntica redação. Em 2002, uma alteração constitucional trazida pela EC 39 criou a *Contribuição para o Custeio do Serviço de Iluminação Pública*, impondo uma nova roupagem à exação e, assim, viabilizando sua cobrança na via da contribuição (ver ainda, abaixo, os comentários ao art. 149-A).

8.16. Taxa de Limpeza Pública Urbana. O serviço de *limpeza pública urbana* também apresentou problema de divisibilidade. Hoje não pairam dúvidas de que esse serviço é insuscetível de remuneração mediante taxa, dado que não pode ser dividido em unidades de benefício, sendo de utilidade universal (ver aqui, sobretudo, RE 576.321 QO-RG, Rel. Min. Ricardo Lewandowski, Pleno, j. 04/12/2008, DJe 13/02/2009, em que há referências a outros julgados).

8.17. Taxa de Coleta e Remoção de Resíduos Sólidos. A Corte Suprema, com propriedade, decidiu pela viabilidade do seu custeio mediante taxa (*Taxa de Lixo*). O custo desse serviço em especial pode ser dividido entre os seus beneficiários, assegurando, nesse caso, tanto um benefício individual como um benefício à coletividade (política sanitária/saúde pública). Questionável, entretanto, foi a escolha que vários municípios fizeram quanto ao *critério* de dimensionamento da taxa, no caso, a área do imóvel. Muitos municípios passaram a cobrar a exação proporcional à área do imóvel, de modo que, quanto maior fosse o imóvel, maior seria o montante a pagar. Esses municípios trabalham com a *presunção* segundo a qual um imóvel grande produz mais lixo do que um imóvel pequeno, justificando, assim, a cobrança de diferentes valores conforme a área. Além disso, o tamanho do imóvel refletiria, objetivamente, a capacidade contributiva do seu proprietário, o que supostamente reforçaria a adequação da escolha do critério de diferenciação. A legitimidade desse formato de cobrança foi reiterada em diversos julgamentos no STF, e o entendimento foi consolidado na *Súmula Vinculante 19*: "A taxa cobrada exclusivamente em razão dos serviços públicos de coleta, remoção e tratamento ou destinação de lixo ou resíduos provenientes de imóveis, não viola o artigo 145, II, da Constituição Federal". O custo desse serviço é de fato divisível, mas seu critério quantitativo de cobrança é questionável. No cenário ideal, a taxa deveria ser cobrada de forma proporcional à quantidade de lixo produzida em cada unidade imobiliária. No entanto, isso demandaria a verificação do volume ou do peso do lixo produzido por cada contribuinte, o que é impraticável, especialmente levando-se em conta os custos com a instalação de balanças de pesagem nos caminhões de lixo e o tempo despendido com a pesagem. Nesse ponto, a Corte Suprema já decidiu que a obrigatoriedade de estabelecimentos que comercializem gás liquefeito de petróleo (GLP), a pesarem, à vista do consumidor, os botijões ou cilindros entregues ou recebidos para substituição, com abatimento proporcional do preço do produto ante a eventual verificação de diferença a menor entre o conteúdo e a quantidade líquida especificada no recipiente, *viola o princípio da proporcionalidade* (ADI 855, Rel. Min. Octavio Gallotti, Rel. p/ ac. Min. Gilmar Mendes, Pleno, j. 06/03/2008, DJe 26/03/2009). Trata-se de situações em que, na visão do STF, o *princípio da praticabilidade* adquire um peso maior do que o princípio da capacidade contributiva. Assim, restaria justificada a tributação a maior (desproporcional), por exemplo, de uma senhora aposentada no regime geral de previdência, que vive sozinha em uma casa de quinhentos metros quadrados, mesmo que ela produzisse pouco lixo. Os defensores dessa forma de tributação sustentam que *distorções* como essa devem ser suportadas em prol da *praticabilidade* e da redução das despesas da administração pública, o que, na nossa percepção, é manifestamente questionável.

8.18. Taxa de Matrícula. No âmbito da educação, a cobrança da *Taxa de Matrícula* nas universidades públicas foi declarada inconstitucional pela Corte Suprema em 2008 (RE 500.171, Rel. Min. Ricardo Lewandowski, Pleno, j. 13/08/2008, DJe 23/10/2008). No caso, a Universidade Federal de Goiás buscava a manutenção da cobrança de uma taxa por ocasião do ato de matrícula dos seus alunos. O STF entendeu que a CF, no art. 206, IV, prevê a gratuidade do ensino público em estabelecimentos oficiais. Adicionalmente, ponderou que a CF, no art. 212, prevê a aplicação anual de nunca menos de 18%, pela União, e de 25%, pelos estados, Distrito Federal e municípios, no mínimo, da receita resultante de impostos, compreendida a proveniente de transferências, na manutenção e desenvolvimento do ensino. Essa receita, aliada aos recursos garantidos pela Lei 9.394/96, asseguram às universidades públicas os recursos necessários para a consecução dos seus fins, inclusive para eventual assistência a estudantes mais necessitados. Na mesma ocasião, editou-se o verbete da *Súmula Vinculante 12*: "A cobrança de taxa de matrícula nas universidades públicas viola o disposto no art. 206, IV, da Constituição Federal". Observe-se, aqui, uma situação excepcional entre os casos até agora analisados, no qual o fundamento para a declaração de inconstitucionalidade não foi uma violação ao art. 145, II, da CF, mas, sim, a incompatibilidade com outra norma da CF, que prevê, na principiologia aplicável ao ensino público no Brasil, a gratuidade. Em outras palavras, não se trata de inadequação da utilização da taxa para custear determinada atividade pública, mas, sim, de norma constitucional expressa que traz a gratuidade para o tomador do serviço educacional quando prestado pelo Estado em estabelecimentos oficiais.

8.19. Fornecimento de certidões. Situação semelhante é a da gratuidade do *fornecimento de certidões*. A CF assegura a todos, independentemente do pagamento de taxas, a obtenção de certidões em repartições públicas, para defesa de direitos e esclarecimento de situações de interesse pessoal (art. 5º, XXXIV, "b"). Essa previsão de gratuidade também foi obstáculo intransponível ao estado do Amazonas, quando buscou cobrar uma taxa de segurança pública para o fornecimento de certidões (ADI 2.969, Rel. Min. Ayres Britto, Pleno, j. 29/03/2007, DJe 21/06/2007).

8.20. Taxa de Incêndio. Questão também controversa é a da possibilidade de cobrança de uma *taxa de incêndio*. Em 2017, resolvendo o *Tema 16 da Repercussão Geral* (cobrança de taxa pela utilização potencial do serviço de extinção de incêndio), a Corte Suprema analisou recurso extraordinário interposto pelo município de São Paulo, com o objetivo de ver reconhecida a constitucionalidade da *Taxa de Combate a Sinistros*, instituída pela Lei Municipal 8.822/1978. O STF entendeu pela inadequação da via utilizada, fixando a seguinte tese de repercussão geral: "*A segurança pública, presentes a prevenção e o combate a incêndios, faz-se, no campo da atividade precípua, pela unidade da Federação, e, porque serviço essencial, tem como viabilizá-la a arrecadação de impostos, não cabendo ao Município a criação de taxa para tal fim*" (RE 643.247, Rel. Min. Marco Aurélio, Pleno, j. 01/08/2017, DJe 18/12/2017).

8.21. Taxa de Conservação e Manutenção de Estradas. Alguns municípios já tentaram obter recursos específicos para *conservação e manutenção de estradas*. O município de Araçatuba (SP) havia editado a Lei 3.133/89, prevendo que a *Taxa de Conservação e Serviços de Estradas Municipais* tinha como fato gerador a execução municipal de serviços de conservação, melhoramento e manutenção do sistema rodoviário que servia à zona rural. O contribuinte era o proprietário, o titular do domínio útil ou o possuidor, a qualquer título, de imóvel localizado fora do perímetro urbano cuja propriedade, de forma direta ou indireta, pudesse ser servida ou beneficiada pelos serviços em questão. Entendeu o Tribunal, com acerto, que estava ausente a característica de taxa na exação examinada (*divisibilidade* dos serviços públicos utilizáveis efetiva ou potencialmente pelos contribuintes), além do fato de que a *base de cálculo se identificava com a base de cálculo do ITR*, ambas lastreadas na área do imóvel (RE 259.889, Rel. Min. Ilmar Galvão, Pleno, j. 07/03/2002, DJ 19/04/2002).

8.22. Custas judiciais e emolumentos. Com relação às *custas judiciais* e aos *emolumentos* dos serviços notariais e registrais, não pairam mais dúvidas de que se trata de tributos da espécie *taxa* (ADI 1.378-5 MC, Rel. Min. Celso de Mello, Pleno, j. 11/1995). Mesmo na situação dos serviços notariais e registrais, prestados por particulares, há delegação de serviços públicos, específicos e divisíveis, prestados ao cidadão ou postos à sua disposição. Em se tratando de espécie de tributo, há a imediata sujeição aos princípios de Direito Tributário, dentre eles, o da legalidade. Assim, Resolução de Tribunal de Justiça, que leva a efeito a majoração das custas judiciais, deve ser declarada inconstitucional, visto que viola o princípio da legalidade (ADI 1.444, Rel. Min. Sydney Sanches, Pleno, j. 02/2003). No que toca ao seu montante, a taxa deve ser proporcional ao custo do serviço judicial prestado ao contribuinte, devendo necessariamente ter um *limite máximo*, sob pena de inviabilizar o *direito fundamental de acesso ao Poder Judiciário* (ver aqui, entre outros julgados, a ADI 948, Rel. Min. Francisco Rezek, Pleno, j. 09/11/1995, DJ 17/03/2000). Esse entendimento foi cristalizado na *Súmula 667*: "Viola a garantia constitucional de acesso à jurisdição a taxa judiciária calculada sem limite sobre o valor da causa".

8.23. Contraprestações equivocadamente denominadas de taxas. Algumas exações carregam inadequadamente a titulação de *taxa*, pois não preenchem todos os requisitos para tal enquadramento. É o caso da *Taxa de Ocupação de Terreno de Marinha*, que pode conduzir equivocadamente ao entendimento segundo o qual se trataria de uma taxa devida em razão da ocupação ou do uso de um bem público. Todavia, conforme visto acima, a ocupação ou o uso de bem público não é fato gerador para as taxas ou, em outras palavras, não existe *taxa de ocupação* ou *taxa de uso* de bem público. No caso concreto, a "Taxa" de Ocupação de Terreno de Marinha é, na verdade, o preço pago à Fazenda Pública pela utilização de "bens dominicais da União, os quais, no passado, desde o tempo da realeza, destinavam-se à defesa do território nacional ao permitir a livre movimentação de tropas militares pela costa marítima". Essa contraprestação pecuniária não possui natureza tributária, mas gera uma receita patrimonial para a União. Aliomar Baleeiro já sustentou que é "constitucional e legítima a taxa (aliás, preço) de ocupação do solo sobre terrenos acrescidos de marinha exigidos sobre áreas de uso da Cia. Docas da Bahia, vendidos por ela como próprias ou enfitêuticas" (ERE 56.732, Pleno, j. 16/05/1968, RTJ 52/805). No *setor energético*, a legislação prevê modalidade de *compensação financeira pela exploração de recursos minerais* (CFEM). A exigência é compatível com o § 1º do art. 20 da CF, segundo o qual "é assegurada, nos termos da lei, à União, aos Estados, ao Distrito Federal e aos Municípios a participação no resultado da exploração de petróleo ou gás natural, de recursos hídricos para fins de geração de energia elétrica e de outros recursos minerais no respectivo território, plataforma continental, mar territorial ou zona econômica exclusiva, ou compensação financeira por essa exploração" (Redação dada pela EC 102/2019) A Corte Suprema entende que essa *remuneração pela exploração de recursos minerais* configura espécie de *preço público*, decorrente da exploração, pelo particular, de um bem da União (ADI 2.586, Rel. Min. Carlos Velloso, Pleno, j. 16.05.2002; RE 228.800-5, Rel. Min. Sepúlveda Pertence, 1ª Turma, j. 09/2001).

8.24. Utilização potencial. Esse tópico ganha destaque especial, tendo em vista que a chamada "*utilização potencial*" do serviço público específico e divisível pode não ser tão clara em determinadas situações, como a de alguns casos acima mencionados. O CTN dispõe que os serviços públicos a que se refere o art. 77 consideram-se utilizados pelo contribuinte *potencialmente*, quando, sendo de utilização compulsória, sejam *postos à sua disposição* mediante *atividade administrativa em efetivo funcionamento* (art. 79, I, "b"). As condições que devem estar presentes, portanto, para que o Estado possa cobrar taxa pela mera potencialidade da utilização de um serviço público são: i) ser o serviço de utilização compulsória, ii) estar à disposição do cidadão, iii) por meio de atividade administrativa em efetivo funcionamento. Ausente uma ou mais dessas condições, a taxa é ilegítima. O exemplo mais didático e já enfrentado pela Corte Suprema é o caso da *Taxa de Lixo*, que em verdade tem por objeto o serviço de coleta e remoção de resíduos sólidos das unidades imobiliárias. Nesse caso: i) o serviço é de utilização compulsória, em virtude das regulações sanitárias federais e locais (saúde pública); ii) está à disposição do cidadão (o caminhão do lixo passa periodicamente nas vias e logradouros públicos); iii) o serviço de coleta e remoção, muitas vezes realizado por concessão pública, ocorre de forma ininterrupta. Disso decorre que, mesmo na situação em que o proprietário de um imóvel residencial o deixe fechado e inabitado, durante sua estada no exterior, a taxa de lixo continuará sendo devida. Inclusive, legítima é a sua cobrança no mesmo "carnê do IPTU", que é o documento que, nesse caso, consubstancia o lançamento tributário desse imposto e da taxa. A constitucionalidade da *Taxa de Lixo* está sacramentada na *Súmula Vinculante 19*: "A taxa cobrada exclusivamente em razão dos serviços públicos de coleta, remoção e tratamento ou destinação de lixo ou resíduos provenientes de imóveis, não viola o artigo 145, II, da Constituição Federal". Quanto à *divisibilidade* do serviço, conforme exposto acima, a maioria dos municípios divide o custo do serviço de forma *proporcional à área do imóvel*, independentemente da quantidade de lixo produzido. A justificativa utilizada e chancelada pelo STF é que esse formato, além de ser praticável (praticabilidade), prestigia a *capacidade contributiva*, aferida, nesse caso, conforme o tamanho do imóvel (RE 232.393, Rel. Min. Carlos Velloso, Pleno, DJ 05/04/02). Nessa linha de raciocínio, eventuais *distorções* ou exceções devem ser suportadas em prol da *praticabilidade tributária* (sobre isso, ver abaixo os comentários ao § 1º do art. 145).

8.25. Taxas e tarifas. O traço distintivo entre as taxas e as tarifas é a *compulsoriedade*. Esse critério foi sedimentado na *Súmula 545*: "Preços de serviços públicos e taxas não se confundem, porque estas, diferentemente daqueles, são compulsórias e têm sua cobrança condicionada à prévia autorização orçamentária, em relação à lei que as instituiu". Quando o serviço for obrigatório, teremos taxa; quando facultativo, teremos tarifa. A segunda parte da súmula refere-se ao *princípio da anualidade*, o qual não vigora mais desde a Constituição de 1969 (EC 1). Como exemplo mais presente de tarifa, podemos vislumbrar a *tarifa de energia elétrica*, cobrada em virtude do seu consumo, mas lastreada na prestação do serviço público concedido de fornecimento de energia elétrica. Nesse caso, a *facultatividade* é manifesta, pois ninguém é obrigado a contratar esse serviço. A *facultatividade* não pode ser confundida com a *essencialidade* do bem ou serviço. O fato de ser facultativa a contratação do serviço de fornecimento de energia elétrica não significa que a energia elétrica não seja essencial. Pelo contrário, há anos que não se questiona mais a essencialidade da energia elétrica para a vida humana em sociedade. No entanto, muitos estados ainda praticam elevadas alíquotas de ICMS sobre a energia elétrica, violando claramente o *princípio da seletividade em função da essencialidade* (sobre isso, ver abaixo os comentários ao art. 155, § 2º, III).

8.26. Esgoto e água encanada. No âmbito do tratamento de *esgoto* e fornecimento de água encanada, a jurisprudência do STF é firme no sentido de que o valor cobrado dos usuários tem natureza jurídica de *tarifa*, não de taxa (RE 600.237 AgR-AgR, Rel. Min. Dias Toffoli, Segunda Turma, j. 17/03/2015, DJe 08/04/2015). Isso porque predomina aqui a *voluntariedade*, manifestada em *caráter contratual*, e não a compulsoriedade. Inclusive, eventual cobrança de *adicional de tarifa*, criado para fins de redução de consumo de água, também tem caráter de contraprestação de serviço e não de tributo (RE 201.630, Rel. Min. Ellen Gracie, 1ª Turma, j. 06/2002). Nesse caso, o valor pode ser fixado por *decreto* do Poder Executivo, prescindindo de lei, e os valores cobrados destinam-se às próprias distribuidoras.

8.27. Encargos de capacidade emergencial. Em 2009, o Pleno do STF decidiu que os *encargos de capacidade emergencial* e de aquisição de energia elétrica emergencial, instituídos pela Lei 10.438/02, *não possuem natureza tributária*. Tratava-se de verbas destituídas de compulsoriedade, pois cobradas de forma vinculada ou *adicional ao consumo de energia elétrica*. A respectiva receita destinava-se diretamente às empresas concessionárias e permissionárias de prestação de fornecimento de energia elétrica, especialmente focadas em medidas para prevenir momentos de escassez no fornecimento. Devido à natureza jurídica de *tarifa*, a Corte Suprema entendeu não haver violação aos princípios da legalidade, da não afetação, da moralidade, da isonomia, da proporcionalidade e da razoabilidade (RE 576.189, Rel. Min. Ricardo Lewandowski, j. 04/2009).

9. Contribuição de melhoria. Em que pese a CF preveja a possibilidade de instituição de tributo denominado de *contribuição de melhoria, decorrente de obras públicas*, a correta acepção dessa espécie tributária não está limitada à sua regra constitucional de competência. Isso porque o fato gerador dessa exação pressupõe a delimitação trazida pelo CTN, portanto, anterior à CF, mas que foi recepcionada pela ordem constitucional de 1988, conservando o seu teor. O CTN dispõe sobre a *competência concorrente* dos entes da Federação, no âmbito das suas respectivas atribuições constitucionais, para instituir e cobrar *contribuição* para fazer face ao custo de *obras públicas* de que decorra *valorização imobiliária* (art. 81). Portanto, o fato gerador dessa contribuição é a *obra pública*. Todavia, não é toda e qualquer obra pública, mas, sim, unicamente *aquela da qual decorra valorização imobiliária*, individualmente considerável e atribuível aos proprietários dos *imóveis beneficiados*. Essa diferenciação é essencial para que não se confunda com as demais obras ou serviços de *mera manutenção e conservação* realizados pelo Poder Público, mas dos quais não resulte valorização imobiliária, tais como as atividades de *recapeamento asfáltico* de vias públicas (serviço de "tapar buracos das ruas"). Em outras palavras, quando se tratar de obra pública da qual decorra valorização imobiliária individualmente aferível e atribuível aos particulares proprietários, caberá seu custeio via contribuição de melhoria. Caso contrário, quando se tratar de outras obras públicas que se aproximam muito antes de serviços gerais de manutenção e conservação e das quais não resulte valorização imobiliária, o custeio deverá ser pelo caixa geral dos impostos. O CTN ainda traz *dois critérios* quantitativos para a configuração da contribuição de melhoria: o primeiro é o *total da despesa realizada*, que serve de balizador para o valor global a ser repassado aos contribuintes beneficiados, a título de contribuição de melhoria; o segundo é o *acréscimo de valor* que da obra resultar para cada imóvel beneficiado, o que significa que cada beneficiado com a valorização imobiliária terá que retribuir ao Poder Público por esse ganho individual e específico. *Condição* é que de fato tenha havido *valorização imobiliária*, quantitativamente aferível na comparação do valor do imóvel entre dois momentos distintos: antes e depois da obra pública (art. 81). O município de Santo André (SP) já tentou se ressarcir das suas despesas com a pavimentação asfáltica no seu território, por meio da cobrança de uma *Taxa de Pavimentação Asfáltica*. Quando instado a se manifestar sobre o caso concreto, a Corte Suprema vislumbrou se tratar efetivamente de *obra nova* e *não de meros reparos*, dado que houve o *recapeamento total* das vias públicas em questão. Na perspectiva contratual, não seria contrato de manutenção de via pública, mas, sim, contrato de empreitada de obra pública. No entanto, em que pese pudesse ser caso para a cobrança de contribuição de melhoria, o município não havia atendido às exigências previstas no DL 195/67, recepcionado pela CF como normas gerais de Direito Tributário aplicáveis à contribuição de melhoria. Assim, de um lado, a exação era ilegítima na roupagem de taxa, visto que o serviço em questão não era divisível; de outro lado, a exação também não se sustentava na via da contribuição de melhoria, visto que não atendera aos requisitos de instituição previstos na norma geral. Ao final, a cobrança foi julgada inconstitucional (RE 140.779, Rel. Min. Ilmar Galvão, Pleno, j. 02/08/1995, DJ 08/09/1995).

9.1. Regras gerais. O DL 195/67 dispõe especificamente sobre a cobrança da contribuição de melhoria, fixando as *regras gerais* a serem obedecidas pelos entes da Federação quando forem instituir e cobrar a exação no âmbito das suas atribuições constitucionais. Se, de um lado, o CTN apenas prevê a delimitação do fato gerador do tributo (art. 81) e os requisitos mínimos para a lei que o instituir (art. 82), o DL 195/67 traz regras mais específicas para fixar os contornos da contribuição. Inicialmente, o DL 195/67 prevê que a exação será devida pelos proprietários que obtiverem *acréscimo do valor do imóvel* localizado nas áreas beneficiadas direta *ou indiretamente* por obras públicas. A norma, mais adiante no seu texto, traz a expressão *valorização de imóveis* como fato gerador, mas vinculada à existência das seguintes obras públicas: *I – abertura, alargamento, pavimentação, iluminação, arborização, esgotos pluviais e outros melhoramentos de praças e vias públicas; II – construção e ampliação de parques, campos de desportos, pontes, túneis e viadutos; III – construção ou ampliação de sistemas de trânsito rápido, inclusive todas as obras e edificações necessárias ao funcionamento do sistema; IV – serviços e obras de abastecimento de água potável, esgotos, instalações de redes elétricas, telefônicas, transportes e comunicações em geral ou de suprimento de gás, funiculares, ascensores e instalações de comodidade pública; V – proteção contra secas, inundações, erosão, ressacas, e de saneamento e drenagem em geral, diques, cais, desobstrução de barras, portos e canais, retificação e regularização de cursos d'água e irrigação; VI – construção de estradas de ferro e construção, pavimentação e melhoramento de estradas de rodagem; VII – construção de aeródromos e aeroportos e seus acessos; VIII – aterros e realizações de embelezamento em geral, inclusive desapropriações em desenvolvimento de plano de aspecto paisagístico*. A possibilidade de instituição e de cobrança de contribuição de melhoria *não está limitada* às obras elencadas no DL 195/67, sendo o rol meramente *exemplificativo*. Isso porque a matriz do fato gerador do tributo é definida na CF (*obras públicas*) e sua delimitação é trazida na lei complementar de normas gerais (*valorização imobiliária*). Nesse caso, conforme sustentamos acima, o fato gerador da exação são *quaisquer obras públicas*, desde que delas decorra valorização imobiliária individualmente aferível e imputável ao proprietário particular (condição). O CTN não restringe o universo de obras públicas possíveis, limitando-se a impor como condição a valorização imobiliária.

9.2. CTN, DL 195/67 e lei local. O STF tem decisões tanto no sentido da necessária obediência, pelos entes da Federação, aos requisitos trazidos no CTN (RE 982.415 AgR, Rel. Min. Roberto Barroso, 1ª Turma, j. 11/11/2016, DJe 09/12/2016) quanto aos requisitos previstos no DL 195/67 (RE 140.779, Rel. Min. Ilmar Galvão, Pleno, j. 02/08/1995, DJ 08/09/1995). O que se pode extrair da jurisprudência constitucional é que ambos os diplomas normativos funcionam para disciplinar as normas gerais de Direito Tributário aplicáveis às contribuições de melhoria. Assim, quando determinado município pretende custear, por exemplo, uma obra de construção de um parque, deve instituir o tributo mediante lei local e obrigatoriamente atender às exigências previstas tanto no CTN como no DL 195/67. Na prática, observa-se a dificuldade que principalmente os municípios possuem para custear determinada obra pública na via da contribuição de melhoria, não apenas em virtude da indispensabilidade da valorização imobiliária, individualmente aferível e atribuível aos particulares beneficiados, mas especialmente por força dos rígidos requisitos previstos na legislação complementar para a sua instituição. O CTN, que é mais econômico com relação aos requisitos, dispõe que a lei local, nesse caso, deve publicar previamente: a) memorial descritivo do projeto; b) orçamento do custo da obra; c) determinação da parcela do custo da obra a ser financiada pela contribuição; d) delimitação da zona beneficiada; e) determinação do fator de absorção do benefício da valorização para toda a zona ou para cada uma das áreas diferenciadas nela contidas. Além disso, deve fixar prazo não inferior a 30 (trinta) dias para impugnação, pelos interessados, de qualquer dos elementos referidos anteriormente e, por fim, a regulamentação do processo administrativo de instrução e julgamento da impugnação. Já o DL 195/67 prevê a utilização de índices cadastrais das zonas de influência, beneficiadas direta e indiretamente. A apuração da contribuição, dependendo da natureza das obras, deve levar em conta a situação do imóvel na zona de influência, sua testada, área, finalidade de exploração econômica e outros elementos a serem considerados, isolada ou conjuntamente. A contribuição deverá ser paga pelo contribuinte de forma que a sua parcela anual não exceda a 3%

(três por cento) do maior valor fiscal do seu imóvel, atualizado à época da cobrança. Vale destacar que o STF enfatiza a indispensabilidade da *valorização imobiliária*, para legitimar a cobrança da contribuição, e a necessária obediência aos *requisitos* para sua instituição, previstos no CTN e no DL 195/67 (AI 694.836 AgR, rel. Min. Ellen Gracie, 2ª Turma, j. 24.11.2009; RE 114.069, rel. Min. Carlos Velloso, 2ª Turma, j. 15.04.1994).

§ 1º Sempre que possível, os impostos terão caráter pessoal e serão graduados segundo a capacidade econômica do contribuinte, facultado à administração tributária, especialmente para conferir efetividade a esses objetivos, identificar, respeitados os direitos individuais e nos termos da lei, o patrimônio, os rendimentos e as atividades econômicas do contribuinte.

10. Caráter pessoal dos impostos. O caráter pessoal dos impostos geralmente é analisado com o princípio da capacidade contributiva, tendo em vista que os temas se conectam de diferentes formas. No entanto, entendemos que a temática merece uma abordagem em separado, sem prejuízo de se fazer, ao final, uma conclusão conjunta sobre o caráter pessoal dos impostos e o princípio da capacidade contributiva. O § 1º do art. 145 da CF prevê que os *impostos terão caráter pessoal*, sempre que possível. Esse comando constitucional deve ser compreendido como uma *diretriz* para o legislador tributário, o qual fica vinculado à obrigação de conformar os impostos de forma pessoal. Duas observações preliminares são importantes aqui: i) a diretriz vale, em princípio, apenas para os impostos (ver ainda abaixo sobre a amplitude de aplicação da capacidade contributiva); ii) a diretriz é de observância obrigatória pelo legislador tributário, mas apenas nas situações em que for possível configurar os impostos de forma pessoal. A conformação pessoal de um imposto, como o Imposto de Renda, por exemplo, pressupõe levar em consideração as características pessoais do contribuinte e, dependendo do contexto, dos seus dependentes também, de modo a validar a sua realidade econômica como um *fator* efetivo de *redução da capacidade contributiva*. Na prática, a ideia de pessoalizar um imposto nada mais é do que permitir legalmente que o contribuinte contabilize despesas próprias e dos seus dependentes econômicos por ocasião do pagamento ou do ajuste do pagamento do imposto. Essa permissão deve ser prevista em lei, visto que implica *benefício tributário* ao contribuinte e renúncia de receita pelo Estado. Na esfera da pessoa física, as *despesas*, de regra, devem ser todas aquelas que i) *reduzem a capacidade contributiva* do contribuinte e ii) atingem o seu *mínimo existencial* (sobre o mínimo existencial, ver o tópico abaixo). Assim, determinada despesa, quando validada pelo legislador, está sendo legalmente considerada como redutora da capacidade contributiva: sua imputação ao contribuinte confirma que ela não apenas lhe reduz sua *capacidade econômica*, mas também sua *capacidade contributiva*, isto é, reduz sua capacidade de pagar os impostos. Podemos vislumbrar a situação de um pai, cujo filho dependente é acamado e necessita de cuidados médicos intensivos na modalidade de *home care*. O *salário bruto* desse pai é de dez mil reais por mês, e somente a *despesa médica* mensal que ele incorre com seu filho é de oito mil reais. Se analisarmos esse caso unicamente à luz dessa despesa, podemos afirmar que a *capacidade econômica* desse pai é de *dez mil* reais por mês, mas sua *capacidade contributiva* é de apenas *dois mil* reais. A definição de quais despesas são passíveis de consideração pelo contribuinte e da forma como elas serão consideradas é uma *decisão política e discricionária*. No entanto, essa decisão deve ser guiada por critérios objetivos que sejam coerentes com as finalidades conexas que se pretende alcançar, com os princípios subjacentes que se pretende concretizar. O próprio dispositivo ora em análise traz, no seu texto, o objetivo a ser alcançado: a cobrança dos impostos, mas levando em consideração a *realidade pessoal* do contribuinte, identificando, para tanto, na melhor medida possível, sua capacidade contributiva a partir da sua realidade de rendimentos, de patrimônio e de despesas. O critério, por sua vez, também é trazido no dispositivo: a capacidade econômica do contribuinte, a qual, após a dedução das despesas autorizadas legalmente, transformar-se-á na capacidade contributiva, isto é, no valor que efetivamente servirá de base tributável (ver ainda abaixo sobre o *mínimo existencial*). Diversamente dos *impostos pessoais*, como é o IR, a *configuração pessoal* dos *impostos reais* é geralmente polêmica. Sobre isso, ver abaixo o tópico sobre a *amplitude de aplicação da capacidade contributiva*.

11. Capacidade contributiva. Pelo menos em três momentos históricos marcantes, a capacidade contributiva pode ser vista como uma significativa preocupação política e econômica. *Adam Smith*, quando escreveu, em 1776, *Wealth of Nations*, defendeu que "todo cidadão deve contribuir para o Estado na proporção das suas possibilidades, isto é, na proporção da sua renda auferida sob a proteção do Estado". Na França, o art. 13 da *Declaração dos Direitos do Homem e do Cidadão*, de 1789, previa que "para a manutenção do poder público e para as despesas da administração, uma contribuição comum é indispensável; ela deve ser igualmente repartida entre seus cidadãos, em razão das suas faculdades". Na Alemanha, durante a República de Weimar, o art. 134 da *Constituição de Weimar* dispunha que "todos os cidadãos, sem exceção, contribuem, na proporção dos seus meios, para todas as despesas públicas, na medida da lei". Um elemento comum desses três documentos históricos é a ideia de *proporção*. Seus autores previram que, se, de um lado, os cidadãos deveriam contribuir para a manutenção do Estado, participando do seu custeio, de outro lado, essa contribuição deveria ser *proporcional* às suas possibilidades financeiras. Como visto, o princípio da capacidade contributiva tem o seu ancoramento histórico ligado à *proporcionalidade*, no sentido de que o Estado não poderia exigir mais do contribuinte do que aquilo que estivesse dentro das suas possibilidades patrimoniais. Por outro lado, nenhum desses documentos se propôs a objetivar ou quantificar o que seria essa proporção. No Direito brasileiro, o § 1º do art. 145 da CF é um dos dispositivos mais ricos em conteúdo do Sistema Tributário Nacional. Primeiro, porque impõe ao legislador a obrigação de conferir um *caráter pessoal* aos impostos. Segundo, porque também impõe ao legislador o dever de graduar os impostos conforme a *capacidade econômica* do contribuinte. E, terceiro, porque impõe à administração tributária o dever de respeitar os *direitos individuais* (e fundamentais) do contribuinte durante a atividade fiscalizatória e arrecadatória. No entanto, o sentido que deve ser apreendido a partir desse texto legal possui um alcance muito maior, não se limitando à mera obediência à capacidade contributiva e aos demais direitos fundamentais do cidadão. Por trás da redação desse dispositivo, está ancorada a *justiça tributária*, a qual é alcançada preponderantemente por meio de uma *tributação isonômica com base no critério da capacidade contributiva*. Essa percepção, em verdade, não é nova, visto que fora sustentada durante várias décadas pela chamada *Escola de Colônia*, a escola mais importante do Direito Tributário na Alemanha, fundada pelo *Prof. Klaus Tipke* e seguida pelos *Profs. Joachim Lang*, *Roman Seer*, *Johanna Hey* e *Joachim Englisch*. A Escola de Colônia influenciou substancialmente a compreensão do Tribunal Constitucional Federal alemão com relação ao ancoramento da justiça tributária no princípio da capacidade contributiva, especialmente no âmbito dos impostos diretos, notadamente no caso do IR. A complexidade do valor *justiça tributária*, não apenas devido ao seu elevado grau de abstração, mas, sim, e principalmente devido à ausência de regras e de princípios explícitos voltados à sua concretização, impõe ao operador do Direito uma compreensão maior em torno dos outros valores conexos em jogo, os quais representam partes nucleares desse valor maior do ordenamento jurídico. Quando a discussão se desenvolve em torno do valor *justiça tributária*, falta um *elemento de conexão*, voltado para a conjugação harmônica do princípio da igualdade com os direitos fundamentais de liberdade e com o mínimo existencial, um elemento de conexão que correlacione todas essas *percepções de justiça*.

11.1. Capacidade contributiva, igualdade, liberdade e mínimo existencial. O princípio da capacidade contributiva é, para o Direito Tributário, esse elemento de conexão entre a *igualdade*, os *direitos fundamentais de liberdade* (liberdade de desenvolvimento da personalidade, liberdade de atividade econômica ou profissão e garantia da propriedade) e o *mínimo existencial*, quando consideramos os seguintes pressupostos como válidos: a) a justiça tributária é realizada por meio de princípios parciais da justiça tributária; b) o princípio da igualdade tributária não consegue, sozinho, concretizar a justiça tributária, em virtude da sua relatividade; c) o critério de comparação exigido pela igualdade deve ser aquele que (i) assegura uma distribuição isonômica da carga tributária entre os cidadãos na melhor medida possível e, ao mesmo tempo, (ii) preserva o mínimo existencial do indivíduo e (iii) protege os direitos fundamentais de liberdade contra intervenções tributárias no seu respectivo núcleo essencial; d) o princípio da capacidade contributiva, na condição de princípio fundamental e matriz do sistema (*systemtragendes Fundamentalprinzip*), traz consigo não apenas (i) a diretriz para a repartição isonômica da carga tributária, mas também, simultaneamente, (ii) uma proteção contra uma tributação excessiva (limite superior da tributação), contra intervenções no mínimo existencial (limite inferior da tributação) e contra intervenções tributárias desproporcionais nas liberdades fundamentais.

11.2. Capacidade contributiva e planos horizontal e vertical da igualdade tributária. O *princípio da capacidade contributiva* é a abreviação do *princípio da tributação isonômica conforme o critério da capacidade contributiva*. A capacidade contributiva é o critério que melhor guarda a necessária relação de pertinência lógica e de coerência com a finalidade que se pretende alcançar aqui: a igualdade na tributação. Como a igualdade necessariamente pressupõe uma comparação, nesse caso, entre dois ou mais sujeitos, e um respectivo critério de comparação, a capacidade contributiva cumpre essa função no âmbito da igualdade tributária. Essa função é cumprida em dois planos diferentes: i) no *plano horizontal* e ii) no *plano vertical*. No caso do IR, por exemplo, no *plano horizontal*, todos aqueles que auferirem o valor x de renda, ou algum valor na faixa compreendida entre x e y, serão tributados igualmente, com a mesma alíquota. Já no *plano vertical*, quem auferir renda maior do que x ou acima da faixa compreendida entre x e y, será tributado com uma alíquota maior. Resumidamente: tributam-se igualmente os iguais e desigualmente os desiguais. A avaliação no plano vertical pode conduzir à conclusão segundo a qual a igualdade tributária com base na capacidade contributiva exigiria a *progressividade das alíquotas*. No entanto, na perspectiva dogmática do Direito Tributário, a capacidade contributiva não exige a progressividade, mas esta não se opõe àquela. Primeiro, porque a igualdade na tributação também é realizada com uma alíquota proporcional, que provocará uma tributação maior proporcionalmente ao aumento da base de cálculo. Segundo, porquanto a *progressividade* funciona muito antes como uma *técnica* complementar de aumento da tributação, pois gera uma segunda variação no cálculo do valor devido, em que não apenas a base de cálculo varia, mas a alíquota também. Dessa forma, em que pese não seja uma condição necessária à validade e à eficácia da tributação conforme a capacidade contributiva, a progressividade é um mecanismo que evidentemente realiza a igualdade tributária no plano vertical de forma mais eficiente. A igualdade tributária com base na capacidade contributiva, no plano vertical, nem sempre é concretizada por meio da previsão de alíquotas progressivas conforme a variação da base de cálculo. Há casos, como o do IRPF na Alemanha, em que há a previsão de cobrança de um *adicional*, na forma de um acréscimo percentual à maior alíquota prevista, a partir de um determinado valor de rendimento anual. No caso, a maior alíquota ordinária (*Einkommensteuerspitzensatz*) é na ordem de 42%. No entanto, para um rendimento anual a partir de 265.327 Euros, a alíquota é elevada para 45%, situação que caracteriza o "imposto do rico" (*Reichensteuer*). A polêmica surge precisamente com o limite superior para o valor da alíquota ou para a tributação final incidente sobre um mesmo contribuinte, abordagem essa que será feita abaixo no tópico sobre a capacidade contributiva e a proibição de confisco.

11.3. Capacidade contributiva e indisponibilidade econômica da riqueza. O STF já manifestou entendimento, no sentido de que a tributação pode ser considerada devida mesmo na situação em que ainda não há disponibilidade econômica da riqueza a ser tributada. Por exemplo, no caso do ISS, uma vez ocorrido o fato gerador – que é a prestação do serviço –, a exigibilidade do imposto não está condicionada ao adimplemento do pagamento do preço (AI 228.337 AgR, Rel. Min. Sepúlveda Pertence, 1ª Turma, j. 12/1999). Isso porque, na visão da Corte, a eficácia da legislação tributária não pode depender de ajustes realizados entre o contribuinte e sua clientela. De fato, a legislação tributária não pode depender de ajustes realizados entre o contribuinte e sua clientela, da mesma forma que as convenções particulares não podem ser opostas à Fazenda Pública para modificar a definição legal do sujeito passivo das obrigações tributárias correspondentes (art. 123 do CTN). Todavia, em que pese, no caso acima, o serviço tenha sido prestado, tendo ocorrido, portanto, o fato gerador, o fato é que não houve aumento de capacidade contributiva a partir dele, por força do inadimplemento do pagamento do preço. Uma das alternativas para a solução desse problema é a criação de um *Imposto sobre Valor Agregado (IVA)*, o qual incidiria sobre a *receita* da venda de mercadorias, serviços e outras prestações, como ocorre no modelo alemão. Aqui, o fato gerador estaria vinculado ao auferimento da receita.

11.4. Capacidade contributiva e mínimo existencial. A tributação isonômica, na medida da capacidade contributiva, implica a necessária delimitação de um *limite inferior*. Ao menos em termos puramente teóricos, esse limite inferior é traduzido pela concepção do *mínimo existencial*. A discussão surge, no entanto, em termos práticos, na dificuldade de se delimitar o conceito de mínimo existencial, especialmente a partir da necessária identificação dos seus componentes, tanto no viés qualitativo como no quantitativo. Tecnicamente, *mínimo existencial* é um conceito derivado da garantia da *dignidade da pessoa humana* conjugado com o *princípio do Estado Social*. Os alemães, na tentativa de concretizar o valor jurídico abstrato da dignidade humana, no contexto do Estado Social de Direito, entenderam que o Estado que se propõe a efetivamente realizar o seu viés social ou a entregar prestações sociais positivas aos seus cidadãos, quando necessário, deve fazê-lo respeitando a dignidade de cada cidadão. De um lado, na perspectiva do Estado prestacional, o Poder Público deve garantir a todo cidadão uma existência minimamente digna ou, em outras palavras, que cada um disponha daquilo que é indispensável para uma vida digna. Todavia, mesmo se reconhecendo o dever prestacional social do Estado, essa atuação deve ocorrer sempre de forma *subsidiária*, no sentido de que a primeira obrigação do Estado, enquanto soberano frente aos seus súditos, é a de lhes garantir as condições necessárias para que eles possam, por força e iniciativa própria, com a devida autonomia, desenvolver livremente sua personalidade, fazendo suas próprias escolhas, sem a intervenção estatal. Apenas quando essas condições não se fizerem presentes, ou o cidadão não dispuser delas, o Estado deve intervir de forma prestacional positiva, seja por meio de prestações financeiras diretas, seja por meio de programas voltados, por exemplo, para a habitação popular, o combate ao desemprego e à fome. O *princípio da subsidiariedade*, quando analisado na perspectiva da atuação prestacional social do Estado, também irradia seus efeitos na esfera tributária. Consoante visto acima, se o Estado deve garantir ao cidadão as condições necessárias suficientes para que ele consiga autonomamente e por força própria fazer suas escolhas, desenvolvendo livremente sua personalidade, então não faz sentido algum o Estado tributar o cidadão justamente naquilo que lhe é minimamente indispensável para alcançar esse objetivo. Dito de outra forma, é incoerente o Estado tributar o mínimo existencial dessa pessoa, sem o qual ela não conseguirá se desenvolver livremente, sem a interferência do Estado. Essa percepção do mínimo existencial é transportada diretamente para o Direito Tributário, constituindo o seu limite inferior, abaixo do qual não há espaço para a tributação. A maior dificuldade, especialmente no âmbito da *política fiscal*, é justamente identificar o que integra esse *mínimo existencial imune*. De um lado, quando se fixa o limite de isenção na tabela do IRPF, procura-se quantificar, na média, o valor da renda mínima intributável, capaz de supostamente garantir o mínimo existencial. De outro lado, esse mecanismo é de difícil implementação no âmbito dos impostos sobre o consumo. No caso do IPI e do ICMS, por exemplo, a técnica utilizada para o atendimento, em parte, da proteção ao mínimo existencial, é a da *seletividade em função da essencialidade*. A seletividade impõe uma graduação diferenciada das alíquotas e/ou da base de cálculo, de modo a atenuar ou a agravar o efeito da tributação, conforme o bem ou o serviço seja essencial ou supérfluo às necessidades humanas (sobre o princípio da seletividade, ver abaixo os comentários aos arts. 153 e 155).

11.4.1. Mínimo existencial, cesta básica e ICMS. Essa compreensão sobre o mínimo existencial imune justifica, com segurança, o afastamento do ICMS, por exemplo, sobre *alimentos da cesta básica* e sobre um *consumo mínimo de energia elétrica residencial*. Por mais claro que isso possa parecer, se considerarmos o acima exposto como sustentável constitucionalmente, há estados que ainda tributam os alimentos da cesta básica, em que pese tenham se dado ao trabalho de compor uma lista própria com essa finalidade.

11.4.2. Mínimo existencial, açúcar de cana e IPI. O STF, quando instado a se manifestar sobre a incidência de uma alíquota de 18% de IPI sobre o *açúcar de cana*, entendeu não haver violação ao princípio da seletividade em função da essencialidade, e que a Corte não poderia interferir na *discricionariedade* do Executivo quanto ao valor da alíquota, mesmo que houvesse, na CF, a previsão do princípio da seletividade em função da essencialidade para o IPI (RE 592.145, Rel. Min. Marco Aurélio, Pleno, j. 05/04/2017, DJe 31/01/2018).

11.4.3. Mínimo existencial, deduções fiscais e correção monetária da tabela do IR. A atuação positiva do STF é tímida com relação à proteção efetiva do mínimo existencial. A análise da jurisprudência constitucional permite-nos observar que, de regra, a Corte Suprema trata das questões ligadas ao valor das *deduções fiscais* e da *correção monetária da tabela* do Imposto de Renda, por exemplo, como questões pertinentes à *discricionariedade legislativa*, não interferindo na decisão do legislador. Assim, quando, em 2011, julgou pedido de atualização monetária da tabela do Imposto de Renda, entendeu que não cabe ao Poder Judiciário autorizar aquilo que os Poderes Legislativo e Executivo não autorizaram, mesmo que fosse patente a desatualização dos valores da tabela, provocando inequívoca violação à capacidade contributiva (RE 388.312, Rel. Min. Marco Aurélio, Rel. p/ acórdão Min. Cármen Lúcia, Pleno, j. 08/2011). No caso acima, o Min. Marco Aurélio restou vencido e foi voto isolado no sentido da possibilidade de providência jurisdicional direcionada à atualização monetária da tabela, fundamentada nos princípios da legalidade, da capacidade contributiva e do não confisco. Marco Aurélio não estava defendendo uma atuação do STF como legislador positivo, mas apenas como garantidor de uma tributação justa, conforme a capacidade contributiva, e, mais do que isso, conforme a realidade, de modo a manter os valores da tabela constantes da Lei 9.250/95 com a mesma força normativa que tinham em 1995. Observe-se que não se tratava de eventual concessão judicial de benefício tributário, uma vez que *atualização monetária* não implica ganho ou acréscimo patrimonial propriamente dito, mas mera *reposição da perda do valor da moeda*. Tratava-se, ao contrário, de tentativa de adequar a imposição fiscal à realidade, especialmente quando se torna notória a falta de atualização monetária ou quando é de fato possível se *quantificar o mínimo existencial*.

11.4.4. Mínimo existencial e Tribunal Constitucional Federal alemão. O Governo Federal alemão, desde 1995, atuando efetivamente na proteção da dignidade da pessoa humana, à luz dos princípios da solidariedade e do Estado Social, configura sua legislação social e sua legislação tributária com base nos *relatórios sobre o mínimo existencial* (*Existenzminimumbericht*). Esses relatórios traduzem em números o mínimo existencial, para valores presentes, refletindo a realidade. Fundamento jurídico para a elaboração desses relatórios é a jurisprudência do Tribunal Constitucional Federal alemão (BVerfG), segundo a qual o contribuinte, após pagar o imposto sobre sua renda, deve poder dispor de um valor que seja capaz de fazer frente às despesas necessárias à manutenção da sua vida e da sua família (BVerfGE 87, 153, 169). O valor do mínimo existencial, o qual deve ser protegido contra a tributação, depende de circunstâncias econômicas juridicamente reconhecidas; sua estimativa é tarefa do legislador. Na prática, o legislador fixa inicialmente esse valor de "necessidade mínima" no âmbito do Direito Assistencial, que refletirá o quanto o Estado entregará ao necessitado a título de assistência social financeira (*Bolsa-Família*, por exemplo). Esse mesmo valor servirá de *referencial* para o Imposto de Renda, delimitando aquilo que chamamos no Brasil de "*limite de isenção*". Em outras palavras, a "necessidade mínima", reconhecida inicialmente no âmbito do Direito Assistencial, é a *grandeza de medida* a ser utilizada para o mínimo existencial na seara do IR (BVerfGE 87, 153, 170 s.). Aqui é devido, além do *valor básico*, também um valor para cobrir a *assistência médica* por doença e por invalidez, especialmente as mensalidades do seguro-saúde (BVerfGE 120, 125, 156 s.). Esses parâmetros valem também para a apuração do valor básico referente aos *filhos* e do valor das despesas de seguro-saúde (BVerfGE 82, 60, 93 s. e 120, 125, 159 s., 165 s.). O Tribunal alemão reconhece que a capacidade contributiva dos pais é diminuída em virtude das despesas vinculadas à criação e à educação dos filhos. Por isso, essas despesas devem ser consideradas no IR adicionalmente como *componentes do mínimo existencial* dos filhos (BVerfGE 99, 216, 233 s., 240 ss.). O Código de Direito Social alemão (*Sozialgesetzbuch* XII) prevê que o mínimo existencial compreende os seguintes *componentes*: a) necessidades básicas, que englobam especialmente despesas referentes a i) alimentação, ii) vestuário, iii) higiene pessoal, iv) utensílios domésticos, v) energia elétrica residencial e vi) necessidades pessoais do dia a dia; b) despesas típicas com educação e lazer dos filhos; c) despesas com moradia (aluguel e despesas correlatas); d) despesas com aquecimento (inclusive para o fornecimento de água quente). Em paralelo, são consideradas despesas com *seguro-saúde*, tanto para doença como para invalidez. O último relatório (*Bericht über die Höhe des steuerfrei zu stellenden Existenzminimums von Erwachsenen und Kindern für das Jahr 2022 (13. Existenzminimumbericht)* determinou como *valor básico* para solteiro, em 2022, o valor de 450 *euros/mês* e de 810 *euros/mês* para casais (Disponível em: https://www.bundesfinanzministerium.de/Content/DE/Standardartikel/Themen/Steuern/2020-09.23-existenzminimumbericht-anl.pdf?__blob=publicationFile&v=2. Acesso em: 02.08.2021). A título de *aluguel*, foram previstos os valores de 307 *euros/mês* para solteiros e 460 *euros/mês* para casais; despesas com aquecimento, 67 *euros/mês* para solteiros e 90 *euros/mês* para casais; despesas com os filhos, na média, o valor básico de 318 *euros/mês*, entre outras despesas. O Tribunal Constitucional Federal alemão, quando instado a avaliar a compatibilidade de determinados valores ou parâmetros quantitativos, à luz da Constituição alemã, não raras vezes declara a inconstitucionalidade do dispositivo legal questionado, quando vislumbra que ele está "estranho à realidade" (*realitätsfremd*), isso é, o valor não condiz com a realidade, e, portanto, é incompatível com a Constituição Federal. Nesses casos, seguindo a tradição ocidental da proibição de atuação da Corte como legislador positivo, o Tribunal alemão fixa prazo para o Congresso alemão adequar a legislação, guiando-se pelos parâmetros determinados na decisão.

11.5. Capacidade contributiva e proibição de confisco. No limite superior da tributação isonômica conforme o critério da capacidade contributiva, surge a proibição de confisco. A vedação à *tributação com efeitos de confisco* ganha destaque no texto constitucional, em capítulo próprio dedicado às limitações constitucionais ao poder de tributar. O Estado Fiscal deve partir de um ponto a partir do qual uma renda mínima para a existência digna está garantida (mínimo existencial imune), para só então poder avançar por diferentes patamares de renda, até se atingir um teto, a partir do qual não poderá subir mais. A ideia de um teto ou limite superior demarca a linha divisória com o terreno do confisco, assim compreendido como o efeito da *apropriação desmedida ou desproporcional* do Estado sobre um direito patrimonial ou um direito de liberdade do cidadão.

11.5.1. Proibição de confisco: EUA, Alemanha e Brasil. Na acepção clássica do confisco, a tributação, que é, na prática, uma apropriação patrimonial pelo Estado, torna-se confiscatória quando se apropria de quase a totalidade da renda ou do patrimônio do cidadão, ou quando se apropria de uma parcela tão significativa que já não faz mais sentido para o cidadão constituir ou manter determinada renda ou patrimônio. Assim, por exemplo, alíquotas do IR, como aquelas praticadas pelos Estados Unidos em 1980 (70%) e pela Alemanha em 1946 (90%), hoje seriam manifestamente confiscatórias, visto que atingem substancialmente mais da metade do rendimento auferido pelo contribuinte. Situações como essas, que deixam para o contribuinte apenas 30% ou 10% do seu salário na sua livre disposição, levam o cidadão a um quadro de plena dependência do Estado, violando inequivocamente a garantia do *mínimo existencial* e o *princípio da subsidiariedade*. Em histórico precedente, da lavra do Ministro do STF, Orosimbo Nonato (RE 18.331, RF 145/164), a Corte entendeu que "o poder de taxar não pode chegar à desmedida do poder de destruir, uma vez que aquele somente pode ser exercido dentro dos limites que o tornem compatível com a liberdade de trabalho, de comércio e de indústria e com o direito de propriedade (...)". A decisão remete ao clássico caso norte-americano *McCulloch v. Maryland* (17 U.S. 327 (1819)), no qual se asseverou que "um poder de tributar ilimitado envolve, necessariamente, um poder de destruir". O STF bem resumiu o sentido da vedação da tributação com efeito de confisco: "A proibição constitucional do confisco em matéria tributária nada mais representa senão a interdição, pela Carta Política, de qualquer pretensão governamental que possa conduzir, no campo da fiscalidade, à injusta apropriação estatal, no todo ou em parte, do patrimônio ou dos rendimentos dos contribuintes, comprometendo-lhes, pela insuportabilidade da carga tributária, o exercício do direito a uma existência digna, ou a prática de atividade profissional lícita ou, ainda, a regular satisfação de suas necessidades vitais (educação, saúde e habitação, por exemplo)" (ADI 2.010 MC, Rel. Min. Celso de Mello, Pleno, j. 30/09/1999, DJ 12/04/2002). Ilustrativo é o caso da Alemanha em matéria de confisco cuja *avaliação quantitativa* é pertinente à abordagem no terreno da capacidade contributiva. Em 1995, o Segundo Senado do Tribunal Constitucional Federal alemão derivou, do art. 14, II, 2, da Constituição alemã, o chamado "princípio da repartição pela metade" (*Halbteilungsgrundsatz*). O dispositivo prevê que "a propriedade obriga; seu uso deve servir simultaneamente ao bem da coletividade" (*Eigentum verpflichtet. Sein Gebrauch soll zugleich dem Wohle der Allgemeinheit dienen*). Na decisão, constou que "o imposto sobre o patrimônio somente pode ser agregado aos demais impostos sobre a receita, até onde a carga tributária total sobre a receita, na análise tipificada de receitas, despesas dedutíveis e demais desonerações, permaneça próxima de uma divisão pela metade entre o privado e o público"

(BVerfGE 93, 121, LS 3. *Einheitswertbeschlüsse*, j. 22/06/95. *Vermögens- und Erbschaftsteuer*: BVerfGE 93, 121 (VSt) und 93, 165 (ErbSt)). Dos deveres conexos à propriedade, o Tribunal alemão entendeu que a tributação deveria trabalhar com uma lógica de atendimento a um dúplice interesse: de um lado, o interesse privado, inerente à propriedade privada; de outro, o interesse público, ligado ao que nós costumamos denominar de *função social da propriedade*. A partir dessa noção de atendimento simultâneo, tanto de interesses da esfera privada quanto da esfera pública, chegou-se a uma aproximação de solução, que se traduzia, na verdade, em uma *divisão pela metade* da riqueza em jogo: 50% seria destinado ao Estado, mediante o pagamento dos impostos, e os outros 50% permaneceriam com o contribuinte. No entanto, dez anos depois, em 18/01/2006, o Segundo Senado do Tribunal alemão distanciou-se da ideia do limite superior da carga tributária. Conforme decidido, "um limite superior absoluto, vinculante de forma geral, de carga tributária, próximo a uma divisão pela metade, não pode ser extraído do art. 14, II, 2 da Constituição alemã" (BVerfGE 115, 97, 114).

11.5.2. Proibição de confisco: a resposta "caso a caso" do STF a partir da razoabilidade. Partindo da experiência alemã como um referencial a título de alternativa, seria possível fixar, em abstrato, um limite para o confisco, de modo a respeitar a capacidade contributiva? No Brasil, o STF, quando instado a se manifestar sobre a correção monetária da tabela progressiva do IR, na ausência de previsão legal nesse sentido, entendeu que "a vedação constitucional de tributo confiscatório e a necessidade de se observar o princípio da capacidade contributiva são questões, cuja análise dependem da situação individual do contribuinte, principalmente em razão da possibilidade de se proceder a deduções fiscais, como se dá no imposto sobre a renda" (RE 388.312, Rel. Min. Marco Aurélio, Rel. p/ Acórdão Min. Cármen Lúcia, Pleno, j. 01/08/2011, DJe 10/10/2011). Nessa decisão, observa-se a tendência da Corte Suprema, no sentido da necessidade de uma *avaliação em concreto*, levando em consideração as circunstâncias que permeiam a situação individual do contribuinte, tais como as despesas que ele eventualmente tenha e que possam ser utilizadas como deduções fiscais, de modo a reduzir o montante do imposto a pagar ou a aumentar o montante do imposto a restituir. Portanto, uma *fixação em abstrato* de um limite percentual para o confisco não seria possível, na visão da Corte. Nessa mesma decisão, vale destacar, do voto-vista da Min. Ellen Gracie, sua ressalva para o fato de que "a análise da violação ao princípio da capacidade contributiva e do efeito confiscatório não depende, sempre, da verificação da situação de cada contribuinte. Tanto que esta Corte, por ocasião do julgamento da ADI 2.010, entendeu que o aumento de contribuição previdenciária que, somada ao imposto de renda, resultaria numa tributação direta da renda com ônus de cerca de 50%, implicava confisco. Fez isso em razão das grandezas em discussão e das regras de experiência, não considerando as circunstâncias pessoais de cada contribuinte". No julgamento da medida cautelar na ADI 2.010, o STF decidiu que "a identificação do efeito confiscatório deve ser feita em função da totalidade da carga tributária, mediante verificação da capacidade de que dispõe o contribuinte – considerado o montante de sua riqueza (renda e capital) – para suportar e sofrer a incidência de todos os tributos que ele deverá pagar, dentro de determinado período, à mesma pessoa política que os houver instituído (a União Federal, no caso), condicionando-se, ainda, a aferição do grau de insuportabilidade econômico-financeira, à observância, pelo legislador, de padrões de razoabilidade destinados a neutralizar excessos de ordem fiscal eventualmente praticados pelo Poder Público". A Corte enfatiza na direção de uma avaliação a partir da *totalidade da carga tributária* incidente sobre o contribuinte, mediante a verificação da sua *real capacidade contributiva*, considerando: i) sua renda e seu capital, ii) a totalidade dos tributos cobrados pela mesma pessoa política e iii) a razoabilidade quanto ao grau de insuportabilidade econômico-financeira. Nesse ponto, a Corte entende que a *razoabilidade* desempenha um papel decisivo na aferição do efeito confiscatório: "resulta configurado o caráter confiscatório de determinado tributo, sempre que o efeito cumulativo – resultante das múltiplas incidências tributárias estabelecidas pela mesma entidade estatal – afetar, substancialmente, de maneira irrazoável, o patrimônio e/ou os rendimentos do contribuinte. O Poder Público, especialmente em sede de tributação (as contribuições de seguridade social revestem-se de caráter tributário), não pode agir imoderadamente, pois a atividade estatal acha-se essencialmente condicionada pelo princípio da razoabilidade". Portanto, quando partimos da jurisprudência do STF, fica clara a necessidade de uma avaliação voltada para o *caso concreto*, buscando identificar a totalidade dos tributos incidentes e cobrados pela mesma pessoa política, à luz da realidade econômico-financeira do contribuinte. Resta, em princípio, afastado um limite geral e abstrato de 50%, como sinalizado pela Corte, de forma isolada, na ADI 2.010.

11.5.3. Proibição de confisco e contexto cultural do Estado. A avaliação e a rotulagem de determinada carga tributária como confiscatória ou desproporcional depende também do contexto de Estado em que ela se insere. Como visto no caso da Alemanha, como também é o caso dos países escandinavos, a tributação sobre a renda da pessoa física, em patamares em torno de 50%, não é confiscatória. Isso se deve, entre outras causas, ao grau de reconhecimento e respectiva legitimidade que o Estado adquire perante os seus cidadãos, conforme a eficiência na prestação dos serviços públicos que ele entrega.

11.6. Capacidade contributiva e amplitude de aplicação. Quando se enfrentam os problemas que gravitam em torno da capacidade contributiva, o questionamento acerca da sua amplitude de aplicação é, certamente, um dos mais polêmicos. Isso porque, de um lado, conforme visto acima, temos a previsão expressa da capacidade contributiva no texto constitucional, em um dispositivo que a vincula aos *impostos com caráter pessoal*, o que pode conduzir o intérprete ao entendimento de que ela se aplicaria apenas aos impostos pessoais. De outro lado, conforme se demonstrará abaixo, a jurisprudência do STF sinaliza, ainda que de forma tímida e muitas vezes isolada, pela possibilidade de sua aplicação nos *impostos reais*, nos *impostos indiretos* e nas *taxas*.

11.6.1. Progressividade do IPTU. No *leading case* sobre a progressividade do IPTU, no ano de 1996, o STF entendeu que o IPTU era um imposto real, não admitindo a progressividade (RE 153.771, Rel. Min. Carlos Velloso, Rel. p/ Acórdão Min. Moreira Alves, Pleno, j. 20/11/1996, DJ 05/09/1997). Isso porque, se analisado à luz do § 1° do art. 145, o caráter real desse imposto seria incompatível com a progressividade decorrente da capacidade econômica do contribuinte. Se analisado ainda de forma conjugada com o art. 156, § 1°, também não seria viável. Ao final, admitiu apenas a progressividade extrafiscal do IPTU, essa, sim, prevista na CF, sendo inconstitucional qualquer progressividade que não atendesse exclusivamente ao disposto no art. 156, § 1°, aplicado com as limitações trazidas pelos §§ 2° e 4° do art. 182, ambos da CF.

11.6.2. Progressividade do ITBI. Em 1999, quando avaliou a progressividade das alíquotas do ITBI do município de São Paulo, entendeu o órgão Pleno do STF que a CF não autorizava a progressividade das alíquotas nesse caso e que, na transmissão *intervivos*, o princípio da capacidade contributiva realizava-se proporcionalmente ao preço da venda do imóvel (RE 234.105, Rel. Min. Carlos Velloso, j. 08/04/1999, DJ 31/03/2000). Na ocasião, os ministros ressaltaram que se estava diante de um imposto real, ao qual não se poderia emprestar caráter pessoal para fins de graduação segundo a capacidade econômica do contribuinte, conforme estabelecido no § 1º do art. 145 da CF. O ex-Ministro Octavio Gallotti ainda ressaltou, no seu voto, que "os impostos reais são infensos à aplicação do critério da progressividade". Em suma, a maioria dos ministros reiterou os fundamentos sustentados no RE 153.771, citado anteriormente.

11.6.3. Capacidade contributiva e impostos pessoais, diretos e com finalidade fiscal. Ampliação gradual. Da forma como a jurisprudência tributária constitucional vinha sendo construída, a conclusão era de que a capacidade contributiva somente haveria de ser levada em consideração para os impostos *pessoais, diretos e com finalidade fiscal*. E a doutrina nacional majoritária foi, aos poucos, amoldando-se a essa orientação, restringindo a aplicação da capacidade contributiva. No entanto, essa orientação não se consolidou na Corte Suprema com o passar dos anos, ao menos não de uma forma tão restritiva como esta. Prova disso é que houve decisões em prol da aplicação do princípio da capacidade contributiva às *taxas*, a determinadas *contribuições*, bem como ao *ITCD* – em mudança de entendimento – e até mesmo ao *ICMS*.

11.6.4. IPVA. O Min. Joaquim Barbosa já havia sustentado uma amplitude de aplicação maior, por ocasião de um julgamento envolvendo o *IPVA*. Na ocasião, partiu da premissa segundo a qual "todos os tributos submetem-se ao princípio da capacidade contributiva (precedentes), ao menos em relação a um de seus três aspectos (objetivo, subjetivo e proporcional), independentemente de classificação extraída de critérios puramente econômicos" (RE 406.955 AgR, Rel. Min. Joaquim Barbosa, 2ª Turma, j. 04/10/2011, DJe 21/10/2011). Em que pese não se tenha adentrado em profundidade no mérito da configuração do IPVA no caso, foi ressaltado que a eventual classificação como imposto real não impediria sua sujeição ao princípio da capacidade contributiva. Ainda com relação ao IPVA, a Segunda Turma decidiu que a instituição da técnica de *alíquotas diferenciadas* conforme a natureza do combustível e o valor e o tipo do veículo não reflete um tributo progressivo, notadamente quando as alíquotas, dessa forma, segundo esses critérios, não levam em consideração a capacidade contributiva (RE 414.259 AgR, Rel. Min. Eros Grau, 2ª Turma, j. 24/06/2008, DJe 15/08/2008).

11.6.5. ITCD. Progressividade. No julgamento da progressividade do ITCD do estado do Rio Grande do Sul, o relator, Min. Ricardo Lewandowski, entendeu que o § 1º do art. 145 da CF contém uma *vedação* à progressividade aos impostos reais e que essa vedação, ao lado dos princípios da legalidade, da irretroatividade, da anterioridade, da isonomia e da proibição de confisco, configura garantia constitucional e direito individual do contribuinte, não podendo ser afastada por lei ordinária estadual. Já o Min. Ayres Britto sustentou que: "se tratando de ITCMD, bem mais razão é de se ajuizar que a nossa Magna Lei não contém condição semelhante à que havia em relação à progressividade do IPTU, antes da EC nº 29/2000. Daí que a norma geral do § 1º do art. 145 passa a incidir pelo modo mais desembaraçado para, naturalmente, admitir a progressividade das alíquotas 'segundo a capacidade econômica do contribuinte'. Vale dizer, aqui (no âmbito do ITCMD) não há e nunca houve necessidade de emenda constitucional para que o imposto fosse progressivo". Ao final, o Pleno julgou constitucional, por maioria, a lei gaúcha, admitindo a progressividade das alíquotas, fixadas de 1% a 8%. Prevaleceu o entendimento segundo o qual um imposto tradicionalmente real, como o ITCD, poderia adquirir características ou feições de imposto pessoal (*pessoalização do imposto*), podendo e devendo ser graduado conforme a capacidade contributiva, inclusive de forma progressiva, não havendo vedação constitucional para tanto (RE 562.045, Rel. p/ o ac. Min. Cármen Lúcia, Pleno, j. 06/02/2013, DJe 27/11/2013, Tema 21). Ainda no âmbito do ITCD, vale a referência à outra análise realizada pelo Tribunal, por meio da qual se reconheceu que o *grau de parentesco*, por não guardar identidade ou mínima relação com a capacidade contributiva, não poderia ser utilizado como parâmetro para a progressividade (RE 854.869 AgR, Rel. Min. Cármen Lúcia, 2ª Turma, j. 25/08/2015, DJe 04/09/2015).

11.6.6. Contribuições. No âmbito das contribuições, em decisão ainda recente sobre a constitucionalidade da *contribuição adicional de 2,5% sobre a folha de salários* instituída para as instituições financeiras e assemelhadas (Lei 7.787/89), restou assentado que o princípio da capacidade contributiva se aplica a todas as exações fiscais e não exclusivamente aos impostos. O Pleno vislumbrou que a tributação diferenciada para determinados segmentos econômicos, especialmente para aqueles que se utilizam de mão de obra intensiva, é compatível com a Constituição. Por fim, entendeu que a instituição de adicional à contribuição social devida por empregadores de certos segmentos produtivos ou financeiros é compatível com os princípios da solidariedade, da equidade e da capacidade contributiva, que constituem os principais esteios da seguridade social (RE 599.309,

Rel. Min. Ricardo Lewandowski, Pleno, j. 06/06/2018, Informativo 905, Tema 470). A *Contribuição para o Custeio do Serviço de Iluminação Pública* (COSIP), do município de São José (SC), também foi avaliada pelo STF à luz da capacidade contributiva. A lei objeto da irresignação previa a cobrança da contribuição a partir do custo mensal do serviço de iluminação pública, que deveria ser rateado entre os contribuintes, de acordo com os níveis individuais de *consumo mensal de energia elétrica*, conforme *categorias de consumidor* (residencial, comercial, industrial, poder público e rural) e mediante a aplicação de alíquotas progressivas com base nas faixas de consumo de energia elétrica (em KWh). O Pleno entendeu que a lei não ofendia o princípio da isonomia e que a progressividade das alíquotas não afrontava o princípio da capacidade contributiva. Para chegar a essa conclusão, o Tribunal reconheceu que se tratava de um tributo de *caráter sui generis*, que não se confundia com imposto nem com taxa e que se amoldava aos princípios da razoabilidade e da proporcionalidade (RE 573.675, Rel. Min. Ricardo Lewandowski, Pleno, j. 25/03/2009, DJe 22/05/2009, Tema 44).

11.6.7. ISS profissionais liberais. A capacidade contributiva fora reconhecida inclusive na sistemática de cobrança do ISS dos *profissionais liberais*, na modalidade de tributação por valor fixo, por profissional habilitado. O STF possui entendimento sumulado, no sentido da recepção constitucional dos §§ 1º e 3º do art. 9º do DL 406/68 (*Súmula 663*), os quais preveem tributação diferenciada para os profissionais, mas de forma a concretizar a isonomia e a capacidade contributiva (AI 703.982 AgR, Rel. Min. Dias Toffoli, 1ª Turma, j. 09/04/2013, DJe 07/06/2013).

11.6.8. Taxa de Coleta de Lixo. Até mesmo a área do imóvel, utilizada como critério para a determinação da alíquota da *taxa de coleta de lixo*, foi reconhecida como parâmetro legítimo de realização da isonomia tributária e do princípio da capacidade contributiva, mesmo que se tenha, de fato, utilizado-se de um elemento pertinente a um imposto real (IPTU) (RE 232.393, Rel. Min. Carlos Velloso, Pleno, j. 12/08/1999, DJ 05/04/2002).

11.6.9. Taxa de Fiscalização CVM. Quanto à aplicabilidade sobre as taxas, um dos casos mais emblemáticos na jurisprudência do STF, que terminou por validar a aplicação da capacidade contributiva nesse âmbito, foi a decisão sobre a constitucionalidade da *Taxa de Fiscalização da CVM*. Quando a Corte reconheceu que a Lei 7.940/89 adotou o *patrimônio líquido* das empresas meramente como critério destinado a classificar os contribuintes por faixas, de acordo com seu porte e capacidade contributiva, entendeu que esse critério buscava realizar o princípio da capacidade contributiva, que também seria aplicável às taxas (RE 177.835, Rel. Min. Carlos Velloso, Pleno, j. 22/04/1999, DJ 25/05/2001).

11.6.10. ICMS. A possibilidade de consideração da capacidade contributiva foi aventada inclusive no âmbito do ICMS, embora de forma tímida e não aprofundada. Trata-se do julgamento da constitucionalidade da *substituição tributária para frente*, no qual o Min. Ilmar Galvão advertiu que, no caso do ICMS, o consumidor final é o contribuinte de fato. É ele quem suporta o ônus tributário obrigatoriamente, independentemente de haver substituição tributária ou não. Portanto, é a capacidade contributiva dele, e somente dele, que deve ser considerada (RE 213.396, Rel. Min. Ilmar Galvão, 1ª Turma, j. 02/08/1999, DJ 01/12/2000).

11.6.11. Consolidação da superação do precedente: dos impostos pessoais, diretos e com finalidade fiscal à capacidade contributiva. Da análise dos casos acima, pode-se verificar, com segurança, que a tradicional orientação segundo a qual o princípio da capacidade contributiva se aplicaria apenas aos impostos pessoais, diretos e com finalidade fiscal, não se sustenta mais. E nem poderia: o princípio da capacidade contributiva é o princípio que melhor realiza a *justiça tributária*, sob a forma de uma *tributação isonômica* com base no *critério da capacidade contributiva*. Esse critério traduz: i) a noção de *proporcionalidade* na tributação; ii) o limite inferior da tributação (*mínimo existencial*); iii) o limite superior da tributação (*confisco*). Devido à sua inquestionável e extraordinária envergadura axiológica, que o distingue da normalidade dos demais princípios do Sistema Tributário Nacional, o princípio da capacidade contributiva deve, *sempre que possível*, ser observado na graduação dos *tributos*, não apenas dos impostos pessoais. Além disso, é possível concluir que os impostos reais admitem certo grau de *pessoalização*, coadunando-se à capacidade contributiva, mesmo que de forma presumida. Assim, no ITCD, o quanto de herança ou de doação o herdeiro ou o donatário recebeu denota um aumento de capacidade contributiva, verificável na sua esfera pessoal patrimonial. No caso do IPTU, a área do imóvel, que serve de parâmetro para a Taxa de Coleta de Lixo, também representa um signo presuntivo de riqueza, de capacidade contributiva, atribuível à pessoa do proprietário do imóvel, embora se reconheça que isso possa gerar algumas *distorções* com relação à capacidade contributiva subjetiva a partir da renda do proprietário. Até mesmo no caso do IPVA, embora se utilize, na maioria dos casos, a marca, o modelo e o ano do veículo como parâmetros de cálculo, deve-se reconhecer que esses parâmetros incorporam uma nítida presunção de capacidade contributiva, a qual é demonstrada pelo respectivo valor do veículo. A redação do § 1º do art. 145 da CF, em que pese faça referência a impostos com caráter pessoal, não se limita a eles no que toca à amplitude de aplicação do princípio da capacidade contributiva. Ressalvamos, no entanto, notadamente com relação às taxas, que o critério pertinente e adequado para sua graduação não é o da capacidade contributiva, mas, sim, o critério da retributividade, conforme defendido acima. O princípio da capacidade contributiva pode e deve encontrar entrada nas discussões sobre taxas, mas como uma norma jurídica voltada para a proteção contra uma tributação confiscatória ou atentatória ao mínimo existencial.

11.6.12. Capacidade contributiva e finalidade extrafiscal ou diretiva. Com relação à sua aplicação aos impostos com *finalidade extrafiscal ou diretiva* (*Lenkungszwecksteuern*), qualquer norma com finalidade diretiva não pode violar o mínimo existencial, mesmo quando se atribui à finalidade estatal buscada uma especial importância, que termine por justificar, por força da sua primazia, até mesmo uma violação ao princípio da igualdade. A norma diretiva deve respeitar uma *medida mínima de capacidade contributiva* do contribuinte, de modo a não colocar em risco a garantia do custeio das despesas assecuratórias da sua existência e da manutenção da sua fonte produtiva. Aqui, a *liberdade de desenvolvimento da personalidade*, a *liberdade de atividade econômica ou profissão* e a *garantia da propriedade* estabelecem limites necessários às normas com finalidade diretiva. E, mesmo quando se atribuir ao objetivo diretivo, no exame da proporcionalidade, um peso maior, que possa justificar uma quebra do princípio da igualdade, os direitos e as liberdades fundamentais atingidos não podem ser violados no seu núcleo essencial (sobre isso, ver também abaixo os comentários ao art. 150, IV).

11.7. Progressividade. A progressividade geralmente ocorre por meio da *técnica* da variação das alíquotas com base na variação da base de cálculo. É o que ocorre no IRPF, por exemplo, cujas alíquotas aumentam conforme o aumento da renda ou a modificação da faixa de rendimentos. A progressividade *não é um princípio jurídico*, na medida em que não representa um estado ideal de coisas a ser alcançado, não é um fim em si mesmo e não serve de fundamento jurídico para a formulação e aplicação das regras jurídicas.

Pelo contrário, é uma *técnica* (meio) para se realizar determinado fim. Consoante sustentado acima, a progressividade pode ser utilizada, sempre que possível, tecnicamente considerando, na graduação dos impostos que se compatibilizam com o princípio da capacidade contributiva, visando ao objetivo final da realização de uma tributação isonômica com base no critério da capacidade contributiva. Cumpre reiterar que o princípio da capacidade contributiva não exige a progressividade, mas esta não se opõe a ele. Além disso, a progressividade contribui para que se alcance a *justiça tributária no plano vertical*, no qual quem tem maior capacidade contributiva deve contribuir mais.

11.7.1. Progressividade na jurisprudência do STF. O STF vinha decidindo sistematicamente que a progressividade somente poderia ser utilizada nos impostos pessoais ou quando estivesse autorizada expressamente na CF. O entendimento previa, como regra, a adoção da progressividade apenas para os impostos pessoais, os quais estariam diretamente vinculados à capacidade contributiva, conforme a previsão do § 1º do art. 145 da CF. As exceções deveriam estar expressamente autorizadas no texto constitucional. Assim, a progressividade estaria autorizada apenas para o IR (art. 153, § 2º, I), o ITR (art. 153, § 4º, I) e o IPTU (art. 156, § 1º e 182, § 4º). Em outras palavras, conforme decidido pelo STF, o caráter real dos tributos seria incompatível com a progressividade decorrente da capacidade econômica do contribuinte (RE 153.771, Rel. p/ acórdão Min. Moreira Alves, Pleno, j. 11/96). Nessa linha, foram editadas duas súmulas, referentes ao ITBI e ao IPTU antes da EC 29/2000. A *Súmula 656* dispõe que "é inconstitucional a lei que estabelece alíquotas progressivas para o imposto de transmissão inter vivos de bens imóveis – ITBI com base no valor venal do imóvel". Nesse caso, o princípio da capacidade contributiva seria realizado de forma proporcional ao preço da venda do imóvel (RE 234.105, Rel. Min. Carlos Velloso, Pleno, j. 04/99). Com relação ao IPTU antes da EC 29/2000, a *Súmula 668* prevê que "é inconstitucional a lei municipal que tenha estabelecido, antes da Emenda Constitucional n. 29/2000, alíquotas progressivas para o IPTU, salvo se destinada a assegurar o cumprimento da função social da propriedade urbana". A progressividade do IPTU possui a peculiaridade de ser tanto *fiscal* como *extrafiscal*. A progressividade extrafiscal é prevista no § 4º do art. 182 da CF como uma forma de estimular o cumprimento da função social da propriedade. Desde o advento da CF/88, há a autorização para a cobrança de IPTU progressivo (majorado) no tempo dos proprietários de solo urbano não edificado, subutilizado ou não utilizado, como “estímulo” para que promovam seu adequado aproveitamento. Até a promulgação da EC 29/2000, essa era a progressividade autorizada para o IPTU, ou seja, com finalidade meramente extrafiscal (atender à função social da propriedade). Somente após essa alteração constitucional que a progressividade fiscal passou a ser autorizada, dessa vez, portanto, com nítido intuito arrecadatório. A emenda previu a *progressividade* com base no critério do *valor do imóvel* e *alíquotas diferentes* de acordo com a *localização* e o *uso* do imóvel (§ 1º do art. 156). Aqui se pode vislumbrar uma aproximação ao princípio da capacidade contributiva, mesmo que de forma presumida. Entendemos que é legítima essa presunção segundo a qual quanto maior o valor do imóvel e melhor a sua localização, maior será a capacidade contributiva do seu proprietário. Eventuais distorções a essa presunção, desde que e enquanto verificadas em casos que não representem um número significativo frente ao universo de contribuintes considerado, devem ser suportadas em prol da praticabilidade da tributação. No entanto, houve uma mudança de entendimento, por ocasião do julgamento do ITCD do estado do Rio Grande do Sul, em 2013. Dado que não havia previsão constitucional para sua cobrança progressiva, a progressividade sempre fora negada, tendo em vista o entendimento pela necessidade de expressa previsão constitucional para os *impostos reais*. No entanto, em decisão tomada em 2013, o Pleno entendeu, por maioria, que o ITCD tem caráter de *imposto pessoal*, sendo viável sua configuração com alíquotas progressivas, as quais observam a capacidade contributiva do seu contribuinte: “(...) todos os impostos podem e devem guardar relação com a capacidade contributiva do sujeito passivo e não ser impossível aferir-se a capacidade contributiva do sujeito passivo do ITCD [Imposto sobre Transmissão Causa Mortis e Doação de Bens e Direitos]. Ao contrário, tratando-se de imposto direto, a sua incidência poderá expressar, em diversas circunstâncias, progressividade ou regressividade direta. Todos os impostos, repito, estão sujeitos ao princípio da capacidade contributiva, especialmente os diretos, independentemente de sua classificação como de caráter real ou pessoal; isso é completamente irrelevante. Daí por que dou provimento ao recurso, para declarar constitucional o disposto no art. 18 da Lei 8.821/1989 do Estado do Rio Grande do Sul” (RE 562.045, Rel. p/ o ac. Min. Cármen Lúcia, voto do Min. Eros Grau, Pleno, j. 06/02/2013, DJe 27/11/2013, Tema 21). A Corte passou a reconhecer a possibilidade de cobrança de alíquotas progressivas mesmo sem expressa previsão constitucional, independentemente da classificação do imposto como real ou pessoal. A decisão reforçou a possibilidade de uma *pessoalização* de um imposto (supostamente) real (objetivo), na medida em que, nesse caso, tanto na hipótese da sucessão *causa mortis* como na hipótese da doação de bens e direitos, há um acréscimo patrimonial diretamente imputável a um indivíduo. Ao final, é possível a consideração do aumento da capacidade contributiva do herdeiro ou do donatário, o que legitima a progressividade.

12. Fiscalização tributária e direitos individuais do contribuinte. O primeiro comando normativo do § 1º do art. 145 é direcionado ao legislador, o qual deve, *sempre que possível*, conferir caráter pessoal aos impostos e graduá-los segundo a capacidade econômica do contribuinte. O poder de instituição dos impostos pertence ao legislador, com base nas regras de competência previamente estabelecidas privativamente à União, aos estados, ao Distrito Federal e aos municípios. No entanto, a segunda parte do dispositivo traz uma *faculdade* à administração tributária, portanto, a órgão do Poder Executivo, "*especialmente para conferir efetividade a esses objetivos, identificar, respeitados os direitos individuais e nos termos da lei, o patrimônio, os rendimentos e as atividades econômicas do contribuinte*". O § 1º do art. 145 reforça o poder da fiscalização tributária, já previsto no CTN antes da CF, mas fazendo ressalva expressa para i) o dever de persecução de uma tributação via impostos com caráter pessoal e graduados conforme a capacidade econômica do contribuinte; ii) o dever de respeitar os seus direitos individuais; iii) a possibilidade de identificar o seu patrimônio, os seus rendimentos e as suas atividades econômicas. Portanto, à fiscalização tributária cumpre a *observância* não apenas dos *direitos fundamentais* do contribuinte, mas também a *consideração* das suas *características pessoais*, relativas ao seu patrimônio e à sua atividade econômica, de modo a colaborar, sempre que possível, com a efetivação do objetivo maior de uma tributação por meio de impostos com caráter pessoal e graduados conforme a capacidade contributiva do contribuinte. Observe-se que o dispositivo que incorpora o princípio da capacidade contributiva, cuja aplicação, conforme visto acima, deve se estender para todos os impostos, sempre que possível tecnicamente, é o mesmo dispositivo que traz a *obrigação* à fiscalização tributária de *considerar as características pessoais do contribuinte*, relativas à sua realidade patrimonial e profissional. Isso significa que, mesmo em sede de fiscalização e autuação fiscal no âmbito dos *impostos reais e dos impostos indiretos sobre o consumo*, a administração tributária *jamais pode ignorar as peculiaridades* inerentes à atividade do contribuinte e à sua realidade patrimonial. Visto sob a ótica das presunções e das ficções do Direito Tributário, a norma traz o sentido segundo o qual *a fiscalização jamais poderá autuar por presunção*, quando ela poderia – e, portanto, deveria – considerar as peculiaridades do caso concreto e, eventualmente, deixar de fazer a autuação.

12.1. Direitos individuais dos contribuintes, limitações constitucionais ao poder de tributar e direitos e garantias fundamentais. Os direitos individuais do contribuinte, referidos no § 1° do art. 145, englobam não apenas as *limitações constitucionais ao poder de tributar*, já previstas dentro do próprio Sistema Tributário Nacional, como mecanismo de proteção aos contribuintes perante a tributação, mas também os *direitos e garantias fundamentais* constantes no art. 5° da CF. Dentro do rol nele previsto, o qual não exclui outros direitos e garantias decorrentes do regime e dos princípios adotados pela CF ou dos tratados internacionais em que a República Federativa do Brasil seja parte (§ 2° do art. 5°), podemos destacar: i) a igualdade (inc. I); ii) a legalidade (inc. II); iii) a inviolabilidade do domicílio (inc. XI); iv) a inviolabilidade do sigilo de dados e comunicações telefônicas (inc. XII); v) a liberdade de exercício de atividade econômica ou profissão (inc. XIII); vi) a liberdade de associação (inc. XVII); vii) a garantia da propriedade (inc. XXII); viii) a garantia do devido processo legal (inc. LIV); ix) a garantia do contraditório e da ampla defesa (inc. LV). Todas essas normas têm aplicação imediata (§ 1° do art. 5°). A esses direitos e garantias fundamentais do art. 5°, podemos ainda agregar: a) a dignidade da pessoa humana (art. 1°, III); b) os direitos sociais (educação, saúde, alimentação, trabalho, moradia, transporte, lazer, segurança, previdência social, proteção à maternidade e à infância, assistência aos desamparados – art. 6°); c) o direito dos trabalhadores urbanos e rurais ao salário mínimo capaz de atender às suas necessidades vitais básicas e às de sua família com moradia, alimentação, educação, saúde, lazer, vestuário, higiene, transporte e previdência social, com reajustes periódicos que lhes preservem o poder aquisitivo (art. 7°, IV).

12.2. Apreensão de livros contábeis e documentos fiscais. Na esfera empresarial, paradigmática é a decisão da Corte Suprema acerca da inadmissibilidade da apreensão de livros contábeis e documentos fiscais realizada em escritório de contabilidade, em procedimento de fiscalização tributária, mas sem mandado judicial. Foi enfatizado que os poderes da fiscalização tributária não são ilimitados, encontrando seus limites nos direitos e garantias individuais do cidadão. A Corte estendeu o conceito normativo de "casa" (art. 5º, XI) a "qualquer compartimento privado não aberto ao público, onde alguém exerce profissão ou atividade (CP, art. 150, § 4º, III)", compreendendo, "observada essa específica limitação espacial (área interna não acessível ao público), os escritórios profissionais, inclusive os de contabilidade, 'embora sem conexão com a casa de moradia propriamente dita' (Nelson Hungria)". Fora das situações excepcionais taxativamente previstas no texto constitucional (art. 5º, XI), "nenhum agente público, ainda que vinculado à administração tributária do Estado, poderá, contra a vontade de quem de direito ('*invito domino*'), ingressar, durante o dia, sem mandado judicial, em espaço privado não aberto ao público, onde alguém exerce sua atividade profissional, sob pena de a prova resultante da diligência de busca e apreensão assim executada reputar-se inadmissível" (HC 82.788, Rel. Min. Celso de Mello, 2ª Turma, j. 12/04/2005, DJ 02/06/2006).

12.3. Sigilo bancário. Controversa é a questão envolvendo o *sigilo bancário*. A Lei Complementar 105/2001 prevê que o Poder Executivo determinará os critérios segundo os quais as instituições financeiras informarão à administração tributária da União as operações financeiras efetuadas pelos usuários de seus serviços (art. 5º). As informações devem restringir-se a dados relacionados com a identificação dos titulares das operações e os *montantes globais mensalmente movimentados*, vedada a inserção de qualquer elemento que permita identificar a sua origem ou a natureza dos gastos a partir deles efetuados (§ 2º do art. 5º). Eventual fiscalização pode ser iniciada, se forem detectados indícios de ilícito fiscal, mediante a requisição de informações e documentos (§ 4º do art. 5º). A possibilidade de a fiscalização examinar documentos, livros e registros de instituições financeiras somente ocorre quando houver procedimento fiscal ou processo administrativo instaurado e tais exames sejam considerados indispensáveis pela autoridade administrativa competente (art. 6º). Por fim, a lei deixa claro que "a quebra de sigilo, fora das hipóteses autorizadas nesta Lei Complementar, constitui crime e sujeita os responsáveis à pena de reclusão, de 1 (um) a 4 (quatro) anos, e multa, aplicando-se, no que couber, o Código Penal, sem prejuízo de outras sanções cabíveis" (art. 10). Ocorre que a CF prevê expressamente que "é inviolável o sigilo da correspondência e das comunicações telegráficas, de dados e das comunicações telefônicas, salvo, no último caso, por ordem judicial, nas hipóteses e na forma que a lei estabelecer para fins de investigação criminal ou instrução processual penal" (art. 5º, XII). Em outras palavras, o sigilo dos dados bancários é uma garantia individual fundamental, de aplicação imediata (§ 1º). A exceção é a quebra, mediante i) ordem judicial e ii) para fins de investigação criminal ou instrução processual penal. Nesse sentido, já decidiu o STF, concluindo que conflita com a CF norma legal que atribui à Receita Federal – parte na relação jurídico-tributária – o afastamento do sigilo de dados relativos ao contribuinte (RE 389.808, Rel. Min. Marco Aurélio, Pleno, j. 15/12/2010, DJe 09/05/2011). No entanto, em 2016, o STF, na composição plenária, entendeu pela *possibilidade* da *quebra* do sigilo bancário *sem autorização judicial* (ADI 2.859, Rel. Min. Dias Toffoli, Pleno, j. 24/02/2016, DJe 20/10/2016. Julgamento conjunto das ADI 2.390, 2.386, 2.397 e 2.859). Para a Corte, (i) o sigilo dos dados bancários é mantido, mesmo quando transferido do banco para a Receita Federal, pois ambos são obrigados a manter o sigilo, resguardando, assim, a intimidade e a vida privada do correntista, nos moldes do art. 145, § 1º, da CF; (ii) a adoção de mecanismos efetivos de combate à sonegação fiscal é necessária no contexto do dever fundamental de pagar tributos, visando, ao final, à realização do projeto de uma sociedade livre, justa e solidária, esculpido na Carta Federal; (iii) ao lado dos direitos individuais e sociais do cidadão, há também deveres, dentre eles o dever fundamental de pagar tributos; (iv) o Brasil está comprometido perante o G20 e o Fórum Global sobre Transparência e Intercâmbio de Informações para Fins Tributários, de modo a cumprir com os padrões internacionais de transparência e de troca de informações bancárias, visando especialmente ao combate de práticas criminosas. O acesso automático aos dados bancários, pela administração tributária, é um dos compromissos internacionais assumidos pelo país. Por fim, o Tribunal não vislumbrou quebra de sigilo, mas mera transferência de informações sigilosas no âmbito da administração pública.

12.3.1. Crítica à decisão do STF sobre sigilo bancário. Polêmica a decisão da Corte Suprema e questionável a fundamentação encontrada para justificar a quebra do sigilo bancário sem autorização judicial. Alguns apontamentos fazem-se necessários a respeito: i) *mera transferência dos* *dados*: de fato, trata-se de transferência eletrônica de dados sigilosos entre entidades obrigadas a manter o sigilo das informações, sob pena de responsabilização criminal. A LC 105/2001 prevê que as informações transferidas se restringirão a "informes relacionados com a identificação dos titulares das operações e os montantes globais mensalmente movimentados, vedada a inserção de qualquer elemento que permita identificar a sua origem ou a natureza dos gastos a partir deles efetuados". A lei procura preservar o sigilo das informações transferidas, à medida que veda a identificação da origem ou natureza dos gastos vinculados às operações, limitando-se a autorizar o repasse apenas do montante global mensal movimentado, vinculado ao correntista. No entanto, ao proceder dessa forma, a administração tributária passa a ter acesso a dados da movimentação financeira mensal do contribuinte, mesmo que não haja a identificação da origem e da natureza da movimentação. A garantia constitucional em pauta não traz a eventual restrição com relação ao conteúdo dos dados e não autoriza o repasse, sem autorização judicial, dos montantes globais mensais. Até porque o montante global mensal da movimentação financeira é um dos elementos enquadráveis na categoria dos dados ou informações relativas ao contribuinte, para os quais a CF previu, como regra, a garantia da inviolabilidade, sendo a única exceção a violação mediante ordem judicial e para fins de investigação criminal ou instrução processual penal. Além disso, o repasse das informações, mesmo que de forma supostamente sigilosa entre o transmitente e o receptor, pode e tem gerado autuações fiscais, com consequências patrimoniais para o contribuinte, e até representações fiscais para fins penais. Portanto, não se trata de mera transferência sigilosa de dados; ii) *fins de combate à sonegação fiscal*: a finalidade de combate à sonegação fiscal está inegavelmente ligada ao dever fundamental de pagar tributos, visando ao objetivo maior da construção de uma sociedade livre, justa e solidária, preocupada com a erradicação da pobreza e com a efetivação dos direitos sociais. No entanto, por mais nobre que seja essa finalidade constitucional, ela encontra limites na própria CF. E não se trata, aqui, de uma simples cláusula geral de proteção à intimidade e à privacidade, cuja falta de delimitação deixaria ao legislador ordinário uma margem muito maior de discricionariedade na sua atuação reguladora. Pelo contrário, a CF prevê uma clara limitação à violação da privacidade dos dados do cidadão: a violação somente pode ocorrer mediante ordem judicial e para fins penais. Em outras palavras, a delimitação constitucional é tão precisa e objetiva que não deixa margem de discricionariedade para o legislador decidir em sentido diverso; iii) *dever fundamental de pagar tributos*: com razão, antes do cidadão gozar dos seus direitos e garantias individuais no Estado Constitucional, deve ele honrar com a sua obrigação de pagar os tributos. Entretanto, conforme amplamente sustentado aqui, esse dever encontra limites claros na ordem constitucional, notadamente na observância de uma tributação isonômica, com base na capacidade contributiva, e nos direitos fundamentais do contribuinte, dispostos não apenas no título referente ao Sistema Tributário Nacional, mas também ao longo dos arts. 5º, 6º e 7º do texto constitucional. Assim, o dever fundamental de pagar tributos *não é um fundamento jurídico válido* para justificar a quebra do sigilo bancário, mediante a clara violação à garantia da inviolabilidade da privacidade dos dados e informações do cidadão. Além disso, há outros mecanismos legais mais *proporcionais* para se atingir a finalidade inadiável da arrecadação tributária, entre eles, a lei do procedimento e processo tributário administrativo federal e a lei de execução fiscal, por exemplo; iv) *compromisso internacional de troca de informações para fins tributários*: o Brasil tem se engajado cada vez mais nas medidas de cooperação tributária internacional, não apenas em matéria de acordos para evitar a dupla tributação, mas também no âmbito dos acordos de troca de informações para fins tributários. Nesse ponto, destacam-se: a) o Acordo FATCA Brasil-EUA (Dec. 8.506/15); b) a Convenção Multilateral sobre Assistência Administrativa Mútua em Assuntos Fiscais da OCDE (Dec. 8.842/16); c) a participação no Fórum Global sobre Transparência e Troca de Informações Tributárias; d) a participação, mesmo que indireta, no Projeto BEPS (*Base Erosion and Profit Shifting*) da OCDE. O Brasil é membro do Fórum Global, tendo, portanto, se comprometido com as recomendações internacionais sobre transparência e troca de informações tributárias para fins de combate ao *planejamento tributário agressivo*. No entanto, cabe ressaltar que essa participação do Brasil nesse compromisso internacional não implica ser signatário de um tratado ou convenção internacional sobre direitos humanos, o qual, uma vez aprovado, em cada Casa do Congresso Nacional, em dois turnos, por três quintos dos votos dos respectivos membros, é equivalente às emendas constitucionais (§ 3º do art. 5º). Definitivamente, não é o caso aqui. Além disso, as convenções aprovadas na forma do § 3º do art. 5º da CF foram, até a presente data: a Convenção sobre os Direitos das Pessoas com Deficiência e o Tratado de Marraqueche para Facilitar o

Acesso a Obras Publicadas às Pessoas Cegas, com Deficiência Visual ou com outras Dificuldades para Ter Acesso ao Texto Impresso. Vale lembrar, conforme já decidido pela Corte Suprema, que "os tratados celebrados pelo Brasil estão subordinados à autoridade normativa da Constituição da República" e que "nenhum valor jurídico terá o tratado internacional, que, incorporado ao sistema de direito positivo interno, transgredir, formal ou materialmente, o texto da Carta Política" (MI 772 AgR, Rel. Min. Celso de Mello, Pleno, j. 24/10/2007, DJe 20/03/2009). Em que pese a decisão do STF possa estar alinhada com os compromissos internacionais assumidos pelo Brasil e com o nobre objetivo fundamental da construção de uma sociedade livre, justa e solidária, mediante o efetivo combate à sonegação fiscal, entendemos que a LC 105/2001 viola a garantia constitucional da inviolabilidade do sigilo das comunicações e dos dados do cidadão, quando prevê situação excepcional de flexibilização do sigilo bancário que não foi autorizada pela CF.

12.4. Compartilhamento de dados da UIF e da RFB com o MP. Seguindo a orientação jurisprudencial da possibilidade de repasse dos dados acerca do contribuinte sem prévia autorização judicial, a Corte Suprema julgou constitucional o compartilhamento dos relatórios de inteligência financeira da UIF e as informações contidas nos relatórios de fiscalização da RFB com o MP, sem a obrigatoriedade de prévia autorização judicial (RE 1055941/SP, rel. Min. Dias Toffoli, Pleno, j. 04.12.2019). Ressaltou unicamente o dever de resguardar o sigilo das informações.

§ 2º As taxas não poderão ter base de cálculo própria de impostos.

13. Impostos dissimulados por taxas. O § 2º do art. 145 da CF dispõe que "as taxas não poderão ter base de cálculo própria de impostos". O objetivo por trás da regra é claro: não podem ser criados impostos dissimulados por taxas. Isso porque os impostos passíveis de criação são aqueles previstos na competência privativa dos entes da Federação (impostos ordinários) e aqueles previstos na competência residual e extraordinária (impostos residuais e impostos extraordinários de guerra). Fora dessas hipóteses, não há margem de competência para a criação de novos impostos. O histórico da jurisprudência pátria demonstra que principalmente os municípios já tentaram inúmeras vezes criar seus próprios impostos, mas fora da sua competência, por meio de taxas, cuja base de cálculo se identificava com a dos impostos previstos na CF. A vinculação da vedação à "base de cálculo" está intrinsecamente justificada por ser essa o principal elemento de identificação do *aspecto material* do fato gerador do tributo. Por exemplo, a base de cálculo do IR é a *renda*, a qual representa a base econômica tributável ou base imponível. Ao mesmo tempo, ela incorpora a essência do aspecto material do fato gerador da obrigação tributária (a pergunta "o quê?"): no IR, o que está sendo explorado tributariamente é a renda auferida pela pessoa física ou pela pessoa jurídica. Por outro lado, mesmo que se considerem fatores redutores da base de cálculo, como são as despesas de saúde no âmbito da apuração do IRPF, dado que elas inequivocamente reduzem a capacidade contributiva do contribuinte, permanece a vinculação do fato imponível "renda" à essência do IR.

13.1. Taxa com base de cálculo do ITR e do ITCD. Quando um município institui uma taxa para retribuir o serviço público de conservação de estradas de rodagem, mas utilizando como base de cálculo a mesma do ITR, ele está, na prática, instituindo o seu ITR, dissimulado de taxa, e invadindo a competência da União para a instituição e cobrança do ITR. Nessa linha é a *Súmula 595*: "É inconstitucional a taxa municipal de conservação de estradas de rodagem cuja base de cálculo seja idêntica à do imposto territorial rural". Na mesma trilha de raciocínio, é inconstitucional a taxa judiciária que é calculada sobre o valor do monte-mor, o qual também é base de cálculo do ITCD (ADI 2.040 MC, Rel. Min. Maurício Corrêa, Pleno, j. 12/99).

13.2. Taxa com base de cálculo vinculada ao patrimônio, ao volume da produção e ao número de empregados. Quanto às taxas pelo exercício do poder de polícia, seu valor deve guardar a máxima equivalência possível com o custo da atividade de polícia exercida, sendo vedada a identificação da sua base de cálculo com o valor do patrimônio, da renda, do volume da produção, do número de empregados ou outros elementos que não dizem respeito ao custo da atividade estatal (Taxa de Localização e Funcionamento – RE 100.201, Rel. Min. Carlos Madeira, 2ª Turma, j. 10/85). Também a Taxa de Licenciamento de Importação não pode ter como base de cálculo o valor da mercadoria importada, que já representa a base de cálculo do Imposto de Importação (RE 167.992, Rel. Min. Ilmar Galvão, Pleno, j. 11/94). Não faz muito tempo que a 1ª Turma do STF declarou a inconstitucionalidade de uma *Taxa de Licença de Localização e de Funcionamento*, cuja base de cálculo era o número de empregados (RE 614.246 AgR, Rel. Min. Dias Toffoli, j. 02/2012).

13.3. Taxa e adoção de um ou mais elementos da base de cálculo de imposto. Legítima é a dúvida quanto à possibilidade de a taxa adotar, no seu cálculo, *um ou mais elementos da base de cálculo de determinado imposto*, sem que haja plena identidade entre uma base e outra. A Corte Suprema decidiu que a *Taxa de Serviços Urbanos*, do município de Campinas (SP), por possuir, como parâmetros para sua base de cálculo, a *localização*, a área e as *dimensões* do imóvel, identificava-se, em seus *aspectos essenciais*, com o conteúdo da base imponível do IPTU, sendo, portanto, inexigível (RE 120.811, Rel. Min. Celso de Mello, 1ª Turma, j. 03/1993). Por outro lado, a *Taxa de Fiscalização, Localização e Funcionamento*, do município de Belo Horizonte, foi considerada constitucional, visto que era calculada *em razão da área fiscalizada*. O Pleno vislumbrou que a área era um "critério de aferição da intensidade e da extensão dos serviços prestados, não podendo ser confundido com qualquer dos fatores que entram na composição da base de cálculo do IPTU", sendo também um critério referível a cada contribuinte em particular, de modo divisível (RE 220.316, Rel. Min. Ilmar Galvão, j. 08/1999). Na linha desses casos, a *Taxa de Coleta de Lixo*, cobrada com base na área construída do imóvel, também foi considerada legítima. O Pleno convenceu-se de que a taxa estava sendo cobrada com base em um dos elementos utilizados na fixação da base de cálculo do IPTU, mas que isso não implicaria a utilização da mesma base de cálculo. No caso, o *custo do serviço* continuava sendo a base imponível da taxa, o qual seria repartido entre os usuários do serviço conforme a área construída do imóvel. Assim, estar-se-ia realizando a isonomia tributária e o princípio da capacidade contributiva (RE 232.393, Rel. Min. Carlos Velloso, j. 08/1999). O entendimento pela possibilidade da utilização de um dos elementos da base de cálculo própria de imposto foi então consolidado no enunciado da *Súmula Vinculante 29*: "é constitucional a adoção, no cálculo do valor de taxa, de um ou mais elementos da base de cálculo própria de determinado imposto, desde que não haja integral identidade entre uma base e outra". Para que a Súmula Vinculante 29 seja coerente com a tipologia rígida das espécies tributárias e não desvirtue a essência da natureza das taxas, é imprescindível que a taxa a ser criada tenha por objetivo *retribuir* o custo do serviço prestado ou da atividade de polícia desenvolvida. A forma como esse custo será repartido ou individualizado deve considerar, necessariamente, o quanto de benefício que o administrado teve com o serviço público ou com a atividade de polícia. Se o serviço ou a atividade de fiscalização puder ser alocada para um único contribuinte, considerado isoladamente, o respectivo custo pode ser facilmente alocado a ele também, devendo o valor da taxa ser o máximo equivalente possível com o custo em questão. É o caso, por exemplo, das taxas de licença de localização e funcionamento, que culminarão na expedição de um alvará individualizado para o contribuinte requerente. Já quando for o caso de um serviço de *utilidade universal*, como é o caso do serviço de *coleta de lixo*, mas que é divisível, o custo do serviço deverá necessariamente ser dividido entre os beneficiados, em razão de algum critério de divisão. Em um cenário ideal, o custo deveria ser repartido proporcionalmente à quantidade de lixo produzido em cada imóvel. No entanto, como essa medida não é proporcionalmente praticável, a escolha do critério da área construída do imóvel, como critério de divisão, parece-nos adequada. Em que pese esse critério não reflita a quantidade de lixo produzido em cada imóvel, ele encontra uma adequada justificativa na capacidade contributiva, que aqui é presumida a partir do tamanho do imóvel.

13.4. Taxa e patrimônio líquido ou faturamento. Há casos em que a taxa é fixada em valores determinados, mas variando com base em algum critério de ordem econômica atinente ao contribuinte, tais como i) o *patrimônio líquido* ou ii) o *faturamento* da pessoa jurídica. No caso do patrimônio líquido, a *Taxa da CVM* é cobrada de forma variada em função do patrimônio líquido da empresa (RE 177.835, Rel. Min. Carlos Velloso, Pleno, j. 04/99). Na visão do Min. Carlos Velloso, o mecanismo visa a promover a capacidade contributiva. Na compreensão dos demais ministros à época do julgamento, a escolha do critério do patrimônio líquido era suficientemente justificável, à medida que era legítima a presunção de que quanto maior o patrimônio líquido, mais intensa seria a atuação estatal dirigida especificamente ao contribuinte. No caso do faturamento da pessoa jurídica, o Pleno também entendeu, por maioria, ser constitucional a *Taxa de Fiscalização e Controle de Serviços Públicos Delegados*, instituída em favor da *Agência Estadual de Regulação dos Serviços Públicos Delegados do Rio Grande do Sul* (AGERGS), que apresentava faixas de faturamento como critério de referência para o valor taxa, mas sem que houvesse incidência sobre o faturamento (ADI 1.948, Rel. Min. Gilmar Mendes, j. 09/2002). Vale destacar, no entanto, o voto do Min. Ilmar Galvão, acompanhando a divergência aberta pelo Min. Marco Aurélio, no sentido de que "o faturamento jamais poderá servir de base e nem sequer de referência para estimativa de cálculo de taxa". Conforme já sinalizado acima, qualquer cobrança de taxa em valor que não reflita, na máxima equivalência possível, o custo do serviço prestado ou da atividade de polícia desenvolvida, é ilegítima. No caso dos serviços ou atividades de fiscalização que podem ser atribuíveis diretamente ao administrado, pois é apenas ele tomador ou o fiscalizado naquele ato administrativo que gerou a taxa, não há razão para se tributar por presunção, quando se poderia mensurar o custo incorrido com o serviço ou com a fiscalização efetivamente realizada. Nesse ponto, um critério, que refletiria de forma mais justa e coerente com a natureza das taxas, seria o critério "valor/hora", amplamente praticado na iniciativa privada pelos profissionais liberais. Esse critério afastaria iniquidades geradas, por exemplo, pelo inadequado critério do patrimônio líquido ou do faturamento da empresa, os quais não refletem a quantidade de serviço, senão por mera presunção, a qual, conforme aqui sustentado, poderia ser facilmente afastada pela prova da efetiva quantidade de serviço prestado ou fiscalização realizada. Isso não significa que as presunções não podem ser utilizadas no Direito Tributário. No entanto, elas devem ser utilizadas com a devida moderação, isto é, apenas para os casos estritamente necessários, em prol da praticabilidade tributária. São os casos como o da Taxa de Lixo, em que seria inviável economicamente pesar o lixo produzido em cada imóvel. Aqui, o critério área construída encontra a suficiente justificação. Como também é o caso da Taxa de Licença de Localização e Funcionamento, que possui como referência para a sua variação a área do estabelecimento, presumindo-se, legitimamente, que quanto maior for a área do estabelecimento, mais serviço ou atividade fiscalizatória será necessária.

Art. 146. Cabe à lei complementar:

1. Competência do legislador complementar. Ao estatuir que "cabe à lei complementar" regular determinadas matérias atinentes ao Sistema Tributário Nacional, o Constituinte atribuiu competência ao *legislador complementar*. A figura do *legislador complementar* nada mais representa do que o próprio legislador, mas sob um viés qualificado quanto ao critério do quórum de aprovação exigido na CF. No art. 69 consta que as leis complementares serão aprovadas por *maioria absoluta*. Esta representa a maioria absoluta da composição da casa legislativa, sendo definida como o primeiro número inteiro superior à metade.

No caso do Senado Federal, são 81 senadores, sendo a metade 40,5; portanto, o primeiro número superior é 41. Em contraste, a aprovação dos projetos de lei ordinária exige *maioria simples*, representada pela maioria dos votos dos parlamentares presentes na sessão legislativa, desde que presente a maioria absoluta de seus membros (art. 47, CF). O quórum de aprovação está diretamente ligado ao princípio democrático, dado que o número de votos exigido dos representantes no Parlamento para aprovar um projeto de lei complementar é maior do que o número de votos exigido para aprovar um projeto de lei ordinária. As situações para as quais o Constituinte previu a exigência de lei complementar foram expressamente consignadas no texto constitucional. De regra, fora das hipóteses ou matérias expressamente previstas na CF, a exigência é de regulação por lei ordinária. Assim, uma lei, para ser formal e materialmente complementar, deve originar-se de um projeto de lei complementar, cujo objeto seja alguma matéria com reserva de lei complementar e que tenha sido aprovada por maioria absoluta (art. 69, CF). Se determinada matéria foi disciplinada mediante lei complementar, mas a matéria não era uma daquelas para as quais a CF previu esta modalidade legislativa, então seus dispositivos terão eficácia de lei ordinária (STF, ADC 1, Rel. Min. Moreira Alves, Pleno, j. 12/1993). Em outras palavras, a lei será *formalmente* complementar e *materialmente* ordinária. Por fim, excepcionalmente, pode ocorrer de determinado dispositivo da CF prever a regulação de uma matéria "nos termos da lei", mas que está inserida em um capítulo do texto constitucional cuja regulação seja pela via da lei complementar. É o caso das imunidades do art. 150, previstas na seção referente às limitações do poder de tributar. Como o art. 146, II, prevê a regulação das limitações do poder de tributar por lei complementar, a lei referida no dispositivo sobre as imunidades é a lei complementar (ver os comentários ao art. 150, VI, "c").

2. Hierarquia entre lei complementar e lei ordinária. O STF entende que não há hierarquia entre lei complementar e lei ordinária. Nesse sentido, de regra, uma lei complementar não é hierarquicamente superior a uma lei ordinária. No entanto, ocorrendo eventual conflito normativo entre uma e outra, a antinomia dever ser solucionada pelo critério da *reserva constitucional de competência*. Isso significa que, se a matéria objeto do conflito tem previsão constitucional de regulação pela via complementar, então deve prevalecer a regra que foi disciplinada em lei complementar, dado que, nesse caso, há *reserva constitucional de lei complementar*. Exemplo é a matéria de *prescrição e decadência* tributárias, para a qual a CF exige lei complementar. A Corte Suprema tem posição consolidada na Súmula Vinculante 8, segundo a qual o prazo da prescrição e da decadência tributárias é aquele previsto na lei complementar (CTN), sendo inconstitucionais as regras que estabeleciam prazos diferentes na Lei 8.212/91.

3. Revogação de lei complementar por lei ordinária. Como regra geral, lei complementar só pode ser revogada por lei complementar, não pelo fundamento de eventual superioridade hierárquica – que não há –, mas pelo fundamento da reserva constitucional de competência. No entanto, caso a lei complementar revogada tenha veiculado matéria, para a qual não havia reserva de lei complementar, sendo, portanto, materialmente ordinária, então a revogação será legítima. Eventuais controvérsias acerca da possibilidade de revogação ou alteração em matéria tributária foram definitivamente afastadas na jurisprudência constitucional, desde o julgamento da revogação da isenção concedida às sociedades de profissionais. No caso, a isenção da COFINS para as sociedades civis de profissão regulamentada era prevista na LC 70/91 e fora revogada pela Lei 9.430/96. A Corte Suprema partiu do pressuposto já ancorado na jurisprudência constitucional de que inexiste hierarquia entre lei ordinária e lei complementar. Vislumbrou que a LC 70/91 era apenas formalmente complementar, mas materialmente ordinária, no que concerne às regras delineadoras da COFINS, podendo, por conseguinte, ser revogada pela Lei 9.430/96 (RE 377.457, Rel. Min. Gilmar Mendes, Pleno, j. 17/09/2008, DJe 18/12/2008).

4. Lei complementar em matéria tributária e conformidade da legislação tributária. A CF exige lei complementar para a) dispor sobre conflitos de competência, em matéria tributária, entre a União, os Estados, o Distrito Federal e os Municípios; regular as limitações constitucionais ao poder de tributar e estabelecer normas gerais em matéria de legislação tributária (art. 146); b) estabelecer critérios especiais de tributação, com o objetivo de prevenir desequilíbrios da concorrência (art. 146-A); c) instituir empréstimos compulsórios (art. 148); d) instituir impostos sobre grandes fortunas (art. 153, VII); e) instituir impostos residuais (art. 154, I); f) regular determinadas situações no âmbito do ITCD envolvendo domicílio ou bens no exterior (art. 155, § 1º, III); g) no âmbito do ICMS, definir seus contribuintes, dispor sobre substituição tributária, entre outras situações (art. 155, § 2º, XII); h) definir os serviços no âmbito do ISS (art. 156, III); i) no âmbito do ISS, fixar as suas alíquotas máximas e mínimas; excluir da sua incidência exportações de serviços para o exterior; regular a forma e as condições como isenções, incentivos e benefícios fiscais serão concedidos e revogados (art. 156, § 3º); j) instituir outras fontes destinadas a garantir a manutenção ou expansão da seguridade social (art. 195, § 4º). Essas situações pedem regulação por lei complementar, deixando claro que se exigirá quórum qualificado para sua aprovação. Uma vez aprovada, a lei complementar, se for reguladora de matéria de competência dos Estados ou dos Municípios, passa a ser conformadora da legislação tributária regional ou local. Assim, por exemplo, a LC 87/96 define os contribuintes do ICMS, entre outras regras, tornando vinculante essa definição para o legislador dos Estados. Da mesma forma, a LC 116/03 define os serviços no âmbito do ISS, tornando de observância obrigatória pelos Municípios a lista anexa que arrola em itens e subitens os serviços que são passíveis de incidência pelo ISS. Por fim, em matéria de normas gerais de legislação tributária, o CTN estabelece, por exemplo, os prazos de decadência e prescrição tributárias, os quais devem ser seguidos pelos legisladores tributários de todos os entes da Federação. Reitere-se, novamente, que não se trata de questão ligada à hierarquia normativa, mas sim de conformidade legislativa regional ou local à lei prevista na CF, cuja competência foi reservada ao legislador complementar. Sob a perspectiva regulatória, a lei complementar tributária incorpora as diretrizes maiores para nortear a regulação tributária no âmbito da competência de cada ente da Federação.

I – dispor sobre conflitos de competência, em matéria tributária, entre a União, os Estados, o Distrito Federal e os Municípios;

5. Solução dos conflitos de competência. A CF prevê, no art. 146, I, que cabe à lei complementar dispor sobre conflitos de competência, em matéria tributária, entre a União, os Estados, o DF e os Municípios. A intenção é que nenhum ente da Federação invada a competência tributária do outro, provocando eventual efeito de bitributação sobre o mesmo fato gerador. A rigor, não deveria haver conflitos de competência entre os entes tributantes, visto que a CF estabelece a competência de cada ente da Federação em matéria tributária, visando a explorar tributariamente os principais signos presuntivos de riqueza. No entanto, a prática tributária e a complexidade de determinadas atividades econômicas, especialmente na atual *era da economia digital*, podem deixar dúvidas quanto à natureza jurídica de certas operações, levando tanto os Estados como os Municípios a tributar o mesmo fato gerador, provocando um efeito de bitributação, vedado constitucionalmente. São inúmeros os exemplos, dos quais podemos citar o caso da *tributação do software*, que é disputada até hoje entre os Municípios e os Estados, quando essa disputa, conforme dito anteriormente, não deveria existir. Nesse caso, a LC 116/2003 prevê que o ISS incide sobre o *licenciamento ou cessão de direito de uso de software* (item 1.05 – Licenciamento ou cessão de direito de uso de programas de computação), e o Convênio ICMS 106/2017 dispõe sobre a cobrança do ICMS nas operações com bens e mercadorias digitais comercializadas por meio de transferência eletrônica de dados. Ou seja, tanto os Municípios como os Estados estão tributando as operações envolvendo software, em que pese a Lei do Software (Lei 9.609/1998) afaste, como regra, a sujeição do programa de computador ao contrato de compra e venda. Isso porque o art. 9º desta lei prevê expressamente que o programa de computador será objeto de contrato de licença. Esse conflito também é objeto da ADI 5.958/DF (Rel. Min. Cármen Lúcia), que aguarda julgamento de mérito pelo Pleno. Em paralelo a essa discussão, ainda se observam conflitos envolvendo as chamadas *operações mistas*, em que há simultaneamente venda com prestação de serviços, e vice-versa. A CF prevê, no art. 155, § 2º, IX, "b", que o ICMS incidirá também sobre o valor total da operação, quando mercadorias forem fornecidas com serviços não compreendidos na competência tributária dos Municípios. Quanto aos serviços compreendidos na competência dos Municípios, a LC 116/2003 estabelece que o ISS tem como fato gerador a prestação de serviços *constantes da lista anexa*, ainda que esses não se constituam como atividade preponderante do prestador (art. 1º). Da leitura conjugada desses dispositivos, depreende-se que, se o serviço na operação mista não constar na lista anexa à LC 116/2003, incidirá o ICMS; se o serviço estiver nela previsto, então incidirá o ISS. O STJ, no âmbito da sua competência, já decidiu inúmeros conflitos de competência entre Estados e Municípios, entre os quais se pode destacar aqueles consolidados nas Súmulas 163 ("O fornecimento de mercadorias com a simultânea prestação de serviços em bares, restaurantes e estabelecimentos similares constitui fato gerador do ICMS a incidir sobre o valor total da operação"), 167 ("O fornecimento de concreto, por empreitada, para construção civil, preparado no trajeto até a obra em betoneiras acopladas a caminhões, é prestação de serviço, sujeitando-se apenas à incidência do ISS") e 274 ("O ISS incide sobre o valor dos serviços de assistência médica, incluindo-se neles as refeições, os medicamentos e as diárias hospitalares"). Ainda na esfera do ISS, persistem situações de guerra fiscal entre os Municípios do local do estabelecimento prestador e do local da efetiva prestação do serviço. Novamente, a rigor, esse conflito não deveria existir, visto que o art. 3º da LC 116/2003 é claro quando estabelece, como regra geral, que "o serviço considera-se prestado, e o imposto, devido, no local do estabelecimento prestador ou, na falta do estabelecimento, no local do domicílio do prestador", excetuando a regra geral em *vinte e cinco hipóteses diferentes*, nas quais o imposto será devido no local do estabelecimento do tomador ou no local da prestação do serviço (ver ainda adiante os comentários ao art. 156, III). No âmbito dos conflitos com a União, vislumbra-se até hoje certa dificuldade, na jurisprudência, de se definir o correto enquadramento de algumas operações de industrialização sob encomenda e se elas estão sujeitas ao IPI ou ao ISS. Na verdade, não há por que ter dúvidas quanto ao enquadramento, visto que a própria lei complementar soluciona esse aparente conflito de competência: a LC 116/2003 prevê a incidência do ISS *somente* no caso de industrialização sob encomenda, quando o *material é fornecido pelo cliente* (item 14 – *Serviços relativos a bens de terceiros*: restauração, recondicionamento, regeneração, acondicionamento, beneficiamento, corte, recorte e montagem). Quando o bem não é de terceiro, incide o IPI, pressupondo a existência de uma das modalidades de industrialização. Por fim, não foram poucos os casos de conflitos de competência envolvendo o IPTU e o ITR. Nesse âmbito, o CTN dispõe, no art. 32, § 1º, que se entende como *zona urbana* a definida em lei municipal, observado o requisito mínimo da existência de, pelo menos, dois melhoramentos, construídos ou mantidos pelo Poder Público: meio-fio ou calçamento, com canalização de águas pluviais; abastecimento de água; sistema de esgotos sanitários; rede de iluminação pública, com ou sem posteamento para distribuição domiciliar e escola primária ou posto de saúde a uma distância máxima de três quilômetros do imóvel considerado. Assim, o CTN, enquanto lei complementar com a *dupla função* de estabelecer normas gerais de Direito Tributário e dirimir conflitos de competência tributária, determina que será a lei do Município que definirá o conceito de zona urbana para fins de incidência do IPTU, o que afasta, simultaneamente, a competência da União para tributar a mesma área territorial com o ITR.

II – regular as limitações constitucionais ao poder de tributar;

6. Competência para regular as limitações constitucionais ao poder de tributar. O texto constitucional prevê a competência do legislador complementar para a *regulação* das limitações ao poder de tributar, previstas constitucionalmente. A regulação jamais poderá ter o efeito de *restrição*, sob pena de vício de inconstitucionalidade. A CF traz expressamente regras que limitam a atuação fiscal do Estado, de modo a proteger o patrimônio, a liberdade e a segurança jurídica do contribuinte contra intervenções fiscais desproporcionais ou inesperadas, compondo uma espécie de *Estatuto do Contribuinte*. As garantias que integram esse *estatuto*, as quais não se limitam somente àquelas previstas na Seção II (Das Limitações do Poder de Tributar) do Capítulo I (Do Sistema Tributário Nacional) do Título VI (Da Tributação e do Orçamento), devem ser reguladas pela lei complementar, mas nunca restringidas, mesmo porque essa lei complementar jamais terá força hierárquica superior à força das regras constitucionais. Em que pese a maioria das garantias asseguradas ao contribuinte dentro das limitações ao poder de tributar seja objetiva e autoaplicável, a garantia da vedação da instituição de impostos sobre o patrimônio, a renda ou os serviços dos partidos políticos, inclusive suas fundações, das entidades sindicais dos trabalhadores, das instituições de educação e de assistência social, sem fins lucrativos, está vinculada ao atendimento dos requisitos trazidos na lei. Essa hipótese de imunidade tributária, não autoaplicável, está condicionada à observância de requisitos previstos "em lei". Ao contrário da compreensão tradicional do Direito Constitucional, essa lei não pode ser meramente ordinária, uma vez que o comando do art. 146, II, estabelece claramente que as limitações constitucionais ao poder de tributar serão reguladas em lei complementar. A Corte Suprema consolidou seu entendimento com relação à reserva de lei complementar para regular a imunidade das instituições de assistência social (ADI 1.802/DF, rel. Min. Dias Toffoli, Pleno, j. 12.04.2018, DJe 03.05.2018). Vislumbrou-se que, além de a CF prever expressamente a exigência de lei complementar para regular as limitações ao poder de tributar, a exigência de um quórum qualificado para regular uma matéria tão importante do Sistema Tributário Nacional justificava-se para imprimir maior estabilidade à sua disciplina e dificultar sua modificação. As exigências trazidas pela lei ordinária, a serem observadas pelas entidades beneficiadas, padecem de vício formal, visto que invadiram a competência reservada à lei complementar. Assim, os chamados requisitos materiais ou substanciais para o gozo da imunidade continuam a ser aqueles previstos em lei complementar, sendo que os chamados requisitos formais ou procedimentais, voltados à certificação, à fiscalização e ao controle administrativo, podem ser validamente definidos por lei ordinária (ver ainda adiante os comentários ao art. 150, VI, "c"). Por fim, são controversas as hipóteses, nas quais há uma clara restrição a uma limitação ao poder de tributar, trazidas de forma expressa no texto constitucional, mas fora da seção referente às Limitações ao Poder de Tributar. No caso da possibilidade de o Poder Executivo alterar as alíquotas do II, IE, IPI e IOF, atendidas as condições e os limites estabelecidos "em lei" (art. 153, § 1º), há uma clara restrição à limitação constitucional ao poder de tributar, traduzida em uma restrição ao princípio da legalidade. No entanto, o Pleno do STF entendeu, em um caso envolvendo a majoração das alíquotas do Imposto de Importação, que essa lei seria ordinária, pois, no ponto em questão, a CF teria excepcionado a regra inscrita no art. 146, II (RE 225.602/CE, rel. Min. Carlos Velloso, Pleno, j. 25.11.1998, DJ 06.04.2001). Não se sustenta essa posição, tampouco sua fundamentação. Primeiro, porque o próprio *caput* do art. 150 da CF assevera que as limitações ao poder de tributar são nele arroladas, mas sem prejuízo de outras garantias asseguradas ao contribuinte. Ou seja, o *Estatuto do Contribuinte* não se limita ao art. 150 da CF. Segundo, a possibilidade de o Executivo alterar as alíquotas dos impostos ligados ao comércio exterior, à indústria e ao sistema financeiro, por mais que se justifique por imperativos de interesse nacional, manifesta uma clara restrição ao princípio da legalidade, o qual é uma das limitações ao poder de tributar. Entender que a lei que prevê as condições e os limites para a majoração das alíquotas desses impostos é a lei ordinária, é atentar contra o comando expresso do art. 146, II e negligenciar o dever de coerência e consistência ínsito a uma adequada interpretação sistemática das normas constitucionais.

III – estabelecer normas gerais em matéria de legislação tributária, especialmente sobre:

a) definição de tributos e de suas espécies, bem como, em relação aos impostos discriminados nesta Constituição, a dos respectivos fatos geradores, bases de cálculo e contribuintes;

b) obrigação, lançamento, crédito, prescrição e decadência tributários;

c) adequado tratamento tributário ao ato cooperativo praticado pelas sociedades cooperativas;

d) definição de tratamento diferenciado e favorecido para as microempresas e para as empresas de pequeno porte, inclusive

regimes especiais ou simplificados no caso do imposto previsto no art. 155, II, das contribuições previstas no art. 195, I e §§ 12 e 13, e da contribuição a que se refere o art. 239. ***(Incluído pela Emenda Constitucional nº 42, de 19.12.2003)***

Parágrafo único. A lei complementar de que trata o inciso III, d, também poderá instituir um regime único de arrecadação dos impostos e contribuições da União, dos Estados, do Distrito Federal e dos Municípios, observado que:

I – será opcional para o contribuinte;

II – poderão ser estabelecidas condições de enquadramento diferenciadas por Estado;

III – o recolhimento será unificado e centralizado e a distribuição da parcela de recursos pertencentes aos respectivos entes federados será imediata, vedada qualquer retenção ou condicionamento;

IV – a arrecadação, a fiscalização e a cobrança poderão ser compartilhadas pelos entes federados, adotado cadastro nacional único de contribuintes.

7. Lei complementar das normas gerais de Direito Tributário. O Constituinte também dispôs que cabe à lei complementar estabelecer *normas gerais* em matéria de legislação tributária. Essa previsão insere-se topograficamente dentro do capítulo sobre o Sistema Tributário Nacional e dentro da seção sobre os princípios gerais. Isso significa que a lei complementar também poderá estabelecer princípios gerais do Sistema Tributário Nacional, de modo a lhe entregar as diretrizes gerais para a conformação tributária nos diferentes planos da Federação. Essas normas são *gerais* no sentido de que vinculam todos os entes da Federação, no âmbito do seu poder de tributar, e todos os administrados (*aspecto subjetivo*). Possuem, portanto, eficácia de lei nacional e não meramente de lei federal (da União Federal), irradiando seus efeitos em todo o território nacional. Seu efeito vinculante obriga União, Estados, DF e Municípios, no âmbito das suas competências tributárias, a respeitar suas regras e seus princípios, sob pena de invasão de competência do legislador complementar. Essas normas também são *gerais* no sentido de que definem elementos nucleares do Direito Tributário, entre eles os tributos e suas espécies, os fatos geradores, as bases de cálculos e os contribuintes dos impostos discriminados na CF, bem como obrigação, lançamento, crédito, prescrição e decadência tributários (*aspecto objetivo*). Dessa forma, as normas gerais fixam os contornos gerais dos principais institutos e conceitos do Direito Tributário, de modo a estabelecer, ao mesmo tempo, uniformidade semântica e segurança jurídica frente ao poder de tributar dos entes da Federação. Bem decidiu o Min. Joaquim Barbosa que "a observância de normas gerais em matéria tributária é imperativo de segurança jurídica", visando ao tratamento centralizado de alguns temas e à estabilidade das expectativas (STF, RE 433.352 AgR, rel. Min. Joaquim Barbosa, 2ª Turma, DJe 28.05.2010). No seu *aspecto espacial*, as normas gerais trazem uniformidade na sua aplicação territorial. Assim, por exemplo, as regras acerca dos prazos decadencial e prescricional serão as mesmas tanto no Município do Rio de Janeiro como no Estado de Pernambuco. Essa uniformização nacional de regras de aplicação de importantes conceitos e institutos de Direito Tributário possui a intenção de prevenir uma série de conflitos federativos, os quais ocorreriam inevitavelmente, caso a competência tributária dos entes da Federação fosse irrestrita.

8. Função do Código Tributário Nacional. O CTN (Lei 5.172, de 25.10.1966) foi promulgado como lei ordinária, mas recebido com eficácia de lei complementar pelas Constituições de 1967/1969 e 1988 (STF, RE 560.626, rel. Min. Gilmar Mendes, Pleno, DJe 05.12.2008, Tema 2). Além de sua reconhecida eficácia de lei complementar (i), o CTN incorpora, no formato de uma codificação, o maior número de normas gerais de Direito Tributário (ii). Assim, preenchendo tanto a exigência da legalidade qualificada (i) como a disciplina das normas gerais (ii), de forma ampla e abrangente, é possível sustentar o CTN como a *principal lei complementar* do Sistema Tributário Nacional (nesse sentido é o voto do Min. Carlos Velloso na ADI 1.600, rel. p/ acórdão Min. Nelson Jobim, Pleno, j. 11.2001). Vale ressaltar que alguns tributos possuem sua lei complementar própria, a qual veicula as normas gerais para o tributo em questão, com preferência sobre as normas gerais veiculadas no CTN. É o caso da LC 116, de 31.07.2003, que regula o ISS, e da LC 87, de 13.09.1996, que disciplina o ICMS. Nesses casos, por exemplo, a figura do contribuinte é definida pela lei complementar específica; já questões mais gerais, como os prazos decadencial e prescricional do crédito tributário, são definidas pela lei complementar geral (CTN).

9. "Especialmente". O dispositivo constitucional traz ainda a palavra "especialmente", a qual indica que a enumeração das matérias que apresenta logo a seguir é meramente *exemplificativa*, não excluindo a consideração de outras normas de Direito Tributário, que tenham o caráter *geral*, conforme explicitado anteriormente. Assim já decidiu o Pleno da Corte Suprema (RE 407.190, rel. Min. Marco Aurélio, j. 10.2004).

10. Definição de tributos e de suas espécies. O legislador complementar também possui competência para estabelecer as normas gerais que definirão o conceito de tributo e relacionarão suas espécies. Conforme visto anteriormente, o CTN, na condição de principal lei complementar sobre as normas gerais de Direito Tributário, também se preocupou em definir o tributo e elencar suas espécies. O art. 3º do CTN prevê que "tributo é toda prestação pecuniária compulsória, em moeda ou cujo valor nela se possa exprimir, que não constitua sanção de ato ilícito, instituída em lei e cobrada mediante atividade administrativa plenamente vinculada". Conforme visto anteriormente nos comentários ao art. 145, determinada contraprestação será enquadrada como tributo, se preencher todos os requisitos contidos na definição. Caso contrário, poderá ser uma tarifa ou outra exação de natureza não tributária. Já o art. 5º do CTN dispõe que "os tributos são impostos, taxas e contribuições de melhoria". Consoante já sustentamos anteriormente, a classificação mais adequada dos tributos não se limita apenas a impostos, taxas e contribuições de melhoria, visto que inclui ainda, na ordem constitucional de 1988, as contribuições especiais e os empréstimos compulsórios. Portanto, o art. 5º do CTN deve ser lido à luz da CF, em cujo Sistema Tributário Nacional há a previsão de instituição e cobrança de contribuições especiais e de empréstimos compulsórios. Toda classificação que eventualmente deixe de fora do conceito de tributo as contribuições é ultrapassada e deve, portanto, ser desconsiderada. Em que pese não haja a previsão das contribuições especiais e dos empréstimos compulsórios no rol trazido no art. 5º do CTN, essas espécies são amplamente reconhecidas pela doutrina e pela jurisprudência como espécies tributárias.

11. Definição dos fatos geradores, bases de cálculo e contribuintes dos impostos previstos na Constituição. O Constituinte exigiu que a delimitação dos elementos essenciais dos impostos previstos na CF fosse efetivada por lei complementar. Essa exigência preserva a lógica, segundo a qual a conformação das normas gerais e nucleares da tributação seja realizada, respeitando-se a legalidade qualificada. O CTN já prevê, para os impostos nele contemplados, a delimitação das suas hipóteses de incidência, suas bases de cálculo e seus contribuintes. Com o advento da CF de 1988 e a previsão de regulação de alguns impostos por lei complementar específica, como é o caso do ISS e do ICMS, a definição desses elementos essenciais restou alocada para as respectivas leis complementares específicas. Por exemplo, o art. 155, § 2º, XII, "a", dispõe que cabe à lei complementar definir os contribuintes do ICMS; o art. 156, § 3º, prevê que, em relação ao ISS, cabe à lei complementar fixar as suas alíquotas máximas e mínimas, excluir da sua incidência exportações de serviços para o exterior e regular a forma e as condições como isenções, incentivos e benefícios fiscais serão concedidos e revogados. Para além dessa regulação, caso seja instituído algum imposto não previsto na CF, o art. 154, I, prevê que essa instituição também deva ser via lei complementar. Assim, de modo geral, a lei complementar define a moldura estrutural de cada imposto, cabendo à lei ordinária regular o seu detalhamento. Por exemplo, o CTN dispõe sobre as normas gerais sobre o IR nos arts. 43 a 45, mas são as Leis 7.713, de 22.12.88 e 9.250, de 26.12.95, entre outras, que regulam em pormenores a sistemática da incidência desse imposto sobre a pessoa física (IRPF), e as Leis 8.981, de 20.01.95 e 9.430, de 27.12.96, entre outras, sobre a pessoa jurídica (IRPJ).

11.1. Competência dos Estados e Municípios na inexistência de lei complementar federal. Com o advento da CF de 1988, foi previsto no ADCT que o Sistema Tributário Nacional entraria em vigor a partir do primeiro dia do quinto mês seguinte ao da promulgação da Constituição, mantido, até então, o da Constituição de 1967, com a redação dada pela Emenda nº 1, de 1969, e pelas posteriores (art. 34). No entanto, também foi atribuída de imediato competência aos entes federativos para editar as leis necessárias à aplicação do Sistema Tributário Nacional nela previsto (§ 3º). Essa regra de competência deve ser lida de forma sistemática com a regra prevista no § 3º do art. 24 da CF, segundo a qual, se não houver lei federal sobre normas gerais, os Estados exercerão a competência legislativa plena, para atender a suas peculiaridades. Essa possibilidade de exercício pleno da competência dos Estados foi atribuída também no âmbito do Direito Tributário e do Direito Financeiro, em que a competência é concorrente entre a União, os Estados e o DF. O STF decidiu em 1997 que, na inexistência de lei federal sobre normas gerais, os Estados podem legitimamente disciplinar as regras de instituição e cobrança do IPVA, forte no art. 24, § 3º, da CF, e no art. 34, § 3º, do ADCT (AI 167.777 AgR, rel. Min. Marco Aurélio, 2º Turma, j. 03.1997).

11.2. Resolução do Senado. Alíquotas ITCD, ICMS e IPVA. A fixação de competência para o Senado Federal estabelecer alguns parâmetros quantitativos para determinados impostos é um dos mecanismos utilizados para padronizar, mesmo que minimamente, a tributação entre os entes federativos, em certas questões mais suscetíveis de guerra fiscal. A CF prevê que as alíquotas máximas do ITCD serão fixadas pelo Senado Federal (art. 155, § 1º, IV), o qual estabeleceu como alíquota máxima 8% (Resolução do Senado Federal 9, de 05.05.1992). Com relação ao ICMS, a CF prevê que cabe ao Senado Federal, mediante resolução, de iniciativa do Presidente da República ou de um terço dos Senadores, aprovada pela maioria absoluta de seus membros, estabelecer as alíquotas aplicáveis às operações e prestações interestaduais e de exportação (art. 155, § 2º, IV). A Resolução do Senado Federal 22, de 19.05.1989, dispõe que a alíquota do ICMS, nas operações e prestações interestaduais, será de 12%. Excepcionalmente, nas operações e prestações realizadas nas Regiões Sul e Sudeste, destinadas às Regiões Norte, Nordeste e Centro-Oeste e ao Estado do Espírito Santo, as alíquotas serão 7%. No âmbito das operações interestaduais com bens e mercadorias importadas do exterior, visando a atenuar a chamada "guerra dos portos", a Resolução do Senado Federal 13, de 25.04.2012, estabeleceu a alíquota do ICMS em 4%. A CF ainda prevê a faculdade ao Senado Federal para estabelecer alíquotas mínimas nas operações internas, mediante resolução de iniciativa de um terço e aprovada pela maioria absoluta de seus membros, e para fixar alíquotas máximas nas mesmas operações, para resolver conflito específico que envolva interesse de Estados, mediante resolução de iniciativa da maioria absoluta e aprovada por dois terços de seus membros (art. 155, § 2º, V). Por fim, com relação ao IPVA, o Senado fixará suas alíquotas mínimas (art. 155, § 6º, I).

11.3. Convênios CONFAZ. Benefícios fiscais ICMS. Com o objetivo de reduzir a guerra fiscal entre os Estados membros da Federação, o texto constitucional prevê competência para o legislador complementar regular a forma como, mediante deliberação dos Estados e do DF, isenções, incentivos e benefícios fiscais de ICMS serão concedidos e revogados (art. 155, § 2º, XII, "g"). A LC 24, de 07.01.1975 dispõe que as isenções e quaisquer outras formas de incentivos ou benefícios, dos quais resulte redução ou eliminação, direta ou indireta, do respectivo ônus, deverão ser concedidas ou revogadas por convênios celebrados e ratificados pelos Estados e pelo Distrito Federal. O órgão competente para tanto é o Conselho Nacional de Política Fazendária (CONFAZ).

11.4. Contribuições não exigem lei complementar. O texto constitucional é claro ao exigir lei complementar para estabelecer as normas gerais de

Direito Tributário, explicitando que esta exigência se aplica especialmente sobre "definição de tributos e de suas espécies, bem como, em relação aos impostos discriminados nesta Constituição, a dos respectivos fatos geradores, bases de cálculo e contribuintes" (art. 146, III, "a"). A leitura mais adequada desse dispositivo constitucional é aquela que apreende a norma jurídica dele decorrente em conformidade com a finalidade subjacente. Consoante já sustentado anteriormente, o art. 146 da CF traz uma série de matérias carentes de regulação por lei complementar, destacando, portanto, determinadas áreas do Sistema Tributário Nacional que, na visão do Constituinte de 1988, merecem maior aprovação democrática. Em outras palavras, são temáticas mais sensíveis, cuja aprovação legislativa não poderá ser por quórum meramente ordinário, sob pena de não se ter a necessária representatividade democrática por ocasião da apreciação e aprovação do respectivo projeto de lei. Disso decorre que a melhor interpretação é aquela que corrobora que as *normas gerais de quaisquer tributos* devem ser previstas inicialmente em *lei complementar*, para só então a lei ordinária disciplinar o detalhamento das suas regras. Não fosse assim, a regra insculpida no art. 146 não teria razão de existir, visto que a CF já prevê, mais adiante no seu texto, o princípio da legalidade tributária, segundo o qual o tributo só pode ser exigido ou aumentado por lei (art. 150, I). Ou seja, a legalidade tributária já garante ao contribuinte a necessidade de lei ordinária, evitando-se que a instituição e majoração dos tributos ocorra ao arbítrio do Poder Executivo. Quando então o art. 146 traz expressamente uma ressalva específica de exigência de quórum democrático qualificado para a aprovação de determinadas matérias do Sistema Tributário Nacional, o faz tanto em respeito a uma maior representatividade democrática de apreciação e provação do projeto de lei, como também com vistas a disciplinar essas matérias com eficácia nacional, harmonizando a aplicação das respectivas regras pelos entes tributantes e evitando, conforme já visto anteriormente, inúmeros casos de guerra fiscal. No entanto, a Corte Suprema fez uma leitura mais literal e segmentada do dispositivo, de modo a extrair uma regra específica para os outros tributos que não fossem impostos, criando uma regra autônoma, desvinculada da regra matriz que foi incorporada pelo mesmo dispositivo. No caso, quando apreciou a instituição da CSLL por lei ordinária, entendeu que o art. 146, III, previa a exigência de lei complementar de regulação dos fatos geradores, bases de cálculo e contribuintes *apenas para os impostos* (RE 146.733/SP, rel. Min. Moreira Alves, Pleno, j. 29.06.1992). As contribuições de seguridade social poderiam ser instituídas por lei meramente ordinária, com ressalva para a exigência expressa de lei complementar para a instituição de outras contribuições para a manutenção ou expansão da seguridade social (art. 195, § 4º). Assim, de modo geral, segundo a jurisprudência do STF, consolidada no mesmo sentido em reiterados julgados posteriores, as contribuições não precisam ser instituídas por lei complementar.

11.5. Obrigação, lançamento, crédito, prescrição e decadência tributários. A competência prevista para o legislador complementar prevê o estabelecimento de normas gerais sobre obrigação, lançamento, crédito, prescrição e decadência tributários. Conforme mencionado anteriormente, esse rol é meramente exemplificativo, visto que a palavra "especialmente" reforça a possibilidade de regulação de outros institutos atinentes às normas gerais de Direito Tributário por lei complementar, não se limitando, portanto, ao rol apresentado no inc. III do art. 146. Assim, por exemplo, as regras matrizes referentes à regularidade fiscal do contribuinte, certificadas por certidões negativas de débito (CND) ou certidões positivas com efeito de negativa (CPEN), também são estabelecidas pelo CTN. De todo modo, andou bem o Constituinte ao consignar expressamente a regulação por lei complementar desses institutos tributários, dada a inegável relevância deles para o Direito Tributário. As questões que circundam o tema maior da obrigação tributária, incluindo necessariamente seus desdobramentos específicos envolvendo a constituição e a extinção do crédito tributário, são questões nucleares à Ciência do Direito Tributário. Suas regras devem ser unificadas em diploma de eficácia nacional, de modo a harmonizar sua aplicação por parte de todos os entes federados. Essas regras estão previstas no CTN, o qual disciplina amplamente os principais aspectos da obrigação tributária, incluindo o seu surgimento, o estabelecimento da sujeição passiva, a constituição, a suspensão, a exclusão e a extinção do crédito tributário. As leis complementares específicas, como a LC 116/2003 (ISS) e a LC 87/96 (ICMS), conforme visto anteriormente, estabelecem as normas gerais *específicas* para esses impostos, tais como a figura do contribuinte, mas não trazem regras específicas, por exemplo, sobre os prazos de decadência e de prescrição, justamente porque as questões gerais devem permanecer reguladas somente pelo CTN, sob pena de pôr em risco o objetivo de unificar e harmonizar a disciplina das normas gerais.

11.6. Responsabilidade tributária de terceiros. Infrações. Lei estadual. Conflito. Norma geral federal. O parágrafo único do art. 18-C da Lei

7.098/1998, acrescentado pelo art. 13 da Lei 9.226/2009, do Estado de Mato Grosso, atribuiu responsabilidade tributária solidária por infrações a toda pessoa que concorra ou intervenha, ativa ou passivamente, no cumprimento da obrigação tributária, especialmente a advogado, economista e correspondente fiscal. Houve claro vício de inconstitucionalidade formal. Ao ampliar as hipóteses de responsabilidade de terceiros por infrações, prevista nos arts. 134 e 135 do CTN, a lei estadual invadiu a competência do legislador complementar federal no estabelecimento de normas gerais de Direito Tributário (art. 146, III, "b", da CF): "(i) ampliou o rol das pessoas que podem ser pessoalmente responsáveis pelo crédito tributário; (ii) dispôs diversamente do CTN sobre as circunstâncias autorizadoras da responsabilidade pessoal do terceiro". O Supremo, por unanimidade de votos, declarou a inconstitucionalidade do parágrafo único do art. 18-C da Lei 7.098/1998, incluído pelo art. 13 da Lei 9.226/2009, fixando a seguinte tese: "É inconstitucional lei estadual que disciplina a responsabilidade de terceiros por infrações de forma diversa da matriz geral estabelecida pelo Código Tributário Nacional" (ADI 4.845/MT, rel. Min. Roberto Barroso, Pleno, j. 13.02.2020).

11.7. Compensação de ofício. Lei 9.430/96. Débitos parcelados sem garantia. Suspensão da exigibilidade do crédito. O art. 146, III, "b", da CF é claro ao dispor que cabe à lei complementar estabelecer normas gerais em matéria de legislação tributária, especialmente sobre obrigação, lançamento, crédito, prescrição e decadência tributários. A extinção e a suspensão do crédito tributário são matéria de norma geral, sob reserva de lei complementar. A compensação, por sua vez, é forma de extinção do crédito tributário, devendo observar as regras estabelecidas no art. 170 do CTN. O art. 170 do CTN apenas traz a moldura normativa geral acerca da compensação, cabendo à lei ordinária do respectivo ente autorizar a compensação de créditos líquidos, certos e exigíveis. A jurisprudência da Corte Suprema já consolidou o entendimento, segundo o qual a compensação de ofício não viola a liberdade do credor, perfazendo-se *ex lege*, diante das seguintes circunstâncias objetivas: (i) reciprocidade de dívidas, (ii) liquidez das prestações, (iii) exigibilidade dos débitos e (iv) fungibilidade dos objetos. O parágrafo único do art. 73 da Lei 9.430/96 (incluído pela Lei 12.844/13), "ao permitir que o Fisco realize compensação de ofício de débito parcelado sem garantia, condiciona a eficácia plena da hipótese de suspensão do crédito tributário – no caso, o 'parcelamento' (CTN – art. 151, VI) – a condição não prevista em lei complementar". O STF, por unanimidade, apreciando o Tema 874 da repercussão geral, declarou a inconstitucionalidade da expressão "ou parcelados sem garantia", constante do parágrafo único do art. 73 da Lei 9.430/96, incluído pela Lei 12.844/13, por afronta ao art. 146, III, "b", da Constituição Federal, fixando a seguinte tese: "É inconstitucional, por afronta ao art. 146, III, b, da CF, a expressão 'ou parcelados sem garantia', constante do parágrafo único do art. 73 da Lei nº 9.430/96, incluído pela Lei nº 12.844/13, na medida em que retira os efeitos da suspensão da exigibilidade do crédito tributário prevista no CTN" (RE 917.285/SC, rel. Min. Dias Toffoli, Pleno, j. 18.08.2020).

11.8. Responsabilidade tributária. Regulação por lei complementar. A responsabilidade tributária é tema umbilicalmente ligado ao tema da obrigação tributária. Tanto que o CTN prevê regras específicas sobre a responsabilidade dentro do Título II referente à obrigação tributária, entre elas as regras sobre responsabilidade dos sucessores, responsabilidade de terceiros e responsabilidade por infrações. Seja por determinação legal expressa, seja por força de sucessão ou do cometimento de infrações à legislação tributária, determinado sujeito pode ser chamado a responder pela obrigação tributária, não na condição de contribuinte, mas de responsável. A Corte Suprema já reconheceu que os traços essenciais da responsabilidade tributária se enquadram no rol das normas gerais de Direito Tributário, de modo a assegurar a harmonização de aplicação das suas regras, por parte dos entes tributantes, e a uniformidade de tratamento dos sujeitos passivos perante a Administração Tributária (RE 562.276/PR, rel. Min. Ellen Gracie, Pleno, j. 03.11.2010, DJe 09.02.2011). A responsabilização, por exemplo, de sócios que estejam na direção ou gerência de pessoas jurídicas, somente pode ocorrer dentro dos moldes previstos em lei complementar, mais precisamente no art. 135, III, do CTN, o qual prevê tão somente a situação de prática de atos com excesso de poderes ou infração à lei, contrato social ou estatutos. Dessa forma, a tentativa veiculada na Lei 8.620/93 de "vincular à simples condição de sócio a obrigação de responder solidariamente pelos débitos da sociedade limitada perante a Seguridade Social" violou o art. 146, III, da CF, porquanto regulou de modo diverso a regra insculpida no art. 135, III, do CTN (RE 562.276/PR, rel. Min. Ellen Gracie, Pleno, j. 03.11.2010, DJe 09.02.2011).

11.9. Extinção do crédito tributário. Dação em pagamento. As normas de extinção do crédito tributário são normas diretamente ligadas tanto ao crédito tributário como à extinção da obrigação tributária, possuindo, portanto, nítido caráter de normas gerais de Direito Tributário. O CTN prevê, no art. 156, as modalidades de extinção do crédito tributário. A Lei

1.624 do DF, de 01.09.1997, havia previsto que microempresas, empresas de pequeno porte e empresas médias do DF poderiam solver seus débitos tributários mediante *dação em pagamento de materiais*, destinados a programas do Governo do Distrito Federal. O Min. Marco Aurélio, quando do julgamento do pedido de medida cautelar em ação direta de inconstitucionalidade, entendeu que a lei distrital havia criado nova modalidade de extinção do crédito tributário – a dação em pagamento – violando a reserva de lei complementar para a regulação das modalidades de extinção do crédito tributário (STF, ADI 1.917 MC/DF, rel. Min. Marco Aurélio, Pleno, j. 18.12.1998, DJ 19.09.2003). Quando do julgamento do mérito da ação, o relator, Min. Ricardo Lewandowski, entendeu igualmente que se tratava da criação de nova causa de extinção do crédito tributário. No entanto, vislumbrou que havia uma violação ao princípio da licitação, insculpido no art. 37, XXI, da CF (STF, ADI 1.917/DF, rel. Min. Ricardo Lewandowski, Pleno, j. 26.04.2007, DJe 23.08.2007).

11.10. Decadência e prescrição. Prazos, interrupção e suspensão. A prescrição e a decadência são modalidades de extinção do crédito tributário, previstas no art. 156, V, do CTN. Dada sua vinculação necessária ao crédito tributário, como uma das suas formas de extinção, a previsão expressa quanto à decadência e à prescrição no art. 146, III, "b", da CF é absolutamente desnecessária. No entanto, sua previsão expressa no texto constitucional vem a reforçar a necessidade de sua regulação por lei complementar, visando a harmonizar sua aplicação no território nacional, por todos os entes tributantes, e a unificar o tratamento despedido aos contribuintes. Especialmente nas questões envolvendo os prazos, o CTN desempenha uma função primordial para assegurar a segurança jurídica entre os administrados. Os arts. 173 e 174 do CTN preveem o prazo de cinco anos para a constituição do crédito tributário (prazo decadencial) e igualmente de cinco anos para a ação de cobrança do crédito tributário (prazo prescricional), respectivamente. Todavia, a Lei 8.212, de 24.07.1991, havia estabelecido o prazo de dez anos para a Seguridade Social apurar e constituir os seus créditos (art. 45), bem como o mesmo prazo de dez anos para cobrá-los (art. 46). A Corte Suprema, ao apreciar a inovação levada a efeito na lei ordinária, não teve dúvidas quanto à clara violação à Constituição, dada a reserva de lei complementar para regular os prazos de decadência e prescrição tributários. O entendimento foi posteriormente consolidado na Súmula Vinculante 8 ("São inconstitucionais o parágrafo único do artigo 5º do Decreto-lei 1.569/1977 e os artigos 45 e 46 da Lei 8.212/1991, que tratam de prescrição e decadência de crédito tributário"). Por fim, houve tentativas, na Lei de Execução Fiscal (Lei 6.830, de 22.09.1980 – LEF), de inovar na suspensão e na interrupção do curso da prescrição. A LEF prevê que a inscrição em dívida ativa suspenderá a prescrição por 180 dias, ou até a distribuição da execução fiscal, se esta ocorrer antes de findo aquele prazo (art. 2º, § 3º). E o despacho do juiz, que ordena a citação, interrompe a prescrição (art. 8º, § 2º). Entretanto, como visto, a LEF, enquanto lei ordinária, não pode prever hipóteses de suspensão e interrupção da prescrição, mormente na época em que o CTN previa a efetivação da citação como hipótese de interrupção da prescrição (art. 174, parágrafo único, I). Esse entendimento foi confirmado pela Corte Especial do STJ, que considerou ilegítimas as normas estabelecidas no § 2º do art. 8º e no § 3º do art. 2º da LEF (AI no Ag 1.037.765, rel. Min. Teori Zavascki, Corte Especial, j. 03.2011). Posteriormente, a LC 118, de 09.02.2005, passou a validar o mero despacho do juiz que ordenar a citação em execução fiscal como causa legítima de interrupção da prescrição, alterando a redação do inc. I do parágrafo único do art. 174 do CTN.

11.11. Adequado tratamento tributário ao ato cooperativo. O Constituinte também estabeleceu que as cooperativas teriam tratamento tributário regulado por lei complementar de normas gerais. O ponto é que foi fixada competência para o legislador complementar estabelecer normas gerais que disciplinassem um "*adequado* tratamento tributário ao *ato cooperativo* praticado pelas sociedades cooperativas" (art. 146, III, "c").

11.11.1. Sociedade cooperativa e ato cooperativo. Natureza jurídica. As sociedades cooperativas possuem sua regulação jurídica geral na Lei 5.764, de 16.12.1971 (Lei das Cooperativas), a qual define a Política Nacional de Cooperativismo, institui o regime jurídico das sociedades cooperativas e dá outras providências. Deflui da lei que as cooperativas não se confundem com as demais espécies de pessoa jurídica, ostentando uma natureza jurídica própria, pautada pela reunião voluntária de pessoas que se obrigam reciprocamente a contribuir com bens ou serviços para o exercício de uma atividade econômica, de proveito comum (art. 3º). Não possuem objetivo de lucro, o que as distingue das sociedades empresárias. Trata-se de sociedades de pessoas, com forma e natureza jurídica próprias, de natureza civil, não estando sujeitas à falência, de regra. São constituídas para prestar serviços aos associados e possuem características próprias, que as distinguem das demais sociedades, entre elas destacam-se a incessibilidade das quotas do capital a terceiros, estranhos à sociedade, o retorno das sobras líquidas do exercício, proporcionalmente às operações realizadas pelo associado e a prestação de assistência aos associados (art. 4º). Dentro dessa lógica de natureza civil, portanto, não empresarial, aquilo que a Constituição menciona como *ato cooperativo* deve ser compreendido como os atos "praticados entre as cooperativas e seus associados, entre estes e aquelas e pelas cooperativas entre si quando associadas, para a consecução dos objetivos sociais" (art. 79). Esse *ato cooperativo* não é um ato mercantil ou um ato empresarial (na linguagem do Código Civil), pois a lei deixa claro que ele não implica operação de mercado, não podendo ser enquadrado como contrato de compra e venda de produto ou mercadoria. A lei ainda prevê que as *cooperativas agropecuárias e de pesca* poderão adquirir produtos de *não associados* para completar lotes destinados ao cumprimento de contratos ou suprir capacidade ociosa de instalações industriais das cooperativas que as possuem (art. 85) e poderão fornecer bens e serviços a não associados, desde que tal faculdade atenda aos objetivos sociais e estejam de conformidade com a lei (art. 86).

11.11.2. Operações com não associados. Incidência de tributos. A Lei das Cooperativas faz distinção entre o *ato cooperativo* e o *ato com não associado*, mencionados nos arts. 85 e 86. Os resultados das operações das cooperativas que tenham sido realizadas com não associados devem ser contabilizados em separado, de modo a viabilizar a incidência de tributos (art. 87). Além da possibilidade de as cooperativas operarem no mercado, a lei ainda prevê a faculdade de participarem de sociedades não cooperativas, para melhor atender seus próprios objetivos e eventualmente outros de caráter acessório ou complementar (art. 88). Cumpre destacar aqui que todo resultado positivo obtido pelas cooperativas nas operações com não associados ou com sociedades não cooperativas será considerado como renda tributável (art. 111). Assim, o que a lei deixa claro é que o ato com *não associado*, que não é um ato cooperativo, sofrerá a incidência de tributos. Na prática, toda operação com *terceiro* não está protegida pelo art. 146, III, "c", da CF, sendo tributada normalmente. E não poderia ser diferente, visto que, quando a cooperativa presta serviços ou vende mercadorias a terceiros, ela está operando no mercado tradicional e concorrendo com as demais sociedades empresárias do mesmo setor, não havendo mais, como regra, razão para eventual tratamento tributário diferenciado ou *adequado*. Em outras palavras, quando a cooperativa presta serviço ou vende mercadoria a terceiro (não associado), ela pratica ato empresarial, como se fosse uma sociedade empresária, devendo, nessa condição, sujeitar-se normalmente à tributação, sob pena de haver tratamento tributário beneficiado injustificado e violação à igualdade de concorrência. Na jurisprudência do STF, podemos ter a confirmação desse entendimento, segundo o qual as cooperativas, nas suas relações com terceiros, possuem faturamento, como as demais pessoas jurídicas, constituindo seus resultados positivos receita tributável (RE 599.362/RJ, rel. Min. Dias Toffoli, Pleno, j. 06.11.2014, DJe 09.02.2015). Nessa linha, há que ser feita uma distinção entre a receita advinda dos associados, sujeita a rateio entre os cooperados, e aquela percebida em razão de serviços prestados a não associados, sobre a qual incide a CSLL (STF, AgRegRE 274.406-9/PR, rel. Min. Maurício Corrêa, 2ª Turma, 10.2000). Em acórdão submetido à sistemática de julgamento dos recursos repetitivos representativos da controvérsia, a Primeira Seção do STJ esclareceu que "as sociedades cooperativas, quando da determinação do lucro real, apenas podem excluir do lucro líquido os resultados positivos decorrentes da prática de atos cooperativos típicos, assim considerados aqueles praticados entre as cooperativas e seus associados, entre estes e aquelas e pelas cooperativas entre si quando associadas, para a consecução dos objetivos sociais" (REsp 58.265/SP, rel. Min. Luiz Fux, j. 12.2009). O STJ também entende que é legítima a incidência do PIS e da COFINS sobre o faturamento das *cooperativas de trabalho médico*, quando verificados serviços que são prestados a terceiros não cooperados (AgRg no REsp 786.612/RS, rel. Min. Mauro Campbell Marques, 2ª Turma, j. 10.2013). Com relação às aplicações financeiras, incide o IR sobre o resultado das aplicações financeiras realizadas pelas cooperativas (Súmula 262 STJ).

11.11.3. Valores repassados aos profissionais cooperados. Exclusão da base de cálculo do ISS. A Primeira Turma do STJ sinalizou com a possibilidade de exclusão dos valores repassados aos profissionais cooperados da base de cálculo do ISS, em um caso envolvendo uma cooperativa de serviços odontológicos, cujo caráter empresarial fora reconhecido pelas instâncias ordinárias, determinando, portanto, sua sujeição ao ISS (REsp 1.371.438/RJ, rel. Min. Ari Pargendler, j. 03.09.2013, DJe 23.10.2013).

11.11.4. "Adequado". Imunidade e isenção. Não há previsão para tratamento tributário privilegiado ou beneficiado às cooperativas, mas sim para um tratamento tributário "*adequado*". O art. 146, III, "c", da CF deve ser lido de forma *coerente* e *sistêmica* com o § 2º do art. 174 da CF, o qual preceitua, no âmbito dos princípios gerais da ordem econômica e financeira, que "a lei apoiará e estimulará o cooperativismo e outras formas de associativismo". Assim, o adequado tratamento tributário ao ato cooperativo deve necessariamente ter o efeito de *fomento* ou *estímulo* ao cooperativismo, visto como uma das formas constitucionais legítimas de desenvolvimento de atividades econômicas, em meio a uma ordem econômica, fundada na valorização do trabalho humano e na livre-iniciativa, que tem por fim assegurar a todos existência digna, conforme os ditames da justiça social (art. 170). Para surtir o efeito de efetivo fomento ou estímulo, o tratamento tributário a ser despendido ao cooperativismo não pode ser mais gravoso do que o tratamento tributário previsto como regra para as demais pessoas jurídicas que desenvolvem atividades econômicas, sob pena de esvaziar o próprio objetivo de fomento sob o viés da tributação. No entanto, o adequado tratamento tributário em questão não implica que deva haver imunidade ou isenção. A Primeira Turma do STF já havia entendido, na composição de 1997, que não havia o que se falar em imunidade tributária às cooperativas e que o tratamento adequado não significava necessariamente tratamento privilegiado (RE 141.800/SP, rel. Min. Moreira Alves, Primeira Turma, j. 01.04.1997, DJ 03.10.1997). Mais tarde, na composição de 2014, o Pleno do STF reiterou que caberá à lei complementar estabelecer o adequado tratamento tributário às cooperativas e que o dispositivo constitucional não garante imunidade tributária ou direito subjetivo à isenção (RE 599.362/RJ, rel. Min. Dias Toffoli, Pleno, j. 06.11.2014, DJe 09.02.2015).

11.11.5. Seguridade social. Nesse mesmo julgamento, nos autos do RE 599.362 (mencionado anteriormente), foi apreciado o Tema 323 (Incidência do PIS sobre os atos cooperativos próprios), tendo sido aprovada, em 09.12.2015, a redação da tese, segundo o qual "a receita auferida pelas cooperativas de trabalho decorrentes dos atos (negócios jurídicos) firmados com terceiros se insere na materialidade da contribuição ao PIS/PASEP". A Corte Suprema ressaltou o dever de contribuição de toda a sociedade para com o financiamento da seguridade social (art. 195 da CF), o que não exclui a coparticipação das cooperativas. No âmbito da COFINS, foi reconhecida a incidência da COFINS sobre os atos (negócios jurídicos) praticados pela cooperativa com terceiros tomadores de serviço, resguardadas as exclusões e deduções legalmente previstas. No caso, ressaltou-se que o princípio da solidariedade social, fonte de inspiração para a seguridade social, irradia seus efeitos igualmente sobre as cooperativas. A Corte ainda apontou que, em que pese não haja proteção imunitória às cooperativas, poderá o legislador ordinário de cada pessoa política assegurar a neutralidade tributária com a concessão de benefícios fiscais, tais como isenções, enquanto não for aprovada a lei complementar referida no art. 146, III, "c", da CF (RE 598.085/RJ, rel. Min. Luiz Fux, Pleno, j. 06.11.2014, DJe 09.02.2015).

11.11.6. Benefício tributário por lei complementar. Revogação por medida provisória. Os serviços prestados a terceiros não associados (não cooperados) eram isentos da COFINS. No entanto, o benefício foi revogado pela Medida Provisória 1.858, de 26.10.1999 e reedições seguintes, consolidada na Medida Provisória 2.158, de 24.08.2001, tornando-se tributáveis pela COFINS as respectivas receitas. A Corte Suprema, quando do julgamento do RE 598.085/RJ (rel. Min. Luiz Fux, Pleno, j. 06.11.2014, DJe 09.02.2015), reiterou que a isenção é matéria reservada à lei ordinária, conforme previsão do art. 178 do CTN, sendo a LC 70, de 30.12.1991, *complementar apenas formalmente*, tornando possível sua alteração por medida provisória, com base no que já fora decidido na ADI 1/DF (rel. Min. Moreira Alves, Pleno, DJ 16.06.1995). Ao final, a Corte, decidindo o Tema 177 da Repercussão Geral ("Revogação, por medida provisória, da isenção da contribuição para o PIS e para a COFINS concedida às sociedades cooperativas"), por unanimidade, reconheceu a incidência da COFINS sobre os atos (negócios jurídicos) praticados pela cooperativa com terceiros tomadores de serviço, resguardadas as exclusões e deduções legalmente previstas. Conforme já mencionado anteriormente, o STF já possuía à época desse julgamento entendimento consolidado acerca da inexistência de hierarquia entre lei complementar e lei ordinária, quando decidiu pela possibilidade da revogação da isenção concedida às sociedades profissionais por lei ordinária.

11.11.7. Inexistência de lei complementar para o adequado tratamento tributário das cooperativas. Em que pese haja vários projetos de lei tramitando no Congresso Nacional, pretendendo regulamentar e delimitar expressamente o conceito de ato cooperativo (por exemplo, PLP 271/05, apensado aos PLP 198/07, PLP 62/07 e PLP 396/08; PL 1.678/11, que altera o art. 79 da Lei 5.764/71; PL 5.770/09; PL 3/2007), ainda não há lei complementar de normas gerais sobre o adequado tratamento tributário das cooperativas. Enquanto não houver a regulação específica em lei complementar, como previsto na Constituição, a legislação ordinária de cada tributo deve prever a medida adequada da tributação, de modo a evitar eventual tratamento tributário mais gravoso ou prejudicial às cooperativas, quando comparadas à tributação regular das sociedades de pessoas e de capital (STF, RE 599.362, rel. Min. Dias Toffoli, Pleno, j. 11.2014). Portanto, atualmente, a existência de eventual benefício tributário ao ato cooperativo deve ser verificada na lei de cada tributo. Inexistindo lei federal de normas gerais, podem os Estados exercer a competência legislativa plena (competência concorrente), para legislar sobre Direito Tributário, prevista no § 3º, do art. 24, da CF (STF, ADI 429, rel. Min. Luiz Fux, Pleno, 08.2014).

11.12. Tratamento diferenciado e favorecido para as microempresas e empresas de pequeno porte. Se, de um lado, a CF prevê tratamento tributário *adequado* ao ato cooperativo (art. 146, III, "c"), de outro, prevê tratamento *diferenciado e favorecido* para as microempresas e para as empresas de pequeno porte (art. 146, III, "d"). A previsão constante no Sistema Tributário Nacional é alinhada com as disposições ancoradas na Ordem Econômica e Financeira da CF. O tratamento favorecido para as MEs e EPPs é alçado à condição de princípio da ordem econômica, constituindo um dos vetores assecuratórios da existência humana digna, conforme os ditames da justiça social (art. 170). Esse tratamento deve ser atraente o suficiente para incentivar a constituição dessas empresas, notadamente através da simplificação das suas obrigações administrativas, tributárias, previdenciárias e creditícias, ou pela eliminação ou redução destas por meio da lei (art. 179). O tratamento tributário a ser concebido para as MEs e EPPs não será *meramente adequado*, mas sim *necessariamente diferenciado e favorecido*, isto é, não poderá ser mais gravoso ou oneroso do que o tratamento tributário regularmente estabelecido para as sociedades de pessoas e para as sociedades de capital em geral. Essa diferenciação pressupõe igualmente o favorecimento em termos de simplificação das obrigações tributárias principais e acessórias, de modo a reduzir, ao final, os custos de *compliance fiscal*. De um modo geral, quaisquer regras que disciplinem esse tratamento diferenciado e favorecido, mas que terminem, ao contrário, por torná-lo mais complexo, violam o objetivo maior de simplificação e de favorecimento tributário das MEs e EPPs, comprometendo a constitucionalidade do regime.

11.12.1. Critérios de diferenciação. Todo tratamento jurídico diferenciado, por violar a igualdade, deve pressupor um critério de diferenciação, que guarde uma relação de pertinência lógica e coerente com a finalidade subjacente a ser alcançada com o tratamento diferenciado. A CF limita-se a prever o dever imposto ao legislador de estabelecer esse regime diferenciado, mas não informa com base em que critério. A Lei do *Simples Nacional*, denominação concedida à LC 123, de 14.12.2006, que institui o Estatuto Nacional da Microempresa e da Empresa de Pequeno Porte e o respectivo tratamento tributário, estabelece como critério a *receita bruta anual* (art. 3º). Pela lei, consideram-se microempresas ou empresas de pequeno porte, a sociedade empresária, a sociedade simples, a empresa individual de responsabilidade limitada e o empresário a que se refere o art. 966 do CC, devidamente registrados no Registro de Empresas Mercantis ou no Registro Civil de Pessoas Jurídicas, com receita bruta em cada ano-calendário igual ou inferior a

R$ 360.000,00 (no caso de microempresa) ou superior a R$ 360.000,00 e igual ou inferior a R$ 4.800.000,00 de receita bruta anual (no caso de empresa de pequeno porte). No entanto, a mesma lei estabelece o critério da *atividade econômica* como um critério de *vedação de ingresso* no regime tributário favorecido. Na versão anterior da lei (na Lei 9.317/96), diversas atividades econômicas eram vedadas no chamado Simples Federal, em que pese estivessem dentro do limite máximo de receita bruta anual permitido para gozo do benefício. A Confederação Nacional das Profissões Liberais ingressou com uma Ação Direta de Inconstitucionalidade contra a exclusão das profissões liberais dos benefícios tributários trazidos pelos Simples Federal (STF, ADI 1.643, rel. Min. Maurício Corrêa, Pleno, j. 05.12.2002). O relator, Min. Maurício Corrêa, entendeu não haver ofensa ao princípio da isonomia tributária e que os profissionais liberais teriam condição de disputar o mercado de trabalho sem assistência do Estado. Ocorre que o critério da atividade econômica, como critério de diferenciação, não guarda relação de pertinência lógica e coerente com o princípio da capacidade contributiva, que é o princípio reitor de configuração não apenas para os impostos, mas para todos os tributos, sempre que possível (ver anteriormente os comentários ao § 1º do art. 145). Além disso, a utilização do critério da atividade econômica é vedada no âmbito da igualdade tributária, uma vez que a própria CF veda "instituir tratamento desigual entre contribuintes que se encontrem em situação equivalente, proibida qualquer distinção em razão de ocupação profissional ou função por eles exercida" (art. 150, II). Anos mais tarde, com o advento da LC 123, de 14.12.2006 e das suas alterações posteriores, a maioria das profissões liberais foi incluída no Simples Nacional, inclusive contadores e advogados.

11.12.2. Tributos abrangidos. A Lei do Simples Nacional instituiu o "Regime Especial Unificado de Arrecadação de Tributos e Contribuições devidos pelas Microempresas e Empresas de Pequeno Porte – Simples Nacional" (art. 12). O Simples Nacional implica o recolhimento mensal, mediante *documento único de arrecadação*, do IRPJ, do IPI, da CSLL, da COFINS, do PIS, da CPP, do ICMS e do ISS (art. 13). O regime não engloba os impostos sobre a propriedade (IPTU, ITR e IPVA) e sobre a transmissão de bens (ITCD e ITBI), tampouco taxas e contribuições de melhoria. As MEs e EPPs optantes pelo Simples Nacional ficam ainda dispensadas do pagamento das demais contribuições instituídas pela União, inclusive as contribuições para as entidades privadas de serviço social e de formação profissional vinculadas ao sistema sindical, de que trata o art. 240 da CF, e demais entidades de serviço social autônomo (§ 3º, art. 13, LC 123, de 14.12.2006). Essa regra foi questionada à luz da Constituição, tendo a Corte Suprema decidido que é legítima a isenção de contribuição sindical concedida às MEs e EPPs (ADI 4.033/DF, rel. Min. Joaquim Barbosa, Pleno, j. 15.09.2010, DJe 04.02.2011). Em 2000, o STF já havia decidido que o Poder Público possui legitimidade para isentar contribuições por ele instituídas, e que a tutela concedida às EPPs sobreleva à autonomia e à liberdade sindical protegidas pela Constituição (ADI 2.006 MC, rel. Min. Maurício Corrêa, DJ 01.12.2000).

11.12.3. Obrigatoriedade de adesão dos Estados e Municípios. Ausência de violação à forma federativa de Estado. Os Estados e Municípios são obrigados a aderirem ao Simples Nacional. Na prática, os tributos devidos nesse regime tributário deverão ser pagos por meio de documento único de arrecadação (art. 21, I, LC 123, de 14.12.2006), sendo o Comitê Gestor responsável por definir o sistema de repasses do total arrecadado, inclusive encargos legais, para o Município ou DF, do valor correspondente ao ISS, e para o Estado ou DF, do valor correspondente ao ICMS (art. 22, LC 123, de 14.12.2006). A adesão obrigatória e eventual perda arrecadatória por parte dos Estados e Municípios não viola a cláusula pétrea do art. 60, § 4º, I, da CF, referente à forma federativa de Estado. Em que pese a sistemática do regime do Simples Nacional possa afetar significativamente a autonomia tributária e financeira destes entes federados, trata-se da realização de uma importante finalidade constitucional, prevista, inclusive, em meio à principiologia da Ordem Econômica constitucional, voltada para a valorização do trabalho humano e a livre-iniciativa, visando a assegurar a todos existência digna, conforme os ditames da justiça social (art. 170, CF). Além disso, a autonomia tributária e financeira dos entes políticos não é um fim em si mesmo, mas apenas um dos meios existentes para melhor operacionalizar as suas competências, visando, em última análise, à melhor realização possível dos objetivos fundamentais da República Federativa do Brasil. Além disso, mesmo com o recolhimento centralizado dos tributos envolvidos em guia única, os Estados e Municípios continuam recebendo, via repasse, as receitas correspondentes ao ICMS e ao ISS, respectivamente.

11.12.4. Débitos tributários. Constitucionalidade da exclusão. A Lei do Simples Nacional impede o recolhimento dos tributos na sistemática do regime por ela instituído, quando o empresário ou a sociedade empresária possua débito com o INSS ou com as Fazendas Federal, Estadual e Municipal, cuja exigibilidade não esteja suspensa (art. 17, V). A existência desses débitos durante o gozo do benefício importa em exclusão do regime, cujos efeitos serão produzidos a partir do ano-calendário subsequente ao da ciência da comunicação da exclusão (art. 31, IV). Com acerto decidiu o STF que a exigência de regularidade fiscal não representa um fator de desequilíbrio concorrencial, visto que é imposta a todas as MEs e EPPs. Além disso, a Corte Suprema não vislumbrou a identificação da situação com as hipóteses fixadas nas Súmulas 70, 323 e 547 do STF, pois o requisito para o ingresso e a permanência no regime não representa coação indireta para o pagamento do tributo, não sendo obstáculo desproporcional ao exercício da atividade econômica. Trata-se de requisito, cujo atendimento é indispensável para fins de fruição do regime tributário beneficiado (RE 627.543, rel. Min. Dias Toffoli, Pleno, j. 10.2013. Tema 363 da Repercussão Geral).

11.12.5. Optantes pelo Simples. Impossibilidade de outros benefícios fiscais. O Simples Nacional é o regime tributário instituído para proporcionar um tratamento tributário *diferenciado e favorecido*, que na prática traz ganhos em termos de benefício tributário. Sob essa perspectiva, os optantes do regime já estão sendo beneficiados tributariamente, não fazendo qualquer sentido cumularem outras espécies de benefícios tributários, tais como a apropriação de créditos de ICMS ou suspensões de IPI. Foi o que decidiu a Segunda Turma do STJ, ao apreciar questão envolvendo a possibilidade de extensão do benefício da suspensão do IPI na saída do estabelecimento industrial à empresa optante do Simples Nacional. A Corte Superior reiterou que empresas enquadradas nesse regime não fazem jus a outros benefícios fiscais não expressamente instituídos em seu favor (REsp 1.497.591/PE, rel. Min. Humberto Martins, Segunda Turma, j. 09.12.2014, DJe 15.12.2014). O STF, apreciando o tema 1.050 da repercussão geral, assentou a constitucionalidade do parágrafo único do art. 2º da Lei 10.147/2000, fixando a seguinte tese: "É constitucional a restrição, imposta a empresa optante pelo Simples Nacional, ao benefício fiscal de alíquota zero previsto no parágrafo único do artigo 2º da Lei nº 10.147/2000, tendo em conta o regime próprio ao qual submetida" (RE 1.199.021/SC, rel. Min. Marco Aurélio, Pleno, j. 08.09.2020).

11.12.6. Diferencial de alíquota de ICMS. Optante pelo Simples Nacional. A questão sobre o diferencial de alíquota de ICMS para optantes do Simples Nacional encontra-se pendente de julgamento no STF, suscitada inicialmente em um recurso extraordinário interposto de acórdão prolatado pelo Tribunal de Justiça de Rondônia, o qual, em síntese, entendeu que a empresa optante pelo Simples, por vedação legal, não pode obter outros incentivos fiscais (RE 632.783/RO, rel. atual Min. Edson Fachin). O Min. Joaquim Barbosa, decidindo sobre a existência de repercussão geral da questão suscitada, sinalizou que "o respeito à não cumulatividade é pressuposto constitucional para a cobrança do ICMS. A importância desse requisito é reforçada no caso em exame, porquanto a Constituição determina que deve ser favorecido o tratamento tributário das micro e das pequenas empresas". Mencionou ainda que havia risco de danos à capacidade contributiva e à criação de condições para a oferta do pleno emprego e do fomento das pequenas empresas. Por outro lado, reconheceu que a sistemática fiscal centralizada do Simples Nacional se faz com prejuízo à capacidade arrecadatória dos Estados, repercutindo, assim, na estrutura federativa. A Corte Suprema reconheceu a existência de repercussão geral da questão, estando a decisão de mérito pendente de julgamento (Tema 517 – Aplicação de diferencial de alíquota de ICMS à empresa optante pelo Simples Nacional).

Art. 146-A. Lei complementar poderá estabelecer critérios especiais de tributação, com o objetivo de prevenir desequilíbrios da concorrência, sem prejuízo da competência de a União, por lei, estabelecer normas de igual objetivo. *(Incluído pela Emenda Constitucional 42, de 19.12.2003)*

1. Neutralidade da tributação. Prevenção de desequilíbrios da concorrência. O art. 146-A prevê competência para o legislador complementar estabelecer determinadas regras de tributação, que possam prevenir eventuais desequilíbrios da concorrência. Ao mesmo tempo, não exclui a competência da União para estabelecer, por lei ordinária, normas de igual objetivo. A primeira parte do dispositivo prevê *lei complementar nacional*, de eficácia sobre os três planos da Federação, para estabelecer normas tributárias voltadas para a manutenção da *livre concorrência*, garantida no art. 170, IV, da CF, como um dos princípios da ordem econômica na Constituição. O art. 146-A deve ainda ser lido de forma sistemática com a previsão contida no § 4° do art. 173 da CF, segundo o qual a lei também deve reprimir "o abuso do poder econômico que vise à dominação dos mercados, à eliminação da concorrência e ao aumento arbitrário dos lucros". Ou seja, a Constituição impôs ao legislador a tarefa de assegurar a livre concorrência tanto através da tributação como da defesa da concorrência propriamente dita (a Lei 12.529, de 30.11.2011, estrutura o Sistema Brasileiro de Defesa da Concorrência e dispõe sobre a prevenção e repressão às infrações contra a ordem econômica). No âmbito da tributação, o legislador deve estruturar a regulação, de tal modo que se assegure o efeito da *neutralidade na tributação*, isto é, de modo que a tributação não seja obstáculo à livre competição, prevenindo distorções concorrenciais. Nesse sentido, o legislador tributário está legitimado constitucionalmente para estabelecer obrigações tributárias, principais e acessórias, voltadas para assegurar o regular adimplemento tributário e, em última análise, a igualdade de condições de concorrência entre aqueles que operam de forma *leal* no mercado. Entre aqueles que operam de forma *desleal*, notadamente os *sonegadores contumazes*, há regras na ordem jurídica que não apenas podem trazer restrições à liberdade de exercício de atividade econômica ou profissão, mas que podem levar ao encerramento da atividade empresarial, em prol da manutenção de um ambiente saudável de concorrência leal.

1.1. Cancelamento do registro. Cigarro. Entre os casos já julgados pela Corte Suprema, envolvendo a *indústria do tabaco*, destacam-se dois julgados, referentes à *American Virginia Indústria, Comércio, Importação e Exportação de Tabaco*, apreciando a constitucionalidade do *cancelamento do registro especial* para industrialização de cigarros, por descumprimento de obrigações tributárias. No centro da discussão, esteve o art. 2º, II, do Decreto-lei 1.593/77, que prevê que "o registro especial poderá ser cancelado, a qualquer tempo, pela autoridade concedente, se, após a sua concessão, ocorrer um dos seguintes fatos: (Redação dada pela MP 2.158-35/2001) (...) II - não-cumprimento de obrigação tributária principal ou acessória, relativa a tributo ou contribuição administrado pela Secretaria da Receita Federal (Redação dada pela Lei 9.822/1999)". O entendimento jurisprudencial constitucional consagrado nos enunciados 70 ("É inadmissível a interdição de estabelecimento como meio coercitivo para cobrança de tributo"), 323 ("É inadmissível a apreensão de mercadorias como meio coercitivo para pagamento de tributos") e 547 ("Não é lícito à autoridade proibir que o contribuinte em débito adquira estampilhas, despache mercadorias nas alfândegas e exerça suas atividades profissionais"), os quais traduzem o pensamento geral de que a tributação não pode atuar como sanção política e restringir, de forma desproporcional, a liberdade de iniciativa, não prevaleceu nos julgamentos envolvendo a empresa tabagista. Mesmo frente ao efeito de fechamento do estabelecimento empresarial, devido ao cancelamento do registro, a Corte Suprema, em 2007, por maioria, indeferiu a medida cautelar proposta pela empresa, para obter efeito suspensivo a recurso extraordinário interposto, vencidos os Min. Joaquim Barbosa, Marco Aurélio, Celso de Mello e Sepúlveda Pertence (AC 1.657 MC, rel. p/ o ac. Min. Cezar Peluso, Pleno, j. 27.06.2007, DJ 31.08.2007). Na ocasião, prevaleceu o entendimento segundo o qual (i) o setor de produtos de tabaco apresenta peculiaridades, notadamente ligadas às despesas que gera no âmbito da saúde pública, que o distingue dos demais setores econômicos, (ii) a fabricação de cigarros é uma atividade econômica *tolerada* pelo Estado, cujo exercício está condicionado ao atendimento de requisitos especiais de funcionamento, justificados por razões de ordem pública, (iii) a empresa totalizava à época débitos tributários federais de quase dois bilhões de reais, sendo uma das principais devedoras da Receita Federal, (iv) havia fortes indícios de enquadramento em diversos crimes tributários e (v) após a inclusão do art. 146-A pela Emenda Constitucional 42, de 19.12.2003, cresceu a importância do papel da norma tributária de auxiliar na regulação da defesa da liberdade de competição no mercado, combatendo efetivamente a informalidade e a irregularidade no mercado. Por ocasião do julgamento do recurso extraordinário, em 2013, decidiu o Tribunal, por maioria, negar provimento, vencidos os Min. Gilmar Mendes, Marco Aurélio e Celso de Mello (RE 550.769/RJ, rel. Min. Joaquim Barbosa, Pleno, j. 22.05.2013, DJe 02.04.2014). Prevaleceu o entendimento segundo o qual a indústria do cigarro era um setor *sui generis* da economia, o qual justificava um tratamento regulatório diferenciado, inclusive no âmbito tributário, aliado aos efeitos que o segmento traz à saúde pública. Além disso, o caso concreto traduzia a figura de um sonegador contumaz, que estaria, com a sua reiterada conduta ilegal, trazendo reais prejuízos à concorrência no setor com relação aos seus concorrentes adimplentes. Entendemos que o caso, como todos os demais que envolvem medidas estatais invasivas, que provocam restrições significativas nos direitos e liberdades fundamentais, deve passar por um rigoroso e criterioso controle de proporcionalidade (sobre a proporcionalidade, ver adiante o tópico sobre a proibição de confisco). A indústria do cigarro é o exemplo de maior relevância para um dos extremos da política extrafiscal que permeia o IPI. A alíquota desse imposto já alcançou o percentual de 300%, justificado pelo princípio constitucional da seletividade em função da essencialidade (ver adiante o tópico sobre a seletividade), de modo que o setor merece um tratamento regulatório concorrencial e tributário diferenciado, seja pelas implicações que traz na saúde pública, seja pelo necessário combate à conhecida informalidade e irregularidade inerentes ao setor. *Em abstrato*, legitimar o cancelamento do registro de operação e o fechamento do estabelecimento empresarial de qualquer indústria fumageira, sem olhar o caso concreto, é desprestigiar a cautela necessária e inerente ao exame da proporcionalidade. No entanto, o caso analisado pelo STF retratou a situação de um sonegador contumaz, que há anos vinha lançando mão do não cumprimento das obrigações tributárias como estratégia empresarial, trazendo claros prejuízos à livre concorrência. Além disso, a postura da empresa provocava uma significativa perda na arrecadação do IPI, justamente do imposto com nítida feição extrafiscal e que também pode subsidiar significativamente o orçamento público para fazer frente aos elevados gastos na saúde pública, gerados substancialmente pelos malefícios provocados pelo cigarro. Todavia, mesmo assim, é de se ressaltar que permanece polêmico o efeito do fechamento da empresa, com o correspondente término dos empregos diretos envolvidos, sem falar de outras externalidades geradas.

Art. 147. Competem à União, em Território Federal, os impostos estaduais e, se o Território não for dividido em Municípios, cumulativamente, os impostos municipais; ao Distrito Federal cabem os impostos municipais.

1. Territórios e Distrito Federal. Competência tributária. A CF estabelece que a República Federativa do Brasil será organizada político-administrativamente entre a União, os Estados, o Distrito Federal e os Municípios, todos autônomos (art. 18). O mesmo capítulo sobre a organização político-administrativa do Estado prevê que "os Territórios Federais integram a União, e sua criação, transformação em Estado ou reintegração ao Estado de origem serão reguladas em lei complementar" (§ 2º, art. 18). Os Territórios, por integrarem a União, não são entes federados autônomos, como são a União, os Estados, o Distrito Federal e os Municípios, e também não possuem, portanto, nem poder de legislar nem competência para instituir e cobrar tributos. O art. 147 prevê que será a União competente para cobrar, em Território Federal, os impostos estaduais. Quanto aos impostos municipais, se o Território não for dividido em Municípios, caberão então à União cumulativamente (art. 147). No entanto, não há mais Territórios Federais no Brasil, perdendo o dispositivo sua relevância prática. O ADCT previu a transformação dos antigos Territórios Federais de Roraima e do Amapá em Estados Federados, mantidos seus limites geográficos (art. 14). Fernando de Noronha, que era também Território Federal, foi extinto, sendo sua área reincorporada ao Estado de Pernambuco (art. 15). O Distrito Federal, por sua vez, é um dos entes federativos, distinto dos demais e dotado de autonomia legislativa e de competência tributária. Possui as competências legislativas reservadas aos Estados e Municípios (§ 1°, art. 32). Na prática, portanto, o Distrito Federal possui competência tanto para os tributos estaduais como para os tributos municipais. Como o art. 147 faz referência apenas a impostos, a competência para a instituição de taxas e contribuições de melhoria permanece regulada, de forma genérica, no art. 145, voltada para todos os entes da Federação.

Art. 148. A União, mediante lei complementar, poderá instituir empréstimos compulsórios:

I – para atender a despesas extraordinárias, decorrentes de calamidade pública, de guerra externa ou sua iminência;

II – no caso de investimento público de caráter urgente e de relevante interesse nacional, observado o disposto no art. 150, III, "b".

Parágrafo único. A aplicação dos recursos provenientes de empréstimo compulsório será vinculada à despesa que fundamentou sua instituição.

1. Empréstimo compulsório. Natureza jurídica. Durante a vigência da CF/46 predominava o entendimento jurisprudencial, segundo o qual o empréstimo compulsório não era tributo (Súmula STF 418: "O empréstimo compulsório não é tributo, e sua arrecadação não está sujeita à exigência constitucional da prévia autorização orçamentária"). A EC 18/65 incluiu o empréstimo compulsório no Sistema Tributário Nacional, conferindo nítida natureza tributária à exação. Com o advento da CF/88, dado que o empréstimo compulsório permaneceu no Sistema Tributário Nacional, restou incontroverso o seu enquadramento como tributo. Além disso, a exação amolda-se ao conceito de tributo, insculpido no art. 3° do CTN: é uma prestação pecuniária compulsória, expressa em moeda, não constitui sanção de ato ilícito, é instituída por lei e é cobrada mediante atividade administrativa plenamente vinculada. Assim, o entendimento consolidado na Súmula 418 do STF está claramente superado, o que fora reconhecido pela própria Corte Suprema (RE 111.954, rel. Min. Oscar Corrêa, Pleno, j. 06.1988).

1.1. Forma de restituição. Essa espécie tributária pressupõe o conceito de empréstimo, já existente no Direito Privado. É da essência de todo empréstimo a sua restituição, sob pena de desvirtuar a própria natureza da relação jurídica entabulada. O fato de o empréstimo compulsório também pressupor necessariamente sua restituição, não prejudica o seu enquadramento como tributo, visto que, no conceito de tributo ancorado no art. 3º do CTN, não há qualquer vedação à possibilidade de restituição do tributo. Por outro lado, o legislador, no passado, já tentou restituir a exação de forma diversa da restituição em pecúnia, o que fora afastado pela Corte Suprema. Em 1986, o Decreto-Lei 2.288 instituiu empréstimo compulsório sobre a aquisição de automóveis de passeio, prevendo o resgate em *quotas do Fundo Nacional de Desenvolvimento.* No entanto, a restituição deveria ser necessariamente na mesma espécie (pecúnia), seja por força da regra contida no art. 110 do CTN, seja porque é da natureza jurídica desta obrigação a identidade do objeto das prestações recíprocas (STF, RE 121.336, rel. Min. Sepúlveda Pertence, Pleno, j. 10.1990). Excepcionalmente, o STF admitiu a *restituição em modalidade diversa*, no caso do empréstimo compulsório em favor da *Eletrobras*. Na ocasião, reconheceu que o art. 34, § 12, do ADCT "preservou a exigibilidade do empréstimo compulsório com toda a legislação que o regia, no momento da entrada em vigor da Carta Federal, evidentemente também acolheu a forma de devolução relativa a esse empréstimo compulsório imposta pela legislação acolhida (...)" (RE 193.798 AgR, rel. Min. Ilmar Galvão, 1ª Turma, j. 12.1995). O § 12 do art. 34 do ADCT prevê que "a urgência prevista no art. 148, II, não prejudica a cobrança do empréstimo compulsório instituído, em benefício das Centrais Elétricas Brasileiras S.A. (Eletrobrás), pela Lei 4.156, de 28 de novembro de 1962, com as alterações posteriores".

1.2. Competência. Lei complementar. A competência foi atribuída à União para, mediante lei complementar, instituir os empréstimos compulsórios. Se, de um lado, a Constituição prevê o estabelecimento das normas gerais para a definição dos fatos geradores, bases de cálculo e contribuintes, em relação aos impostos nela discriminados, por lei complementar, e a regulação pormenorizada dos aspectos circunstanciais ao fato gerador por lei meramente ordinária, de outro lado, a Constituição estabelece que toda a regulação do empréstimo compulsório deve ser por lei complementar. A lei complementar em questão deverá disciplinar tanto o fato gerador (aspecto material), a base de cálculo (aspecto quantitativo) e o contribuinte (aspecto subjetivo), como também as regras sobre obrigações acessórias e sanções atreladas ao tributo. Na prática, deverá também estabelecer as alíquotas (aspecto quantitativo), o local (aspecto espacial), o tempo (aspecto temporal) e a forma de recolhimento da exação. Eventual omissão ou incorreção não poderá ser sanada por lei ordinária, sob pena de inconstitucionalidade.

1.3. Finalidade. O empréstimo compulsório poderá ser instituído (i) para atender a despesas extraordinárias, decorrentes de *calamidade pública*, de *guerra externa* ou sua *iminência*, ou (ii) no caso de *investimento público* de caráter urgente e de relevante interesse nacional. O *empréstimo compulsório emergencial* e o *empréstimo compulsório de investimento* são passíveis de cobrança em situações muito restritas, fora das quais não há margem para o exercício da competência tributária da União. No caso do empréstimo compulsório de investimento público, é pressuposto que este seja de caráter urgente *e* de relevante interesse nacional (as condições são cumulativas). Além disso, para que haja a devida motivação para sua instituição, deve efetivamente existir um cenário econômico extraordinário que justifique lançar mão dessa alternativa tão extrema como é a do empréstimo compulsório de investimento. Não basta uma mera crise econômica ou uma recessão para que reste substancialmente justificado o empréstimo. Aliado a isso, as condições impostas de urgência e de relevante interesse nacional são permeadas com elevado grau de subjetividade, o que gera um ônus de justificação ainda maior. O CTN ainda contém uma terceira hipótese de instituição do empréstimo compulsório: "conjuntura que exija a absorção temporária de poder aquisitivo" (art. 15, III). No entanto, essa hipótese deve ser considerada revogada pela CF, visto que ela se limitou a prever apenas as hipóteses anteriormente mencionadas como causas legítimas para a criação deste tributo. A MP 168, de 15.03.1990, determinou o bloqueio dos Cruzados Novos, no âmbito do Plano Collor, mascarando um empréstimo compulsório manifestamente inconstitucional. A medida foi questionada no STF, mas, com a devolução integral dos ativos financeiros retidos, restou exaurida a eficácia das normas impugnadas (ADI 534/DF, rel. Min. Celso de Mello, Pleno, j. 26.08.1992, DJ 08.04.1994).

1.4. Anterioridade. A CF prevê, como uma das limitações do poder de tributar, a vedação aos entes federados de cobrar tributos no mesmo exercício financeiro em que haja sido publicada a lei que os instituiu ou aumentou (anterioridade de exercício) e antes de decorridos noventa dias da data em que haja sido publicada a lei que os instituiu ou aumentou (anterioridade nonagesimal), observada a anterioridade de exercício (art. 150, III, "b" e "c"). A vedação vale para quaisquer tributos, o que inclui, portanto, o empréstimo compulsório. As exceções à aplicação da anterioridade são trazidas no § 1º do art. 150, entre as quais a não sujeição do *empréstimo emergencial* à anterioridade, dada a urgência que lhe é pertinente. Por outro lado, o empréstimo de investimento está sujeito tanto à anterioridade de exercício como à nonagesimal (art. 150, III, "b" e "c"). A parte final do inc. II do art. 148, que se refere à observância do disposto no art. 150, III, "b", deve ser lida de forma sistemática com a regra insculpida no art. 150, III, "b" e "c", que prevê a aplicação da anterioridade para quaisquer tributos, salvo as exceções previstas no § 1º do art. 150.

1.5. Aplicação dos recursos vinculada à despesa. O parágrafo único do art. 148 da CF preceitua que "a aplicação dos recursos provenientes de empréstimo compulsório será vinculada à despesa que fundamentou sua instituição". O dispositivo reforça o caráter finalístico do tributo e adverte sobre a necessária vinculação da aplicação dos recursos obtidos à despesa subjacente. Eventual desvio de vinculação leva à inconstitucionalidade do tributo, visto que é da sua natureza ser finalístico e vinculado.

Art. 149. Compete exclusivamente à União instituir contribuições sociais, de intervenção no domínio econômico e de interesse das categorias profissionais ou econômicas, como instrumento de sua atuação nas respectivas áreas, observado o disposto nos arts. 146, III, e 150, I e III, e sem prejuízo do previsto no art. 195, § 6º, relativamente às contribuições a que alude o dispositivo.

1. Contribuições especiais como espécie de tributo. Consolidou-se na doutrina e na jurisprudência a classificação segundo o qual as chamadas *contribuições especiais* dividem-se em *contribuições sociais*, de *intervenção no domínio econômico* e *corporativas*. A categoria das contribuições especiais fora também denominada de *contribuições parafiscais*, no sentido de que elas não seriam propriamente tributos, mas apenas análogas a eles. No entanto, esse enquadramento resta superado, na medida em que, com a advento da CF/88, que as incluiu no Sistema Tributário Nacional, não há mais dúvidas acerca do seu enquadramento como espécie de tributo. E não poderia ser diferente, porque, além disso, as contribuições especiais se subsumem ao conceito de tributo, apresentando todas as suas características. O STF, ao apreciar um caso envolvendo a CSLL, assentou a natureza tributária das contribuições sociais (RE 146.733, rel. Min. Moreira Alves, Pleno, j. 06.1992).

2. Finalidade e destinação específicas. O traço distintivo das contribuições, em relação aos impostos, reside na *finalidade* e na *destinação* específicas dessas exações. É precisamente o fato de serem afetadas à concretização de finalidades estatais específicas que as confere autonomia conceitual e categórica. Disso decorre que é ínsito ao seu conceito o caráter finalístico. Eventual ausência ou indeterminação da sua finalidade compromete a sua validade, visto que a vincularia ao custeio das despesas gerais do Estado, aproximando-a do conceito de imposto. Trata-se, em outras palavras, de um *tributo causal*, em que pese suas hipóteses de incidência sejam desvinculadas de qualquer atuação estatal, diversamente do que ocorre com as contribuições de melhoria e de iluminação pública. Assim, as contribuições sociais de Seguridade Social (art. 195) são instituídas e cobradas com a finalidade de custear a Seguridade Social, compreendida como um "conjunto integrado de ações de iniciativa dos Poderes Públicos e da sociedade, destinadas a assegurar os direitos relativos à saúde, à previdência e à assistência social" (art. 194). O traço distintivo da finalidade pode justificar a respectiva necessidade quanto à instituição e à cobrança da contribuição. No exemplo da Seguridade Social, não há maiores dificuldades em se justificar a necessidade da imposição das contribuições sociais, já que a finalidade buscada de assegurar os direitos relativos à saúde, à previdência e à assistência social está devidamente ancorada no texto constitucional, seja de forma expressa nos direitos sociais fundamentais, seja de forma implícita como componentes nucleares da dignidade da pessoa humana. No entanto, eventual comprovação da desnecessidade para a instituição de determinada contribuição pode eivá-la de inconstitucionalidade. Da mesma forma, a instituição e cobrança de uma nova contribuição, com a finalidade única de reforçar o caixa geral dos impostos, não encontra justificativa suficiente, devendo ser afastada. Se a finalidade subjacente prevista originariamente já foi alcançada, a contribuição perdeu sua razão de ser, devendo ser afastada do mundo jurídico, uma vez que sua necessidade não se justifica mais. Por exemplo, se o Governo Federal decide extinguir o INCRA e incorporar suas funções a outra autarquia ou a algum ministério, a contribuição ao INCRA não se justifica mais, devendo ser extinta. Eventual desvio de destinação da respectiva receita, uma vez apurado e comprovado, deve levar à extinção da contribuição e à repetição de indébito. O desvio de destinação esvazia a necessidade de cobrança da exação para atingir a sua finalidade originária.

3. Exaurimento da finalidade. Perda do objeto. Extinção da contribuição. Dado que o traço distintivo das contribuições, em relação aos impostos, reside na *finalidade* e na *destinação* específicas dessas exações, o exaurimento da finalidade para a qual a contribuição fora criada e consequentemente a cessação da sua destinação são causa para a sua extinção. A vinculação à subsistência da finalidade é ainda mais forte, quando se trata de uma contribuição criada não apenas para atender a uma finalidade específica, mas por um período determinado no tempo. O tributo previsto no art. 1º da LC 110/2001 é uma contribuição social geral (ADIs 2.556 e 2.558); a causa de sua instituição foi a necessidade de complementação do FGTS, diante da determinação do STF de recomposição das perdas sofridas em virtude dos expurgos inflacionários (planos econômicos "Verão" (1988) e "Collor" (1989)), no julgamento do RE 226.855. A Exposição de Motivos do Projeto de Lei Complementar 195/2001 (Câmara dos Deputados), de autoria do Poder Executivo, que deu origem à LC 110/2001, assim dispôs: "O reconhecimento por parte do Poder Judiciário de que os saldos das contas do Fundo de Garantia por Tempo de Serviço foram corrigidos a menor na implementação dos Planos Verão e Collor I, teve o efeito de aumentar o passivo necessário do FGTS sem o correspondente aumento do ativo necessário para evitar um desequilíbrio patrimonial no Fundo. (...) Isto criou uma necessidade de geração de patrimônio do FGTS da ordem de R$ 42 bilhões". A jurisprudência do Supremo (ADIs 2.556 e 2.568) já havia sinalizado que "os dois tributos tinham por objetivo custear os dispêndios da União decorrentes de decisão do Supremo Tribunal Federal que considerou devido o reajuste dos saldos do FGTS (RE 226.855, rel. Min. Moreira Alves, Pleno, DJ 13.10.2000)." O Min. Marco Aurélio bem mencionou em seu voto: "ante o Ofício nº 0038/2012/SUFUG/GEPAS, enviado pela Caixa Econômica Federal, arrecadadora dos valores, ao Secretário-Executivo do Conselho Curador do Fundo de Garantia do Tempo de Serviço, informando o reequilíbrio das contas do Fundo, bem como a possibilidade de extinção do tributo a partir de julho de 2012, foi aprovado o Projeto de Lei Complementar nº 200/2012, nos seguintes termos: (...) § 2º A contribuição social de que trata este artigo será cobrada até 1º de junho de 2013". Em que pese a comprovação do desvio de finalidade das contribuições em comento, notadamente em prol da manutenção de investimentos em programas sociais e em ações estratégicas de infraestrutura, inclusive no custeio de relevantes programas como o "Minha Casa, Minha Vida", a maioria vencedora no julgamento realizado no STF, acerca da manutenção das contribuições da LC 110, entendeu que "ao estabelecer que, até o ano de 2003, as receitas oriundas das contribuições ali estabelecidas terão destinação integral ao FGTS, pode-se concluir que, a partir de 2004, tais receitas poderão ser parcialmente destinadas a fins diversos, desde que igualmente voltados à preservação dos direitos inerentes ao FGTS, ainda que indiretamente". Ao final, foi fixada a seguinte tese: "É constitucional a contribuição social prevista no artigo 1° da Lei Complementar n° 110, de 29 de junho de 2001, tendo em vista a persistência do objeto para a qual foi instituída", vencidos os Ministros Marco Aurélio (Relator), Edson Fachin, Rosa Weber e Roberto Barroso (RE 878.313/SC, rel. Min. Marco Aurélio, Pleno, j. 18.08.2020).

4. Referibilidade. Pertinência ao grupo. A referibilidade é um termo cunhado e difundido pela doutrina, quando sustenta que a cobrança de determinada contribuição deve ser feita daqueles que pertencem ao grupo de beneficiários de determinada prestação estatal, que por sua vez justifica a cobrança da exação. A contribuição deve se referir ao grupo ao qual ela se destina, ou seja, a contribuição é instituída para fazer frente à determinada finalidade e, em última análise, para atender às necessidades de determinado grupo (beneficiários), o que justifica sua cobrança precisamente daqueles contribuintes que fazem parte desse grupo. A *lógica da referibilidade* ou *pertinência ao grupo* existe (ou deveria existir) para que fique ainda mais clara a necessária distinção que deve haver entre impostos e contribuições: aqueles são cobrados indistintamente de todos, bastando que se realize o fato gerador da obrigação tributária, e o destino da sua receita é o caixa geral dos impostos, portanto, para o benefício da coletividade; estas são cobradas apenas daqueles que fazem parte do grupo dos beneficiários diretos da contribuição e da atuação estatal que é viabilizada especificamente por meio da cobrança da exação, portanto, para o benefício do grupo ou do setor, mas não da coletividade. Caso determinada contribuição seja cobrada indistintamente de toda a coletividade, ao argumento de que todos são beneficiados, então se trata de imposto, travestido de contribuição. A única exceção a essa regra são as contribuições sociais de Seguridade Social, as quais são cobradas de toda a sociedade, norteadas pelo princípio da solidariedade (art. 195). Fora dessas hipóteses, a referibilidade ou pertinência ao grupo é um *requisito de validade* das contribuições, diretamente ligado aos seus atributos essenciais de finalidade e destinação específicas, sem o qual a contribuição pode se traduzir em mais um imposto, cobrado sem amparo constitucional. Para que seja legítima, a contribuição deve ser cobrada daqueles que pertencem ao grupo, o qual é o destinatário das *vantagens econômicas* resultantes da atividade estatal que foi por ela viabilizada *ou* o qual *deu causa* à atuação estatal específica, tornando-se então *responsável* pelo seu custeio específico. O STF já se posicionou no sentido dessa peculiaridade das contribuições, asseverando que as contribuições se distinguem claramente dos impostos e das taxas, ressaltando a necessária relação de pertinência a um determinado grupo social ou econômico, "identificável em função da finalidade constitucional específica do tributo de que se cuide" (ADI 3.105, rel. p/ ac. Min. Cezar Peluso, Pleno, j. 8.2004).

4.1. Casos SEBRAE e INCRA. A Corte Suprema decidiu que a contribuição ao SEBRAE (Lei 8.029/90, art. 8º, § 3º) "é contribuição de intervenção no domínio econômico, não obstante a lei a ela se referir como adicional às alíquotas das contribuições sociais gerais relativas às entidades de que trata o art. 1º do D.L. 2.318/86, SESI, SENAI, SESC, SENAC" (RE 396.266/SC, rel. Min. Carlos Velloso, Pleno, j. 26.11.2003, DJ 27.02.2004). No caso, a recorrente alegou que não se vinculava ao SEBRAE, porque não era micro ou pequena empresa, "não estando abrangida pelos resultados alcançados pelo fruto da arrecadação da contribuição". No entanto, a Corte entendeu que as contribuições de intervenção no domínio econômico não exigem vinculação direta do contribuinte ou a possibilidade de auferir benefícios com a aplicação dos recursos arrecadados. Assim, validou sua cobrança inclusive das empresas de médio e grande porte, em que pese o SEBRAE seja voltado para fomentar e beneficiar o grupo das micro e pequenas empresas. No caso da contribuição ao INCRA, o STJ concluiu que "a referibilidade direta não é elemento constitutivo das CIDEs" (EREsp 770.451, rel. p/ ac. Min. Castro Meira, 1ª Seção, j. 09.2006). A Corte Superior fez uma distinção entre as CIDEs e as contribuições corporativas, a partir da referibilidade: "As contribuições especiais atípicas (de intervenção no domínio econômico) são constitucionalmente destinadas a finalidades não diretamente referidas ao sujeito passivo, o qual não necessariamente é beneficiado com a atuação estatal e nem a ela dá causa (referibilidade). Esse é o traço característico que as distingue das contribuições de interesse de categorias profissionais e de categorias econômicas". Ainda asseverou que as contribuições especiais típicas são conformadas pela referibilidade, a categoria das contribuições corporativas e previdenciárias dos segurados; as atípicas, por outro lado, estão legitimadas para um grupo mais amplo de contribuintes, que não precisa ser beneficiado direto ou dar causa à atuação estatal, bastando uma mera relação indireta com a atuação estatal. O STJ legitimou a continuidade da cobrança da contribuição ao INCRA, inclusive das empresas urbanas, ao argumento de que se trata de uma contribuição especial atípica, podendo ser cobrada de um grupo mais amplo de "beneficiados". Em 08 de abril de

2021, o Pleno do STF julgou o mérito do RE 630.898 RG (Rel. Min. Dias Toffoli, j. 03/11/2011, Pleno, DJe 28/06/2012 – Tema 495 – Referibilidade e natureza jurídica da contribuição para o INCRA, em face da Emenda Constitucional nº 33/2001) e, por maioria de votos, negou provimento ao recurso, fixando a seguinte tese: "É constitucional a contribuição de intervenção no domínio econômico destinada ao INCRA devida pelas empresas urbanas e rurais, inclusive após o advento da EC nº 33/2001". Vencidos os Ministros Marco Aurélio, Rosa Weber, Ricardo Lewandowski e Edson Fachin. A Corte Suprema entendeu que a Contribuição ao INCRA possui características próprias de contribuição de intervenção no domínio econômico (CIDE) e que se trata de um tributo voltado à concretização de objetivos de atuação positiva do Estado quanto à promoção da reforma agrária e da colonização, visando a assegurar a função social da propriedade e a diminuição das desigualdades regionais e sociais (arts. 170, III e VII; e 184 da CF). Entendeu ainda que não descaracteriza a exação, se o sujeito passivo não obtiver benefício direto da arrecadação, pois a Corte considera que a inexistência de referibilidade direta não desnatura as CIDEs. Por fim, o § 2º, III, "a", do art. 149 da CF, introduzido pela EC 33/2001, quando prevê que as contribuições sociais e de intervenção no domínio econômico "poderão ter alíquotas" que incidam sobre o faturamento, a receita bruta (ou o valor da operação) ou o valor aduaneiro, não impede que o legislador possa eleger outras bases de cálculo, tais como a folha de salários, ao entendimento de que esse rol é meramente exemplificativo ou enunciativo. Dessa forma, o STF validou a constitucionalidade da Contribuição ao INCRA, devida pelas empresas urbanas e rurais, inclusive após a EC 33/2001.

4.2. Crítica às decisões SEBRAE e INCRA. É evidente que as contribuições corporativas somente podem ser cobradas daqueles vinculados ao grupo dos beneficiados pela atuação que justifica sua cobrança. Nesse caso, a evidência fica ainda mais inequívoca, tendo em vista que os seus contribuintes são facilmente identificados pela sua respectiva inscrição no órgão de classe ou filiação ao sindicato da categoria. Dessa forma, é clarividente que a anuidade da OAB somente pode ser exigida dos advogados e estagiários inscritos no seu quadro. Entretanto, com as CIDEs não pode ser diferente. Conforme visto anteriormente, a referibilidade ou pertinência ao grupo é requisito de validade de todas as contribuições, requisito ligado intimamente às características da finalidade e destinação específicas, inerentes à toda e qualquer contribuição, seja ela corporativa, seja de intervenção econômica. A tentativa de flexibilizar o requisito do benefício, legitimando que ele possa ser meramente indireto, possibilita enquadrar toda a coletividade como beneficiária (indireta) da atuação estatal que fundamenta a cobrança da exação. Por exemplo, no caso do INCRA, fica fácil validar a cobrança das empresas urbanas, quando se passa a admitir que basta que o benefício seja indireto. Nesse caso, o argumento reside na constatação de que as empresas urbanas, em que pese não estejam diretamente ligadas ao meio rural, também possuem interesse na atuação do INCRA relativa à colonização e à reforma agrária, em que pese esse interesse ou benefício seja apenas indireto. Essa argumentação termina por chancelar a exigência da CIDE de toda a coletividade, desvirtuando sua essência como contribuição e transmudando-a na espécie de um imposto. Em outras palavras, se o benefício é da coletividade, então se trata de imposto; se o benefício é do grupo, categoria ou setor, então se trata de contribuição. Desvirtuar essa lógica é criar novos impostos travestidos de contribuições.

5. Instituição por lei ordinária. Basta lei ordinária para poder instituir as contribuições especiais. A exigência de lei complementar, prevista no art. 146, III, "a", refere-se à definição da hipótese de incidência, da base de cálculo e dos contribuintes *apenas dos impostos*. Exceção é prevista para eventual instituição de *novas contribuições de seguridade social*, para as quais se exige *lei complementar* (art. 195, § 4º, CF). Esta é a jurisprudência consolidada do STF (vide, por exemplo, RE 396.266, rel. Min. Carlos Velloso, Pleno, j. 11.2003).

6. Norma de competência do art. 149. Quando a CF dispõe, no art. 149, a competência exclusiva da União para instituir a) contribuições sociais, b) de intervenção no domínio econômico (interventivas) e c) de interesse das categorias profissionais ou econômicas (corporativas), ela o faz de forma muito abrangente, deixando ao legislador uma ampla margem de discricionariedade para a criação das contribuições especiais. Diferentemente dos impostos ordinários, para os quais o texto constitucional já previu sua base econômica de incidência (renda, venda de mercadoria, prestação de serviço, propriedade imobiliária etc.), as contribuições interventivas, por exemplo, não estão vinculadas constitucionalmente a nenhuma hipótese de incidência. Isso resulta em uma certa perda de controle com relação à possibilidade de instituição de novas contribuições, gerando uma significativa perda de previsibilidade e segurança jurídica.

7. Espécies de contribuições especiais. Conforme já exposto anteriormente, as contribuições especiais dividem-se em a) sociais, b) de intervenção no domínio econômico e c) de interesse das categorias profissionais e econômicas. Dentro desses três grandes grupos, surgem subdivisões, as quais são apresentadas da seguinte forma:

a) contribuições especiais

a.1. sociais;

a.1.1. *gerais* (art. 149, primeira parte, §§ 2º, 3º e 4º);

a.1.2. *específicas;*

a.1.2.1. **de seguridade social** (art. 195);

a.1.2.1.1. *ordinárias* (art. 195, I, II, III e IV; art. 149, § 1º; art. 40);

a.1.2.1.2. *residuais* (art. 195, § 4º);

a.1.2.2. **de educação** (salário-educação – art. 212, § 5º);

a.1.2.3. **de seguro-desemprego, outras ações da previdência social e abono salarial** (PIS/PASEP – art. 239);

a.1.2.4. **de entidades privadas de serviço social e de formação profissional** (SESC, SENAC, SESI e SENAI – art. 240);

a.2. de intervenção no domínio econômico;

a.2.1. *gerais* (art. 149);

a.2.2. *específicas* (CIDE-combustíveis – art. 177, § 4º);

a.3. corporativas;

a.3.1. de interesse de categorias profissionais (art. 149);

a.3.2. de interesse de categorias econômicas (art. 149);

Necessário ressaltar a complexidade do âmbito das contribuições especiais, as quais abrangem desde a finalidade do custeio da *seguridade social*, avançando para a preocupação com a *educação*, com o *seguro-desemprego*, com o *serviço social* e a *formação profissional*, até a *intervenção no domínio econômico* e a finalidade de custeio da atuação representativa dos órgãos de classe e dos sindicatos. Se analisarmos isoladamente apenas a) seguridade social (saúde, previdência e assistência social), b) educação e c) emprego, observaremos que as contribuições especiais instituídas e cobradas com estas finalidades incorporam três dos pilares fundamentais do Estado Constitucional brasileiro. No entanto, em que pese sua fundamentalidade, justificada pela sua finalidade e destinação, a instituição e cobrança dessas contribuições deve observar rigorosamente não apenas as regras constitucionais de competência como também os respectivos *requisitos de validade* para sua cobrança, sem os quais elas devem ser declaradas inconstitucionais.

8. Contribuições de intervenção no domínio econômico (CIDE). A norma de competência insculpida no art. 149 da CF confere uma ampla margem de discricionariedade ao legislador para escolher com significativa liberdade variadas hipóteses de incidência e diferentes finalidades ligadas à ordem social, à ordem econômica e à representatividade das categorias profissionais e econômicas. Essa liberdade é ainda mais evidente quando se verifica que as CIDEs podem ser instituídas por lei ordinária e sua receita não precisa ser dividida com os outros entes federativos. O resultado prático é manifestado no incontável número de CIDEs que são criadas, com a justificativa de que estariam financiando este ou aquele setor da economia, mas que muitas vezes são setores econômicos de amplo espectro sobre a coletividade e, precisamente por isso, deveriam ser financiados pelo caixa geral dos impostos. Em outras palavras, verifica-se um uso abusivo das CIDEs, com a finalidade mascarada de cobrir a má gestão, a má aplicação e o gasto excessivo dos recursos do caixa geral dos impostos.

8.1. Situações de intervenção no domínio econômico. As situações de intervenção no domínio econômico devem ser perquiridas à luz dos preceitos contidos na ordem econômica constitucional. Ressalvados casos expressos na CF, somente se admite a exploração direta de atividade econômica pelo Estado quando por questões de *segurança nacional* ou *relevante interesse coletivo*, conforme definidos em lei (art. 173). A regra é a atuação de entes privados na economia, e a exceção é a atuação direta do Estado. Por isso também se falar na *atuação* na economia como uma prerrogativa dos *entes privados*, permanecendo o *Estado* com a possibilidade de *intervenção* na economia quando necessário aos imperativos de segurança nacional ou em virtude de relevante interesse coletivo. Disso decorre que, para se legitimar a cobrança de uma contribuição de intervenção no domínio econômico, a intervenção deve estar muito clara e devidamente justificada por imperativos de segurança nacional ou relevante interesse coletivo. Caso contrário, estar-se-á tratando de uma contribuição de *atuação* no domínio econômico, que não se justifica à luz do art. 173 e não encontra amparo na norma de competência do art. 149. Em reforço a isso, a norma contida no art. 174 da CF prevê a "atuação" do Estado como agente normativo e regulador da atividade econômica, sendo esta "atuação" voltada precipuamente para as funções de fiscalização, incentivo e planejamento. A exploração direta de atividade econômica pelo Estado, quando por questões de *segurança nacional* ou *relevante interesse coletivo* (art. 173), não deve ser confundida com as competências expressas contidas no art. 21 da CF, as quais vão muito além da atuação ou intervenção na ordem econômica. Especificamente com relação à exploração do petróleo e seus derivados, há *monopólio* da União e a possibilidade de instituição de CIDE relativa às respectivas atividades de importação ou comercialização (CIDE-combustíveis – art. 177 e § 4º). Se, de um lado, a intervenção do Estado *no* domínio econômico é a exceção, a atuação do Estado *sobre* o domínio econômico, sob a forma de *fiscalização*, *incentivo* e *planejamento*, é a regra. No entanto, a atuação fiscalizatória estatal somente pode ser remunerada por taxa, dado que representa exercício de poder de polícia. A atividade de planejamento não possui remuneração específica, devendo ser custeada pelo caixa geral dos impostos, que é a regra do financiamento da atuação estatal lato sensu. As medidas de incentivo de determinada atividade econômica podem gerar a instituição e a cobrança de uma CIDE, como já decidiu o STF, quando julgou a constitucionalidade do Adicional de Tarifa Portuária (ATP), enquadrando-o como CIDE. Observe-se como a remuneração do incentivo via CIDE é polêmica: primeiro, porque o caso do ATP foi julgado por entendimento da maioria; segundo, porque a própria denominação da exação ("adicional") já denota a dificuldade de enquadramento na tipologia tributária ou, quiçá, o cuidado tomado na ocasião para não se engessar a imposição em uma ou outra espécie e eventualmente comprometer a legitimidade da sua cobrança.

8.2. Intervenção setorial. É requisito de validade da CIDE que ela remunere intervenção estatal em um determinado setor da economia. Caso contrário, será uma intervenção de caráter universal, a atingir ou beneficiar a coletividade, o que impede seu financiamento pela via da CIDE. Conforme já afirmado reiteradamente anteriormente, se os destinatários ou beneficiários são a coletividade, então o financiamento deve ocorrer pela via ordinária dos impostos. Ressalva seja feita para o serviço público compulsório – remunerado por taxa de serviço –, o serviço público facultativo – remunerado por preço público ou tarifa –, e a atividade fiscalizatória, remunerada por taxa de polícia. Destaque-se que há setores, como a ordem social, que inequivocamente são dissociáveis da ordem econômica, e que ou possuem financiamento específico (contribuições sociais) ou financiamento ordinário (impostos). Algumas CIDEs que já foram validadas pelo Poder Judiciário são aquelas específicas para os setores de combustíveis (CIDE-Combustíveis), de tecnologia (CIDE-Remessas), da indústria cinematográfica (CONDECINE), aeroportuário (ATAERO) e marítimo (AFRMM).

8.3. Contribuições do Sistema S. Os denominados *serviços sociais autônomos* (SESC, SENAC, SESI, SENAI, SENAR, SEST e SENAT) estão previstos em lei e podem, dependendo da respectiva delimitação funcional legal, ser enquadrados como atuações ou intervenções setoriais econômicas. A Corte Suprema, por ocasião da apreciação da constitucionalidade do Adicional ao SEBRAE, entendeu tratar-se de uma CIDE, em que pese a lei a ela se referir como um adicional às alíquotas das contribuições sociais gerais relativas ao SESI, SENAI, SESC, SENAC (RE 396.266, rel. Min. Carlos Velloso, Pleno, j. 11.2003). Ratificou-se o entendimento segundo o qual o SEBRAE intervém no domínio econômico ao apoiar as micro e pequenas empresas, cooperando na realização de princípios e finalidades constitucionais, entre elas o tratamento favorecido à micro e à pequena empresa. Para além disso, a Corte Suprema ressaltou o benefício trazido pela atuação do SEBRAE, inclusive para as empresas de médio e grande porte, as quais podem se utilizar da disponibilidade do contingente de mão de obra treinada e aperfeiçoada pelos cursos e treinamentos oferecidos pela instituição. Polêmica, no entanto, é a violação ao requisito de validade da referibilidade, consoante informamos e avaliamos anteriormente.

9. Contribuições de categorias profissionais ou econômicas. As chamadas *contribuições corporativas* devem ser compreendidas entre a) contribuições de categorias profissionais e b) contribuições de categorias econômicas. As primeiras estão diretamente ligadas às profissões, notadamente a profissões regulamentadas legalmente; as segundas referem-se a segmentos econômicos específicos, ligados à indústria, ao comércio ou à prestação de serviços. No entanto, ambas possuem a mesma regra de competência tributária (art. 149) e devem apresentar todos os requisitos de validade das contribuições, sob pena de inconstitucionalidade. As chamadas *anuidades* dos conselhos de fiscalização do exercício profissional, bem como da Ordem dos Advogados do Brasil, são contribuições corporativas e possuem seu fato gerador ligado à *atuação fiscalizatória e representativa* destes órgãos, em prol dos seus representados, e ao *registro* do profissional no respectivo quadro de inscritos. A anuidade é devida para todo profissional registrado ou inscrito no respectivo quadro institucional, independentemente de estar atuando efetivamente e independente de estar sendo beneficiado diretamente pela atuação do órgão. Basta que o órgão esteja em funcionamento, exercendo suas funções de fiscalização, representação e prestação de serviços em prol dos seus profissionais. Para elidir validamente a cobrança da exação, a maioria dos conselhos prevê a possibilidade de pedido de licenciamento, cujo deferimento possibilita o afastamento das atividades profissionais, sem perder o registro.

9.1. Suspensão. Conselho de fiscalização profissional. Inadimplência de anuidades. Sanção política em matéria tributária. Bem decidiu a Corte Suprema que "não é dado a conselho de fiscalização profissional perpetrar sanção de interdito profissional, por tempo indeterminado até a satisfação da obrigação pecuniária, com a finalidade de fazer valer seus interesses de arrecadação frente a infração disciplinar consistente na inadimplência fiscal. Trata-se de medida desproporcional e caracterizada como sanção política em matéria tributária". Ao final, fixou a tese de repercussão geral: "É inconstitucional a suspensão realizada por conselho de fiscalização profissional do exercício laboral de seus inscritos por inadimplência de anuidades, pois a medida consiste em sanção política em matéria tributária" (RE 647.885/RS, rel. Min. Edson Fachin, Pleno, j. 27.04.2020).

9.2. Contribuição confederativa. O art. 8º, IV, da CF prevê que "é livre a associação profissional ou sindical, observado o seguinte: (...) IV – a assembleia geral fixará a contribuição que, em se tratando de categoria profissional, será descontada em folha, para custeio do sistema confederativo da representação sindical respectiva, independentemente da contribuição prevista em lei". O dispositivo traz a distinção necessária entre a contribuição prevista em lei (art. 149 da CF) e a contribuição ao sistema confederativo, fixada pela assembleia geral (art. 8º, IV, da CF). Esta não é tributo, primeiro porque fixada pela assembleia geral e não pelo legislador, em desatendimento ao princípio da legalidade (art. 150, I, da CF); segundo porque é facultativa, estando sua cobrança vinculada necessariamente à filiação. Isso porque o próprio art. 8º, no seu inc. V, preceitua que "ninguém será obrigado a filiar-se ou a manter-se filiado a sindicato". Portanto, não pode ser exigida de quem não for filiado ao sindicato. A jurisprudência do STF está consolidada na Súmula Vinculante 40: "A contribuição confederativa de que trata o art. 8º, IV, da Constituição Federal, só é exigível dos filiados ao sindicato respectivo". Anteriormente, esse entendimento estava insculpido na Súmula 666. Portanto, as contribuições corporativas do art. 149 possuem natureza tributária, enquanto a contribuição sindical confederativa do art. 8º, IV, não possui caráter tributário.

9.3. Servidores públicos. Quanto à cobrança dos servidores públicos, é legítima a exigência da contribuição sindical prevista em lei (STJ, RMS 30.930, rel. Min. Eliana Calmon, 2ª Turma, j. 06.2010). No entanto, a obrigação tributária não atinge os servidores inativos, visto que não integram mais a categoria funcional e não mantêm mais vínculo com os órgãos da administração pública (STJ, REsp 1.225.944, rel. Min. Mauro Campbell Marques, 2ª Turma, j. 05.2011).

9.4. "Imposto" sindical. Aquilo que se costuma denominar vulgarmente, especialmente no Direito do Trabalho, de "imposto sindical", é, na terminologia correta do Direito Tributário, uma *contribuição sindical*, cobrada anualmente de todos aqueles que participam de determinada categoria econômica ou profissional ou de uma profissão liberal. Com a reforma trabalhista de 2017, trazida pela Lei 13.467, de 13.07.2017, a previsão contida na CLT sobre a exigibilidade da contribuição sindical passou a prever que ela somente é devida desde que prévia e expressamente autorizada pelo participante da categoria econômica ou profissional (art. 578, na redação dada pela Lei 13.467, de 13.07.2017). Na sessão de 29.06.2018, o Pleno do STF, por maioria e nos termos do voto do Min. Luiz Fux, julgou improcedentes os pedidos formulados nas ações diretas de inconstitucionalidade e procedente o pedido formulado na ação declaratória de constitucionalidade, vencidos os Min. Edson Fachin, Rosa Weber e Dias Toffoli (ADI 5.794/DF, rel. Min. Edson Fachin, red. p/ ac. Min. Luiz Fux, Pleno, j. 29.06.2018). As ações diretas de inconstitucionalidade atacavam justamente a facultatividade da contribuição sindical. Entendeu a Corte Suprema que (a) pode a lei ordinária dispor sobre os fatos geradores, as bases de cálculo e os contribuintes das contribuições, não sendo necessária lei complementar (art. 146, III, "a", CF); (b) a extinção da contribuição, por conseguinte, pode ocorrer por lei ordinária; (c) a instituição da facultatividade do pagamento de contribuições sindicais não demanda lei específica; (d) a reforma trabalhista suprimiu a natureza tributária da contribuição, ao torná-la facultativa; (e) a CF não impõe a obrigatoriedade da contribuição sindical: o art. 8º, IV, remete à lei a tarefa de dispor sobre ela, e o art. 149 limita-se a conferir à União a competência tributária, o que inclui a prerrogativa de extinguir ou modificar a natureza das contribuições; (f) o término da obrigatoriedade das contribuições sindicais não viola a autonomia dos sindicatos nem configura retrocesso social e violação aos direitos básicos do trabalhador; (g) a reforma trabalhista teve também como objetivo combater o problema da proliferação excessiva de sindicatos no País, que apresentava, até março de 2017, 11.326 sindicatos de trabalhadores e 5.186 sindicatos de empregadores; (h) a compulsoriedade de contribuições a sindicatos, muitas vezes engajados em atividades políticas e protestos, com os quais os representados não concordavam, configura violação à liberdade de expressão, protegida pelo art. 5º, IV, da CF; (i) por fim, a alteração em comento foi uma escolha democrática, a qual deve ser respeitada, preservando igualmente as garantias de liberdade de expressão, de associação e de sindicalização. A Medida Provisória 873, de 01.03.2019, alterou a parte final do art. 578 da CLT, prevendo que a contribuição é devida ao sindicato, "desde que prévia, voluntária, individual e expressamente autorizado pelo empregado". A autorização prévia do empregado para o pagamento deve ser individual, expressa e por escrito, não admitida a autorização tácita (art. 579 e § 1º da CLT). E é nula qualquer regra ou cláusula normativa que fixar a compulsoriedade do recolhimento, ainda que referendada por negociação coletiva (art. 579, § 2º, da CLT). A Medida Provisória 873, de 01.03.2019, ainda previu que a contribuição confederativa, a mensalidade sindical e demais contribuições sindicais instituídas pelo estatuto do sindicato ou por negociação coletiva podem ser exigidas somente dos filiados ao sindicato (art. 579-A da CLT).

§ 1º A União, os Estados, o Distrito Federal e os Municípios instituirão, por meio de lei, contribuições para custeio de regime próprio de previdência social, cobradas dos servidores ativos, dos aposentados e dos pensionistas, que poderão ter alíquotas progressivas de acordo com o valor da base de contribuição ou dos proventos de aposentadoria e de pensões. *(Redação dada pela Emenda Constitucional nº 103, de 2019).*

§ 1º-A. Quando houver deficit atuarial, a contribuição ordinária dos aposentados e pensionistas poderá incidir sobre o valor dos proventos de aposentadoria e de pensões que supere o salário-mínimo. *(Incluído pela Emenda Constitucional nº 103, de 2019)*

§ 1º-B. Demonstrada a insuficiência da medida prevista no § 1º-A para equacionar o deficit atuarial, é facultada a instituição de contribuição extraordinária, no âmbito da União, dos servidores públicos ativos, dos aposentados e dos pensionistas. *(Incluído pela Emenda Constitucional nº 103, de 2019)*

§ 1º-C. A contribuição extraordinária de que trata o § 1º-B deverá ser instituída simultaneamente com outras medidas para equacionamento do deficit e vigorará por período determinado, contado da data de sua instituição. *(Incluído pela Emenda Constitucional nº 103, de 2019)*

10. Contribuição previdenciária dos servidores públicos. O § 1º é um dispositivo que faz parte da regra maior insculpida no *caput* do art. 149 da CF, o qual fixa competência tributária para a instituição de contribuições sociais apenas à União. Ou seja, a regra geral é a da competência da União para a instituição de contribuições sociais, e a exceção é a competência conferida aos Estados, Distrito Federal e Municípios para instituírem a contribuição previdenciária em benefício dos seus servidores, unicamente. Ressalte-se que essa regra excepcional de competência se refere somente à instituição de contribuição previdenciária e não de contribuições voltadas para o custeio de outros segmentos da seguridade social, como a saúde. A tentativa do Estado da Bahia de criar um sistema próprio de seguridade social, englobando previdência, assistência social e assistência à saúde, não passou pelo crivo da Corte Suprema, a qual entendeu ser impossível tal pretensão, visto que a regra de exceção do § 1º do art. 149 da CF se interpreta restritivamente (ADI 1.920 MC, rel. Min. Nelson Jobim, Pleno, j. 06.1999). O art. 40, *caput*, previa regime de previdência de caráter contributivo e solidário, mediante contribuição inclusive dos *servidores inativos* e dos *pensionistas*. A nova redação, insculpida por meio da EC 103/19, prevê que o regime de previdência social dos servidores titulares de cargos efetivos será custeado mediante contribuição do respectivo ente federativo, dos servidores ativos, dos *aposentados* e dos *pensionistas*. O § 12 do art. 40 previa que a previdência dos servidores públicos observará, no que couber, as disposições estabelecidas para o regime geral de previdência social. A nova redação trazida na EC 103/19 para o § 12 do art. 40 estatui que serão observados, no que couber, os *requisitos* e *critérios* fixados para o regime geral de previdência social. As normas gerais para o regime geral de previdência social estão inseridas nos arts. 194 e 195 da CF, os quais preveem a amplitude da seguridade social e o seu financiamento.

10.1. Inativos e pensionistas. Após o advento da EC 41/03, a contribuição dos servidores *inativos* e *pensionistas* passou a ser constitucional, na visão do STF. A alteração inseriu expressamente na CF a possibilidade da contribuição dos inativos e pensionistas. No julgamento da ADI 3.128, não se vislumbrou, no ordenamento constitucional, qualquer norma jurídica que tivesse o efeito de imunizar os proventos e as pensões à tributação, não havendo direito adquirido com o aposentamento. Além disso, não se constatou ofensa a outros direitos e garantias individuais (ADI 3.128, rel. p/ ac. Min. Cezar Peluso, Pleno, j. 08.2004). Com a EC 103/19, o § 1º passou a prever a possibilidade de instituição, por meio de lei, de contribuições para custeio de regime próprio de previdência social, cobradas dos servidores ativos, dos *aposentados* e dos *pensionistas*. As contribuições poderão ter alíquotas progressivas de acordo com o valor da base de contribuição ou dos proventos de aposentadoria e de pensões. Vale destacar que quando houver déficit atuarial, a contribuição ordinária dos aposentados e pensionistas poderá incidir sobre o valor dos proventos de aposentadoria e de pensões que supere o salário-mínimo (§ 1º-A incluído pela EC 103/19). Por fim, a EC 103/19 ainda estabeleceu a possibilidade de instituição de contribuição extraordinária, no âmbito da União, dos servidores públicos ativos, dos aposentados e dos pensionistas, quando demonstrada a insuficiência da medida prevista no § 1º-A para equacionar o déficit atuarial (§ 1º-B).

§ 2º As contribuições sociais e de intervenção no domínio econômico de que trata o caput deste artigo: *(Incluído pela Emenda Constitucional nº 33, de 2001)*

I – não incidirão sobre as receitas decorrentes de exportação; *(Incluído pela Emenda Constitucional nº 33, de 2001)*

II – incidirão também sobre a importação de produtos estrangeiros ou serviços; *(Redação dada pela Emenda Constitucional nº 42, de 19.12.2003)*

III – poderão ter alíquotas: (Incluído pela Emenda Constitucional nº 33, de 2001)

a) *ad valorem*, tendo por base o faturamento, a receita bruta ou o valor da operação e, no caso de importação, o valor aduaneiro; *(Incluído pela Emenda Constitucional nº 33, de 2001)*

b) específica, tendo por base a unidade de medida adotada. *(Incluído pela Emenda Constitucional nº 33, de 2001)*

§ 3º A pessoa natural destinatária das operações de importação poderá ser equiparada a pessoa jurídica, na forma da lei. *(Incluído pela Emenda Constitucional nº 33, de 2001)*

§ 4º A lei definirá as hipóteses em que as contribuições incidirão uma única vez. *(Incluído pela Emenda Constitucional nº 33, de 2001)*

11. Imunidade. Receitas de exportação. A não incidência das contribuições sociais e de intervenção no domínio econômico sobre as receitas decorrentes de exportação deve ser lida como uma imunidade tributária, visto que a desoneração está expressamente prevista no texto constitucional. A envergadura constitucional concedida a essa exoneração justifica-se inequivocamente com a finalidade de estímulo às exportações. O País, para manter-se competitivo no comércio internacional, não pode exportar tributos dentro do preço de venda. Em que pese se trate de uma suposta perda arrecadatória para o País sob essa ótica, essa suposta perda é compensada com o aumento do volume das exportações, com os demais tributos que a partir delas são gerados e com os empregos diretos e indiretos criados e mantidos pelo setor. A imunidade é prevista para as receitas de exportação, não para os exportadores; portanto, trata-se de imunidade objetiva, concedida para o objeto "receita", não para o sujeito "exportador" (STF, RE 564.413, rel. Min. Marco Aurélio, Pleno, j. 08.2010). Por se tratar de imunidade tributária, a norma jurídica que a traduz deve ser *interpretada* de forma *teleológica*, conforme a tendência verificada na jurisprudência da Corte Suprema para as imunidades em geral (sobre isso, ver adiante o tópico sobre as imunidades do art. 150, VI). Seguindo essa tendência, o método teleológico indica que se deve buscar os objetivos por trás da norma, realizando-os na melhor medida possível, em atenção a um dever de otimização. Assim, se o *objetivo imediato* é desonerar as exportações e o *objetivo mediato* é o desenvolvimento nacional, com a redução do desemprego e o combate à pobreza, então a norma imunitória deveria ser interpretada de forma a conferir a maior concretização possível a estes objetivos (*ampliação teleológica*), afastando-se, portanto, eventual efeito restritivo (*redução teleológica*) advindo da aplicação do método teleológico. Sustentável, em decorrência disso, a imunidade ao lucro auferido pelas empresas exportadoras, que é advindo das receitas de exportação e delas dependentes, obstaculizando a incidência da CSLL. No entanto, o Pleno do STF decidiu, por maioria apertada, que é plenamente legítima a incidência da CSLL sobre o lucro decorrente das exportações (RE 564.413, rel. Min. Marco Aurélio, Pleno, j. 12.08.2010). Resolvendo o Tema 52, a Corte Suprema afirmou que, na seara das imunidades, a interpretação deve ser restritiva, observando sempre a intenção por trás da norma. Nessa linha, entendeu que a imunidade em questão se limita às contribuições sociais e de intervenção no domínio econômico incidentes sobre as receitas de exportação, não contemplando, portanto, a extinta

CPMF, que incidia sobre movimentações financeiras, não havendo o que se confundir com as receitas (RE 566.259, rel. Min. Ricardo Lewandowski, Pleno, j. 12.08.2010, Tema 52). Com relação aos créditos de ICMS aproveitados por ocasião da saída imune para o exterior, o STF entendeu que não gera receita tributável, cuidando-se de mera recuperação do ônus econômico advindo do ICMS. Assentou a tese da inconstitucionalidade da incidência da contribuição ao PIS e da COFINS não cumulativas sobre os valores auferidos por exportador decorrentes da transferência a terceiros de créditos de ICMS (RE 606.107, rel. Min. Rosa Weber, Pleno, j. 05.2013). O contrato de câmbio, por sua vez, é inerente e inafastável do processo de exportação de bens e serviços, de modo que se consideram receitas decorrentes de exportação as receitas das *variações cambiais ativas*, atraindo a imunidade e afastando a incidência da contribuição ao PIS e da COFINS (RE 627.815, rel. Min. Rosa Weber, Pleno, j. 23.05.2013, Tema 329).

12. Exportação indireta. *Trading companies*. A imunidade alcança a operação de *exportação indireta* realizada por *trading companies*, portanto, imune ao previsto no art. 22-A da Lei 8.212/91. Bem destacou a Corte Suprema que "o melhor discernimento acerca do alcance da imunidade tributária nas exportações indiretas se realiza a partir da compreensão da natureza objetiva da imunidade, que está a indicar que imune não é o contribuinte, 'mas sim o bem quando exportado', portanto, irrelevante se promovida exportação direta ou indireta". Houve a fixação da seguinte tese da repercussão geral: "A norma imunizante contida no inciso I do § 2º do art. 149 da Constituição da República alcança as receitas decorrentes de operações indiretas de exportação caracterizadas por haver participação de sociedade exportadora intermediária" (RE 759.244/SP, rel. Min. Edson Fachin, Pleno, j. 12.02.2020). A imunidade também é aplicável às receitas das empresas optantes pelo Simples Nacional (RE 598.468/SC, rel. Min. Marco Aurélio, Pleno, j. 22.05.2020).

13. Importação. Incidência. A EC 42, de 19.12.2003, alargou a competência da União, introduzindo nova hipótese de incidência para as contribuições sociais e de intervenção no domínio econômico: a importação. Atente-se que a hipótese trazida se restringe à importação de apenas produtos estrangeiros ou serviços, não abrangendo todo e qualquer bem. Este representa categoria maior, prevista no Direito Civil: é gênero, cujas espécies, que interessam ao Direito Tributário, são os produtos (IPI) e as mercadorias (ICMS). O dispositivo veio a ampliar a gama de tributos já existentes sobre a importação (II, IPI-importação, ICMS-importação e AFRMM), abrindo caminho para a criação do PIS-importação e da COFINS-importação. Em que pese tenha sido nítido o aumento expressivo da tributação sobre a importação, esse aumento está, em princípio, suficientemente justificado pelo objetivo maior de proteção da economia nacional, sob pena de tornar os produtos importados mais competitivos no mercado interno do que os próprios produtos produzidos no País. A criação específica do PIS-importação e da COFINS-importação foi uma medida necessária para se restaurar a igualdade de concorrência perante os produtores nacionais, os quais sempre tiveram sua receita tributada pela contribuição ao PIS e pela COFINS, enquanto, até então, os produtos e serviços importados ainda não estavam sendo tributados por essas contribuições. No âmbito da Seguridade Social, a EC 42 incluiu o inc. IV ao art. 195, ampliando seu espectro de financiamento, autorizando a instituição de contribuição social do importador de bens e serviços do exterior, ou de quem a lei a ele equiparar. Assim, a COFINS-importação foi criada com fundamento no art. 195, IV, e a contribuição ao PIS-importação com fundamento no art. 149, § 2º, II, da CF. Observe-se que, de um lado, a hipótese de incidência é a mesma, a importação; de outro lado, o objeto da tributação não é o mesmo: a COFINS-importação possui autorização constitucional para incidir sobre a importação de *bens ou serviços do exterior*, enquanto a contribuição ao PIS-importação pode incidir sobre a importação de *produtos estrangeiros ou serviços*. Isso implica que qualquer pretensão fiscal que vise objeto diverso da restrita delimitação constitucional posta será manifestamente inconstitucional. Outra diferença é de ser destacada: enquanto a COFINS-importação destina-se ao financiamento da Seguridade Social, o PIS-importação é voltado ao atendimento dos programas previstos no art. 239 da CF.

13.1. Importação de serviços. A legitimidade da incidência de contribuições sociais e de intervenção no domínio econômico sobre a importação de serviços pressupõe que os serviços tenham sido realizados por prestador não domiciliado no território nacional ou que, em que pese se encontre presencialmente no território nacional, possui sua empresa sediada no exterior. De regra, são situações, em que o tomador do serviço se situa no Brasil, possui domicílio tributário no País. Excepcionalmente, admite-se a tributação de serviço prestado no exterior, quando o tomador não se encontra no território nacional, mas o resultado ou benefício decorrente da prestação se verifica no Brasil.

13.2. Bases de cálculo. O texto constitucional prevê que as contribuições sociais e de intervenção no domínio econômico poderão ter alíquotas *ad valorem*, tendo por base o faturamento, a receita bruta ou o valor da operação e, no caso de importação, o valor aduaneiro. A alíquota *ad valorem* pressupõe um percentual, que será aplicado sobre a base de cálculo. O montante do tributo a pagar dependerá, portanto, de um ou mais fatores dessa multiplicação: do percentual da alíquota, do valor da base de cálculo, ou de ambos, se for o caso de uma tributação progressiva, na qual a alíquota varia em razão da variação da base de cálculo. As bases de cálculo foram fixadas de forma taxativa, restritiva, não se admitindo qualquer tentativa que vincule base de cálculo diversa – como a folha de salários, por exemplo –, nem mesmo ampliações indevidas destas bases de cálculo. Com relação a esta última, o STF, ao apreciar o art. 7º, inc. I, da Lei 10.865/04, na parte em que se previu: "acrescido do valor do Imposto sobre Operações Relativas à Circulação de Mercadorias e sobre Prestação de Serviços de Transporte Interestadual e Intermunicipal e de Comunicação – ICMS incidente no desembaraço aduaneiro e do valor das próprias contribuições", entendeu pela inconstitucionalidade da norma, por violação do art. 149, § 2º, III, "a", da CF. A Lei 10.865/2004, ao prever como base de cálculo para o PIS-importação e para a COFINS-importação o valor aduaneiro, acrescido do valor do ICMS e das próprias contribuições, extrapolou a restrição imposta ao conteúdo semântico inserto na norma constitucional de competência. Esta, ao prever como base de cálculo, o valor aduaneiro, pressupõe um conceito já existente e previamente delimitado no seu conteúdo semântico, mais precisamente aquele utilizado há muitos anos na legislação do Imposto de Importação. A base de cálculo do imposto é, quando a alíquota for *ad valorem*, o valor aduaneiro, apurado segundo as normas do art. VII do Acordo Geral sobre Tarifas e Comércio – GATT 1994. Integram o valor aduaneiro, independentemente do método de valoração utilizado, a) o custo de transporte da mercadoria importada, b) os gastos relativos à carga, à descarga e ao manuseio, associados ao transporte da mercadoria importada, e c) o custo do seguro da mercadoria. Significa que a base de cálculo é o *preço CIF* (*Cost, Insurance and Freight*), ou seja, o preço para entrega no porto ou lugar de entrada do produto no País, considerando o seu custo, o seguro e o frete. O legislador ordinário, ao acrescer ao valor aduaneiro o ICMS e as próprias contribuições, alargou a base econômica de incidência de forma a extrapolar a delimitação do conteúdo semântico pressuposto pela norma constitucional de competência. Assim, com acerto a decisão da Corte Suprema, preservando a higidez da norma constitucional de competência e a norma contida no art. 110 do CTN, segundo a qual o legislador tributário não pode alterar os conceitos e institutos de Direito Privado para ampliar a competência tributária, tributando onde não há espaço para tanto (RE 559.937/RS, rel. Min. Ellen Gracie, rel. p/ ac. Min. Dias Toffoli, Pleno, j. 20.03.2013, DJe 16.10.2013).

13.3. Limitação semântica da base de cálculo. Consequências para outros casos. A decisão prolatada pela Corte Suprema no caso da limitação de conteúdo da base de cálculo do PIS-importação e da COFINS-importação fez um importante alerta sobre a existência de outras bases de cálculo de outras contribuições que estão em desacordo com as hipóteses taxativamente previstas como legítimas na norma constitucional de competência. Se a Corte Suprema deseja preservar o ideal de coerência nas suas decisões, em prol da estabilidade das suas decisões e, em última análise, da segurança jurídica, ela então deve conservar a mesma *ratio* quando for julgar os demais casos análogos pendentes de julgamento. Nesse particular, o STF já reconheceu a repercussão geral da controvérsia relativa às contribuições ao Serviço Brasileiro de Apoio às Micro e Pequenas Empresas (SEBRAE), à Agência Brasileira de Promoção de Exportações e Investimentos (APEX) e à Agência Brasileira de Desenvolvimento Industrial (ABDI), incidentes sobre a folha de salários (RE 603.624 RG/SC, rel. Min. Ellen Gracie, Pleno, j. 21.10.2010. Tema 325 – "Indicação de bases econômicas para delimitação da competência relativa à instituição de contribuições sociais e de intervenção no domínio econômico, após o advento da Emenda Constitucional nº 33/2001"). No julgamento de mérito do recurso, decidiu a Corte Suprema, por maioria de votos, que a alteração realizada pela EC 33/2001 não implicou delimitação exaustiva quanto às bases econômicas eleitas para as contribuições sociais e de intervenção no domínio econômico. No nosso entendimento, a tese vencedora viola i) regras de interpretação, ii) regras constitucionais de competência e iii) a política fiscal de desoneração da folha de salários. A primeira violação é clara: a EC 33/2001 previu que as contribuições sociais e de intervenção no domínio econômico poderão ter alíquotas *ad* *valorem* ou específicas, nenhuma outra. Caso tenham alíquotas *ad valorem*, terão necessariamente por base o faturamento, a receita bruta ou o valor da operação e, no caso de importação, o valor aduaneiro, nenhuma outra base. Caso tenham alíquota específica, terão necessariamente por base a unidade de medida adotada. A facultatividade trazida pela EC 33 toca às alíquotas unicamente ("poderão ter alíquotas"), não às bases econômicas. Estas estão limitadas pela expressão que segue à alternativa de alíquota, consubstanciando um complemento semântico à palavra, mas ao mesmo tempo limitando-o. Dito de outra forma: há apenas duas alternativas, "a" ou "b", e cada uma delas traz consigo uma delimitação semântica quanto à base de incidência. A segunda violação é ainda mais grave, visto que extrapola a própria regra constitucional de competência tributária. Com o advento da EC 33, a legislação até então em vigor, que prevê a folha de salários como base econômica, não mais encontra guarida no texto constitucional, não tendo sido recepcionada pela nova regra constitucional de competência tributária. O constituinte derivado deixou claro quais seriam as opções de bases de cálculo para as respectivas alternativas de alíquotas, não deixando espaço para outras opções de bases de cálculo. Isso porque as regras constitucionais de competência tributária, ao mesmo tempo que conferem poder ao legislador ordinário, trazem consigo a respectiva delimitação desse poder, sob pena deste restar ilimitado. Por fim, a terceira violação, referente à política fiscal de desoneração da folha de salários. Mesmo que se compreenda o rol de bases econômicas como meramente exemplificativo, manter a folha de salários como uma base imponível vai de encontro a todo um esforço político para não se utilizar mais dessa base, visto que ela não denota capacidade contributiva, representa um elevado custo para o empresário e desincentiva a contratação formal de empregados. No julgamento referente ao tema da referibilidade e da natureza jurídica da Contribuição ao INCRA, em face da EC 33/2001 (RE 630.898 RG/RS, rel. Min. Dias Toffoli, Pleno, j. 03.11.2011. Tema 495), a Corte entendeu pela constitucionalidade da cobrança da Contribuição ao INCRA das empresas urbanas e rurais, mesmo após o advento da EC 33/2001. Seguindo o que foi decidido no RE 603.624, sobre as contribuições ao Serviço Brasileiro de Apoio às Micro e Pequenas Empresas (SEBRAE), à Agência Brasileira de Promoção de Exportações e Investimentos (APEX) e à Agência Brasileira de Desenvolvimento Industrial (ABDI), incidentes sobre a folha de salários, entendeu, por maioria de votos, que o rol de bases econômicas previsto no § 2º, III, "a", do art. 149 é meramente exemplificativo, não impedindo o legislador de adotar outras bases econômicas, como a folha de salários.

13.4. Pessoa natural como contribuinte por equiparação. O § 3º prevê que "a pessoa natural destinatária das operações de importação poderá ser equiparada a pessoa jurídica, na forma da lei" (Incluído pela EC 33/2001). A mesma EC 33 também alterou a redação da alínea "a" do inc. IX do § 2º do art. 155, referente ao ICMS, permitindo que a pessoa física fosse equipara à condição de contribuinte, por ocasião da entrada de bem ou mercadoria importada do exterior. Essas disposições não geram o efeito de tornar a pessoa natural, não contribuinte do imposto, em contribuinte, em virtude de um ato jurídico isolado e não habitual. Por outro lado, revestem a pessoa do importador a uma condição diversa, válida unicamente por ocasião do ato jurídico da importação, mediante o desembaraço aduaneiro. Não há identificação com a figura do contribuinte, mas mera equiparação, fazendo surgir os efeitos da identificação. O § 3º do art. 149 é ainda mais permissivo, ao prever a possibilidade de equiparação da pessoa natural meramente destinatária do objeto da importação, isto é, inclui a situação em que ela não esteve revestida da condição de importadora, mas de simples destinatária. A justificativa para essa equiparação encontra-se novamente no objetivo maior de proteção da economia nacional e de promoção do desenvolvimento nacional.

13.5. Possibilidade de incidência monofásica. O § 4º, incluído pela EC 33/2001, traz a previsão para que as contribuições sociais e interventivas incidam uma única vez, ou seja, de forma monofásica. O legislador deverá definir as hipóteses sujeitas a essa incidência, de modo que ele não está compelido a fazê-lo para todas as situações. Como o próprio nome já indica, nesse caso, afasta-se a outra alternativa de incidência, a plurifásica, inerente à regra da cumulatividade. A intenção é justamente evitar o efeito cumulativo nos tributos plurifásicos, prevenindo possíveis discussões em torno da sistemática da compensação do tributo devido na operação com o tributo já pago na operação anterior. A técnica pressupõe tributar apenas uma das fases da cadeia de produção ou circulação, de modo que há apenas uma incidência, a partir de uma única obrigação tributária. Assim, poderá haver o fato gerador a partir da operação de venda do industrial para o distribuidor, mas não haverá mais qualquer incidência nas operações seguintes na cadeia de circulação da mercadoria. Diferentemente da substituição tributária progressiva, com base no art. 150, § 7º, da CF, aplicável na incidência plurifásica, em que o industrial pode responder na qualidade de substituto (responsabilidade por substituição tributária), referente à obrigação tributária vinculada ao vendedor contribuinte (ver adiante os comentários ao § 7º do art. 150).

Art. 149-A Os Municípios e o Distrito Federal poderão instituir contribuição, na forma das respectivas leis, para o custeio do serviço de iluminação pública, observado o disposto no art. 150, I e III. ***(Incluído pela Emenda Constitucional nº 39, de 2002)***

Parágrafo único. É facultada a cobrança da contribuição a que se refere o caput, na fatura de consumo de energia elétrica. ***(Incluído pela Emenda Constitucional nº 39, de 2002)***

1. Contribuição de iluminação pública. A referência do dispositivo já chama atenção: "art. 149-A". Trata-se de dispositivo inserido entre os arts. 149 e 150, após sua criação. Não se trata de qualquer dispositivo novo, criado pelo constituinte derivado, mas sim de regra de competência para a instituição de nova forma de restrição à garantia fundamental da propriedade do cidadão. Na sua essência, manifesta a reação do "mau perdedor" que, diante da derrota na disputa travada na Corte Suprema pela possibilidade de cobrar "taxa" de iluminação pública, recorre ao poder constituinte derivado para alterar o texto constitucional, viabilizando, de forma oblíqua, sob nova roupagem, sua pretensão original de obter recursos específicos para o custeio do serviço de iluminação pública.

1.1. Taxa de iluminação pública. Inconstitucionalidade. A tendência natural para remunerar um serviço público é instituir uma taxa de serviço público. No entanto, é pacífico o entendimento segundo o qual a forma ordinária de remuneração das atividades estatais é através dos impostos, e o legislador dispôs, de maneira inequívoca, ao delinear a espécie taxa, requisitos específicos de validade. Há décadas que os Municípios vinham tentando cobrar taxa para custear o serviço de iluminação pública prestado nos limites geográficos das suas respectivas jurisdições. A justificativa, de modo geral, sempre fora de iluminar vias e logradouros públicos, em prol do bem maior da segurança pública. Extrai-se, dessa justificativa, uma atividade estatal de caráter *uti universi*, isto é, em benefício da coletividade, e não de cidadãos individualmente considerados. São os casos também das atividades estatais de policiamento ostensivo de ruas e de limpeza urbana. Validando a necessária observância dos requisitos de instituição das taxas de serviço, previstos tanto no art. 145, II, da CF, como no art. 77 do CTN, o STF reconheceu a impossibilidade de remunerar o serviço de iluminação pública através de taxa, dado que o serviço é inespecífico e indivisível (RE 233.332, rel. Min. Ilmar Galvão, Pleno, j. 03.1999). Além disso, inviável sua mensuração e atribuição a determinado contribuinte. O entendimento foi consolidado na Súmula 670 do STF ("O serviço de iluminação pública não pode ser remunerado mediante taxa") e depois na Súmula Vinculante 41 ("O serviço de iluminação pública não pode ser remunerado mediante taxa"). Assim, serviços públicos de caráter *uti universi*, em benefício de toda a coletividade, e que não são divisíveis ou individualizáveis em unidades autônomas de benefício, somente podem ser remunerados através do caixa geral dos impostos. Isso vale também para eventuais novos impostos travestidos de taxas, os quais são manifestamente inconstitucionais, conforme já comentamos anteriormente (ver os comentários ao art. 145, II).

1.2. EC 39/02 (CIP). A EC 39, de 19.12.2002, incluiu o art. 149-A no texto constitucional, entre os já existentes arts. 149 e 150, criando o que chamou de "contribuição para o custeio do serviço de iluminação pública". A redação do texto da emenda constitucional deixa claro que seu objetivo é validar a antiga pretensão dos Municípios de obter recursos adicionais para o custeio específico deste serviço, sem precisar utilizar os recursos do caixa geral dos impostos. Por trás do texto, sobressai a intenção de superar o entendimento consolidado do STF, violentando o princípio da separação dos poderes. Além de ter provocado essa lesão, o constituinte derivado deixou um recado aos contribuintes: quando for (supostamente) necessário criar tributo novo, mesmo que contrariamente à posição sumulada da Corte Suprema, ele será criado, nem que seja necessário inventar um dispositivo novo e distorcer a organicidade do Sistema Tributário Nacional. E foi precisamente o que ocorreu. A contribuição de iluminação pública (CIP) é um tributo anômalo, que não se enquadra nem no conceito de contribuição de melhoria nem no conceito de contribuição especial. Conforme já expusemos anteriormente, trata-se de espécie nova, que traduz, na verdade, a inconstitucional taxa de iluminação pública, só que travestida de contribuição. Como bem alertou o Min. Marco Aurélio, a criação da CIP via emenda constitucional abre passagem para a criação de outros tributos, no mínimo de outras contribuições, para custear serviços indivisíveis, em prol de toda a coletividade, como a segurança pública, os quais devem ser custeados pelos impostos (RE 573.675, rel. Min. Ricardo Lewandowski, Pleno, j. 03.2009).

1.3. Fato gerador. A hipótese de incidência dos tributos é apreendida, em essência, da própria regra de competência tributária. O art. 149-A prevê competência para os Municípios e Distrito Federal para instituir contribuição para o custeio do serviço de iluminação pública. Portanto, a hipótese de incidência é a prestação do serviço de iluminação pública, e o fato gerador ocorre tão logo o Município entregue a iluminação pública ao tomador do serviço. No entanto, como foi facultada sua cobrança na fatura de consumo de energia elétrica, na prática, a CIP pode incidir sobre o consumo de energia elétrica, tanto residencial como comercial, industrial, rural e do setor público. Tanto que o cidadão que eventualmente não está ocupando a sua residência, por exemplo, e solicita a suspensão do fornecimento de energia elétrica, não recebe mais a fatura e não é mais cobrado pela CIP, em que pese o serviço de iluminação pública continue sendo prestado e está à sua disposição.

1.4. Isonomia. Progressividade. Capacidade contributiva. A lei do Município de São José (SC), ao instituir a CIP a ser cobrada nos limites geográficos do município, previu alíquotas progressivas, com base no consumo mensal individual de energia elétrica, diferenciando os contribuintes em categorias (residencial, comercial, industrial, primário e setor público). Assim, estabeleceu, além da técnica da progressividade (a), um critério de diferenciação entre os contribuintes (b). O STF, ao apreciar a constitucionalidade dessa lei, não vislumbrou ofensa à *isonomia*, perante a impossibilidade de se identificar e tributar todos os beneficiários do serviço de iluminação pública (RE 573.675, rel. Min. Ricardo Lewandowski, Pleno, j. 03.2009). A *progressividade*, estabelecida com relação à quantidade de consumo mensal individual de energia elétrica, resulta do rateio do custo da iluminação pública entre os consumidores de energia elétrica e não afronta o princípio da *capacidade contributiva*. Abstraindo-se da impropriedade da cobrança de qualquer espécie de tributo para custear o serviço de iluminação pública – dado que esse custeio deveria ser através da receita dos impostos, como já sustentado anteriormente –, a configuração da CIP de São José seria, em tese, constitucional, se analisada unicamente sob o viés da capacidade contributiva. Isso porque, em princípio, é válida a presunção inicial de que quem consume mais energia elétrica, possui maior capacidade contributiva e, portanto, poderia pagar valores maiores do tributo, inclusive no formato da progressividade, a qual não se opõe à realização da capacidade contributiva. Ocorre que, sempre que se trata de uma atividade estatal de benefício universal (*uti universi*), não individualizável, essa lógica não se aplica. Tanto que é pacífico o entendimento de que o critério de distribuição do ônus tributário válido para as taxas é o *critério da retributividade* e o critério de distribuição do ônus tributário válido para as contribuições é o *critério do benefício*. De um lado, como já se viu anteriormente, não é possível dividir ou individualizar o quanto cada cidadão tomou do serviço prestado de iluminação, muito menos mensurar o grau de benefício auferido por cada um. De outro lado, vincular a cobrança em si do tributo e o seu *quantum* ao consumo privado de energia elétrica até pode atender à praticabilidade e à simplificação, mas viola inequivocamente tanto o conceito de taxa como o de contribuição. Na prática, não há qualquer liame lógico entre o consumo privado, interno a uma unidade imobiliária, com o suposto "consumo" externo de iluminação pública. Qualquer exercício minimamente racional que procure validar logicamente esse suposto liame, esbarra novamente no obstáculo inicial: trata-se de um serviço público *uti universi*, indivisível e insuscetível de ser remunerado por taxa. E a sua posterior denominação – "contribuição" – nada mais é do que uma nova roupagem para a mesma figura, lembrando que as denominações, sejam elas jurídicas, sejam econômicas, não alcançam o efeito de poder alterar a essência do tributo.

1.5. Tributo de caráter *sui generis*. Reconhecendo a impossibilidade de se enquadrar a CIP na categoria de imposto e de taxa, o STF terminou recorrendo ao enquadramento "coringa", como tributo *sui generis*, da mesma forma como procedeu o STJ no enquadramento da contribuição ao INCRA. O entendimento constitucional reforçou a natureza da CIP como uma espécie tributária autônoma, diversa da contribuição de melhoria e das contribuições especiais. A Corte Suprema ainda defendeu que a exação se amoldava aos princípios da razoabilidade e da proporcionalidade (RE 573.675, rel. Min. Ricardo Lewandowski, Pleno, j. 03.2009). Em sendo um tributo, a CIP está sujeita a todas as limitações constitucionais gerais ao poder de tributar, bem como às normas gerais de Direito Tributário do CTN.

1.6. Aplicação dos recursos arrecadados. Custeio da iluminação pública na expansão e aprimoramento da rede. É legítimo que a contribuição destinada ao custeio da iluminação pública inclua também as despesas relativas à *expansão da rede*, bem como o seu melhoramento, para se ajustar às necessidades da população local. A Corte Suprema fixou a seguinte tese de repercussão geral: "É constitucional a aplicação dos recursos arrecadados por meio de contribuição para o custeio da iluminação pública na expansão e aprimoramento da rede" (RE 666.404/SP, rel. Min. Marco Aurélio, Pleno, j. 18.08.2020).

Seção II
Das Limitações do Poder de Tributar

1. Compreensão geral. A Seção II, intitulada "Das limitações do Poder de Tributar", é a segunda parte do Capítulo I, referente ao Sistema Tributário Nacional. Recorde-se que a primeira parte do Capítulo I trata dos princípios gerais do Sistema Tributário Nacional. A Seção II, objeto de análise deste tópico, procura dar seguimento ao tratamento estrutural do Sistema Tributário Nacional, trazendo normas que tentarão delinear a pretensão principal de limitar o poder de tributar do Estado. Atente-se que a Seção I já dispõe sobre algumas normas estruturantes, as quais o constituinte denominou de "princípios gerais"; a Seção II também carrega parte da principiologia do Sistema Tributário Nacional, dando, portanto, continuidade à delimitação principiológica do sistema. No entanto, conforme se verá adiante, o tratamento principiológico às limitações do poder de tributar é, muito antes, um tratamento em nível de regras, não de princípios. Inicialmente, necessário compreender que a Seção II pretende entregar a primeira regulação do poder estatal de tributar, traçando, por meio de regras, as primeiras e principais limitações a este poder. Conforme compreensão já consolidada pela Corte Suprema, a CF traz, notadamente dentro do Sistema Tributário Nacional, limites objetivos à atuação tributante do Estado, de modo a preservar o contribuinte de um "estado de submissão tributária absolutamente inconveniente com os princípios que informam e condicionam, no âmbito do Estado Democrático de Direito, a ação das instâncias governamentais" (ADI 4661 MC, rel. Min. Marco Aurélio, Pleno, j. 10.2011, trecho do voto do Min. Celso de Mello). Vale o destaque de que não se trata de quaisquer limitações ao poder do Estado, mas sim das principais limitações que, em última análise, reforçarão a proteção à *propriedade* e à *liberdade* do cidadão.

Art. 150. Sem prejuízo de outras garantias asseguradas ao contribuinte, é vedado à União, aos Estados, ao Distrito Federal e aos Municípios:

1. Catálogo das limitações. O constituinte inicia o tratamento normativo às limitações do poder de tributar estatuindo *garantias* ao contribuinte, prevendo-as em uma espécie de rol ou catálogo. Esse não é taxativo ou exaustivo, visto que o próprio dispositivo do art. 150, *caput*, apresenta as garantias ao contribuinte, sem prejuízo de outras. Essas outras garantias podem ser tanto (i) expressas em outros dispositivos do texto constitucional, inclusive fora do Sistema Tributário Nacional, como também podem ser (ii) garantias implícitas. Por exemplo, os direitos e garantias fundamentais do art. 5º da CF irradiam seus efeitos, naquilo que couber, sobre a proteção ao contribuinte frente ao poder de tributar (i). Entre as garantias implícitas, destaca-se o "*princípio da proporcionalidade*", o qual não encontra ancoramento expresso no texto constitucional, mas é derivado da própria ideia de justiça e, consoante já sustentado pelo STF, da cláusula do devido processo legal, do art. 5º, LIV, da CF (RE 200.844 AgR, rel. Min. Celso de Mello, 2ª Turma, j. 06.2002. Sobre a proporcionalidade, ver os comentários ao inc. IV do art. 150). Importa compreender que, por maior pretensão que o constituinte desejava ter à época da promulgação da CF/88, ao prever as limitações do poder de tributar sob a forma de um catálogo, ele o fez de forma aberta, não exaustiva, da mesma forma que o fez na redação dos direitos e garantias fundamentais do art. 5º, quando estabeleceu, no § 2º, que "os direitos e garantias expressos nesta Constituição não excluem outros decorrentes do regime e dos princípios por ela adotados, ou dos tratados internacionais em que a República Federativa do Brasil seja parte". Observe-se que, em matéria de direitos e garantias fundamentais, tanto do cidadão como do contribuinte, a CF procura incorporar uma *postura de abertura*, possibilitando a recorrência inclusive a outros direitos e garantias não expressos no seu texto. Com relação às garantias elencadas nas situações trazidas nos incisos do art. 150, o *caput* traz o formato das *vedações*. Isto é, proíbe-se a União, os Estados, o DF e os Municípios de atuar de determinadas formas quando do exercício do poder de tributar. A escolha semântica feita pelo constituinte foi no sentido da proibição, impondo precisamente esse conteúdo semântico ao conteúdo normativo das limitações do poder de tributar. Isso reflete a natureza de *regras* ínsitas às limitações do poder de tributar. Por exemplo, se é vedado à União exigir ou aumentar tributo sem lei que o estabeleça, então ou a União institui ou aumenta um tributo mediante lei, ou o tributo será inconstitucional, por violar a regra da legalidade. Aqui, o tributo é constitucional ou inconstitucional, dependendo se há ou não há lei que o ampare. Não há espaço para ponderações ou para aplicações graduais de uma ou outra norma incidente. Em outras palavras, não se trata de princípios, mas sim de regras, formatadas por meio do modal deôntico "proibido". As vedações procuram realizar um ideal maior, insculpido implicitamente no próprio caput do art. 150, que é o ideal de *segurança jurídica*. Esse ideal pode ser percebido na redação resultante do caput, que traz a expressão "garantias asseguradas ao contribuinte". Essa expressão incorpora, tanto pela noção de *garantia* como pela de *assegurar*, o *valor constitucional* da *segurança*, previsto no preâmbulo da CF ("Nós, representantes do povo brasileiro, reunidos em Assembleia Nacional Constituinte para instituir um Estado Democrático, destinado a assegurar o exercício dos direitos sociais e individuais, a liberdade, a segurança, o bem-estar, o desenvolvimento, a igualdade e a justiça como valores supremos de uma sociedade fraterna, pluralista e sem preconceitos, ...") e a garantia fundamental da segurança, prevista no caput do art. 5º ("Todos são iguais perante a lei, sem distinção de qualquer natureza, garantindo-se aos brasileiros e aos estrangeiros residentes no País a inviolabilidade do direito à vida, à liberdade, à igualdade, à segurança e à propriedade, nos termos seguintes:"). O valor constitucional da segurança é altamente abstrato, carecendo de intermediação através de princípios e de regras que possam vir a concretizá-lo, trazendo, em última análise, efetiva e concreta proteção ao contribuinte frente ao poder estatal de tributar. Como dito anteriormente, o constituinte preferiu materializar essa proteção ao contribuinte, impondo ao Estado proibições, ou seja, através de regras. Essas regras, elencadas nos incisos do art. 150, sem prejuízo de outras asseguradas ao contribuinte, traduzem, de um lado, (i) obstáculos ao poder de tributar do Estado, e, de outro, (ii) garantias ao contribuinte, revelando uma dupla face da segurança jurídica. Portanto, tem-se aqui, no tratamento inaugurado pelo art. 150, como objeto de proteção, três bens jurídicos da maior envergadura: a propriedade, a liberdade e a segurança jurídica (sobre a segurança jurídica, ver ainda os comentários ao inc. III do art. 150).

I – exigir ou aumentar tributo sem lei que o estabeleça;

2. Legalidade geral. A legalidade, enquanto princípio, estabelece um estado ideal de coisas a ser alcançado e realizado, nesse caso, mediante o instrumento *lei*. A lei não é um fim em si mesmo, mas o meio – um dos mais importantes – para a realização dos fins do Estado de Direito. A lei surge na condição de veículo de transporte da vontade do povo, diretamente manifestada ou através dos seus representantes eleitos, substituindo a vontade do soberano. Em outras palavras, a lei viabiliza a substituição de uma relação até então arbitrária e impositiva – de poder (potestativa) – por uma relação condicionada – de Direito (jurídica), repelindo o clássico formato *hobbesiano* da relação soberano e súdito. Na linguagem do Direito Obrigacional, surge, como regra geral no Direito brasileiro, a máxima segundo a qual "ninguém será obrigado a fazer ou deixar de fazer alguma coisa senão em virtude de lei" (art. 5º, II, CF). O comando geral da *legalidade geral* afasta inequivocamente qualquer tentativa do Poder Executivo de impor obrigações aos cidadãos, seja oriunda da vontade do seu representante eleito, seja da vontade do partido político ao qual faça parte. Historicamente, a legalidade aflora, no velho continente, como uma das reações do povo subjugado pelo monarca absolutista, como uma forma pragmática de substituir sua vontade pela vontade do povo; no contexto brasileiro, a legalidade é revitalizada após o período da ditadura militar, ganhando destaque no texto constitucional, deixando claro que, como regra, a atuação do Poder Executivo passa a ser condicionada à lei. A preocupação com a legalidade, após o período da ditadura militar, é tão evidente que o constituinte a corporificou como um direito fundamental e, nessa condição, protegido contra qualquer ação que procure revogá-la (art. 60, § 4º, IV, CF).

3. Legalidade tributária. A legalidade geral adquire a roupagem de legalidade tributária no art. 150, I, da CF, passando a sujeitar-se a uma primeira delimitação semântica. A legalidade tributária está jungida às ações estatais que visem a "exigir ou aumentar tributo". Conforme exposto anteriormente, trata-se da primeira das limitações do poder de tributar, inaugurando o elenco das *vedações* impostas aos entes federativos. Sob o modal deôntico da *proibição*, a legalidade é trazida como regra: se o tributo é instituído ou aumentado por lei, ele é legítimo; caso contrário, é ilegítimo. Se a legalidade geral pode ser considerada um princípio, a legalidade tributária deve ser considerada uma regra. Na condição de regra, deixa de ser objeto de ponderação e de abstração, passando a ser objeto de aplicação ou não aplicação. O dispositivo constitucional traduz, com adequada objetividade, inerente às regras, que toda restrição patrimonial ao contribuinte, provocada pela instituição ou pela majoração de um tributo, somente pode ser por lei, deixando claro que a decisão subjacente a ser tomada deve vir do parlamento, não do executivo. A legalidade tributária manifesta-se (i) em relação à atividade legislativa propriamente dita e (ii) em relação à administração tributária, a qual está plenamente vinculada à observância estrita da legislação, em sentido amplo.

4. Exceções à legalidade tributária. As exceções à legalidade tributária são: (i) a instituição e modificação por medida provisória (art. 62, § 2º, CF), (ii) a faculdade conferida ao Poder Executivo para alterar as alíquotas do II, IE, IPI e IOF (art. 153, § 1º, CF), (iii) a fixação das alíquotas do ICMS monofásico sobre combustíveis e lubrificantes (art. 155, § 4º, IV, CF) e (iv) a redução e o restabelecimento, pelo Poder Executivo, das alíquotas da CIDE-Combustíveis (art. 177, § 4º, I, *b*, CF).

4.1. Medida provisória. O *caput* do art. 62 da CF restringe a utilização de medidas provisórias pelo Presidente da República para os casos de relevância e urgência. O STF possui entendimento, segundo o qual a avaliação dos requisitos de relevância e urgência pelo Judiciário só é possível em caráter excepcional, nos casos em que for evidente o excesso de discricionariedade por parte do Chefe do Poder Executivo (RE 550.652 AgR, rel. Min. Ricardo Lewandowski, 2ª Turma, j. 12.2013). O § 2º do art. 62 dispõe que "medida provisória que implique instituição ou majoração de impostos, exceto os previstos nos arts. 153, I, II, IV, V, e 154, II, só produzirá efeitos no exercício financeiro seguinte se houver sido convertida em lei até o último dia daquele em que foi editada (Incluído pela Emenda Constitucional nº 32, de 2001)". O constituinte derivado, na sua proposta de redação final para o dispositivo, pressupôs como legítima a instituição ou majoração por medida provisória, limitando-se a *restringir* essa possibilidade (i) aos impostos, exceto os previstos nos arts. 153, I, II, IV, V e 154, II e (ii) prevendo que a medida provisória só produzirá efeitos no ano seguinte, se houver sido convertida em lei até o último dia daquele ano em que foi editada (regra da anterioridade). Não se olvide que as medidas provisórias, ressalvado o disposto nos §§ 11 e 12, perdem eficácia, desde a edição, se não forem convertidas em lei no prazo de 60 dias, prorrogável, nos termos do § 7º, uma vez por igual período, devendo o Congresso Nacional disciplinar, por decreto legislativo, as relações jurídicas delas decorrentes (§ 3º, art. 62, CF). Ressalte-se que a medida provisória poderá ser utilizada para instituir ou majorar impostos apenas, não havendo autorização para os demais tributos. Além dessa restrição, o Presidente da República ainda deve se articular no Poder Legislativo para a conversão tempestiva da medida provisória em lei, até o último dia daquele em que foi editada, atentando para o prazo de 60 dias, prorrogável uma vez por igual período, para a conversão em lei. Em 22.09.2015, foi editada a MP 692, instituindo alíquotas progressivas do IR sobre o ganho de capital percebido por pessoa física na alienação de bens e direitos de qualquer natureza. Essa MP foi convertida na Lei 13.259, em 16.03.2016. O Governo Federal tentou iniciar a cobrança das novas alíquotas a partir de 1º.01.2016, em flagrante violação à regra da anterioridade. A Receita Federal, por meio do Ato Declaratório Interpretativo RFB nº 3, de 27.04.2016, reconheceu que os arts. 1º e 2º da Lei 13.259, de 16.03.2016, conversão da MP 692, de 22.09.2015, produziriam efeitos a partir de 1º.01.2017, reconhecendo que a pretensão do Governo Federal havia desrespeitado a regra da anterioridade.

4.2. Alteração das alíquotas do II, IE, IPI e IOF. O § 1º do art. 153 da CF faculta ao Poder Executivo, atendidas as condições e os limites estabelecidos em lei, alterar as alíquotas do II, IE, IPI e IOF. A intenção é proporcionar maior dinamicidade ao comércio exterior, à indústria e à economia em geral, permitindo ao Poder Executivo adotar medidas impositivas, por decreto, com finalidades extrafiscais. A jurisprudência admite há muitos anos a alteração das alíquotas desses impostos por atos infralegais, como portarias do Ministério da Fazenda (Ministério da Economia), e portarias das Câmara de Comércio Exterior (STF, RE 570.680, Pleno, j. 10.2009). Polêmico é o caso do *restabelecimento* de alíquotas por decreto, especialmente quando o tributo envolvido não é nenhum daqueles autorizados pelo § 1º do art. 153. O caso envolve a contribuição ao PIS e a COFINS (Leis 10.637/02 e 10.833/03), que incidem sobre as receitas auferidas por pessoa jurídica, com alíquotas de 1,65% e 7,6%, respectivamente. Em 2004, a Lei 10.865 autorizou o Poder Executivo a *reduzir ou restabelecer* as alíquotas sobre as receitas financeiras auferidas pelas pessoas jurídicas sujeitas ao regime não cumulativo, de modo que a redução e o restabelecimento poderiam ocorrer até os percentuais especificados no art. 8º da referida lei. O Decreto 5.164/04 havia reduzido a 0% as alíquotas do PIS e da COFINS incidentes sobre as receitas financeiras auferidas pelas pessoas jurídicas sujeitas ao regime de incidência não cumulativa das referidas contribuições. O Decreto 5.442/05 manteve a redução das alíquotas a 0%, inclusive as operações realizadas para fins de hedge, tendo sido revogado pelo Decreto 8.426/15, com vigência a partir de 01.07.2015, que passou a fixá-las em 0,65% e 4%, respectivamente. A revogação da alíquota zero, prevista no Decreto 5.442/05, pelo Decreto 8.426/15, impondo a tributação em 0,65% e 4%, respectivamente, aparentemente seria legítima, visto tratar-se de restabelecimento de alíquotas por ato do Poder Executivo. No entanto, a análise mais adequada que se recomenda ao caso é aquela que prestigia a substância, e não a forma, enfatizando os efeitos substanciais provocados pela alteração. O efeito que se verifica é de majoração tributária, que, de regra, somente pode ocorrer por lei. Dado que a majoração das alíquotas do PIS e da COFINS não está prevista no rol de tributos da exceção trazida pelo § 1º do art. 153, a alteração levada a efeito via decreto é inconstitucional, pois viola a regra da legalidade tributária. O STJ já se manifestou sobre a questão, entendendo não haver que se falar em ilegalidade, dado que a Lei 10.865/04, considerada constitucional, permitiu ao Poder Executivo tanto reduzir quanto restabelecer as alíquotas em questão, e o restabelecimento ocorreu dentro do limite permitido pela legislação (REsp 1.586.950/RS, rel. Min. Napoleão Nunes Maia Filho, red. p/ ac. Min. Gurgel de Faria, 1ª Turma, j. 19.09.2017). O STF, por maioria, reconheceu a existência de repercussão geral da questão (Tema 939 – "Possibilidade de as alíquotas da contribuição ao PIS e da COFINS serem reduzidas e restabelecidas por regulamento infralegal, nos termos do art. 27, § 2º, da Lei n. 10.865/2004"). No mérito, decidiu a Corte Suprema que: "É constitucional a flexibilização da legalidade tributária constante do § 2º do art. 27 da Lei nº 10.865/04, no que permitiu ao Poder Executivo, prevendo as condições e fixando os tetos, reduzir e restabelecer as alíquotas da contribuição ao PIS e da COFINS incidentes sobre as receitas financeiras auferidas por pessoas jurídicas sujeitas ao regime não cumulativo, estando presente o desenvolvimento de função extrafiscal" (RE 1.043.313/RS, rel. Min. Dias Toffoli, Pleno, j. 10.12.2020). (ver ainda adiante os comentários ao § 1º do art. 153).

4.3. Fixação das alíquotas do ICMS monofásico sobre combustíveis. O art. 155, § 4º, IV, da CF prevê que as alíquotas do ICMS monofásico sobre combustíveis e lubrificantes serão definidas mediante deliberação dos Estados e Distrito Federal (ver adiante os comentários ao § 4º do art. 155).

4.4. Redução e restabelecimento das alíquotas da CIDE-Combustíveis. O art. 177, § 4º, I, "b", da CF estabelece que a alíquota da CIDE sobre a importação e comercialização de petróleo e seus derivados, gás natural e seus derivados e álcool combustível poderá ser reduzida e restabelecida por ato do Poder Executivo, não se lhe aplicando o disposto no art. 150, III, "b" (ver adiante os comentários ao § 4º do art. 177).

5. Redução do tributo e legalidade. A regra constitucional da legalidade estatui que é vedado aos entes federativos *exigir* ou *aumentar* tributo sem lei que o estabeleça. Essa regra, analisada isoladamente, não proíbe reduzir tributo sem lei que o estabeleça, de modo que a redução pode ser realizada por ato infralegal, sem violar a legalidade. A ausência de limitação constitucional do poder de tributar nessa hipótese se justifica plenamente, visto que a redução vem em benefício do contribuinte, não lhe trazendo qualquer restrição patrimonial. No entanto, quando a redução traduz, na sua substância, um subsídio ou isenção, ou qualquer outra medida que resulte em um benefício tributário efetivo, incide a regra do § 6º do art. 150, que preceitua que este só poderá ser concedido por lei específica, que regule exclusivamente a matéria ou o correspondente tributo (ver adiante os comentários ao § 6º do art. 150).

6. Base de cálculo. Alteração por ato infralegal. Não apenas a majoração da alíquota, mas também eventual majoração da base de cálculo ou base de incidência do tributo somente pode ser levada a efeito por lei. Quando a CF estabelece a regra da legalidade para as situações de instituição e de aumento de tributos, ela o faz com relação a todos os aspectos circunstanciais à hipótese de incidência tributária. O aspecto quantitativo, notadamente, que refletirá o quantum a pagar, é representado pela alíquota e pela base de cálculo, os quais poderão sofrer modificações em respeito a outras normas constitucionais ou com base na política fiscal do momento. No entanto, o que a regra da legalidade pretende entregar enquanto sentido da legalidade referente ao aspecto quantitativo do tributo não poderia ser outro senão o de contemplar a vedação tanto com relação à alíquota quanto à base de cálculo, dado que ambos fatores interferem no resultado quantitativo. Não é por menos que o STF já declarou a inconstitucionalidade de majoração de base de incidência de contribuição social mediante portaria (RMS 25.476, rel. p/ ac. Min. Marco Aurélio, Pleno, j. 05.2013).

7. Base de cálculo. Atualização monetária. A atualização ou correção monetária, como o próprio nome já indica, representa mera atualização do valor da moeda, com o objetivo de recompor a perda de valor da moeda, trazendo o valor nominal ou histórico para a realidade, refletida por algum índice de correção monetária. De outro lado, não representa majoração. Na técnica jurídico-tributária, a atualização monetária não tem o efeito de aumentar a base de incidência do tributo, na acepção de majoração tributária, mas apenas traz, a valor presente, uma grandeza econômica abstratamente fixada na lei tributária em momento anterior. No entanto, para que a atualização monetária seja levada a efeito, ela deve estar autorizada pela lei do ente tributante, e a correção propriamente dita deve respeitar o percentual superior do índice oficial adotado. A Corte Suprema já decidiu que a majoração do IPTU só pode ocorrer mediante lei em sentido formal, e a atualização, por ato do Executivo, não pode ocorrer em percentual superior aos índices oficiais (RE 648.245, rel. Min. Gilmar Mendes, Pleno, j. 08.2013). O STJ consolidou, na Súmula 160, o seguinte entendimento: "É defeso, ao Município, atualizar o IPTU, mediante decreto, em percentual superior ao índice oficial de correção monetária".

8. Prazo de recolhimento. A fixação da data final para o recolhimento do tributo é parte do elemento temporal da hipótese de incidência tributária, pois define quando o tributo passa a ser devido. No entanto, entende-se, de forma pacífica na jurisprudência, que a definição do vencimento não se compreende no campo reservado à lei (STF, RE 172.394, rel. p/ ac. Ilmar Galvão, Pleno, j. 06.1995). Na prática, por exemplo, eventual antecipação do prazo de pagamento do tributo não tem o efeito de provocar uma efetiva majoração, a ponto de justificar a necessidade de implementação por lei, em atenção à regra da legalidade. Portanto, é viável sua fixação por ato infralegal.

9. Declarações tributárias. Livros fiscais. Notas fiscais. Os denominados deveres instrumentais são obrigações e, nessa condição, estão inequivocamente vinculados à reserva de lei. As obrigações de entregar declarações tributárias, escriturar livros empresariais e emitir notas fiscais, em que pese sejam rotuladas como meras "obrigações acessórias", somente podem ser impostas ao contribuinte mediante lei em sentido estrito. O CTN preceitua, no art. 113, que a obrigação tributária é principal ou acessória, e que a obrigação acessória decorre da *legislação tributária*. Uma interpretação mais apressada, apegada unicamente à literalidade, indicaria a possibilidade de exigência da obrigação acessória com base, portanto, em qualquer ato normativo integrante da legislação tributária, como uma instrução normativa ou uma portaria (atos infralegais). No entanto, o STF já sinalizou que o art. 113, § 2º do CTN exige lei em sentido formal e material para a obrigação tributária, ainda que acessória (ACO 1.098 AgR, rel. p/ ac. Min. Marco Aurélio, j. 10.2009). Não poderia ser diferente, visto que uma adequada interpretação e aplicação da norma contida no § 2º do art. 113 do CTN é realizada conforme a Constituição, que preceitua que "ninguém será obrigado a fazer ou deixar de fazer alguma coisa senão em virtude de lei" (art. 5º, II). O sentido de "lei" aqui é o de lei em sentido estrito, não aceitando atos infralegais. Aqui, novamente, deve-se considerar os efeitos que seriam provocados, caso legitimada a exigência das obrigações acessórias por mero ato infralegal. Imagine-se uma instrução normativa da Receita Federal, que crie a obrigação do contribuinte de entregar uma declaração prévia ou requerimento para fins de habilitação do seu crédito tributário já reconhecido em sentença judicial transitada em julgado. O contribuinte renuncia ao seu direito de executar o seu crédito pela via do precatório, preferindo realizar a compensação tributária, de imediato, para não se sujeitar à longa espera da fila de pagamento dos precatórios. No entanto, fica obrigado a submeter o seu crédito ao reconhecimento da Receita Federal, órgão vinculado ao Poder Executivo federal, em que pese já reconhecido pelo Poder Judiciário. De um lado, isso já poderia suscitar uma eventual violação ao princípio da separação dos poderes. De outro, o lapso temporal entre a entrega da declaração ou protocolo do requerimento e a manifestação do órgão fazendário é incerto, podendo se estender indefinidamente, a ponto de provocar efetivos prejuízos ao direito de propriedade do contribuinte, sem falar do risco de sobrevir eventual decisão denegatória da utilização do crédito. Obrigações como essa do exemplo, em que pese possam ser vistas *formalmente* como "meramente acessórias", por inovarem na ordem jurídica (i) e por terminarem trazendo efeitos patrimoniais concretos (ii), somente podem ser exigidas mediante lei em sentido estrito.

10. Fixação do valor máximo. Delegação à Administração. Quando se enfrenta a problemática da possibilidade de delegação da prerrogativa da fixação do aspecto quantitativo do tributo à órgão ou instituição vinculada à Administração Pública, duas hipóteses são investigadas: (a) a delegação ampla da determinação do valor e (b) a delegação restrita do valor exato, dentro da faixa de valores máximos previstos previamente em lei. Em 2016, quando apreciou o caso das anuidades dos Conselhos de Fiscalização Profissional, a Corte Suprema decidiu que o art. 2º da Lei 11.000, de 15.12.2004, era inconstitucional, quando delegava aos conselhos de fiscalização profissional a competência para fixar ou majorar o valor das anuidades, dado que, em não havendo parâmetros legais, violava a legalidade tributária (RE 704.292, rel. Min. Dias Toffoli, Pleno, j. 06.2016). No caso da Lei 12.514, de 28.10.2011, também sobre as anuidades de conselhos profissionais, o STF entendeu que era adequado e suficiente que a lei fixasse os valores teto, permitindo que cada conselho decidisse o valor exato a ser cobrado dos seus representados (ADI 4697, rel. Min. Edson Fachin, Pleno, j. 10.2016). Com relação à Taxa de Anotação de Responsabilidade Técnica (ART), prevista na Lei 6.994, de 26.05.1982, o STF não vislumbrou violação à legalidade tributária, dado que a lei, prescrevendo o limite máximo, possibilitava à administração pública fixar o valor exato da taxa de forma mais coerente com os custos da atuação estatal (RE 838.284 RG, rel. Min. Dias Toffoli, j. 10.2016). Ainda, vedou a atualização dos valores em percentual superior aos índices legalmente previstos. No caso da Taxa de Serviços Administrativos da Suframa, instituída pela Lei 9.960, de 28.01.2000, havia também problema de inconstitucionalidade, por violação à legalidade, visto que não havia fixado os critérios da hipótese de incidência tributária (ARE 923.534, rel. Min. Dias Toffoli, 2ª Turma, j. 03.2016). A delegação da possibilidade de fixação do valor exato do tributo, cujo teto já fora fixado em lei, à órgão ou instituição vinculada à Administração Pública, tem como efeito a delegação da competência tributária para a definição do aspecto quantitativo da hipótese de incidência tributária. Essa prática é vedada pela ordem constitucional tributária, notadamente pela clara regra da legalidade, contemplando exceções em casos muito específicos, como o da faculdade conferida ao Poder Executivo para alterar as alíquotas do II, IE, IPI e IOF. A CF, quando traz expressamente atenuações à legalidade como esta, entrega um sentido unívoco: as exceções à legalidade são apenas aquelas expressamente previstas no texto constitucional. Caso contrário, a regra da legalidade restaria enfraquecida, trazendo evidentes prejuízos à segurança jurídica. Além disso, a teleologia presente na regra da legalidade objetiva justamente retirar o poder de tributar do monarca e dos seus colaboradores, transferindo-o ao povo. Tolerar a prerrogativa da fixação do valor do tributo, mesmo que dentro de eventual teto fixado em lei, ao bel prazer do Executivo, é esvaziar um dos conteúdos mais significativos da democracia representativa.

11. Delegação da complementação de conceitos. Efeitos sobre o elemento quantitativo do tributo. Seguro de Acidente do Trabalho. A Lei 8.212, de 24.07.1991, que dispõe sobre a organização da Seguridade Social e institui o seu Plano de Custeio, prevê, no art. 22, contribuição a cargo da empresa, para o financiamento do Seguro de Acidente do Trabalho (SAT), sobre o total das remunerações pagas ou creditadas, no decorrer do mês, aos segurados empregados e trabalhadores avulsos, na razão de (a) 1% (um por cento), para as empresas em cuja *atividade preponderante* o *risco de acidentes* do trabalho seja considerado *leve*; (b) 2% (dois por cento), para as empresas em cuja *atividade preponderante* esse *risco* seja considerado *médio*; (c) 3% (três por cento), para as empresas em cuja *atividade preponderante* esse *risco* seja considerado *grave*. Ocorre que a lei não especificou o conteúdo semântico das expressões "atividade preponderante" e "grau de risco", as quais, conforme se denota dos dispositivos, são expressões nucleares para a determinação precisa do aspecto quantitativo da hipótese de incidência dessa contribuição. Essa delimitação ou complementação conceitual foi relegada ao Executivo, o qual, por decreto, esmiuçou o que estava "faltando". A Corte Suprema, em 2003, ao apreciar o caso, decidiu que a lei havia definido satisfatoriamente todos os elementos intrínsecos ao nascimento da obrigação tributária, podendo ter validamente deixado ao regulamento a "complementação dos conceitos de 'atividade preponderante' e 'grau de risco leve, médio e grave'", não havendo violação à legalidade geral ou à legalidade tributária (RE 343.446/SC, rel. Min. Carlos Velloso, Pleno, j. 03.2003). Como regra geral ínsita à metodologia clássica do Direito, os regulamentos expedidos pelo Poder Executivo podem regulamentar a lei, isto é, detalhar aquilo que foi previsto na lei, especialmente no que toca ao detalhamento do seu modo de execução. No entanto, tanto no Direito Penal quanto no Direito Tributário, que são os ramos mais invasivos do Direito, que podem trazer as restrições mais sensíveis à liberdade e à propriedade, o Poder Executivo deve agir de forma muita cuidadosa nos seus regulamentos, de modo a não provocar inovações na ordem jurídica, que ao final terminem trazendo restrições à liberdade e à propriedade não previstas em lei. Trata-se, novamente, da avaliação, no plano da eficácia, dos efeitos provocados pela regra do regulamento. Se é o regulamento que definirá o sentido definitivo do conceito, estabelecendo o verdadeiro alcance da aplicação da regra legal, então é ele que está decidindo sobre a restrição que será levada a efeito, não a lei. No caso da contribuição ao SAT, a definição sobre a aplicação de qual alíquota, se 1%, 2% ou 3%, ficou condicionada à complementação conceitual de atividade preponderante e grau de risco, "prerrogativa" deixada ao regulamento. O efeito final da tributação, no seu aspecto quantitativo, foi relegado ao Executivo, o que viola a regra da legalidade. Sob o viés da segurança jurídica, o efeito dessa delegação ao Executivo gera incerteza ao contribuinte, que não sabe, a partir da lei, o quanto pagará, ficando à mercê da definição do Executivo. A decisão do Supremo termina por fragilizar o *princípio da determinação*, inerente à tipicidade fechada no Direito Tributário, a qual se justifica pela necessidade de proteger o contribuinte contra alargamentos indevidos dos limites (fechados) do tipo tributário.

12. Emolumentos. Reserva legal. Conforme exposto nos comentários ao art. 145, II, as custas e emolumentos judiciais ou extrajudiciais são taxas e, nessa condição, estão sujeitas à regra da legalidade. A instituição ou majoração de custas e emolumentos, realizada por resolução de tribunal de justiça ou por provimento de corregedoria geral de justiça, é inconstitucional (STF, ADI 1.444-7, rel. Min. Sydney Sanches, Pleno, j. 02.2003; ADI 1.709-3, rel. Min. Maurício Corrêa, Pleno, j. 02.2000).

II – instituir tratamento desigual entre contribuintes que se encontrem em situação equivalente, proibida qualquer distinção em razão de ocupação profissional ou função por eles exercida, independentemente da denominação jurídica dos rendimentos, títulos ou direitos;

13. Igualdade. A igualdade é uma das preocupações centrais da CF. O texto constitucional apresenta pelo menos 12 (doze) ocorrências para a palavra *igualdade* e suas derivações (*desigualdades*, por exemplo). O peso que é reconhecido à igualdade é percebido já no preâmbulo constitucional (i), em que consta que a Assembleia Nacional Constituinte instituirá um *Estado Democrático*, "destinado a assegurar o exercício dos direitos sociais e individuais, a liberdade, a segurança, o bem-estar, o desenvolvimento, a igualdade e a justiça como valores supremos de uma sociedade fraterna, pluralista e sem preconceitos (...)". No Direito constitucional brasileiro, a igualdade é simultaneamente um *objetivo* buscado pelo Estado Democrático de Direito e um *valor* supremo para a sociedade brasileira, pensada dentro de um ideal de fraternidade, pluralidade e ausência de preconceitos. A igualdade também é um dos objetivos fundamentais da República Federativa do Brasil (ii), sob a forma da redução das desigualdades sociais e regionais (art. 3°). Ela ainda se faz presente (iii) nas relações internacionais da República Federativa do Brasil (igualdade entre os Estados, art. 4°, V); (iv) como garantia fundamental do art. 5°; (v) como igualdade de direitos entre o trabalhador com vínculo empregatício permanente e o trabalhador avulso (art. 7°, XXXIV); (vi) como igualdade de condições a todos os concorrentes em processo de licitação pública (art. 37, XXI); (vii) redução das desigualdades regionais (art. 43); (viii) igualdade de tarifas, fretes e seguros no âmbito dos incentivos regionais (art. 43, § 2°, I); (ix) redução das desigualdades inter-regionais no âmbito da lei orçamentária anual (art. 165, § 7°); (x) redução das desigualdades regionais e sociais como um princípio da ordem econômica (art. 170, VII); (xi) igualdade de condições para o acesso e permanência na escola como um princípio do ensino básico (art. 206, I); (xii) igualdade na relação processual, no âmbito da proteção especial a ser concedida à criança, ao adolescente e ao jovem (art. 227, § 3°, IV).

13.1. Igualdade na lei e igualdade perante a lei. Enquanto valor constitucional, a igualdade carece de concretização e sempre dependerá das circunstâncias que a cercam. Enquanto princípio, adquire força normativa, mas ainda permanece com elevado grau de abstração, ficando na dependência de regras jurídicas setoriais para concretizá-la. No início da evolução da compreensão do conteúdo da igualdade na jurisprudência do Tribunal Constitucional alemão, o princípio da igualdade, insculpido no art. 3, inc. 1, da GG, era compreendido na sua essência como uma proibição de arbitrariedade (*Willkürverbot*). A norma da igualdade restaria violada, quando não se encontrasse um motivo racional, decorrente da natureza das coisas, para a diferenciação legislativa ou para o tratamento igualitário e, por isso, o dispositivo legal devesse ser caracterizado como arbitrário (BVerfGE 1, 14, 52; 1, 117, 140s.; 110, 274, 293). A avaliação da arbitrariedade não depende das intenções do legislador, mas sim das circunstâncias objetivas envolvidas (BVerfGE 2, 266, 281; 4, 144, 155). Os denominados "motivos substanciais" (*sachliche Gründe*) para uma diferenciação ou tratamento igualitário são somente aqueles que sejam justos materialmente ("*sachgerecht*"), ou seja, aqueles que se orientam em máximas de justiça (BVerfGE 4, 7, 18; 4, 219, 244). Na prática, os respectivos parâmetros ou critérios de justiça devem ser apurados de forma específica em cada setor ou área do Direito. Trata-se de *critérios setoriais* de concretização da igualdade. Em paralelo, a *proibição de arbitrariedade* também fora formulada com a proibição de tratar desigualmente os iguais e igualmente os desiguais (BVerfGE 1, 14, 52; 4, 31, 42; 45, 376, 386). Na sequência da evolução jurisprudencial do conteúdo da igualdade, o Tribunal Constitucional alemão sustentou, para além da mera proibição de arbitrariedade, que o princípio da igualdade "é, portanto, violado, quando um grupo de destinatários da norma, na comparação com outros destinatários da norma, é tratado de forma diversa, apesar de não haver entre ambos os grupos quaisquer diferenças de tamanha relevância e tamanho peso, que pudessem justificar o tratamento desigual" (BVerfGE 55, 72, 88; 65, 377, 384). O exame da igualdade ou do tratamento desigual deve ser ainda mais rigoroso e cauteloso, quando o tratamento desigual surtir efeitos sobre liberdades asseguradas com status de direitos fundamentais (BVerfGE 60, 123, 134; 37, 342, 352ss.). A então denominada "nova fórmula" do exame da igualdade deveria passar por um exame de proporcionalidade entre o *tratamento desigual* e o *motivo que o justifica*: o motivo deve ser suficientemente adequado para poder justificar o tratamento desigual. No Brasil, o Min. Celso de Mello já advertiu que o princípio da igualdade possui a "precípua função de obstar discriminações e de extinguir privilégios, sob duplo aspecto: (a) o da igualdade na lei e (b) o da igualdade perante a lei" (MI 58, rel. p/ ac. Min. Celso de Mello, Pleno, j. 12.1990). A *igualdade na lei* é uma advertência direcionada ao legislador que, na formulação abstrata da lei, deve se abster de realizar discriminações sem os devidos fundamentos que as justifiquem suficientemente. A *igualdade perante a lei* é destinada a todos os aplicadores da norma legal já existente, os quais não poderão aplicá-la de forma seletiva ou discriminatória.

13.2. Critério de comparação. Finalidade buscada. Relação de coerência entre critério e finalidade. A igualdade, isoladamente considerada, é um valor e, manifestando essa natureza, é dotado de elevado grau de abstração, não estando apta a resolver problemas concretos. Mesmo sendo um dos valores supremos do Estado Democrático brasileiro, a igualdade pressupõe sempre uma relativização. Assim, ela pressupõe um exame, relativo à determinada realidade fática ou jurídica, que envolva dois ou mais sujeitos ou objetos. O estado de igualdade ou de desigualdade pressupõe um tratamento prévio, o qual se realiza através de uma comparação entre esses dois ou mais sujeitos ou objetos, a partir da eleição de um critério de comparação. Assim, na tributação da pessoa física pelo IR, é considerado o critério renda (ou faixa de renda) para determinar um tratamento igual ou desigual. Observe-se que, dentro de uma mesma realidade (auferir renda), poderá haver tanto o tratamento igualitário como o tratamento desigual: o primeiro refere-se a todos os cidadãos que auferirem a mesma renda ou estiverem dentro da mesma faixa de renda, os quais serão tributados de forma igual (mesma alíquota); o segundo refere-se a todos que auferirem mais renda ou acima da faixa de renda referenciada, os quais serão tributados de forma desigual (alíquotas maiores). Nesse exemplo, o critério *renda* é escolhido, porque é o que traduz o princípio da capacidade contributiva, princípio fundamental de toda a tributação, principalmente dos impostos. No entanto, sob a ótica pura da igualdade, o critério renda é escolhido como aquele que se relaciona de forma mais coerente com a finalidade buscada: cobrar os impostos com base na capacidade contributiva do cidadão. Em outras palavras, o critério renda é adequado à realização da finalidade constitucional de cobrar os impostos com base na capacidade contributiva do cidadão. Sob o viés negativo, o critério jamais poderá ser contraditório com a finalidade buscada (leia-se, incoerente), sob pena da discriminação provocada ser arbitrária (*Willkürverbot*). A finalidade buscada deve estar prevista na CF ou ser decorrente das suas normas.

13.3. Critérios legítimos e ilegítimos. Para que o tratamento diferenciado esteja adequadamente justificado e, portanto, seja proporcional, ele deve pressupor a utilização de um critério legítimo. A legitimidade do critério depende (i) da sua previsão constitucional expressa ou (ii) da sua adequação e coerência relativa à realização da finalidade buscada. No primeiro caso, a CF pode prever tanto qual será o critério a ser utilizado para determinado tratamento diferenciado (previsão positiva) como também qual critério não poderá ser utilizado para determinado tratamento diferenciado. No caso dos impostos, a CF prevê expressamente a capacidade contributiva como o critério de sua graduação e cobrança (art. 145, § 1º). Já na delimitação da *igualdade tributária* (art. 150, II), a CF dispõe que é proibido fazer distinção em razão de ocupação profissional ou função exercida pelos contribuintes (previsão negativa). Ou seja, o critério *profissão ou atividade* não poderá ser utilizado para impor tratamento tributário diferenciado entre os contribuintes. No segundo caso, quando o critério não possui previsão expressa na CF, ele estará dentro da discricionariedade do legislador, mas deverá ser sempre adequado e coerente à realização da finalidade constitucional buscada. O grau de exigência de adequação e coerência será proporcional ao grau de importância da finalidade constitucional buscada. Nos exemplos arrolados, a *capacidade contributiva* é um *critério legítimo* para a graduação e cobrança dos impostos, e a *profissão ou atividade* é um *critério ilegítimo* para fins de tratamento tributário diferenciado entre contribuintes que se encontrem em situação equivalente.

13.3.1. Capacidade contributiva. Conforme exposto anteriormente e nos comentários ao art. 145, § 1º, a capacidade contributiva é o critério legítimo para a graduação e cobrança dos impostos e, nessa condição, apto a justificar suficientemente, de forma adequada e coerente, o tratamento tributário diferenciado entre os contribuintes. No caso do IR, por exemplo, a renda (ou as faixas de renda) é o elemento indicativo da capacidade contributiva, com base na qual o legislador tributário está devidamente autorizado pela CF a graduar um tratamento tributário diferenciado. Nesse caso, a renda será o indicador objetivo para fins de realização da justiça tributária, tanto no plano horizontal (mesma faixa de renda, mesma tributação) como no plano vertical (maior faixa de renda, maior tributação).

13.3.2. Fomento às microempresas e empresas de pequeno porte. A CF prevê expressamente que a lei complementar definirá tratamento diferenciado e favorecido para as ME e para as EPP (art. 146, III, "d"). É a própria CF que já está estabelecendo previamente que haverá uma discriminação entre as ME/EPP e as demais empresas (de médio e de grande porte), de modo que as ME e as EPP recebam um tratamento não só diferenciado, como também favorecido. Os benefícios tributários concedidos a elas não poderão ser extensíveis às empresas de médio e grande porte, ao menos não sob o argumento da igualdade. Trata-se do fomento às ME e EPP, como uma preocupação extrafiscal do Constituinte Derivado. O *porte da empresa* é o critério legítimo para o tratamento diferenciado e é apreendido das próprias expressões "micro" e "pequeno porte". Como a CF não previu a forma de definição objetiva para o porte da empresa, se com base na receita bruta anual ou com base em outro critério, cabe à lei complementar realizar essa tarefa, com base no próprio comando constitucional do art. 146, III, "d". No entanto, nesse caso, como esse tratamento tributário diferenciado implicará a regulação dos impostos para essas empresas, o art. 146, III, "d", deve ser lido aplicado de forma sistemática com o art. 145, § 1º, de modo que a graduação dos impostos envolvidos atenda ao princípio da capacidade contributiva, inclusive com relação aos demais tributos envolvidos, sempre que possível. Assim, o legislador, ao estabelecer na LC 123, de 14.12.2006, a *receita bruta anual* como o elemento referencial para o critério constitucional do porte da empresa, atendeu ao princípio da capacidade contributiva, igualmente aplicável às pessoas jurídicas. O tratamento diferenciado e favorecido previsto para as ME e EPP também contempla a simplificação das suas obrigações tributárias acessórias, como uma forma de desonerá-las significativamente tanto dos custos internos de *compliance* fiscal como dos próprios custos com a contabilidade.

13.3.3. Desenvolvimento regional. O desenvolvimento regional é uma finalidade constitucional expressa. A CF prevê constituir um dos objetivos fundamentais da República Federativa do Brasil não só o desenvolvimento nacional (art. 3º, II) como também a redução das desigualdades sociais e regionais (art. 3º, III). No Sistema Tributário Nacional, o Constituinte admitiu expressamente a possibilidade de concessão de incentivos fiscais destinados a promover o equilíbrio do desenvolvimento socioeconômico entre as diferentes regiões do País (art. 151, I). Assim, o critério "índice de desenvolvimento regional" ou outro análogo a ele é um critério legítimo para o tratamento tributário diferenciado entre as diferentes regiões do País, inclusive mediante a concessão de incentivos fiscais (ver ainda, adiante, os comentários ao art. 151, I).

13.3.4. Estímulo ao cooperativismo. Estimular o cooperativismo e outras formas de associativismo é um dos objetivos constitucionais direcionados ao legislador (art. 174, § 2º). No Sistema Tributário Nacional, o legislador complementar possui competência para estabelecer um adequado tratamento tributário ao ato cooperativo praticado pelas sociedades cooperativas (art. 146, III, "c"). É mais uma razão extrafiscal que justifica o tratamento tributário desigual com relação aos demais tipos societários (ver anteriormente os comentários ao art. 146, III, "c").

13.3.5. Função social da propriedade. O Direito Constitucional brasileiro protege a propriedade, mas não como um valor absoluto. O cumprimento da função social da propriedade é condição para a perfectibilização da garantia fundamental da proteção à propriedade (art. 5º, XXIII). A função social da propriedade é ao mesmo tempo (i) condição à garantia da proteção à propriedade (art. 5º, XXIII) e (ii) princípio da ordem econômica (art. 170, III), fazendo-se presente, portanto, tanto no catálogo de direitos e garantias fundamentais como na ordem econômica da Constituição. Ressalte-se que, uma vez alçada ao patamar de princípio da ordem econômica, ela incorpora um dos ideais a serem buscados dentro do objetivo maior de assegurar a todos existência digna, conforme os ditames da justiça social (art. 170). A função social da propriedade também integra a política de desenvolvimento urbano, preocupada com o ordenamento do desenvolvimento das funções sociais da cidade (art. 182), justificando inclusive a imposição do IPTU progressivo no tempo para o proprietário do solo urbano não edificado, subutilizado ou não utilizado, como forma de o estimular a promover seu adequado aproveitamento (art. 182, § 4º, II). Portanto, a subutilização ou não utilização do solo urbano pode justificar tratamento tributário diferenciado, nesse caso, até mesmo com o agravamento da imposição tributária. A delimitação dos conceitos de "subutilização" ou "não utilização" do solo urbano e dos respectivos critérios para o tratamento tributário correspondente é de competência do Poder Público municipal, mediante lei específica para área incluída no plano diretor, nos termos da lei federal (art. 182, § 4º).

13.3.6. Absorção de mão de obra acima de quarenta anos. O STF já chancelou a utilização do critério *idade* para justificar o tratamento tributário diferenciado, em ocasião na qual o Estado de São Paulo havia concedido incentivo fiscal no âmbito do IPVA para empresas que contratassem empregados com mais de quarenta anos. A Corte Suprema entendeu, na época, que a preocupação extrafiscal envolvida era legítima, não havendo violação ao princípio da igualdade (ADI 1.276/SP, rel. Min. Ellen Gracie, Pleno, j. 08.2002).

13.3.7. Ramo de atividade econômica. A CF delineou a igualdade tributária sob a forma (i) de vedação à instituição de tratamento desigual entre contribuintes que se encontrem em situação equivalente e (ii) de proibição de discriminação em razão de ocupação profissional ou função exercida pelos contribuintes. Conforme referido anteriormente, o *critério profissão ou atividade econômica* não é um critério legítimo para fins de tratamento tributário diferenciado, não podendo, portanto, amparar desigualdades tributárias. No entanto, no âmbito específico da Seguridade Social, o Constituinte derivado estabeleceu a possibilidade de as contribuições sociais previstas no inc. I do art. 195 terem alíquotas ou bases de cálculo diferenciadas, em razão da *atividade econômica*, da *utilização intensiva de mão de obra*, do *porte da empresa* ou da *condição estrutural do mercado de trabalho* (EC 47/05). O Constituinte derivado inaugurou uma exceção à regra geral proibitiva de discriminação em razão da profissão ou atividade econômica, mas especificamente para as contribuições sociais previstas no inc. I do art. 195. Portanto, eventual discriminação em razão do *critério profissão* ou *atividade econômica* que não seja relativa a essas contribuições sociais será inconstitucional, por violação ao princípio da igualdade tributária. A EC 103/19 trouxe nova redação ao § 9º do art. 195, prevendo que "as contribuições sociais previstas no inciso I do caput deste artigo poderão ter alíquotas diferenciadas em razão da atividade econômica, da utilização intensiva de mão de obra, do porte da empresa ou da condição estrutural do mercado de trabalho, sendo também autorizada a adoção de bases de cálculo diferenciadas apenas no caso das alíneas "b" e "c" do inciso I do caput". Os critérios foram mantidos: (i) atividade econômica; (ii) utilização intensiva de mão de obra; (iii) porte da empresa; (iv) condição estrutural do mercado de trabalho. Paradigmático é o julgamento da exclusão dos profissionais liberais do SIMPLES, previsto na época na Lei 9.317/96. O STF entendeu, por maioria, que a lei tributária pode discriminar, por motivo extrafiscal, com base nos ramos de atividade econômica, desde que a diferenciação seja razoável. Vencidos os Min. Carlos Velloso, Sepúlveda Pertence e Marco Aurélio, que entenderam ser a norma atacada inconstitucional, por trazer discriminação em virtude da ocupação profissional, violando o princípio da igualdade (ADI 1.643/DF, rel. Min. Maurício Corrêa, Pleno, j. 05.12.2002, Informativo STF 293, de 12.2002).

13.3.8. Finalidade ambiental. Reflorestamento. A proteção ambiental é uma razão extrafiscal suficiente e adequada para justificar eventual tratamento tributário discriminatório. A elevada tributação da gasolina, por exemplo, que atinge mais de 50% do preço de venda final ao consumidor, é justificada, em parte, pela preocupação da proteção ambiental. De outro lado, o caráter extrafiscal presente visa a incentivar os condutores de veículos automotores a optarem pela utilização do transporte público de passageiros ou até mesmo pela utilização de bicicletas ou veículos elétricos, como os atuais patinetes. No âmbito florestal, a 1ª Turma do STF já decidiu que não há ofensa à isonomia na concessão de incentivo fiscal, sob a forma de redução do tributo, às indústrias que comprovarem a realização de reflorestamento proporcional ao seu consumo de carvão vegetal (RE 239.397/MG, rel. Min. Ilmar Galvão, j. 21.03.2000).

13.4. Benefícios fiscais. Extensão. Controle judicial. A concessão de benefícios ou incentivos fiscais pressupõe uma atuação discricionária do legislador. No entanto, conforme visto anteriormente, a discricionariedade do legislador está vinculada (i) às finalidades e aos objetivos constitucionais e (ii) aos critérios positivos e negativos previstos no texto constitucional. Se o legislador atuou com observância a essas finalidades (i) e a esses critérios previstos para o tratamento diferenciado (ii), então sua atuação é, em princípio, legítima. O controle judicial, em um primeiro momento, está jungido à verificação da correspondência entre a finalidade (i) e o critério (ii) eleitos pelo legislador e a finalidade e o critério previstos na CF. Em um segundo momento, o controle judicial deverá aferir, se o universo de contribuintes incluídos na norma como beneficiários ou excluídos na norma como desonerados está adequadamente delimitado em relação à finalidade constitucional buscado e ao critério eleito para a distinção. Assim, por exemplo, fazendo uma crítica à decisão do STF que legitimou a exclusão dos profissionais liberais do SIMPLES (ADI 1.643/DF, rel. Min. Maurício Corrêa, Pleno, j. 05.12.2002, Informativo STF 293, de 12.2002), não se pode aceitar a concessão dos benefícios tributários previstos na Lei do SIMPLES apenas às empresas comerciais, deixando de fora as sociedades profissionais, quando a própria CF proíbe a utilização do critério da profissão ou atividade econômica para discriminar tributariamente contribuintes que se encontrem em situação equivalente, por exemplo, de igual receita bruta anual. Por outro lado, valendo-se do mesmo caso, não poderá a Corte Suprema conceder os benefícios da tributação favorecida às ME e às EPP às empresas de médio e grande porte, com receita bruta anual superior aos referenciais previstos na lei, sob pena de estar atuando como legislador positivo, concedendo os benefícios para quem o legislador não escolheu conceder. A jurisprudência do STF é pacífica no sentido da *impossibilidade* de o Poder Judiciário (i) equiparar ou suprimir alíquotas diferenciadas entre contribuintes ou (ii) conceder benefício fiscal sem amparo legal ou (iii) simplesmente estender o benefício a contribuintes não abrangidos pela escolha legislativa (ARE 916.560 AgR-AgR, rel. Min. Edson Fachin, 1ª Turma, j. 09.2016; RE 949.278 AgR, rel. Min. Edson Fachin, 1ª Turma, j. 08.2016; RE 475.954, rel. Min. Dias Toffoli, 1ª Turma,

j. 06.2013; RE 449.233 AgR, rel. Min. Ricardo Lewandowski, 1ª Turma, j. 02.2011). Há decisão que defende as isenções fiscais, por exemplo, como decorrência da política fiscal e econômica, sendo ato discricionário, que escapa do controle do Poder Judiciário, envolvendo juízo de conveniência e oportunidade do Poder Executivo (AI 151.855 AgR, rel. Min. Paulo Brossard, 2ª Turma, j. 24.05.1994).

13.5. Diferenciações. Regime tributário. A Corte Suprema tem chancelado a legitimidade de tratamento diferenciado entre os contribuintes em razão do regime tributário ou da forma de apuração dos resultados. O STF decidiu que não é possível ao Poder Judiciário estender o calendário de recolhimento do imposto estabelecido para as pessoas jurídicas submetidas ao cálculo por estimativa às demais (apuração semestral por estimativa), sob pena de invadir competência reservada ao Poder Legislativo. Não observou ofensa ao princípio da isonomia (RE 231.924, rel. Min. Ricardo Lewandowski, Pleno, j. 04.2011). Quanto à possibilidade de créditos de PIS/COFINS-Importação apenas para empresas do regime não cumulativo, decidiu o STF que não implica ofensa à isonomia. A sujeição ao regime do lucro presumido e ao regime cumulativo, por outro lado, é opcional, não se vislumbrando violação ao art. 150, II, CF (RE 559.937, rel. p/ o acórdão Min. Dias Toffoli, Pleno, j. 03.2013). Há de fato diferenças entre os regimes de lucro real e de lucro presumido, mas essas diferenças não ofendem a igualdade ou a capacidade contributiva (RE 570.122, rel. p/ o ac. Min. Edson Fachin, Pleno, j. 24.05.2017).

13.6. Diferenciação. ISS. Sociedades profissionais. Questão controversa é a tributação beneficiada pelo ISS concedida às sociedades profissionais ou de profissão regulamentada. O DL 406, de 31.12.1968, dispõe que a base de cálculo do ISS é o preço do serviço (art. 9º), mas que, quando se tratar de prestação de serviços sob a forma de trabalho pessoal do próprio contribuinte, o ISS será calculado e cobrado por meio de alíquotas fixas ou variáveis (§ 1º), afastando-se a incidência sobre a receita bruta dos serviços prestados. Quando os serviços de profissão regulamentada forem prestados por sociedades, elas recolhem o imposto na forma do § 1º (valor fixo, mensal ou anual), "calculado em relação a cada profissional habilitado, sócio, empregado ou não, que preste serviços em nome da sociedade, embora assumindo responsabilidade pessoal" (§ 3º). O efeito prático reside na possibilidade de as sociedades profissionais pagarem um valor fixo, mensal ou anual, a título de ISS, com base no número de profissionais habilitados que prestam serviços em nome da sociedade, sócio ou não, independentemente do faturamento. Na maioria dos casos, o valor pago de forma fixa é muito menor do que o valor que seria pago caso a tributação incidisse de forma proporcional, mediante alíquota fixa (5%, por exemplo) sobre o valor dos honorários lançados na nota fiscal de serviços. A jurisprudência do STF é firme no sentido da recepção do DL 406, de 31.12.1968, com status de lei complementar nacional, pela CF e pela legitimidade da cobrança do ISS de forma fixa, com base na natureza do serviço, não compreendendo a importância paga a título de remuneração do trabalho. A regulação das normas gerais do ISS deve ocorrer pela via da lei complementar de índole nacional. Em 2019, a seccional do Rio Grande do Sul da OAB-RS ajuizou mandado de segurança coletivo contra o Fisco de Porto Alegre (RS), objetivando a manutenção das sociedades de advogados inscritas no município no recolhimento do ISS sob o regime de tributação fixa anual, estabelecido pelo DL 406, de 31.12.1968. O relator do recurso no STF, Min. Edson Fachin, determinou que a administração tributária de Porto Alegre se abstivesse de exigir o ISS de sociedades profissionais de advogados que atuem no município fora das hipóteses do artigo 9º, §§ 1º e 3º, do DL 406, de 31.12.1968 (RE 940.769/RS, rel. Min. Edson Fachin, Pleno, j. 24.04.2019). Na sua visão, a lei municipal que institui o ISS não pode dispor de modo divergente da lei complementar nacional, sob pena de ofender a norma contida no art. 146, III, "a", da CF. O Tribunal, por maioria, decidindo o tema 918 da repercussão geral, proveu o recurso extraordinário, com a declaração incidental de inconstitucionalidade dos arts. 20, § 4º, II, da LC 7/73, e 49, IV, §§ 3º e 4º, do Dec. 15.416/2006, ambos editados pelo Município de Porto Alegre, nos termos do voto do relator, vencido o Ministro Marco Aurélio, fixando a seguinte tese: "É inconstitucional lei municipal que estabelece impeditivos à submissão de sociedades profissionais de advogados ao regime de tributação fixa em bases anuais na forma estabelecida por lei nacional", vencido o Ministro Marco Aurélio. O DL 406, de 31.12.1968, foi efetivamente recepcionado pela ordem constitucional vigente com *status* de lei complementar nacional, vinculando todos os Municípios às suas normas. Posteriormente, foi editada a LC 116, de 31.07.2003, estabelecendo as novas regras para o ISS e revogando a maioria dos dispositivos do DL 406, de 31.12.1968, com exceção de alguns dispositivos, entre eles o art. 9º, §§ 1º e 3º, os quais regulam a tributação das sociedades profissionais. Ocorre que esse formato de tributação, nitidamente reduzida, traduz vantagem tributária que não se justifica mais à luz dos princípios tributários ancorados na CF. Primeiro, porque as regras dessa tributação beneficiada (i) violam o princípio da capacidade contributiva (art. 145, § 1º, CF) e, segundo, porque (ii) traduzem tratamento tributário diferenciado para contribuintes que se encontram em situação equivalente, sendo vedada a discriminação em razão de profissão ou atividade econômica exercida (art. 150, II, CF). Em outras palavras, uma sociedade de advocacia deveria pagar o ISS conforme a sua capacidade contributiva, manifestada através do faturamento dos serviços prestados e lançados na correspondente nota fiscal. Além disso, se essa sociedade apresenta o mesmo faturamento apresentado por uma sociedade comercial, por exemplo, ambas se encontram em situação de equivalente faturamento, devendo, portanto, receber igual tratamento tributário, sendo ainda vedada qualquer tentativa de discriminação em razão da atividade desenvolvida. Por fim, não há qualquer razão substancial ou de peso, ligada à atividade desenvolvida, que justifique nesse caso um tratamento tributário diferenciado, muito menos alguma finalidade constitucional expressa de fomento ou tratamento tributário favorecido às sociedades profissionais. O que há, conforme exposto anteriormente, é a previsão constitucional para o tratamento tributário diferenciado e favorecido para as ME e EPP, em razão, portanto, do porte da empresa, mas não em razão da atividade. Reitere-se que o critério constitucionalmente legítimo é o porte da empresa, não a profissão ou atividade desenvolvida.

13.7. Parcelamento tributário. Vedação de ingresso. Depósito judicial. Questão controvertida é a relativa à vedação de ingresso em programa de parcelamento de débitos relativos à COFINS aos contribuintes que ingressaram em juízo e realizaram o depósito judicial do montante discutido, com base na Portaria MF 655, de 09.12.1993. Esta previa a concessão de parcelamento apenas aos contribuintes que não ingressaram em juízo ou aos que ajuizaram ações, mas não implementaram o depósito do crédito tributário. O STF entendeu que não se revela discriminação inconstitucional, pois a norma passa no exame da isonomia, utilizando-se de um adequado critério de desigualação. O critério estaria conforme os interesses protegidos pela CF, mormente por prestigiar a racionalização na cobrança do crédito público. Restou firmada a tese na Repercussão Geral: "Não viola o princípio da isonomia e o livre acesso à jurisdição a restrição de ingresso no parcelamento de dívida relativa à Contribuição para Financiamento da Seguridade Social – Cofins, instituída pela Portaria 655/93, dos contribuintes que questionaram o tributo em juízo com depósito judicial dos débitos tributários" (RE 640.905, rel. Min. Luiz Fux, Pleno, j. 15.12.2016, Tema 573). O parcelamento tributário é uma espécie de benefício tributário (*lato sensu*), cuja concessão depende de lei específica do ente público concedente (art. 155-A, CTN). Está no âmbito da discricionariedade do ente público concedente o estabelecimento das condições de adesão e gozo dos benefícios oferecidos no programa de parcelamento, não podendo o Poder Judiciário instituir condições mais benéficas não previstas ou estender o benefício para aqueles contribuintes ou para aquelas situações não contempladas pelo legislador, sob pena de invasão na sua esfera de competência. No entanto, é tarefa do Poder Judiciário exercer o controle sobre as situações de desigualdade, afastando aquelas que não passam pelo exame de proporcionalidade da igualdade. O critério eleito para a discriminação (presença de depósito judicial) não guarda uma relação *adequada* ou *proporcional* com a finalidade constitucional a ser alcançada, revelando-se arbitrário. Nesse caso, deve-se considerar como finalidade constitucional buscada não apenas a racionalização da efetiva cobrança do crédito público (i), mas também o princípio da preservação da empresa e o princípio da função social da empresa (ii). Os programas de parcelamento, especialmente os extraordinários, geralmente conseguem harmonizar a realização simultânea desses princípios, conciliando os interesses do Erário e dos contribuintes: viabilizam o recebimento da maior parte do crédito tributário por parte do Estado (i) e cooperam diretamente com a sobrevivência das empresas em dificuldades financeiras e indiretamente com a manutenção dos empregos por ela gerados e da própria arrecadação tributária oriunda da sua atividade (ii). Dentro desse escopo maior, conciliador de interesses recíprocos na relação Fisco-contribuinte, não nos parece adequado ou proporcional excluir os contribuintes que optaram por realizar o depósito judicial nas ações em que discutem a exigibilidade do crédito tributário. O contribuinte que realiza o depósito judicial, integral e em dinheiro oferece ao Fisco a melhor garantia que ele poderia receber, de modo que, sob essa perspectiva, o contribuinte depositante deveria ser muito antes premiado pela sua iniciativa e não punido com a vedação de ingresso no parcelamento.

13.8. Reclamatória trabalhista. Recebimento de parcela única. Incidência da alíquota maior do IR. Como regra, as condenações a pagamento de quantia certa, na Justiça do Trabalho, dos valores não recebidos pelo trabalhador durante o contrato de trabalho, sofriam a incidência do IR sobre o montante total apurado na liquidação da sentença trabalhista. Ocorre que, na maioria dos casos, o valor final apurado adentrava na maior faixa de renda do IRPF, sujeitando o trabalhador à incidência da alíquota mais elevada. No entanto, em muitos dos casos, essa tributação não refletia a realidade, visto que, se o trabalhador tivesse recebido os valores devidos na época certa, mês a mês, a alíquota de incidência possivelmente seria menor ou até mesmo o valor estaria dentro da faixa de isenção, não havendo imposto a pagar. A exigência do IRPF pelo regime de caixa (quando do recebimento do valor) viola o princípio da capacidade contributiva e pune o trabalhador duplamente: primeiro, porque o obriga a ingressar com a reclamatória trabalhista; segundo, porque o priva de parte do seu direito creditório em desconformidade com a sua capacidade contributiva, gerando, nesse caso, uma tributação desproporcional, com efeito confiscatório. Na prática, para que a tributação ocorra nesse caso com observância da real capacidade contributiva subjetiva, ela deve incidir sob o regime de competência, considerando, para o período pleiteado, as remunerações devidas mês a mês, refletindo sobre elas a correspondente alíquota com base na tabela do IRPF. A Corte Suprema reconheceu a violação à capacidade contributiva e à isonomia, alertando ainda que "o desprezo a esses dois princípios conduziria a verdadeiro confisco e, diria, à majoração da alíquota do imposto de renda" (RE 614.406, voto do rel. p/ o ac. Min. Marco Aurélio, Pleno, j. 25.05.2011, Tema 368).

III – cobrar tributos:

a) em relação a fatos geradores ocorridos antes do início da vigência da lei que os houver instituído ou aumentado;

14. Irretroatividade. A proibição de normas que possam surtir efeitos sobre situações já consolidadas no passado é uma preocupação legítima nos Países que pretendem ser autênticos Estados de Direito. Eventual retroação dos efeitos de uma norma jurídica pode vir a ferir o *direito adquirido*, o *ato jurídico perfeito* ou a *coisa julgada*, momento em que o Judiciário deverá declarar sua inconstitucionalidade. Fundamento jurídico maior é a violação à *proteção à confiança*, como um dos desdobramentos do *princípio da segurança jurídica*. A eficácia jurídica da proibição de retroatividade pode ser constatada inclusive em sistemas jurídicos, nos quais a Constituição Federal não contém expressamente uma tal proibição para leis tributárias, como é o caso do Direito alemão, cuja Constituição prevê a proibição apenas para o Direito Penal (art. 103, II, GG). O BVerfG deriva do princípio da segurança jurídica, conexo ao princípio do Estado de Direito e aos direitos fundamentais atingidos, uma proibição geral de leis com eficácia retroativa (BVerfGE 97, 67, 78). Essa proibição atua sobre a retroação de leis que imponham ônus diversos, inclusive aquelas que retroativamente limitem ou eliminem benefícios fiscais (BVerfGE 30, 367, 386; 105, 17, 37). O BVerfG diferencia entre a *retroatividade legítima* (inadmissível) e a *retroatividade ilegítima* (admissível) (BVerfGE 11, 139, 145s; 127, 1, 18s). A *retroatividade legítima* ocorre quando a lei intervém em *situações já consolidadas* no passado e modifica posteriormente suas consequências jurídicas já implementadas. Já a *retroatividade ilegítima* ocorre quando a alteração legislativa atua para o futuro, mas sobre situações presentes, *ainda não consolidadas*, sobre relações jurídicas que se iniciaram no passado, e com isso modifica posteriormente a relação jurídica como um todo (BVerGE 11, 139, 146; 30, 392, 404). No Direito Tributário alemão, essas modalidades de retroatividade podem ser vislumbradas no caso dos impostos periódicos, por exemplo, no IR: há retroatividade ilegítima, quando a lei ainda antes do fim do ano é publicada com efeito sobre o início do ano, ao argumento de que a pretensão ao imposto surge apenas com o término do ano calendário. A retroatividade legítima ocorre, por outro lado, quando a lei é publicada no ano seguinte, mas com efeito sobre o ano anterior. Assim, o BVerfG admite uma proibição geral de retroatividade apenas para a retroatividade legítima. A ilegítima é, em princípio, admissível. Na prática jurisdicional, a ponderação levada a efeito entre a violação à confiança e a pretensão legislativa em prol do bem comum, no Direito Tributário, sempre foi a favor do legislador. Apenas em 2010 que o BVerfG declarou a inconstitucionalidade de leis tributárias retroativas ilegítimas (BVerfGE 127, 1; 127, 31; 127, 61). Em decisão prolatada em 2013, o BVerfG definiu com maior precisão os contornos da sua jurisprudência sobre a retroatividade legítima (1 BvL 5/08, publicada em fevereiro de 2014). Entendeu que o conteúdo válido do Direito pode ser definido ou esclarecido pelo legislador com efeitos para o passado somente dentro dos limites constitucionais. Uma lei que pretenda esclarecer uma questão ainda em aberto de interpretação para o passado deve ser vista como uma regra constitutiva. No caso concreto, uma lei de dezembro de 2003 inseriu determinado dispositivo em outra lei já existente. Conforme a exposição de motivos do projeto da lei, tratava-se apenas de um "esclarecimento redacional". No entanto, a alteração provocou uma efetiva aplicação retroativa sobre os anos de 2001 e 2002, surtindo seus efeitos sobre situações já consolidadas e modificando os débitos tributários já constituídos, violando a segurança jurídica e a proteção à confiança.

14.1. Ancoramento constitucional. A irretroatividade geral da lei é incorporada no texto constitucional como uma garantia fundamental do indivíduo, segundo a qual "a lei não prejudicará o direito adquirido, o ato jurídico perfeito e a coisa julgada" (art. 5º, XXXVI). O sentido da norma informa que o legislador não poderá alterar realidades já consolidadas no tempo, seja quando determinado direito já fora incorporado na plenitude na esfera pessoal ou patrimonial de alguém, seja quanto a atos ou negócios jurídicos perfeitamente acabados à luz do Direito vigente à época da sua ocorrência ou celebração, seja com relação a direitos reconhecidos ou constituídos judicialmente, cuja decisão já transitara em julgado. Eventual caminho inverso, que seria da retroatividade da lei como regra geral, fragilizaria um dos principais pilares de sustentação do Estado de Direito que é a *segurança jurídica*, manifestada pela *certeza do Direito* e pela *proteção à confiança*. Na seara tributária, consta como uma das limitações ao poder de tributar a vedação à cobrança de tributos "em relação a fatos geradores ocorridos antes do início da vigência da lei que os houver instituído ou aumentado" (art. 150, III, "a"). É comum referir-se à retroatividade como "princípio da irretroatividade", o que na verdade não é o mais correto. Trata-se da *regra da irretroatividade*, pois o dispositivo constitucional é claro no seu comando: é vedado aos entes da Federação "cobrar tributos em relação a fatos geradores ocorridos antes do início da lei que os houver instituído ou aumentado". Em outras palavras, é proibido aos entes da Federação tributar fatos geradores anteriores à lei instituidora ou majorante do tributo. A regra da proibição de retroatividade contribui para a realização do princípio da segurança jurídica, especialmente quando fortalece seus subprincípios da certeza do Direito e da proteção à confiança.

14.2. Proteção para o destinatário da lei. O legislador e a administração pública não estão protegidos pela garantia geral da irretroatividade, quando forem o próprio órgão estatal que tenha editado a lei ou o ato infralegal retroativo. Esse entendimento está consolidado na Súmula 654 do STF ("A garantia da irretroatividade da lei, prevista no art. 5º, XXXVI, da Constituição da República, não é invocável pela entidade estatal que a tenha editado").

14.3. Aplicação retroativa da substituição tributária. Inconstitucionalidade. O regime de substituição tributária, quando instituído, não representou a criação de um tributo novo, mas sim a instituição de uma forma de responsabilidade tributária pelo mecanismo da substituição tributária, visando a tornar o processo de arrecadação mais praticável e mais eficiente, inclusive quanto ao universo de sujeitos passivos a serem fiscalizados. No entanto, na prática, houve substancial alteração no sujeito passivo da obrigação tributária, concentrando a responsabilidade pelo recolhimento do tributo no início da cadeia de circulação da mercadoria, notadamente naqueles segmentos econômicos de maior volume e relevância na economia nacional (veículos, bebidas, medicamentos, combustíveis etc.). Tendo em vista essa alteração substancial, o STF declarou a inconstitucionalidade do

Convênio ICMS 10/89, publicado no dia 30 de março, por pretender exigir o recolhimento por substituição tributária desde o início do referido mês (RE 266.602, rel. Min. Ellen Gracie, Pleno, 09.2006).

14.4. Retroatividade da lei instrumental. Polêmica a suposta possibilidade de retroatividade da lei "meramente" instrumental, especialmente quando sua aplicação retroativa resulta na efetiva intervenção na esfera pessoal dos dados bancários do contribuinte, protegidos por sigilo, e em crédito tributário constituído a partir da aplicação retroativa do poder fiscalizatório. Na decisão acerca da possibilidade de quebra do sigilo bancário para fins fiscais, o STF decidiu que era legítima a requisição de informações bancárias do contribuinte pela Administração Tributária, pois haveria um translado do dever de sigilo da esfera bancária para a esfera fiscal (RE 601.314/SP, rel. Min. Edson Fachin, Pleno, j. 24.02.2016). Conforme expusemos nos itens 15 e 16, referentes ao § 1º do art. 145, em que pese a decisão do STF possa estar alinhada com os compromissos internacionais assumidos pelo Brasil e com o nobre objetivo fundamental da construção de uma sociedade livre, justa e solidária, mediante o efetivo combate à sonegação fiscal, entendemos que a LC 105/2001 viola a garantia constitucional da inviolabilidade do sigilo das comunicações e dos dados do cidadão, quando prevê situação excepcional de flexibilização do sigilo bancário que não foi autorizada pela CF. Nessa mesma decisão, a Corte Suprema fixou a tese em relação ao item "b" do Tema 225 da sistemática da repercussão geral: "A Lei 10.174/01 não atrai a aplicação do princípio da irretroatividade das leis tributárias, tendo em vista o caráter instrumental da norma, nos termos do artigo 144, § 1º, do CTN". A Lei 10.174, de 9 de janeiro de 2001, alterou o art. 11 da Lei 9.311, de 24 de outubro de 1996, que instituiu a CPMF, dispondo que "a Secretaria da Receita Federal resguardará, na forma da legislação aplicável à matéria, o sigilo das informações prestadas, facultada sua utilização para instaurar procedimento administrativo tendente a verificar a existência de crédito tributário relativo a impostos e contribuições e para lançamento, no âmbito do procedimento fiscal, do crédito tributário porventura existente, observado o disposto no art. 42 da Lei nº 9.430, de 27 de dezembro de 1996, e alterações posteriores". Na visão do STF, a Lei 10.174, de 9 de janeiro de 2001, é meramente instrumental, nos termos do art. 144, § 1º, do CTN. O art. 144 do CTN traz como regra geral a aplicação da lei vigente à data da ocorrência do fato gerador da obrigação tributária, quando do lançamento, mas ressalva, no § 1º, a aplicação ao lançamento da legislação posterior ao fato gerador que tenha instituído "novos critérios de apuração ou processos de fiscalização, ampliado os poderes de investigação das autoridades administrativas, ou outorgado ao crédito maiores garantias ou privilégios, exceto, neste último caso, para o efeito de atribuir responsabilidade tributária a terceiros". A Corte Suprema negligencia a produção de efeitos patrimoniais concretos com a aplicação retroativa da lei em questão, sobre situações já consolidadas no passado. Se uma lei é instrumental, então ela serve de instrumento à realização de algum fim. No caso concreto, ela é instrumento de realização do fim da arrecadação tributária – mediante a suposta pretensão de combate à sonegação fiscal –, gerando, como resultado concreto da sua aplicação, a constituição de créditos tributários sobre situações consolidadas no passado, em época na qual não havia ainda a (nova) regra instrumental. Em outras palavras, ao tempo da ocorrência dos fatos geradores das obrigações tributárias, não era possível a quebra do sigilo bancário, mediante o intercâmbio de informações entre a esfera bancária e a esfera fiscal, muito menos com a possibilidade de constituição de crédito tributário decorrente desse suposto efeito "meramente instrumental". O STF, ao desprezar nitidamente os efeitos patrimoniais da aplicação da lei meramente instrumental, terminou por violar não só a garantia do sigilo de dados pessoais do contribuinte como também a segurança jurídica, no seu viés específico da proteção à confiança.

14.5. Possibilidade de alteração do prazo de pagamento do tributo após o fato gerador. Eventual alteração na data-limite para o recolhimento do tributo, após a ocorrência do fato gerador da obrigação tributária, não atrai a aplicação da regra da irretroatividade. Basta, nesse caso, que o prazo de pagamento seja fixado em data posterior à edição da lei. Nesse sentido, decidiu o STF, ressaltando sua jurisprudência, que não reconhece direito adquirido a prazo de recolhimento anteriormente previsto, não havendo direito adquirido a regime jurídico (RE 219.878, rel. Min. Sepúlveda Pertence, 1ª Turma, j. 06.2000).

14.6. IR. Súmula 584 STF. Conforme exposto anteriormente acerca da proibição geral de retroatividade no Direito alemão, há tributos de período, cujo fato gerador é considerado apenas ao término de determinado período, como é o caso do IR de apuração anual. Como regra, a norma tributária incide no dia 31 de dezembro do ano-calendário do recebimento da renda, mesmo que tenha havido antecipações mensais do imposto. O STF consolidou seu entendimento, no sentido de que "ao imposto de renda calculado sobre os rendimentos do ano-base, aplica-se a lei vigente no exercício financeiro em que deve ser apresentada a declaração" (Súmula 584). Nessa linha, ao IR calculado sobre os rendimentos de 2018 aplica-se a lei vigente em 2019. Ou seja, a lei posterior (2019) aplica-se a situações já consolidadas no passado (2018). A legislação do IR prevê a incidência da norma tributária no final do chamado ciclo de formação do fato gerador, mas considera todos os fatos que o integram. Assim, por exemplo, no IRPF, a fonte pagadora é obrigada a fazer a antecipação mensal do imposto, por ocasião das retenções mensais sobre os salários dos empregados. Nesse caso, a União recebe o imposto, ao argumento de que houve fato gerador pela aquisição da disponibilidade jurídica da renda, por ocasião do pagamento do salário ao empregado. Na lei, o fato gerador do IRPF ocorre em virtude da aquisição da disponibilidade jurídica da renda, anterior à própria aquisição da disponibilidade econômica por parte do empregado. No entanto, o momento da ocorrência do fato gerador é considerado ao final do ano-calendário, fazendo-se eventuais ajustes por ocasião da entrega da Declaração Anual de Ajuste do Imposto de Renda da Pessoa Física no ano seguinte. O exemplo do IRPF ilustra que, em que pese a lei considere a incidência apenas em 31 de dezembro, o efeito provocado pela regra impositiva das antecipações mensais do imposto sacramenta a ocorrência, na prática, de não apenas fatos parciais que integram o fato gerador do IRPF, mas sim fatos geradores mensais, suficientes ao surgimento da obrigação tributária. Tanto que, sob o viés da relação jurídico-obrigacional entabulada, há de um lado um credor que recebe o que lhe é devido, e um devedor que paga o que é devido, independentemente de o pagamento ocorrer mediante a imputação da responsabilidade tributária ao empregador. O raciocínio trazido com esse exemplo só reforça o fato de que a Súmula 584 do STF viola a regra da irretroatividade, pois atinge o contribuinte na certeza e na segurança que ele possuía à época do recebimento do seu salário, mês a mês, sobre o valor recolhido pelo seu empregador a título de IR. O fato de a declaração permitir ajustes, mediante o lançamento de outros rendimentos e de despesas dedutíveis, não tem o condão de alterar as regras do jogo sobre situações já consolidadas mês a mês no passado, sob pena de clara lesão à segurança jurídica.

14.6.1. Superação da Súmula 584 STF. Em que pese a Súmula 584 do STF tenha sido aplicada durante a vigência da CF/88, há decisões do STF sinalizando pela sua revogação. Quando houve a majoração da CSLL no curso do período de apuração, o STF declarou sua inconstitucionalidade (RE 587.008, rel. Min. Dias Toffoli, Pleno, j. 02.2011). Na ocasião do julgamento, a Min. Ellen Gracie ressaltou a previsão expressa da irretroatividade no texto constitucional, bem como da anterioridade, como "desdobramentos inequívocos do princípio da segurança jurídica". Além disso, concluiu que a chamada retroatividade imprópria não encontra guarida no Direito Tributário brasileiro, sinalizando pela superação da Súmula 584 do STF. A Corte também afastou sua aplicação no caso do IR sobre o lucro proveniente de operações incentivadas ocorridas no passado (RE 183.130, rel. p/ ac. Min. Teori Zavascki, Pleno, j. 09.2014).

14.7. Importação e exportação. Aspecto temporal da norma tributária. Violação à segurança jurídica. Pode haver uma tributação que incida sobre determinado fato, cuja causa subjacente ou origem ocorreu anteriormente ao ato normativo que majorou o tributo. Essa situação ainda é comum nas importações, sobre as quais pode ocorrer a incidência de uma alíquota maior de II do que aquela vigente à época da celebração do contrato. Na prática, supomos que as partes celebraram o contrato de compra e venda internacional, por exemplo, há quatro meses, considerando uma alíquota de 10% de II, mas a mercadoria, quando é desembaraçada na aduana em território brasileiro, sofre a incidência de uma alíquota de 20%, majorada após a data da entrada física da mercadoria no território nacional, mas antes da data do registro da declaração de importação. O STF considera apenas a anterioridade frente ao aspecto temporal da norma tributária (momento em que ela incide). No caso do II, o STF desconsidera o momento da celebração dos contratos, do embarque dos produtos e até mesmo a data de sua entrada física no território nacional. Vale o aspecto temporal (o desembaraço aduaneiro), permitindo a aplicação da lei ou do decreto que majorou as alíquotas após a celebração do contrato de importação, após o embarque dos produtos e até mesmo após a sua entrada física no território nacional, desde que seja anterior ao registro da declaração de importação (RE 225.602, Pleno, j. 11.1998). O STJ entende pela inexistência de retroatividade, no caso de aplicação de alíquota majorada após a entrada da mercadoria no País, mas antes do registro da declaração de importação. O fato gerador do II consuma-se na data do registro da declaração de importação na repartição aduaneira (REsp 1.016.132, 1ª Turma, j. 05.2009). Situação análoga é verificada na jurisprudência relativa ao IE. O STJ já decidiu que o fato gerador do IE é contado do registro da exportação no Siscomex. O registro de venda do negócio jurídico celebrado, que produz efeitos no exterior, não se confunde com o registro de exportação, momento em que a lei considera ocorrida a saída da mercadoria exportada. No caso, o registro de exportação ocorreu em 19.10.94, posterior à data da publicação da MP 655/94, de 14.10.94, sendo legal a majoração da alíquota (REsp 964.151, 1ª Turma, j. 04.2008). Os tribunais superiores terminam por considerar o momento da ocorrência do fato gerador, como uma forma de validar a escolha legislativa em prol da praticabilidade. De fato, é inequivocamente mais praticável e mais eficiente em termos de fiscalização e arrecadação tributária vincular a tributação sobre o comércio exterior às datas de registro da declaração de importação e da exportação no Siscomex, evitando-se eventuais discussões acerca da data de celebração do negócio jurídico ou da entrada efetiva no território brasileiro. No entanto, para as partes envolvidas no negócio, que o entabularam em data anterior à data da majoração da alíquota, considerando, portanto, uma alíquota menor, há inequívoca lesão à certeza do Direito, à proteção à confiança e, em última análise, à segurança jurídica. Essa é uma das situações em que a praticabilidade tributária não pode ganhar a primazia na ponderação realizada com os outros interesses envolvidos. A violação aqui provocada extrapola os limites dos interesses das partes envolvidas no negócio, na medida em que fragiliza toda a estrutura econômica e a segurança das relações internacionais, desenhando um cenário de total insegurança para os investidores e parceiros comerciais internacionais. Esse entendimento jurisprudencial não só viola a proibição de retroatividade como também é altamente nocivo para o ambiente de negócios internacionais no País, devendo ser revisto com urgência.

14.8. Lei interpretativa. Aplicação a ato ou fato pretérito. O art. 106, I, do CTN dispõe que "a lei se aplica a ato ou fato pretérito: I – em qualquer caso, quando seja expressamente interpretativa, excluída a aplicação de penalidade à infração dos dispositivos interpretados". Essa regra deve ser aplicada em harmonia com as normas constitucionais, notadamente com a regra da proibição de retroatividade. O critério que pode ser identificado na jurisprudência para diferenciar entre a lei que pode retroagir e a que não pode é o da *inovação jurídica*. Se a lei inovou na ordem jurídica, então ela não pode retroagir; se a lei não inovou, ela pode retroagir. Nesse caso, ela será "meramente interpretativa", podendo retroagir com o propósito de expressar o exato conteúdo e os limites do alcance do dispositivo interpretado. A proibição de retroatividade é ainda mais evidente, quando a suposta mera interpretação de determinado dispositivo normativo gera efeitos patrimoniais, agravando a imposição tributária sobre fatos já consolidados no passado ou provocando eventualmente alguma perda patrimonial. O caso que se tornou paradigma para a matéria refere-se à impossibilidade de a lei supostamente interpretativa superar entendimento consolidado pela jurisprudência em prejuízo dos contribuintes, trazendo-lhes efeitos patrimoniais negativos. No caso, o STF e o STJ afastaram a aplicação do art. 4º, segunda parte, da LC 118/05, considerando válida a aplicação do "novo" prazo de 5 anos para a repetição do indébito tributário às ações ajuizadas apenas após a *vacatio legis* de 120 dias prevista na lei (STF, RE 566.621, rel. Min. Ellen Gracie, Pleno, j. 08.2011; STJ, AI nos EREsp 644.736, rel. Min. Teori Zavascki, Corte Especial, j. 06.2007). Até 2005, prevalecia a orientação consolidada pelo STJ no sentido de que o prazo para a repetição do indébito tributário, para os tributos sujeitos a lançamento por homologação, era de 10 anos, contados do seu fato gerador. A Corte Suprema entendeu que a lei, em que pese interpretativa, havia inovado na ordem jurídica, não podendo ser aplicada às ações em curso, mas apenas àquelas ajuizadas após o término da *vacatio legis*, isto é, a partir de 09.06.2005. Portanto, a retroatividade da lei somente é admitida quando o efeito provocado for benéfico ao contribuinte ou for apenas esclarecer o sentido ou alcance do dispositivo interpretado pela doutrina ou pela jurisprudência. Havendo inovação jurídica ou efeitos patrimoniais concretos, a retroatividade deve ser afastada.

III – cobrar tributos:

(...)

b) no mesmo exercício financeiro em que haja sido publicada a lei que os instituiu ou aumentou;

c) antes de decorridos noventa dias da data em que haja sido publicada a lei que os instituiu ou aumentou, observado o disposto na alínea b; *(Incluído pela Emenda Constitucional nº 42, de 19.12.2003)*

15. Anterioridade tributária. A CF dispõe que "é vedado à União, aos Estados, ao Distrito Federal e aos Municípios: (...) III – cobrar tributos: (...) *b)* no mesmo exercício financeiro em que haja sido publicada a lei que os instituiu ou aumentou" e "antes de decorridos noventa dias da data em que haja sido publicada a lei que os instituiu ou aumentou, observado o disposto na alínea b". Trata-se de uma norma jurídica proibitiva ("é vedado cobrar tributos"), portanto, uma regra. A doutrina costuma denominar de "princípio da anterioridade" o que, tecnicamente, é uma regra, pois encerra claramente uma orientação de conduta, dirigida ao legislador: ele está proibido de cobrar tributos no mesmo exercício financeiro da instituição ou aumento do tributo e antes de noventa dias da data que foi publicada a respectiva lei instituidora ou majorante. A anterioridade não é um fim em si mesmo nem um ideal a ser buscado, mas um meio para a realização de um fim maior, que é a segurança jurídica. Isso reforça ainda mais o seu caráter de regra, não de princípio.

15.1. Anualidade. O denominado "princípio da anualidade" não existe mais. Esteve previsto na Constituição de 1946, na seguinte redação: "nenhum tributo será exigido ou aumentado sem que a lei o estabeleça; nenhum será cobrado em cada exercício sem prévia autorização orçamentária, ressalvada, porém, a tarifa aduaneira e o imposto lançado por motivo de guerra" (§ 34, art. 141). A regra estava prevista no capítulo sobre os direitos e garantias individuais, em cujo caput a Constituição assegurava "aos brasileiros e aos estrangeiros residentes no País a inviolabilidade dos direitos concernentes à vida, à liberdade, a segurança individual e à propriedade". A anualidade pressupunha que nenhum tributo poderia ser cobrado sem a prévia autorização orçamentária, como uma condição adicional à anterioridade de exercício. A Constituição Federal de 1988 não prevê a regra da anualidade, mas sim a da anterioridade. A jurisprudência constitucional confirma a vigência e aplicação apenas da anterioridade, legitimando a cobrança do tributo majorado após o orçamento, mas desde que antes do início do respectivo exercício financeiro (Súmula 66 STF) e declarando a inconstitucionalidade da cobrança do tributo instituído ou majorado no mesmo exercício financeiro (Súmula 67 STF).

15.2. Tipos de anterioridade. Há duas anterioridades: de exercício e nonagesimal. Na origem, a anterioridade de exercício é a regra que veda aos entes da Federação cobrar tributos no mesmo exercício financeiro em que haja sido publicada a lei que os instituiu ou aumentou. Assim, como regra geral, tributo que teve sua alíquota majorada em 2019, não poderá ser cobrado com essa alíquota no mesmo ano, mas apenas a partir de 1° de janeiro de 2020. No entanto, a mera exigência de observância da virada do ano não afastava aumentos de alíquotas praticados no final do ano. O STF decidiu, em um caso envolvendo alteração do IR, que a medida provisória, publicada em 31.12.1994, apesar de ter sido esse dia um sábado, não implicou ofensa à anterioridade (RE 226.451-3/PE, rel. Min. Moreira Alves, 1ª Turma, 05.2000). A aplicação isolada da anterioridade de exercício não impedia a cobrança de um imposto majorado da noite para o dia, surpreendendo o contribuinte e frustrando toda sua expectativa e planejamento financeiro para o ano seguinte ao do aumento. No anseio de afastar essas situações e de trazer maior proteção ao contribuinte contra a aplicação imediata de um tributo mais oneroso, a EC 42/03 acresceu a alínea "c" ao inc. III do art. 150 da CF, vedando aos entes da Federação a cobrança de tributo antes de decorridos noventa dias da data da publicação da lei que o instituiu ou aumentou, devendo ainda observar a anterioridade de exercício. Assim, adicionalmente à exigência da virada do ano, passou-se a exigir do legislador o transcurso do período de noventa dias, contados da publicação da lei, para poder iniciar a cobrança da alíquota maior. A regra deixa claro que as exigências são cumulativas (sobre as exceções à anterioridade, ver os comentários ao § 1º do art. 150).

15.3. Medida provisória. A medida provisória possui força de lei, sendo vedada sua edição para regular matéria relativa a *a)* nacionalidade, cidadania, direitos políticos, partidos políticos e direito eleitoral; *b)* direito penal, processual penal e processual civil; *c)* organização do Poder Judiciário e do Ministério Público, a carreira e a garantia de seus membros; *d)* planos plurianuais, diretrizes orçamentárias, orçamento e créditos adicionais e suplementares, ressalvado o previsto no art. 167, § 3º. Também é vedada a edição de medida provisória *a)* que vise à detenção ou sequestro de bens, de poupança popular ou qualquer outro ativo financeiro; *b)* reservada a lei complementar; *c)* já disciplinada em projeto de lei aprovado pelo Congresso Nacional e pendente de sanção ou veto do Presidente da República. Não há vedação para a regulação de matéria relativa ao Direito Tributário por medida provisória. No entanto, a EC 32/01 incluiu o § 2º ao art. 62, prevendo que "medida provisória que implique instituição ou majoração de impostos, exceto os previstos nos arts. 153, I, II, IV, V, e 154, II, só produzirá efeitos no exercício financeiro seguinte se houver sido convertida em lei até o último dia daquele em que foi editada". Há ressalva apenas aos impostos. Assim, se houver majoração da alíquota do IR em 2019, essa alíquota só poderá ser cobrada em 2020, se a medida provisória houver sido convertida em lei até 31.12.2019. Na jurisprudência do STF, verifica-se que a data inicial para a contagem da anterioridade é a data da edição da medida provisória, inclusive considerando a primeira medida provisória, quando as reedições ainda eram autorizadas, antes da EC 32/2001, desde que não houvesse alteração de redação (RE 266.269/DF, rel. Min. Sepúlveda Pertence, 1ª Turma, j. 16.05.2000). No entanto, o § 2º do art. 62 trouxe uma restrição aos impostos apenas. Nessa linha, para as demais espécies tributárias, a orientação do STF parece ainda valer. Com relação à anterioridade nonagesimal, em princípio, a alíquota majorada de um imposto poderia ser aplicada no exercício seguinte, se a medida provisória tiver sido convertida em lei até o último dia do exercício em que fora editada, respeitado o prazo mínimo de 90 dias contados da edição da medida provisória. Isso porque *a)* a medida provisória possui força de lei e *b)* o princípio da proteção à confiança e o princípio da não surpresa estariam preservados, visto que o contribuinte já tem conhecimento da majoração da alíquota do imposto desde a data da publicação da medida provisória. No entanto, permanece polêmica essa contagem, que permite o termo *a quo* como a data da publicação da medida provisória, dado que se trata de um ato do Executivo, não do Legislativo, e um ato precário, pois a medida provisória depende da posterior e tempestiva conversão em lei. Por outro lado, caso a medida provisória sofra alteração redacional, a contagem do prazo deverá ser a partir da publicação da lei que trouxer a nova redação (RE 568.503, rel. Min. Cármen Lúcia, Pleno, j. 02.2014).

15.4. Segurança jurídica. Objetivo maior. A anterioridade completa a tríade da segurança jurídica, somando-se à legalidade e à irretroatividade. O Estado de Direito possui como um dos seus pilares fundamentais a segurança jurídica, traduzida através da combinação entre a legalidade, a proibição de retroatividade e a anterioridade. Em outras palavras, o cidadão pode sentir-se minimamente seguro no modelo de Estado de Direito, se somente for obrigado a fazer ou deixar de fazer algo em virtude de lei (legalidade), se a lei não retroagir a situações já consolidadas no passado (proteção ao direito adquirido, ao ato jurídico perfeito e à coisa julgada) e se a lei não o pegar de surpresa, impondo-lhe repentinamente alguma restrição na sua esfera patrimonial ou de liberdade. A *legalidade* atua na *dimensão do presente*: o cidadão sabe que hoje só será obrigado a fazer ou deixar de fazer algo em virtude de lei, e que eventuais arbitrariedades do Poder Executivo estão afastadas, salvo aquelas que possam vir por medidas provisórias. A *irretroatividade* atua na *dimensão do passado*, resguardando as situações já consolidadas na esfera patrimonial e de liberdade do cidadão. A *anterioridade* atua na *dimensão do futuro*, assegurando ao cidadão um mínimo de *previsibilidade* ou de *conhecimento antecipado* com relação a alguma alteração legislativa que possa provocar alguma restrição ou prejuízo na sua esfera patrimonial ou de liberdade. Portanto, a segurança jurídica é o objetivo maior, é o princípio jurídico a ser realizado, através da regra da anterioridade. Conforme mencionado anteriormente, a regra da anterioridade, na sua dúplice exigência de *a)* virada do ano e *b)* prazo mínimo de 90 dias serve para garantir ao contribuinte previsibilidade, proporcionando-lhe não apenas a garantia de que a nova realidade jurídica somente passará a valer no ano seguinte, como também um prazo mínimo de 90 dias para se organizar e planejar sua vida financeira pessoal ou empresarial. Ao mesmo tempo, afasta-se o risco de surpreender o contribuinte repentinamente, provocando-lhe eventual prejuízo ou restrição gravosa no seu estado patrimonial ou de liberdade, sem que ele tivesse conhecimento prévio dessa alteração e um período mínimo para se organizar ou planejar sua vida frente à nova realidade. O princípio da segurança jurídica, devido ao seu grau de abstração a ele inerente, manifesta-se concretamente na forma do princípio da proteção à confiança e do princípio da não surpresa. O STF reconhece a anterioridade como garantia individual fundamental do contribuinte e, portanto, como *cláusula pétrea* (ADI 939, rel. Min. Sydney Sanches, j. 15.12.1993, Pleno, DJ de 18.03.1994) e como desdobramento inequívoco do princípio da segurança jurídica (Pleno, RE 587.008, de 2011).

15.5. Revogação de benefício fiscal. A concessão do benefício fiscal não provoca qualquer restrição ou prejuízo na esfera patrimonial ou de liberdade do contribuinte. A supressão do benefício fiscal, em um primeiro momento, faz com que o contribuinte não ganhe mais aquilo que até então ganhava e que eventualmente considerava como uma vantagem recebida de forma incondicional, não onerosa. No entanto, mesmo se tratando de uma vantagem financeira incondicional, não onerosa, uma vez suprimida, provoca no mínimo o efeito do restabelecimento da carga tributária anterior, quando não havia o benefício. Ocorre que, mesmo na hipótese da supressão do benefício, com o "mero" restabelecimento da carga tributária anteriormente vigente a ele, há o inegável efeito de aumento da carga tributária, em que pese não sob a via tradicional da majoração de alíquota. Assim, se o efeito provocado pela revogação do benefício é o de majoração da carga tributária, então a regra da anterioridade deve incidir, sob pena de violar a segurança jurídica, nas suas manifestações através do princípio da proteção à confiança e do princípio da não surpresa. Estando atento, ao menos em parte, ao risco de lesão à segurança jurídica, o legislador do CTN dispôs, no art. 104, inc. III, que "entram em vigor no primeiro dia do exercício seguinte àquele em que ocorra a sua publicação os dispositivos de lei, referentes a impostos sobre o patrimônio ou a renda: (...) III – que extinguem ou reduzem isenções, salvo se a lei dispuser de maneira mais favorável ao contribuinte, e observado o disposto no art. 178". Esse dispositivo deve ser lido em harmonia com a CF, de modo a contextualizá-lo à dúplice exigência da anterioridade (de exercício e nonagesimal). Além disso, deve ser aplicado não apenas aos impostos sobre o patrimônio ou a renda, mas também sobre os impostos sobre o consumo, como o ICMS. No entanto, a jurisprudência do STF apresenta decisões tanto no sentido da possibilidade de imediata supressão ou redução de benefícios fiscais (RE 344.994, RE 545.308, ADI 4.016, RE 204.062) como no sentido da necessária observância da anterioridade, geral e nonagesimal. Inclusive, a suspensão de benefício tributário pode ser realizada a qualquer momento, sendo inaplicável a anterioridade (RE 550.652 AgR, rel. Min. Ricardo Lewandowski, 2ª Turma, j. 12.2013). No sentido da necessária observância da anterioridade, em 2014, o Min. Marco Aurélio decidiu que a revogação de benefício fiscal de ICMS que promova o aumento indireto da carga tributária deve observar a anterioridade, geral e nonagesimal, em respeito às regras das alíneas *b* e *c* do inc. III do art. 150 da CF (RE 564.225 AgR, rel. Min. Marco Aurélio, 1ª Turma, j. 09.2014). Ressaltou-se que a CF não especifica o modo de implementação do aumento da carga tributária, de modo que se deve admitir que a regra da anterioridade deve valer em diferentes alterações, supressões e reduções, cujo efeito seja de majoração do tributo. Inclusive, a modificação do sistema de creditamento do ICMS, quer materialize uma redução do benefício, quer uma majoração do tributo, por criar um ônus tributário para o contribuinte, sujeita-se à anterioridade.

15.6. Correção monetária. A regra da anterioridade aplica-se às hipóteses de instituição e de majoração de tributos. Em princípio, não se aplica, portanto, à "mera" atualização monetária, a qual não representa aumento, mas sim reposição da perda de valor da moeda em virtude da inflação. No entanto, se a correção monetária representar eventualmente um aumento mascarado do tributo, a hipótese deve ser enquadrada como de majoração, devendo respeitar a regra da anterioridade. Vale lembrar que o STJ tem entendimento sumulado no sentido da proibição dos Municípios de atualizar o IPTU, mediante decreto, em percentual superior ao índice oficial de correção monetária (Súmula 160 STJ). O STF entende que a atualização do valor monetário da base de cálculo do tributo não constitui majoração do tributo (RE 176.200/PR AgR, rel. Min. Maurício Corrêa, 2ª Turma, j. 12.1996).

15.7. Prazo de recolhimento. Também não se sujeita à regra da anterioridade. Uma vez alterado, passa a valer no mesmo exercício. O prazo de recolhimento não é o aspecto temporal da hipótese de incidência do tributo, entendido como o momento considerado de ocorrência do fato gerador do tributo. A Corte Suprema já sumulou o entendimento segundo o qual "norma legal que altera o prazo de recolhimento da obrigação tributária não se sujeita ao princípio da anterioridade" (Súmula 669 STF e Súmula Vinculante 50 STF).

IV – utilizar tributo com efeito de confisco;

16. Confisco. A CF não veicula propriamente uma proibição de tributo confiscatório, mas sim de tributo que tenha efeito confiscatório. A norma jurídica trazida no texto constitucional não limita a análise meramente ao tributo, isoladamente considerado, mas sim aos efeitos resultantes da sua aplicação na esfera do patrimônio, da liberdade e da dignidade do contribuinte. O confisco importa a análise dos efeitos da incidência da norma tributária, portanto, no plano da eficácia. O fato de determinada regra tributária ser existente e válida não garante a legitimidade da sua aplicação, quando se verifique que, no plano da eficácia, seus efeitos sejam confiscatórios. Trata-se, novamente, de uma avaliação dos efeitos provocados no caso concreto, algo que se tem insistido ao longo dos presentes comentários.

16.1. Significado e sentido. "Confiscar" significa apreender, apropriar, reter determinado bem ou objeto, retirando-o da esfera da posse ou da propriedade do seu proprietário. O significado do confisco, como regra, está associado à ação estatal, devidamente respaldada pela legislação. Por surtir efeitos sobre a garantia fundamental da propriedade e sobre outros direitos e garantias fundamentais em conexão a ele, o confisco possui um sentido mais amplo. Representa o limite superior da atuação do Poder Público, acima do qual a intervenção estatal atingirá a propriedade ou outro direito fundamental do cidadão de maneira tão intensa que o cidadão não conseguirá mais exercer o seu correlato direito ou mal conseguirá exercê-lo, ao ponto de não valer mais a pena o esforço para mantê-lo. O adjetivo "confiscatório" está diretamente ligado aos adjetivos "desmedido", "desproporcional", "excessivo", "exagerado", entre outros. A avaliação concreta e o enquadramento do que venha a ser confiscatório pressupõe uma análise sob o *aspecto quantitativo* e sob o *aspecto qualitativo* do confisco, no caso concreto, olhando unicamente a esfera pessoal do patrimônio, da liberdade e da dignidade do atingido pela norma jurídica. Sob essa ótica, o confisco entrelaça-se com a proporcionalidade e com a razoabilidade.

16.2. Aspecto quantitativo. No Direito Tributário, o questionamento acerca do *quantum* da tributação é o mais legítimo e ao mesmo tempo o mais complexo. Até hoje, nenhum sistema jurídico de tradição ocidental firmou entendimento seguro e duradouro acerca do percentual máximo para a tributação legítima ou não confiscatória. Um referencial seguro de uma tentativa concreta para essa delimitação foi a decisão do Tribunal Constitucional alemão, em 1995, fixando um percentual máximo aceitável para a tributação. Na ocasião, o Segundo Senado do Tribunal Constitucional alemão derivou, do art. 14, II, 2 da GG, o chamado *Halbteilungsgrundsatz*, a partir da norma constitucional, segundo a qual "a propriedade obriga; seu uso deve servir simultaneamente ao bem da coletividade" (*Eigentum verpflichtet. Sein Gebrauch soll zugleich dem Wohle der Allgemeinheit dienen*). Na decisão, ficou registrado que "o Imposto sobre o Patrimônio somente pode ser agregado aos demais impostos sobre a receita, até onde a carga tributária total sobre a receita, na análise tipificada de receitas, despesas dedutíveis e demais desonerações, permaneça próxima de uma *divisão pela metade* entre o *privado* e o *público*" (BVerfGE 93, 121, LS 3. *Einheitswertbeschlüsse*, j. 22.06.1995; sobre os impostos sobre o patrimônio e sobre a herança: BVerfGE 93, 121 (VSt) und 93, 165 (ErbSt)). Em outras palavras, a carga tributária total não poderia ultrapassar 50%, que seria a divisão pela metade do patrimônio do contribuinte entre ele (o privado) e o Estado (o público). Na perspectiva da renda, de cada 100 moedas recebidas, 50 permaneceriam com o contribuinte, para a satisfação das suas necessidades privadas; as outras 50 iriam para o Estado, para a satisfação das necessidades públicas. Essa repartição pela metade é resultado de uma polêmica interpretação que foi dada ao art. 14, II, 2 da GG, segundo a qual, se a propriedade obriga o seu proprietário, a ponto de ter que servir simultaneamente ao interesse público, então a metade daquilo que está inicialmente na esfera da propriedade do cidadão deve ser destinada a atender à coletividade. Essa polêmica leitura do cumprimento da função social da propriedade não prosperou por muito tempo na jurisprudência constitucional alemã, tendo sido afastada, dez anos depois, pelo Segundo Senado do BVerfG, na decisão de 18.01.2006, quando se decidiu que "um limite superior absoluto, vinculante de forma geral, de carga tributária, próximo a uma divisão pela metade, não pode ser extraído do art. 14, II, 2 da GG (BVerfGE 115, 97, 114)". Após essa decisão, foi sepultada em definitivo a ideia de um limite superior de carga tributária em 50%. No Brasil, o STF já se manifestou no sentido de que "a proibição constitucional do confisco em matéria tributária – ainda que se trate de multa fiscal resultante do inadimplemento, pelo contribuinte, de suas obrigações tributárias – nada mais representa senão a interdição, pela Carta Política, de qualquer pretensão governamental que possa conduzir, no campo da fiscalidade, à injusta apropriação estatal, no todo ou em parte, do patrimônio ou dos rendimentos dos contribuintes, comprometendo-lhes, pela insuportabilidade da carga tributária, o exercício do direito a uma existência digna, ou a prática de atividade profissional lícita ou, ainda, a regular satisfação de suas necessidades vitais básicas" (ADI 1.075 MC, rel. Min. Celso de Mello, Pleno, j. 17.06.1998, DJ 24.11.2006). O caso tratava de uma multa fiscal de 300%. O STF ainda assentou que "o poder público, especialmente em sede de tributação (mesmo tratando-se da definição do *quantum* pertinente ao valor das multas fiscais), não pode agir imoderadamente, pois a atividade governamental acha-se essencialmente condicionada pelo princípio da razoabilidade que se qualifica como verdadeiro parâmetro de aferição da constitucionalidade material dos atos estatais".

16.2.1. Totalidade da carga tributária incidente. No julgamento da medida cautelar na ADI 2.010, a Corte Suprema procurou traçar uma metodologia de aferição do efeito confiscatório da tributação (ADI 2010 MC/DF, rel. Min. Celso de Mello, Pleno, j. 30.09.1999, DJ 12.04.2002). A partir da decisão, pode-se identificar possíveis *parâmetros* para essa avaliação: *a)* considerar a totalidade da carga tributária sobre o contribuinte; *b)* verificar a capacidade contributiva do contribuinte, considerando o total da sua renda e do seu capital; *c)* considerar todos os tributos que ele deverá pagar em determinado período e à mesma pessoa política; *d)* aferir o grau de insuportabilidade econômico-financeira; *e)* observar padrões de razoabilidade frente a eventuais excessos fiscais. Se dessa avaliação resultar que o efeito cumulativo tributário, provocado pela mesma pessoa política, afetar substancialmente ou irrazoavelmente o patrimônio e/ou os rendimentos do contribuinte, estará configurado o caráter confiscatório. Na perspectiva adotada pela Corte Suprema, o princípio da razoabilidade adquire aqui sua eficácia máxima enquanto diretriz normativa voltada à proibição de excesso na tributação. No caso da ADI 2.010, o STF declarou a inconstitucionalidade da progressividade instituída para a contribuição previdenciária dos servidores públicos federais, em cuja sistemática a totalidade da carga tributária incidente, resultante do somatório da contribuição previdenciária com o IR, foi considerada confiscatória. O Min. Maurício Corrêa, no seu voto, ressaltou que a soma do IRPF com a contribuição previdenciária (cuja alíquota máxima era de 25%) chegaria em torno de 47%, revelando o caráter confiscatório no conjunto dos dois tributos. O Ministro ainda lembrou que essa avaliação foi contextualizada à realidade brasileira. Se fosse um caso ocorrido no Canadá ou na Alemanha, onde os serviços públicos básicos são entregues com qualidade, essa tributação não seria confiscatória.

16.2.2. Razoabilidade e proporcionalidade. A análise do confisco tributário sob o aspecto quantitativo deve ser realizada à luz da razoabilidade e da proporcionalidade. A razoabilidade orienta a análise com olhos para o caso concreto, isoladamente considerado, afastando-se abstrações generalizantes. Ela direciona os holofotes do julgador para a relação entre a rigidez ou excesso da norma tributária e a respectiva reação de suportabilidade do efeito da carga tributária provocada sobre o contribuinte, considerada sua capacidade contributiva individual. Aqui, não há entrada para a consideração de interesses de terceiros, não havendo, portanto, espaço para ponderação. A análise é sobre o caso posto a julgamento, a partir das suas circunstâncias e peculiaridades. Não há margem para comparação com outros casos, pois não se trata de uma análise à luz do princípio da igualdade. A aferição é tão individual que se aproxima de um ideal de justiça no caso concreto ou de equidade. Sob essa ótica, a razoabilidade se diferencia da proporcionalidade. Essa é uma técnica de ponderação, utilizada sobremaneira para a resolução de conflitos entre princípios ou interesses. Ou seja, princípios e interesses colidentes são ponderados ou sopesados à luz da proporcionalidade, mediante criteriosa submissão aos seus testes de *adequação, necessidade* e *proporcionalidade em sentido estrito*. Na prática da operação, sempre haverá um outro interesse em jogo, colidente com o interesse do contribuinte, o que pode fazer com que suas características pessoais ou suas peculiaridades não sejam consideradas com o devido rigor como é feito no exame da razoabilidade. É por isso que a razoabilidade se presta melhor ao exame de eventual caráter confiscatório sobre o contribuinte na perspectiva quantitativa. Por outro lado, razoabilidade e proporcionalidade se aproximam operacionalmente quando funcionam como advertência voltada à *proibição de excesso* na atuação estatal.

16.2.3. Cláusula aberta. Conceito jurídico indeterminado. A necessidade de avaliação do efeito confiscatório no caso concreto, considerando os parâmetros de avaliação anteriormente apontados, reforça a natureza de cláusula aberta da norma contida no art. 150, IV, da CF e a indeterminação, a priori, do conceito jurídico de confisco. Nessa linha, já decidiu a Corte Suprema, reiterando a necessidade de o julgador proceder a uma cuidadosa análise dos excessos eventualmente praticados pelo Estado, à luz das limitações impostas pela proporcionalidade (ARE 712.285 AgR, rel. Min. Celso de Mello, 2ª Turma, j. 23.04.2013, DJe 28.06.2013).

16.2.4. Aumento de 4% para 14%. Ausência de efeito confiscatório. Há decisão da Segunda Turma do STF afastando o efeito confiscatório de uma majoração da alíquota do II de 4% para 14% (RE 448.432 AgR, rel. Min. Joaquim Barbosa, 2ª Turma, j. 20.04.2010). Entendeu o Min. Joaquim Barbosa que eventual caracterização do efeito confiscatório pressupõe uma avaliação do caso concreto, levando em consideração os dados e as peculiaridades de cada operação, ato ou situação, inclusive considerando os custos, a margem de lucro, as condições do mercado em questão e da conjuntura socioeconômica e a carga tributária global envolvida na operação. A variável isolada do aumento da alíquota do tributo não basta para aferir se o produto foi total ou demasiadamente absorvido pela tributação. Tratava-se de um aumento de 10 pontos percentuais sobre o II. De fato, a análise isolada do aumento dessa alíquota não conduz necessariamente ao enquadramento como aumento confiscatório, pois, em regra, não é tão elevado a ponto de absorver total ou demasiadamente o produto, inviabilizando sua comercialização. Por outro lado, importante registar que a Corte Suprema abre novamente a oportunidade para o contribuinte eventualmente irresignado com o aumento para apresentar uma análise concreta do efeito desse aumento sobre suas operações, a partir do mercado em que atua e conforme o público consumidor que atende e sob quais circunstâncias. Isso possibilita a realização de prova acerca do efeito confiscatório no caso concreto, o qual, uma vez demonstrado inequivocamente, deve culminar com o afastamento da incidência tributária majorada apenas no caso concreto. Esse resultado estaria em plena conformidade com a jurisprudência do STF, conforme referido anteriormente, segundo a qual o confisco não pode ser aferido em abstrato, mediante um limite percentual objetivo e válido para todas as situações, mas sim pressupõe uma análise de dados, características, circunstâncias e peculiaridades do contribuinte sujeito à tutela jurisdicional. Gize-se, novamente, que eventual conclusão pela presença do caráter confiscatório vale para o caso concreto apenas, podendo servir como referencial – não vinculante – para casos futuros.

16.2.5. Alíquota de 300%. Cigarro. Ausência de efeito confiscatório. A tributação sobre o cigarro é um bom exemplo, segundo o qual a análise acerca do efeito confiscatório não deve ser realizada se olhando apenas e isoladamente para o percentual da alíquota de determinado imposto que incida sobre a operação de produção ou de venda. Se fosse analisada isoladamente a alíquota de 300% do IPI sobre o cigarro, certamente teríamos que afirmar sobre seu caráter confiscatório, dado que ela se apropria três vezes sobre o total do valor do produto (3 x 100%). No entanto, conforme bem decidiu a Corte Suprema nos casos mencionados anteriormente, toda e qualquer análise do efeito de confisco pressupõe a consideração do caso concreto, dentro do seu universo particular de dados, características, circunstâncias e peculiaridades, tanto ligadas ao bem em si considerado como ao mercado e à conjuntura socioeconômica a que a operação está inserida. Considerando essas premissas analíticas, deve-se relevar que o cigarro, enquanto produto isoladamente considerado, é *i)* nocivo à saúde humana, *ii)* provoca comprovados e elevados gastos com saúde pública com o tratamento das doenças e demais problemas a ele relacionados e *iii)* viola a saúde e perturba a paz dos não fumantes em ambientes públicos fechados, como restaurantes, bares e cafeterias. Essas circunstâncias são decisivas para a avaliação da intensidade da carga extrafiscal que pode recair sobre o produto em si e a respectiva operação. As externalidades negativas são tão evidentes, nesse caso, que a política extrafiscal encontra absoluta legitimidade para carregar o cigarro com uma alíquota de até 300%, sem que isso caracterize efeito confiscatório. Na ponderação dos bens jurídicos envolvidos, à luz da proporcionalidade, as finalidades extrafiscais, nesse caso, devem se sobrepor ao efeito confiscatório sob o aspecto quantitativo e à eventual alegação, por parte do contribuinte, de lesão à igualdade de concorrência. Ganha primazia não apenas o princípio da seletividade em razão da essencialidade, combinado com o direito fundamental social à saúde, mas também a preocupação legítima com a redução dos correlatos gastos com saúde pública (sobre o princípio da seletividade, ver adiante os comentários aos art. 153, § 3º, I).

16.3. Aspecto qualitativo. O efeito confiscatório pode e deve ser avaliado também sob a perspectiva qualitativa. Se, de um lado, a avaliação quantitativa está voltada para o quantum da tributação (notadamente para o percentual), por outro lado, a análise qualitativa refere-se a todos os demais efeitos que podem ser gerados sobre a esfera privativa do contribuinte, especialmente quando a tributação viola ou restringe de forma desproporcional um ou mais direitos fundamentais envolvidos. Historicamente, a jurisprudência do STF sinaliza na direção dessa avaliação qualitativa, quando enfrenta alegações de tributação com efeitos desproporcionais sobre a esfera privativa do contribuinte, invocando, na maioria das vezes, os enunciados 70, 323 e 547 da Súmula da Corte.

16.3.1. Súmulas STF 70, 323 e 547. A Súmula 70 dispõe que "é inadmissível a interdição de estabelecimento como meio coercitivo para cobrança de tributo". O enunciado deixa clara a impossibilidade de o Estado se utilizar do seu poder de império e cobrar, de forma indireta ou oblíqua, o crédito tributário, especialmente quando ele dispõe de outro meio, mais adequado e menos restritivo dos direitos fundamentais do contribuinte, para cobrar o seu crédito, que é a execução fiscal. Essa impossibilidade também se apresenta na jurisprudência como a proibição de utilização de *sanção política* para obter a satisfação do crédito tributário. No caso específico da Súmula 70, a interdição de estabelecimento é uma das medidas mais extremas de que o Estado poderia se utilizar, análoga ao cancelamento do registro empresarial ou à negativa de concessão ou renovação de uma licença ou alvará de funcionamento, pois atinge frontal e impiedosamente o direito fundamental ao livre exercício de atividade econômica ou profissão. Indiretamente, viola os princípios da preservação da empresa e da função social da empresa, trazendo inequívocos prejuízos aos empregos diretos e indiretos gerados, à própria arrecadação tributária e à economia em geral da região onde se situa o estabelecimento. A lesão fica ainda mais evidente e injustificada quando os interesses colidentes são sopesados à luz da proporcionalidade, momento em que se constata que há outro meio mais adequado e menos lesivo aos direitos fundamentais do contribuinte, que pode e deve ser utilizado para se atingir a mesma finalidade da satisfação do crédito tributário: a execução fiscal, com todos seus privilégios e garantias, customizados unicamente a favor do Fisco e em desfavor do contribuinte. A Súmula 323 dispõe que "é inadmissível a apreensão de mercadorias como meio coercitivo para pagamento de tributos", e a Súmula 547 prevê que "não é lícito à autoridade proibir que o contribuinte em débito adquira estampilhas, despache mercadorias nas alfândegas e exerça suas atividades profissionais".

16.3.2. Condicionamento. Desembaraço aduaneiro de bem importado. Pagamento de diferença tributária. Arbitramento da autoridade fiscal. O STF, apreciando o tema 1.042 da repercussão geral, conheceu do recurso extraordinário da União e o proveu para assentar compatível, com a Lei Maior, o condicionamento do desembaraço aduaneiro de mercadoria importada ao pagamento de diferença de tributo e multa decorrente de arbitramento implementado pela autoridade fiscal (RE 1.090.591/SC, rel. Min. Marco Aurélio, Pleno, j. 16.09.2020). O Min. Marco Aurélio sustentou que não estava em jogo a apreensão de mercadorias como meio coercitivo para o cumprimento da obrigação tributária, ressaltando que o pagamento do tributo e da multa conexa é elemento essencial ao desembaraço aduaneiro. Citou o Decreto 6.759/2009, o qual preceitua que não será desembaraçada a mercadoria, cuja exigência de crédito tributário, no curso da conferência aduaneira, esteja pendente de atendimento, salvo nas hipóteses autorizadas pelo Ministro de Estado da Fazenda, mediante a prestação de garantia (art. 571, § 1º, I). Entendeu que não se tem coação indireta, mas unicamente regra impositiva do recolhimento das diferenças fiscais, como condição para a entrada do bem no território nacional. A legislação aduaneira traz conceitos jurídicos diversos para os atos de apreensão e de retenção. A apreensão pode ocorrer quando verificada irregularidade, a qual possa ensejar a aplicação da pena de perdimento de bens; a retenção pode ocorrer, quando não cumpridas as condições para a finalização do ato do desembaraço aduaneiro com a consequente liberação da mercadoria, o que pressupõe, conforme previsto no regulamento aduaneiro, a apresentação da documentação pertinente e o pagamento dos tributos incidentes, conforme previsto nas suas respectivas leis. Ocorre que, sob a perspectiva dos efeitos gerados sobre o contribuinte, tanto a apreensão como a retenção o privam do acesso e consequentemente da posse da mercadoria, o que pode lhe trazer prejuízos irreparáveis, dependendo da situação. É evidente que há situações de fraude ou de crimes praticados nas operações de comércio exterior que, uma vez comprovadas ou lastreadas com indícios suficientes de autoria e materialidade, devem ser combatidas com apreensão e possivelmente com a aplicação da pena de perdimento de bens. No entanto, essa postura aduaneira não pode se tornar um padrão igualmente aplicável às situações ordinárias de apuração de mera diferença tributária entre o valor declarado pelo contribuinte importador e aquele apurado pela fiscalização aduaneira, mormente em situações de falta de identificação com relação à correção do código da NCM, por exemplo, ou de eventuais erros que possam ter sido incorridos no preenchimento da Declaração de Importação. O não recolhimento da multa e da diferença de tributos advindos de eventual reclassificação fiscal não podem obstar o desembaraço aduaneiro, especialmente quando o Fisco pode prosseguir na autuação e na cobrança das diferenças apuradas e na respectiva multa aplicada, seja na via administrativa como posteriormente na via judicial. Trata-se de típico caso que deve ser analisado à luz da proporcionalidade.

16.3.3. Protesto da CDA. Em 2016, o Pleno da Corte Suprema entendeu que é legítimo o protesto das certidões de dívida ativa (CDA), dado que a medida não chega a restringir de forma desproporcional quaisquer direitos fundamentais dos contribuintes, não constituindo, portanto, sanção política, nem violação às Súmulas 70, 323 e 547 (tese definida na ADI 5.135, rel. Min. Roberto Barroso, Pleno, j. 09.11.2016).

16.3.4. Notas fiscais. Exigência de garantia. A exigência de fiança, garantia real ou fidejussória como condição para obter autorização para a impressão de notas fiscais de contribuintes com débitos tributários é inconstitucional. Viola a norma contida nas Súmulas 70, 323 e 547 do STF e caracteriza sanção política odiosa (tese definida no RE 565.048, rel. Min. Marco Aurélio, Pleno, j. 29.05.2014, Tema 31).

16.3.5. ME ou EPP com débito. Vedação ao Simples Nacional. A Corte Suprema decidiu que é constitucional o art. 17, V, da LC 123/06, que veda a adesão ao Simples Nacional à ME ou à EPP que possua débito com o INSS ou com as Fazendas Públicas Federal, Estadual ou Municipal, cuja exigibilidade não esteja suspensa (tese definida no RE 627.543, rel. Min. Dias Toffoli, Pleno, j. 30.10.2013, Tema 363). Com razão o STF nesse caso, visto que se trata de requisito legalmente previsto para o exercício do direito de opção a regime tributário diferenciado e beneficiado. Mesmo que a tributação pelas regras do Simples Nacional nem sempre seja a mais econômica para o contribuinte, em termos de melhor escolha de planejamento tributário, é certo que se trata de uma opção à fruição de um regime que, de regra, traduz um quadro tributário geral de "benefício tributário". Em outras palavras, não se trata de cobrança indireta de tributos ou de sanção política, mas sim de *condição para o gozo de um benefício tributário*, a qual se apresenta como *proporcional e razoável* quando vislumbrada à luz da igualdade de concorrência com relação às outras ME e EPP que estão regulares, sem débitos, e fazem a opção pelo regime do Simples Nacional.

16.3.6. Indústria do cigarro. Interdição por inadimplemento tributário. Com relação à indústria do cigarro, a Corte Suprema foi mais criteriosa, tendo em vista a exigência de rigorosa regularidade fiscal para a manutenção do registro especial para fabricação e comercialização de cigarros. Fixou que, para se enquadrar como sanção política, a norma deve atentar contra os seguintes parâmetros: "(1) relevância do valor dos créditos tributários em aberto, cujo não pagamento implica a restrição ao funcionamento da empresa; (2) manutenção proporcional e razoável do devido processo legal de controle do ato de aplicação da penalidade; e (3) manutenção proporcional e razoável do devido processo legal de controle da validade dos créditos tributários cujo não pagamento implica a cassação do registro especial". No caso concreto, a Corte entendeu que essas circunstâncias não foram demonstradas e afastou a caracterização da interdição como sanção política tendo em vista a inadimplência tributária sistemática e consciente do contribuinte, que a utiliza como significativa vantagem concorrencial (RE 550.769, rel. Min. Joaquim Barbosa, Pleno, j. 22.05.2013).

16.3.7. ICMS. Guerra fiscal. Meio coercitivo para recolhimento de tributo. A Confederação Nacional do Comércio de Bens, Serviços e Turismo

(CNC) ajuizou ação direta de inconstitucionalidade contra o Protocolo ICMS 21, de 1º.04.2011, do CONFAZ, que versava sobre a tributação por ICMS de operações interestaduais em que o consumidor final adquirisse mercadoria ou bem de forma não presencial por meio de internet, telemarketing ou showroom (Cláusula Primeira, *caput*) (ADI 4.628, rel. Min. Luiz Fux, Pleno, j. 17.09.2014). O Protocolo previa que os signatários pudessem exigir, a favor do Estado de destino da mercadoria, a parcela do ICMS devida na operação interestadual em que o consumidor final adquirisse a mercadoria pela internet. Fixou ainda que nas operações interestaduais entre os signatários do Protocolo, o estabelecimento remetente, na condição de substituto tributário, seria responsável pela retenção e recolhimento do ICMS, em favor do Estado de destino, relativo à parcela referida na Cláusula Primeira. Ocorre que a CF, na época do julgamento (17.09.2014), portanto antes da EC 87/2015, previa que nas operações que destinassem bens a consumidor final localizado em outro Estado, adotar-se-ia a alíquota interna, quando o destinatário não fosse contribuinte do ICMS (art. 155, § 2º, VII, "b"). A Corte Suprema não teve dúvidas de que o Protocolo ICMS 21 tentou regular matéria fora da sua competência, extrapolando sua mera atribuição de regulamentar a prestação de assistência mútua na fiscalização de tributos e permuta de informações, na forma do art. 199 do CTN. No caso, havia relatos de que os Estados subscritores estavam apreendendo as mercadorias, quando ingressavam no seu território, das empresas que não recolhiam o ICMS na nova sistemática. As empresas remetentes passaram a enfrentar uma dupla exigência do imposto, já que os Estados remetentes não aderentes ao Protocolo continuaram a exigir o ICMS na operação interestadual, calculado com base na alíquota interna deste Estado (mercadoria destinada a consumidor final, não contribuinte do ICMS), e estavam obrigadas a recolher uma nova parcela em favor dos Estados destinatários. Na análise do caso, ficou claro o efeito provocado pela medida protocolar, de compelir o contribuinte, por via transversa, ao recolhimento do imposto, medida que viola tanto a proibição de utilização de tributos com efeitos confiscatórios (art. 150, IV, CF) como o estabelecimento de restrições, por meio da cobrança de tributos, ao livre tráfego de pessoas ou bens entre os entes da Federação (art. 150, V, CF). Com a EC 87/2015, a redação do inc. VII do § 2º do art. 155 da CF passou a ser a seguinte: "nas operações e prestações que destinem bens e serviços a consumidor final, contribuinte ou não do imposto, localizado em outro Estado, adotar-se-á a alíquota interestadual e caberá ao Estado de localização do destinatário o imposto correspondente à diferença entre a alíquota interna do Estado destinatário e a alíquota interestadual".

16.4. Taxa confiscatória. A Confederação Nacional do Sistema Financeiro e a Confederação Nacional do Comércio ajuizaram ação direta de inconstitucionalidade, com pedido de medida cautelar, impugnando o art. 16 da Lei 13.430/99, do Estado de Minas Gerais, que havia criado novo contribuinte e novas hipóteses de incidência para a *Taxa de Expediente* (ADI 2.551/MG MC-QO, rel. Min. Celso de Mello, Pleno, DJ 20.04.2006). A exação era cobrada das sociedades seguradoras beneficiadas, nas hipóteses de emissão das guias de arrecadação do Seguro de Danos Pessoais Causados por Veículos Automotores de Vias Terrestres (DPVAT) e pelo fornecimento dos dados cadastrais dos proprietários de veículos automotores para fins de cobrança desse seguro. O valor da Taxa de Expediente era de dez reais por veículo, e seu custo não poderia ser acrescido ao valor do DPVAT e não poderia ser repassado ao contribuinte do IPVA. Alegava-se, na ação, em síntese, que a Taxa de Expediente criada pela legislação impugnada excedia muito o custo do serviço e caracterizava-se, assim, como *imposto com efeitos de confisco*. Visando a corroborar os argumentos apresentados, as autoras trouxeram aos autos pareceres técnicos acerca do custo efetivo do serviço prestado, em relação a cada veículo. Um dos laudos consignou que o serviço de fornecimento dos dados cadastrais tinha um custo total de materiais de oitenta reais, acrescido do custo de pessoal de setecentos e cinquenta reais, valor este que, dividido pelo número de dois milhões e seiscentos mil veículos, resultava no custo de trezentos e dezenove milionésimos de real por veículo. O Min. Celso de Mello, em seu voto, retomou o julgado de Orosimbo Nonato (RE 18.331/SP), no qual este ministro fazia menção ao *Chief Justice John Marshall*, quando do julgamento, em 1819, do caso *McCulloch v. Maryland*, que "o poder de tributar não pode chegar à desmedida do poder de destruir", da mesma forma que lembrava Bilac Pinto, ao afirmar sobre um poder que "somente pode ser exercido dentro dos limites que o tornem compatível com a liberdade de trabalho, de comércio, de indústria e com o direito de propriedade". Igualmente, Celso de Mello reiterou a atualidade das palavras do *Justice Oliver Wendell Holmes Jr.* ("*The power to tax is not the power to destroy while this Court sits*"), proferidas como *dissenting opinion*, no julgamento, em 1928, do caso *Panhandle Oil Co. v. State of Mississippi Ex Rei Knox* (277 U.S. 218), posicionando-se no sentido de que o Estado está adstrito a um mínimo de coeficiente de *razoabilidade* no processo de elaboração das leis. As normas emanadas pelo Poder Público devem respeitar o princípio do *substantive due process of law* (CF, art. 5°, LIV), eis que, no tema em questão, "o postulado da proporcionalidade qualifica-se como parâmetro de aferição da própria constitucionalidade material dos atos estatais, consoante tem proclamado a jurisprudência do Supremo Tribunal Federal (por exemplo, RTJ 160/140-141 e RTJ 178/22-24)". Apesar de ser outorgada ao Estado a prerrogativa institucional do poder de tributar, isso não lhe autoriza a exercê-la a ponto de suprimir ou inviabilizar os direitos fundamentais do contribuinte, o que tem ocorrido especialmente em situações de evidentes excessos ou de exigências iníquas trazidas nos diversos veículos normativos. O Tribunal sustentou, entre outros fundamentos, que a taxa, enquanto contraprestação de um serviço público, deve guardar *razoável equivalência* com aquilo que está sendo efetivamente prestado e aquilo que de fato pode ser exigido do contribuinte. Da análise de casos do STF em matéria tributária, nos quais foi invocada a *razoabilidade*, constata-se que ela é utilizada com íntima vinculação à *proporcionalidade* e à *proibição de excesso*. Por outro lado, é possível traçar uma delimitação objetiva ao conteúdo da razoabilidade, enquanto parâmetro de interpretação e aplicação de regras e princípios jurídicos, no sentido de um ideal de máxima equivalência possível entre taxa e serviço.

16.5. Amplitude de aplicação. Multas tributárias. A regra constitucional veda a utilização de *tributo* com efeito de confisco. No entanto, a literalidade nesse caso deve ser afastada, de modo a proteger o contribuinte igualmente contra a imposição de multas tributárias confiscatórias, mesmo que elas não sejam tributos. A interpretação extensiva do dispositivo, com a correspondente ampliação do seu âmbito de aplicação, não se justifica por analogia ou teleologia, mas sim pelo *ideal de proporcionalidade*, ligado à própria ideia do Direito e da justiça. A aproximação aristotélica do *justo* como *proporcional*, e o proporcional como o *meio-termo*, é uma correlação necessária entre a proporcionalidade e a própria ideia de Direito, no seu viés de justiça. Além disso, a extensão da aplicação da proibição de confisco às multas tributárias justifica-se também como salvaguarda constitucional da garantia do direito de propriedade. Em resumo, em que pese o dispositivo constitucional aluda apenas a *tributo*, a garantia de proteção ao contribuinte também se estende para o âmbito de proteção contra a imposição de multas confiscatórias, no sentido daquelas multas que, pelo seu percentual ou valor, apropriam-se de forma desmedida ou desproporcional do patrimônio ou dos direitos de liberdade do contribuinte, tornando sem sentido o direito à propriedade privada ou a liberdade de exercício de atividade econômica ou profissão. Em outras palavras, a multa não pode ser tão elevada a ponto de valer a pena entregar o bem à autoridade fiscal, abrindo mão do direito de propriedade sobre ele.

16.5.1. Multas tributárias. Percentual. Nenhum instrumento legislativo prevê o percentual, a partir do qual a multa tributária passa a ser confiscatória. Como a multa é espécie de penalidade, está sujeita ao princípio penal da legalidade estrita. De regra, basta que esteja prevista em lei em sentido estrito, sendo vedada sua previsão ou vinculação a qualquer instrumento infralegal. No entanto, mesmo no Direito Penal, a proporcionalidade irradia seus efeitos sobre a pena, impondo a necessária *proporcionalidade* entre o ilícito e a sanção jurídica prevista para ele. No Direito Civil, o Código Civil prevê que "o valor da cominação imposta na cláusula penal não pode exceder o da obrigação principal" (art. 412). Isso significa que a multa não pode exceder o valor da obrigação principal, ou seja, não pode ser superior a 100% do valor da dívida. O Código Civil ainda disciplina que "a penalidade deve ser reduzida equitativamente pelo juiz se a obrigação principal tiver sido cumprida em parte, ou se o montante da penalidade for manifestamente excessivo, tendo-se em vista a natureza e a finalidade do negócio" (art. 413). A cláusula penal no Direito Civil, dentro da temática do inadimplemento das obrigações, recebeu uma inequívoca limitação de 100% do valor da obrigação principal e, ainda, está sujeita à redução judicial, caso a obrigação principal tenha sido cumprida em parte (adimplemento parcial ou substancial da obrigação) ou se o valor da multa for manifestamente excessivo ou desproporcional. A ideia da proporcionalidade faz-se presente, inclusive autorizando a aplicação da equidade, conforme as circunstâncias particulares do caso concreto, para fins de redução da penalidade. De regra, esses dispositivos não são aplicáveis ao inadimplemento da obrigação tributária, uma vez que os efeitos do inadimplemento tributário estão regulados em seara específica, notadamente no CTN e nas leis tributárias específicas. No entanto, se analisada sob a perspectiva da ausência de um limite objetivo superior para a delimitação do confisco em matéria de multas tributárias, não deveria ser de todo descartada a aplicação da regra de integração da legislação tributária, segundo a qual, "na ausência de disposição expressa, a autoridade competente para aplicar a legislação tributária utilizará sucessivamente, na ordem indicada: I – a analogia (art. 108, I, CTN). É certo que não se trata propriamente de ausência de disposição expressa relativa à fixação do *quantum* da multa, visto que ele geralmente é fixado em lei, mas sim de uma regra objetiva limitadora do quantum caracterizador do confisco em matéria de multas tributárias. Dada a manifesta ausência de regra nesse sentido, nada impede, em princípio, a aplicação, por analogia, da regra do Código Civil que limita a multa a 100% do valor da obrigação principal. Além disso, a única ressalva que o próprio CTN faz quanto ao emprego da analogia é que dela não poderá resultar a exigência de tributo não previsto em lei (§ 1º, art. 108), o que não seria o caso na hipótese de redução da multa ao patamar de 100% do valor da obrigação tributária principal. O STF tem entendido que são confiscatórias as *multas punitivas* acima de 100% do valor do tributo devido (RE 748.257-AgR, Rel. Min. Ricardo Lewandowski; AI 838.302-AgR, Rel. Min. Roberto Barroso). Nas palavras do Min. Marco Aurélio: "Embora haja dificuldade, como ressaltado pelo Ministro Sepúlveda Pertence, para se fixar o que se entende como multa abusiva, constatamos que as multas são acessórias e não podem, como tal, ultrapassar o valor do principal" (ADI 551, rel. Min. Ilmar Galvão; ARE 938.538 AgR/ES, rel. Min. Roberto Barroso, 1ª Turma, j. 30.09.2016). Esse entendimento não se aplica às *multas moratórias*, que devem ficar circunscritas ao valor de 20% (ARE 938.538 AgR/ES, rel. Min. Roberto Barroso, 1ª Turma, j. 30.09.2016). Todavia, reitere-se, mais uma vez, que a regra é a especificidade setorial do Direito: o CTN aplica-se às questões tributárias; o CC às questões de Direito Privado. Inclusive, o próprio art. 109 do CTN explicita que "os princípios gerais de direito privado se utilizam para pesquisa da definição, do conteúdo e do alcance de seus institutos, conceitos e formas, mas não para definição dos respectivos efeitos tributários". Isto é, os efeitos tributários são fixados pela lei tributária, a qual, inclusive, pode fixar, em princípio, como efeito decorrente da infração tributária material qualificada, uma multa de 150% do valor da dívida tributária. Além disso, a lei tributária não pode alterar a definição, o conteúdo e o alcance de um conceito de Direito privado, como o de cláusula penal, para definir ou limitar competências tributárias (art. 110, CTN). Por outro lado, o controle da proporcionalidade não é uma prerrogativa judicial setorial, não é um privilégio de um ou outro ramo do Direito, mas sim é um controle imanente à própria ideia de justiça, seja ela em abstrato, seja no seu viés particular da equidade, devendo encontrar, portanto, espaço de aplicação com ou sem o recurso à analogia. Por fim, o STF já reconheceu a existência de repercussão geral da questão referente aos limites da *multa fiscal qualificada* (150%) em razão de sonegação, fraude ou conluio, frente à vedação ao efeito confiscatório (Tema 863 – aguarda julgamento). Reconheceu também a existência de repercussão geral da questão referente aos limites da *multa fiscal moratória* (50%, no caso – Tema 816 – aguarda julgamento).

16.6. Controle judicial. A possibilidade de controle normativo abstrato de eventual efeito confiscatório de determinado tributo é reconhecida pela jurisprudência do STF, especialmente na hipótese que versa sobre diploma legislativo (Lei 8.846/94, art. 3º e seu parágrafo único) que instituiu multa fiscal de 300% (ADI 1.075 MC, rel. Min. Celso de Mello, Pleno, j. 17.06.1998). Quanto às multas tributárias excessivas, a possibilidade de revisão judicial é antiga (RE 57.904, rel. Min. Evandro Lins e Silva; RE 60.964 e RE 78.291, rel. Min. Aliomar Baleeiro; RE 91.707, rel. Min. Moreira Alves). Neste último julgado, o relator afirmou, inclusive, que "o STF tem admitido a redução de multa moratória imposta com base em lei" (ARE 938.538 AgR/ES, rel. Min. Roberto Barroso, 1ª Turma, j. 30.09.2016).

V – estabelecer limitações ao tráfego de pessoas ou bens, por meio de tributos interestaduais ou intermunicipais, ressalvada a cobrança de pedágio pela utilização de vias conservadas pelo Poder Público;

17. Liberdade de ir e vir. Proibição de limitação por meio de tributos. A liberdade de ir e vir é um direito fundamental, passível de limitação nos estritos termos da lei. O Sistema Tributário Nacional traz regra clara entre as limitações ao poder de tributar, segundo a qual os entes da Federação estão proibidos de limitar o trânsito de pessoas ou bens por meio da tributação. Assim, a regra é a proibição de obstaculizar o deslocamento de pessoas ou bens por meio de tributos interestaduais ou intermunicipais, salvo se isso ocorrer por meio da cobrança de pedágio. Essa exação representa a contraprestação pela utilização das rodovias conservadas pelo Poder Público, o qual poderá, ainda, conceder a exploração das rodovias a particulares, via licitação. Seja em uma, seja em outra situação, há uma prestação concreta, materializada nos serviços prestados em prol da manutenção e/ou expansão da rodovia; de outro lado, há a contraprestação pecuniária, por parte do condutor do veículo automotor, que se beneficia quando da utilização efetiva da rodovia.

17.1. Valor justo. Não há dúvidas de que se trata de uma relação obrigacional, em que deve ser preservada a comutatividade entre as prestações na *máxima equivalência possível*. Com base nessa diretriz quantitativa, o valor justo é aquele cobrado proporcionalmente ao trecho rodado, materializando a máxima equivalência possível entre a distância percorrida pelo condutor sobre a rodovia e o valor correspondente ao respectivo desgaste provocado. Essa diretriz está implementada há décadas na maioria das rodovias em solo europeu, onde há inúmeras praças de pedágio instaladas em pontos estratégicos ao longo das rodovias, a partir dos quais a cobrança é realizada proporcionalmente ao trecho rodado.

17.2. Natureza jurídica. Preço público. A inserção do pedágio no capítulo referente às limitações ao poder de tributar e, ainda, dentro do próprio Sistema Tributário Nacional, poderia levar ao seu enquadramento como tributo. Por outro lado, o texto constitucional diferencia claramente o termo "pedágio" do termo "tributos", sinalizando que se trata de conceitos com diferentes naturezas jurídicas. Na hipótese de seguirmos a orientação da existência de prestações comutativas envolvidas, buscando a máxima equivalência possível entre elas, o desdobramento inevitável seria sua caracterização como taxa. Nesse caso, seria uma taxa pela utilização da rodovia (*taxa de uso*), visto que a própria CF apresenta o fato gerador da exação: a utilização da via conservada pelo Poder Público. Ocorre que, conforme visto anteriormente, existem apenas duas espécies de taxas: a taxa em virtude da prestação de um serviço público específico e divisível, prestado ao contribuinte ou posto à sua disposição (i) e a taxa pelo exercício do poder de polícia (ii). Definitivamente, não há previsão constitucional para a espécie taxa de uso de bem público, de modo que esse enquadramento está afastado. O STF decidiu que o *pedágio*, cobrado pela efetiva utilização de rodovias conservadas pelo Poder Público, não tem natureza jurídica de taxa, mas sim de *preço público*, não estando sua instituição sujeita ao princípio da legalidade estrita (ADI 800, Pleno, Rel. Min. Teori Zavascki, j. 06.2014). O relator entendeu pela ausência de compulsoriedade na exação e sustentou que eventual exigência de *via alternativa gratuita* para o tráfego de pessoas ou bens não tem previsão na CF, nem mesmo em lei ordinária. O pedágio, em que pese represente uma limitação ao tráfego de pessoas ou bens, foi ressalvado pela CF, como uma cobrança possível para fazer frente aos gastos de conservação e manutenção de vias conservadas pelo Poder Público.

17.3. ICMS. Diferencial de alíquota. Restrição tributária à liberdade de tráfego. A Confederação Nacional do Comércio de Bens, Serviços e Turismo (CNC) ajuizou ação direta de inconstitucionalidade contra o Protocolo ICMS 21, de 1º.04.2011, do CONFAZ, que versava sobre a tributação por ICMS de operações interestaduais em que o consumidor final adquirisse mercadoria ou bem de forma não presencial por meio de internet, telemarketing ou showroom (Cláusula Primeira, *caput*) (ADI 4.628, rel. Min. Luiz Fux, Pleno, j. 17.09.2014). O Protocolo previa que os signatários pudessem exigir, a favor do Estado de destino da mercadoria, a parcela do ICMS devida na operação interestadual em que o consumidor final adquirisse a mercadoria pela internet. Fixou ainda que nas operações interestaduais entre os signatários do Protocolo, o estabelecimento remetente, na condição de substituto tributário, seria responsável pela retenção e recolhimento do ICMS, em favor do Estado de destino, relativo à parcela referida na Cláusula Primeira. Ocorre que a CF, na época do julgamento (17.09.2014), portanto antes da EC 87/2015, previa que nas operações que destinassem bens a consumidor final localizado em outro Estado adotar-se-ia a alíquota interna, quando o destinatário não fosse contribuinte do ICMS (art. 155, § 2º, VII, "b"). A Corte Suprema não teve dúvidas de que o Protocolo ICMS 21 tentou regular matéria fora da sua competência, extrapolando sua mera atribuição de regulamentar a prestação de assistência mútua na fiscalização de tributos e permuta de informações, na forma do art. 199 do CTN. No caso, havia relatos de que os Estados subscritores estavam apreendendo as mercadorias, quando ingressavam no seu território, das empresas que não recolhiam o ICMS na nova sistemática. As empresas remetentes passaram a enfrentar uma dupla exigência do imposto, já que os Estados remetentes não aderentes ao Protocolo continuaram a exigir o ICMS na operação interestadual, calculado com base na alíquota interna deste Estado (mercadoria destinada a consumidor final, não contribuinte do ICMS), e estavam obrigadas a recolher uma nova parcela em favor dos Estados destinatários. Na análise do caso, ficou claro o efeito provocado pela medida protocolar, de compelir o contribuinte, por via transversa, ao recolhimento do imposto, medida que viola tanto a proibição de utilização de tributos com efeitos confiscatórios (art. 150, IV, CF) como o estabelecimento de restrições, por meio da cobrança de tributos, ao livre tráfego de pessoas ou bens entre os entes da Federação (art. 150, V, CF). Com a EC 87/2015, a redação do inc. VII do § 2º do art. 155 da CF passou a ser a seguinte: "nas operações e prestações que destinem bens e serviços a consumidor final, contribuinte ou não do imposto, localizado em outro Estado, adotar-se-á a alíquota interestadual e caberá ao Estado de localização do destinatário o imposto correspondente à diferença entre a alíquota interna do Estado destinatário e a alíquota interestadual".

VI – instituir impostos sobre:

a) patrimônio, renda ou serviços, uns dos outros;

b) templos de qualquer culto;

c) patrimônio, renda ou serviços dos partidos políticos, inclusive suas fundações, das entidades sindicais dos trabalhadores,

das instituições de educação e de assistência social, sem fins lucrativos, atendidos os requisitos da lei;

d) livros, jornais, periódicos e o papel destinado a sua impressão.

e) fonogramas e videofonogramas musicais produzidos no Brasil contendo obras musicais ou literomusicais de autores brasileiros e/ou obras em geral interpretadas por artistas brasileiros bem como os suportes materiais ou arquivos digitais que os contenham, salvo na etapa de replicação industrial de mídias ópticas de leitura a laser. ***(Incluída pela Emenda Constitucional nº 75, de 15.10.2013)***

18. Imunidades. Trata-se de uma limitação ao poder de tributar, que se traduz em uma inequívoca vedação imposta aos entes da federação, de instituir impostos sobre determinados sujeitos e sobre determinados objetos. À medida que essa vedação recai sobre o poder de tributar, mas no viés da sua instituição e cobrança, está-se a falar de uma limitação imposta à competência tributária, precisamente porque exclui parte da competência tributária dos sujeitos ativos da tributação. Dito de outra forma, as imunidades tributárias são restrições ao exercício da competência tributária, cujo resultado prático é a impossibilidade de o Estado cobrar impostos de determinados sujeitos ou relativos a determinados objetos. Visto sob a perspectiva do contribuinte, as imunidades tributárias lhe representam um benefício tributário constitucionalmente qualificado. Elas distinguem-se das demais espécies de benefícios tributários i) pela sua envergadura constitucional e ii) por já trazerem consigo previamente definidas no texto constitucional o sujeito ou o objeto a elas relativo.

18.1. Classificação. Subjetivas e objetivas. O texto constitucional prevê as imunidades tributárias relativamente a determinados sujeitos e a determinados objetos, o que permite uma singela, mas necessária, classificação em *i) imunidades subjetivas* e *ii) imunidades objetivas*. As *subjetivas* referem-se às pessoas ou instituições elencadas ou pressupostas nas alíneas do inc. VI e nos §§ 2º e 4º do art. 150: a) União, Estados, DF e Municípios (alínea "a", imunidade recíproca); b) partidos políticos e suas fundações (alínea "c"); c) entidades sindicais dos trabalhadores (alínea "c"); d) instituições de educação e assistência social (alínea "c"); e) autarquias e fundações públicas (§ 2º); f) instituições religiosas (§ 4º). As *objetivas* referem-se aos objetos arrolados nas alíneas do inc. VI do art. 150: I) templos de qualquer culto (alínea "b"); II) livros, jornais, periódicos e o papel destinado à sua impressão (alínea "d"); III) fonogramas e videofonogramas musicais produzidos no Brasil ou interpretadas por artistas brasileiros (alínea "e"). Esclareça-se que a imunidade religiosa é prevista inicialmente de forma objetiva, pois vinculada aos templos de qualquer culto e não às instituições religiosas enquanto sujeitos. Ocorre que o § 4º, ao prever que "as vedações expressas no inciso VI, alíneas *b* e *c*, compreendem somente o patrimônio, a renda e os serviços, relacionados com as finalidades essenciais das entidades nelas mencionadas", termina por estender a imunidade para as entidades vinculadas aos templos. Isso indica que esta imunidade é objetiva, conforme sua matriz constitucional (alínea "b"), mas que é ampliada posteriormente para alcançar o sujeito a ela relativo (§ 4º), sem que isso modifique sua classificação original.

18.2. Conteúdo. Direitos fundamentais. Praticamente todas as imunidades elencadas no art. 150, inc. VI, incorporam bens jurídicos, cujo elemento central comum é sua vinculação direta com algum direito fundamental da CF. Sob essa ótica, a imunidade dos templos de qualquer culto, ao afastar a incidência dos impostos sobre os templos, bem como sobre o patrimônio em geral, sobre a renda e sobre os serviços vinculados às atividades essenciais da entidade religiosa (§ 4º, art. 150), visa a garantir a *liberdade religiosa*. A imunidade das instituições de educação e assistência social, sem fins lucrativos, está vinculada à preocupação do Constituinte de realizar, na melhor medida possível, os direitos fundamentais sociais à *educação* e à *assistência social*. A imunidade sobre os livros, jornais e periódicos está nitidamente conectada igualmente à *educação*, mas também à facilitação do acesso à *cultura* e à *informação*, contribuindo, em última análise, para o fortalecimento da própria democracia, à medida que tende a desonerar parcialmente o custo de aquisição e de acesso a esses bens e aos seus respectivos conteúdos, oportunizando melhor formação e esclarecimento à parcela da sociedade responsável por eleger sua representação política. Por outro lado, a imunidade relativa a patrimônio, renda ou serviços, uns dos outros, impede que os entes federativos tributem uns aos outros, o que representaria uma violação da garantia da Federação. Não é comum na tradição do Direito Tributário da maioria dos Estados europeus ocidentais haver a constitucionalização expressa de determinadas hipóteses de desoneração tributária, de modo que estes Estados não costumam laborar com a alternativa das imunidades, relegando ao Poder Legislativo a competência para as decisões acerca dos benefícios tributários em geral, notadamente sob a forma de isenções ou de alíquotas reduzidas. O Brasil, ao fazer essa opção de constitucionalizar determinadas hipóteses previamente desoneradas, (i) reforça a fundamentalidade dos direitos fundamentais e dos direitos fundamentais sociais envolvidos e (ii) não abre espaço para o legislador atuar tributariamente nestas situações, entregando ao contribuinte a proteção maior que ele poderia ter frente ao poder de tributar. O Tribunal Pleno, ao julgar em 1993 a inconstitucionalidade do IPMF, entendendo que o Constituinte derivado havia violado a anterioridade e a imunidade tributária recíproca, deixou claro que a anterioridade é uma garantia fundamental do contribuinte e a imunidade tributária recíproca é uma garantia da Federação. Dessa forma, ambas são objeto de tutela constitucional específica, na forma de cláusulas pétreas (art. 60, § 4º, inc. IV e I), não sendo passíveis de serem abolidas nem mesmo por emenda constitucional (ADI 939, rel. Min. Sydney Sanches, Pleno, j. 15.12.1993). Mais recentemente, quando o STF decidiu que os bens e direitos que integram o patrimônio do fundo vinculado ao Programa de Arrendamento Residencial – PAR, com a utilização instrumental da CEF, beneficiam-se da imunidade tributária prevista no art. 150, VI, "a" (Tema 884), asseverou que esse programa estava diretamente ligado à realização e à efetividade do direito social fundamental de moradia, bem como à erradicação da pobreza e à redução das desigualdades sociais, objetivos fundamentais da República (art. 3º, III, CF). No caso, o patrimônio afetado à execução do Programa de Arrendamento Residencial (PAR) era mantido por um fundo, cujo patrimônio não se confundia com o da CEF, sendo formado por recursos da União e voltado à prestação de serviço público e para concretude do direito à moradia e para a erradicação da pobreza e redução das desigualdades sociais (RE 928.902, rel. Min. Alexandre de Moraes, Pleno, j. 17.10.2018, Tema 884).

18.3. Compreensão e aplicação. A tendência natural e não condenável seria a de se admitir a compreensão e a aplicação das imunidades tributárias de forma restritiva (interpretação restritiva), dado que se trata de hipóteses de desoneração tributária. Isso porque, antes do advento da CF, o CTN já previa, como regra de interpretação da legislação tributária, que se interpreta literalmente a legislação tributária sobre isenção (art. 111). A compreensão dessa regra foi estendida para todos os benefícios tributários, passando a indicar a interpretação literal (ou restritiva) como o método ou tipo de interpretação ínsito a quaisquer benefícios tributários. O Min. Nelson Jobim, quando decidiu questão envolvendo a incidência do ISS sobre serviços de transporte de minerais, assentou que, como se tratava de uma norma concessiva de benefício, a interpretação deveria ser restritiva (RE 170.784, rel. p/ ac. Min. Nelson Jobim, 2.ª Turma, j. 03.2006). No entanto, o Pleno do

STF, em 2001, já havia confirmado que "a jurisprudência do STF vem se inclinando 'à interpretação teleológica das normas de imunidade tributária, de modo a maximizar-lhes o potencial de efetividade, como garantia ou estímulo à concretização dos valores constitucionais que inspiram limitações ao poder de tributar" (RE 237.718/SP, rel. Min. Sepúlveda Pertence, Pleno, j. 29.03.2001). A jurisprudência predominante do STF continua sendo no sentido da interpretação teleológica das normas de imunidade. O Min. Gilmar Mendes bem expôs que "a corte sempre se ateve às finalidades constitucionais inerentes às regras de imunidade tributária, tanto para ampliar o alcance da norma quanto para restringi-lo (...). As normas de imunidade tributária têm por escopo a consecução de determinadas finalidades ou a preservação de certos valores do texto constitucional (...). É impróprio afirmar-se genericamente que as imunidades sempre deverão ser interpretadas de forma ampla ou restrita" (RE 474.132, rel. Min. Gilmar Mendes, Pleno, j. 08.2010). A escolha pelo método de interpretação teleológica encontra boa justificação, na medida em que se está diante de direitos fundamentais, direitos sociais fundamentais e objetivos fundamentais da República, isto é, trata-se de algumas das preocupações de maior relevância postas expressamente no texto constitucional. A Teoria do Direitos Fundamentais, substancialmente desenvolvida na Alemanha após a Segunda Guerra Mundial, postula pelo dever de otimização ou de concretização máxima possível dos direitos fundamentais. Essa teoria encontra entrada na jurisprudência constitucional tributária brasileira, mas deve ser compreendida e aplicada com cautela, harmonizando seus postulados com i) a inadiável reserva do possível (art. 145, § 1º, CF), ii) a aplicabilidade imediata das normas definidoras dos direitos e garantias fundamentais (art. 5º, § 1º), iii) a abertura do catálogo dos direitos e garantias constitucionais fundamentais (art. 5º, § 2º) e iv) a envergadura dos tratados e convenções internacionais sobre direitos humanos que, se aprovados em cada Casa do Congresso Nacional, em dois turnos, por três quintos dos votos dos respectivos membros, serão equivalentes às emendas constitucionais (art. 5º, § 3º). Por fim, vale destacar que, da utilização do *método de interpretação teleológica*, pode-se ter como *resultado* uma aplicação *extensiva* (ou ampliativa) ou uma aplicação *restritiva* (ou literal) da norma de imunidade tributária, conforme a compreensão que o julgador tiver acerca do enquadramento ou não da hipótese ou situação fática dentro da moldura dos objetivos perseguidos pela norma de imunidade.

18.4. Espécies tributárias abrangidas. O poder de tributar foi limitado relativamente e restritivamente aos impostos (todos), visto que o Constituinte estatuiu ser vedado aos entes federativos instituir impostos sobre determinados sujeitos e determinados objetos (art. 150, VI). Assim, as imunidades do art. 150, VI, não se aplicam às contribuições especiais (STF, 1. Turma, RE 141.715), não se aplicam às taxas (Súmula 324 STF: "A imunidade do art. 31, V, da Constituição Federal não compreende as taxas". Editada à luz da Constituição de 1946), não se aplica ao AFRMM (Súmula 553 STF: o Adicional ao Frete para Renovação da Marinha Mercante (AFRMM) é contribuição parafiscal, não sendo abrangido pela imunidade prevista na letra *d*, III, do art. 19 da Constituição Federal (ref. à Constituição de 1969)).

18.5. Atendimento às obrigações acessórias. A desoneração relativa à obrigação principal de pagar os impostos não implica a desoneração relativa ao cumprimento das demais obrigações tributárias, mas de natureza acessória ou instrumental. Primeiro, porque o próprio CTN dá destaque apartado para as obrigações acessórias, fixadas e exigidas no interesse da arrecadação ou da fiscalização dos tributos (art. 113, § 2º), independentemente do surgimento da obrigação principal. Segundo, porque o atendimento de algumas obrigações acessórias, tais como a manutenção de escrituração das receitas e despesas em livros fiscais, é requisito indispensável para o gozo da imunidade (CTN, art. 14, III). A 1ª Turma do STF já confirmou esse entendimento relativo às pessoas jurídicas imunes (RE 250.844, j. 05.2012), e o STJ já decidiu que os deveres instrumentais possuem caráter autônomo, vinculando inclusive pessoas imunes, sendo legítima – razoável e proporcional – a exigência de que os bens da pessoa jurídica sejam acompanhados das respectivas notas fiscais quando do deslocamento de bens do ativo imobilizado entre estabelecimentos de uma mesma instituição financeira (EDcl nos EDcl no REsp 1.116.792, 1ª Seção, j. 22.08.2012).

18.6. Contribuinte de Direito como beneficiário. As imunidades subjetivas previstas no art. 150, VI são relativas ao *patrimônio*, à *renda* e aos *serviços*, relacionados com as finalidades essenciais das entidades mencionadas. Ou seja, as imunidades foram previstas para as pessoas beneficiadas, mas na condição de contribuinte de Direito, pois é apenas nessa condição que o imposto seria exigido, caso não houvesse a imunidade. Além disso, a figura do contribuinte de fato não existe tecnicamente; ela só existe para facilitar a compreensão acerca da repercussão econômica do imposto indireto, que é repassado ao consumidor final e que, nessa condição, suporta o ônus financeiro da tributação, mas não a sujeição tributária passiva. Nesse sentido, entidade beneficente de assistência social, quando adquire insumos e produtos no mercado interno, mas na condição de contribuinte de fato, não é imune ao ICMS. A imunidade subjetiva aplica-se ao contribuinte de Direito, sendo irrelevante a repercussão econômica do tributo (RE 608.872, rel. Min. Dias Toffoli, Pleno, j. 23.02.2017, Tema 342). Por outro lado, a imunidade prevista no art. 150, VI, c, abrange o ICMS na importação realizada por entidade de assistência social de mercadorias utilizadas na prestação de seus serviços específicos (AI 669.257 AgR, rel. Min. Ricardo Lewandowski, 1º Turma, j. 17.03.2009).

18.7. Responsabilidade do substituto e do sucessor. A imunidade implica a exclusão da competência tributária, vedando às pessoas políticas instituir e cobrar impostos umas das outras, de determinados sujeitos e sobre determinados objetos. Quando a CF prevê os sujeitos beneficiados pela imunidade, ela traz excepcionalidades à realidade tributária, pois, como regra, os impostos deveriam incidir normalmente sobre esses sujeitos, sempre que demonstrassem capacidade contributiva e na medida dessa capacidade contributiva. Isso significa que a imunidade recai necessariamente sobre o contribuinte, que, se não houvesse a imunidade, seria obrigado ao pagamento do imposto, por ter "relação pessoal e direta com a situação que constitua o respectivo fato gerador" (CTN, art. 121, parágrafo único, I). No entanto, o CTN, enquanto norma geral de Direito Tributário, estatui que a imunidade "não exclui a atribuição, por lei, às entidades nele referidas, da condição de responsáveis pelos tributos que lhes caiba reter na fonte, e não as dispensa da prática de atos, previstos em lei, assecuratórios do cumprimento de obrigações tributárias por terceiros" (art. 9º, § 1º). Em outras palavras, o CTN autoriza o legislador ordinário a responsabilizar as entidades imunes por retenções na fonte ou por outras obrigações devidas por terceiros, inclusive na condição de substituto tributário, desde que o faça de forma clara e expressa. Assim, em que pese o ente imune esteja liberado constitucionalmente do pagamento dos impostos, ele pode ser chamado a colaborar com o Estado, auxiliando-o em situações de responsabilidade por retenção na fonte ou por substituição tributária. O Serviço Social da Indústria (SESI), entidade imune, já foi responsabilizado pelo ICMS devido em uma situação de regime de diferimento, ocasião em que a 2ª Turma confirmou que a imunidade não afeta a relação de responsabilidade tributária ou de substituição, não exonerando o responsável ou substituto (RE 202.987, rel. Min. Joaquim Barbosa, 2ª Turma, j. 06.2009). Além disso, a imunidade recíproca não exonera o sucessor das obrigações tributárias relativas ao sucedido. No caso, a União, na condição de sucessora da extinta Rede Ferroviária Federal S/A (RFSSA), é responsável pelo

IPTU inadimplido por esta (RE 599.176, rel. Min. Joaquim Barbosa, Pleno, j. 06.2014 – Tema 224 da Repercussão Geral).

18.8. Espécies de imunidades. As imunidades previstas no art. 150, VI não excluem outras situações, previstas na CF, nas quais o Constituinte determinou a "isenção" do tributo em relação a determinado sujeito, ato ou negócio jurídico. De fato, há outras imunidades espalhadas pelo texto constitucional, entre elas a imunidade ao ITBI da "transmissão de bens ou direitos incorporados ao patrimônio de pessoa jurídica em realização de capital, nem sobre a transmissão de bens ou direitos decorrente de fusão, incorporação, cisão ou extinção de pessoa jurídica, salvo se, nesses casos, a atividade preponderante do adquirente for a compra e venda desses bens ou direitos, locação de bens imóveis ou arrendamento mercantil" (art. 156, § 2º, I) e a imunidade à contribuição social para a seguridade em favor das entidades beneficentes de assistência social que atendam às exigências estabelecidas em lei (art. 195, § 7º). Sempre que a CF prevê uma hipótese de isenção ou não incidência, essa hipótese deve ser compreendida como de imunidade, dada sua envergadura constitucional.

18.8.1. Imunidade recíproca. Quando o Constituinte prevê a proibição para União, Estados, DF e Municípios de instituir impostos sobre o *patrimônio*, a *renda* ou *serviços* uns dos outros, o faz com o objetivo de preservar a *igualdade* entre os entes federativos e o consequente *equilíbrio federativo*. Dito de forma mais vulgar, o Estado não pode tributar próprio Estado. Novamente, a imunidade do art. 150, VI vale para os impostos, não se aplicando aos demais tributos. A imunidade recíproca está alinhada com a finalidade constitucional de preservação do pacto federativo, especificamente com a regra insculpida (cláusula pétrea) no § 4º, I, do art. 60, que prevê que "não será objeto de deliberação a proposta de emenda tendente a abolir: I – a forma federativa de Estado" (nesse sentido, a ADI 939, rel. Min. Sydney Sanches, Pleno, j. 12.1993). Assim, por exemplo, os rendimentos obtidos por um membro da federação a partir de valores investidos e aplicados em instituições financeiras são imunes aos impostos. No caso, o STF decidiu pela inconstitucionalidade da incidência do IOF sobre aplicações dos entes federados (AI 174.808 AgR, rel. Min. Maurício Corrêa, 2ª Turma, j. 03.1996). Incide a imunidade, em se tratando de contrato de alienação fiduciária em que pessoa jurídica de direito público surge como devedora. A propriedade há de ser tomada em sentido amplo, assim o STF, de maneira a alcançar a posse a qualquer título (RE 253.472/SP, em relação ao IPTU):

"havendo o desdobramento das faculdades da propriedade, isto é, separando-se a posse dos demais poderes a ela inerentes, o critério para a aplicação da regra de imunidade deve ser a titularidade da posse direta" (RE 727.851/MG, rel. Min. Marco Aurélio, Pleno, j. 22.06.2020).

18.8.2. Imunidade dos templos. O texto constitucional estatui a imunidade relativa a templos de qualquer culto (art. 150, VI, "b"). Trata-se de imunidade objetiva, ligada ao prédio do templo, quando analisamos esse dispositivo isoladamente. No entanto, o § 4º do art. 150 prevê que a imunidade compreende o patrimônio, a renda e os serviços, relacionados com as finalidades essenciais da entidade que estiver por trás do templo. Essa regra confere um caráter subjetivo à imunidade dos templos, pois amplia a eficácia da norma constitucional imunizante aos sujeitos que desenvolvem os cultos no templo. Ainda, com relação ao § 4º, vale observar que a literalidade do texto permite concluir que a desoneração ocorre apenas sobre o patrimônio, a renda e os serviços relacionados às finalidades essenciais da entidade, o que excluiria, por exemplo, a imunidade ao ICMS sobre eventual venda de pães realizada por uma Igreja. Nesse caso, a Corte Suprema decidiu, em 1995, que o Instituto Beneficente Lar de Maria, entidade de assistência social, não é alcançado pela imunidade com relação à renda que aufere com a produção e venda de pães (RE 134.573/SP, rel. Min. Moreira Alves, 1ª Turma, j. 02.05.1995). No entanto, em 2003, o Pleno, por maioria, desproveu os embargos de divergência no recurso extraordinário do Estado de São Paulo, reconhecendo a imunidade ao ICMS sobre a venda de pães produzidos pelo Instituição Beneficente Lar de Maria (RE 210.251 EDv/SP, rel. Min. Ellen Gracie, rel. p/ ac. Min. Gilmar Mendes, Pleno, j. 26.02.2003). A Corte Suprema confirma que a imunidade sobre templos de qualquer culto deve abranger não somente os prédios destinados ao culto, mas também o patrimônio, a renda e os serviços "relacionados com as finalidades essenciais das entidades nelas mencionadas", o que abrange o caso de imóveis alugados a terceiros (RE 325.822, rel. Min. Ilmar Galvão, Pleno, j. 12.2002). Há entendimento consolidado de que "não cabe à entidade religiosa demonstrar que utiliza o bem de acordo com suas finalidades institucionais. Ao contrário, compete à administração tributária demonstrar a eventual tredestinação do bem gravado pela imunidade" (ARE 800.395 AgR, rel. Min. Roberto Barroso, 1ª Turma, j. 28.10.2014).

18.8.2.1. Imóveis alugados. Observe que a imunidade vale para imóveis integrantes do patrimônio da entidade, ou seja, quando ela é a locadora. Se ela for a locatária, caso utilizado o método de interpretação literal ou restritivo, concluiremos que a imunidade não se aplica, dado que a entidade, nesse caso, não é proprietária do imóvel. No entanto, como as imunidades devem ser interpretadas teleologicamente, deve-se buscar a máxima concretização possível do direito ou da liberdade fundamental envolvida pela norma constitucional. Uma interpretação coerente com a metodologia interpretativa melhor aplicável e com a jurisprudência do STF em casos análogos recomenda, na situação da entidade como locatária do imóvel, que a imunidade se estenda sobre o IPTU incidente sobre o prédio, de modo que a tributação sobre a propriedade não provoque qualquer restrição à liberdade fundamental de exercício de religião. Todavia, a jurisprudência não é favorável à imunidade nesse caso, entendendo que o imóvel não pertence ao patrimônio da entidade religiosa. O afastamento da salvaguarda constitucional levou os representantes de algumas entidades religiosas a apresentar uma proposta de emenda constitucional, que resultou na PEC 200/16, que propõe acrescentar o § 1º-A ao art. 156 da CF, para prever a não incidência do IPTU sobre templos de qualquer culto, ainda que as entidades abrangidas pela imunidade tributária sejam apenas locatárias do bem imóvel (até a data de fechamento desta edição, a matéria ainda não havia sido apreciada pelo plenário da Câmara dos Deputados).

18.8.2.2. Cemitérios. A proteção é conferida também ao culto, aos bens a ele relativos e às atividades a ele inerentes. Quando os cemitérios consubstanciam extensões da entidade de cunho religioso, estão abrangidos pela imunidade, não sofrendo a incidência do IPTU. O STF afirmou que essa imunidade é projetada a partir da interpretação da totalidade do texto da CF, da sua unidade, sobretudo a partir do disposto nos arts. 5º, VI, 19, I e 150, VI, "b". (RE 578.562, rel. Min. Eros Grau, Pleno, j. 05.2008). Por outro lado, caso o cemitério seja explorado por um particular, sem caráter de instituição religiosa e com finalidade lucrativa (caráter empresarial), não se aplica a imunidade.

18.8.2.3. Maçonaria. A imunidade dos templos de qualquer culto abrange quaisquer formas de religiosidade e quaisquer religiões, de modo a reafirmar a liberdade de religião. A desoneração é restrita, portanto, aos templos de qualquer culto religioso, não se aplicando à *maçonaria*, "em cujas lojas não se professa qualquer religião". Assim, já decidiu a 1ª Turma do STF, ressaltando que o Min. Marco Aurélio havia provido o recurso, reconhecendo o direito à imunidade à loja maçônica, mas restou vencido (RE 562.351, rel. Min. Ricardo Lewandowski, 1 Turma, j. 09.2012).

18.8.3. Imunidade dos partidos políticos e das suas fundações. Os partidos políticos são representações ou agregações, reunidas em torno de uma ou mais ideologias políticas próprias ou derivadas de outras, servindo de meio efetivo ao exercício da cidadania e, em última análise, à conformação e ao aperfeiçoamento da democracia. A tributação, acaso incidente, representaria inequivocamente um obstáculo ao pleno exercício dos direitos políticos do cidadão, provocando uma restrição em uma das áreas mais sensíveis do Estado Democrático de Direito, que é a construção de um regime democrático representativo e transparente. A imunidade prevista para os partidos políticos visa a não colocar entraves à sua formação, manutenção e expansão, deixando o caminho livre para a exposição e o desenvolvimento de suas respectivas ideologias e para a adesão voluntária dos seus filiados. A desoneração afasta a intervenção do Estado nas suas atividades e contribui para a reafirmação da liberdade de sua criação, fusão, incorporação e extinção (art. 17, CF). O Estado limita-se a prever a necessidade de constituição da personalidade jurídica dos partidos políticos, na forma da lei civil, e a obrigatoriedade de registro dos seus estatutos no TSE (§ 2º, art. 17, CF). A CF inovou quando estendeu a imunidade dos partidos políticos às suas fundações. A intenção foi de colaborar com as suas finalidades fundacionais, ligadas à sua ideologia política, ao fortalecimento da cidadania e da própria democracia, ao menos não obstaculizando a sua atuação por meio dos impostos.

18.8.4. Imunidade dos sindicatos dos trabalhadores. As entidades sindicais dos trabalhadores foram contempladas com a imunidade pela CF, diferentemente das Constituições pretéritas, as quais não a consagravam. Aqui está em jogo o exercício da liberdade de associação sindical (art. 8º) e os direitos individuais e coletivos dos trabalhadores (art. 8º, III), conquistados e protegidos através da atuação dos sindicatos das respectivas categorias. Vale ressaltar que é da natureza jurídica dessas entidades não ter intuito lucrativo, de modo que a receita obtida com a contribuição sindical deve ser revertida para o custeio das suas estruturas e a manutenção dos seus objetivos estatutários. Por outro lado, as entidades patronais não foram agraciadas pela desoneração, com base na ideia de que ostentam supostamente maior capacidade contributiva, por estarem vinculadas às atividades econômicas geradoras de renda, e em virtude dos seus representados não serem hipossuficientes como os representados pelos sindicatos dos trabalhadores. Com relação aos imóveis pertencentes a qualquer das entidades referidas no art. 150, VI, "c", ainda quando alugados a terceiros, há imunidade ao IPTU, "desde que o valor dos aluguéis seja aplicado nas atividades para as quais tais entidades foram constituídas" (Súmula Vinculante 52). À colônia de férias do sindicato inexiste imunidade tributária, por não constituir o respectivo patrimônio ligação às finalidades essenciais do sindicato (RE 245.093 AgR, rel. Min. Sepúlveda Pertence, 1ª Turma, j. 14.11.2006). Em decisão mais recente, julgando um caso envolvendo o Sindicato dos Conferentes de Carga e Descarga do Porto de Santos, o STF entendeu, por unanimidade, que a imunidade prevista no art. 150, VI, "c" da CF aos partidos políticos, entidades sindicais de trabalhadores e às instituições de educação e assistência social, sem fins lucrativos, que atendam aos requisitos da lei, alcança o IOF, inclusive o incidente sobre aplicações financeiras (Tema 328. RE 611.510/SP, rel. Min. Rosa Weber, Pleno, j. 13.04.2021). Entendeu a Corte Suprema que a exigência de vinculação do patrimônio, da renda e dos serviços com as finalidades essenciais da entidade imune (art. 150, § 4º, CF) "não se confunde com a afetação direta e exclusiva a tais finalidades" (entendimento subjacente à Súmula Vinculante 52). O reconhecimento da imunidade é afastado, caso seja provado desvio de finalidade, ônus que incumbe ao sujeito ativo da obrigação tributária.

18.8.5. Imunidade das instituições de educação e de assistência social. *Educação* e *assistência social* são dois direitos fundamentais sociais (art. 6º, CF) e, nessa condição, estão entre as preocupações mais sensíveis do Estado Constitucional brasileiro. Os direitos sociais não só foram constitucionalizados expressamente no elenco previsto no art. 6º como também foram um dos principais objetivos ou objetos de tutela contemplados pela Assembleia Nacional Constituinte desde o preâmbulo do texto constitucional, em que eles foram alçados ao patamar de valores supremos de uma sociedade fraterna, pluralista e sem preconceitos. Além disso, a educação e a assistência social estão umbilicalmente ligadas aos objetivos fundamentais da República Federativa do Brasil (art. 3º, CF), mais precisamente como meios de realização de uma sociedade livre, justa e solidária, preocupada com a erradicação da pobreza e da marginalização, bem como com a redução das desigualdades sociais e regionais. A assistência social é prestada pelo Estado, como regra, com base no critério da necessidade, independentemente da contribuição à seguridade social, e possui como objetivos i) a proteção à família, à maternidade, à infância, à adolescência e à velhice; ii) o amparo às crianças e aos adolescentes carentes; iii) a promoção da integração ao mercado de trabalho; iv) a habilitação e reabilitação das pessoas portadoras de deficiência e a promoção de sua integração à vida comunitária; v) a garantia de um salário mínimo de benefício mensal à pessoa portadora de deficiência e ao idoso que comprovem não possuir meios de prover à própria manutenção ou de tê-la provida por sua família, conforme dispuser a lei (art. 203, CF). A assistência social pressupõe ações governamentais, custeadas com recursos do orçamento da seguridade social, além de outras fontes, contando com a coordenação e a execução dos respectivos programas pelas esferas estadual e municipal, bem como por entidades beneficentes e de assistência social e pela participação da população, por meio de organizações representativas (art. 204, CF). Já a educação é prevista na CF como um direito de todos e dever do Estado e da família, devendo ser promovida e incentivada com a colaboração da sociedade (art. 205, CF). A educação foi prevista como meio para se atingir ao fim do pleno desenvolvimento da pessoa, seu preparo para o exercício da cidadania e sua qualificação para o trabalho (art. 205, CF). Dito de outra forma, a educação está intrinsecamente ligada à conquista e à manutenção da própria dignidade da pessoa humana, sob o viés do desenvolvimento da sua personalidade, que o habilitará ao exercício consciente da cidadania e à participação efetiva no mercado de trabalho. Tem-se, de um lado, a inquestionável fundamentalidade desses dois objetos de tutela jurídico-constitucional; de outro lado, o interesse do Estado em compartilhar essas tarefas com a sociedade. No entanto, a realidade do contexto brasileiro tem demonstrado a incapacidade do Estado de atender plenamente a essas finalidades constitucionais, o que justifica ainda mais o dever que o Estado possui de colaborar com as iniciativas das instituições sociais e educacionais criadas e mantidas pela sociedade civil, especialmente desonerando-as do pagamento dos impostos. Observe-se que, quanto maior for a incapacidade e a ineficiência do Estado nesses setores, maior será a sua obrigação de colaborar com a atuação privada, que desempenha o seu papel tanto como coparticipe como substituto do Estado. A CF prevê a imunidade tributária sobre o patrimônio, a renda e os serviços das instituições de educação e de assistência social, sem fins lucrativos, atendidos os requisitos da lei (art. 150, VI, "c"). A imunidade compreende somente o patrimônio, a renda e os serviços, relacionados com as finalidades essenciais destas entidades (§ 4º, art. 150).

18.8.5.1. Entidade beneficente. Compra de produtos na qualidade de contribuinte de fato. A imunidade tributária relativa às entidades beneficentes de assistência social é uma imunidade subjetiva, ligada à pessoa jurídica da entidade. São as suas características que interessam quando analisado o preenchimento dos requisitos ao gozo do benefício constitucional da exoneração. A imunidade aplica-se ao patrimônio, à renda ou aos serviços das instituições de educação e de assistência social, sem fins lucrativos (art. 150, VI, "c"), relacionados com suas finalidades essenciais (§ 4º). Disso decorre que a desoneração recai nas situações nas quais a entidade figura na condição de contribuinte de direito – na condição de fornecedor de serviços ou de produtos –, mas não na de simples contribuinte de fato – de adquirente de insumos e produtos no mercado interno. Nesse caso, mostra-se irrelevante a repercussão econômica do tributo envolvido (RE 608.872, rel. Min. Dias Toffoli, Pleno, j. 23.02.2017, Tema 342).

18.8.5.2. Entidade educacional. Energia elétrica. Contribuinte de fato. Entidade educacional, tomadora do serviço de energia elétrica, não é contribuinte de Direito do ICMS, não tendo o benefício da imunidade, dado que este não alcança o contribuinte de fato (AI 731.786 AgR, rel. Min. Ricardo Lewandowski, 1ª Turma, j. 19.10.2010).

18.8.5.3. Imóveis ociosos. IPTU. Aplicação da imunidade. A imunidade das instituições de educação e assistência social aplica-se ao patrimônio, à renda e aos serviços prestados por elas. Com relação ao seu patrimônio, mesmo na situação de imóveis temporariamente ociosos (lote vago), aplica-se a imunidade, desde que a entidade sem fins lucrativos atenda aos requisitos legais para o gozo do benefício constitucional (RE 767.332 RG, rel. Min. Gilmar Mendes, Pleno, j. 31.10.2013, Tema 693). O fato de o imóvel não estar sendo utilizado no momento não é suficiente para caracterizar o desatendimento aos requisitos para o gozo da imunidade, revelando, por outro lado, uma situação de neutralidade com relação ao enquadramento no benefício constitucional.

18.8.5.4. Imóvel vago. ITBI. Ônus de elidir a presunção é do Fisco. Pressupõe-se a destinação do imóvel às finalidades essenciais da entidade, de modo que (i) o fato de o imóvel estar vago ou sem edificação não é suficiente para afastar a imunidade, (ii) a presunção ao enquadramento no benefício deve militar a favor dos beneficiários indicados pela norma constitucional e (iii) o ônus de elidir essa presunção de vinculação às atividades essenciais é do Fisco (RE 470.520, rel. Min. Dias Toffoli, 1ª Turma, j. 17.09.2013).

18.8.5.5. Ensino gratuito de língua estrangeira. Aplicação da imunidade. Para fins de aplicação da imunidade ao ensino de língua estrangeira, o elemento decisivo é a "intensidade e a abrangência" do caráter gratuito ou altamente subsidiado desta modalidade de ensino a quem necessitar (RMS 24.283 AgR-segundo, rel. Min. Joaquim Barbosa, 2ª Turma, j. 21.09.2010).

18.8.5.6. Importação. Confusão entre contribuinte de Direito e de fato. Nas importações, o contribuinte dos tributos é o importador, que adquire o produto estrangeiro. Assim, o importador é o contribuinte de Direito e ao mesmo tempo o contribuinte de fato, pois suporta o ônus econômico, não cabendo aqui a ressalva de que o benefício constitucional não se aplica a quem arque com este ônus (AI 476.664 AgR, rel. Min. Joaquim Barbosa, 2ª Turma, j. 06.04.2010). A jurisprudência do STF prevê que a imunidade abrange o ICMS incidente na importação de bens utilizados na prestação dos serviços específicos da entidade de assistência social (AI 669.257 AgR, rel. Min. Ricardo Lewandowski, 1ª Turma, j. 17.03.2009).

18.8.5.7. IOF. Aplicação de recursos da entidade assistencial. Imunidade. Entidade assistencial social pode aplicar seus recursos financeiros, sem que isso signifique atuação fora do objeto previsto no seu ato de constituição, de modo que deve ser reconhecida a imunidade quanto ao IOF incidente sobre a aplicação (RE 241.090, rel. Min. Moreira Alves, 1ª Turma, j. 26.02.2002; RE 454.753 AgR, rel. Min. Joaquim Barbosa, 2ª Turma, j. 20.04.2010).

18.8.5.8. Entidade fechada de previdência privada. Tendo em vista que não está presente a universalidade e a generalidade da prestação das contribuições pactuadas, no caso das entidades fechadas de previdência privada, fica afastada a imunidade. O elemento distintivo, com relação às instituições assistenciais sociais, é o recolhimento das contribuições pelos filiados. No caso das instituições assistenciais sociais, a concessão dos benefícios é à toda coletividade, independentemente de contraprestação (RE 202.700, rel. Min. Maurício Corrêa, Pleno, j. 08.11.2001; RE 127.584 EDv, rel. Min. Joaquim Barbosa, Pleno, j. 15.10.2008).

18.8.5.9. Imóveis como escritório e residência dos membros da entidade. Imunidade. Instituições de educação e assistência social podem utilizar seus imóveis como escritório e residência para seus membros, sem que isso afaste a imunidade do art. 150, VI, "c", § 4º, da CF (RE 221.395, rel. Min. Marco Aurélio, 2ª Turma, j. 08.02.2000).

18.8.5.10. Venda de ingressos de cinema. SESC. Imunidade. O Serviço Social do Comércio (SESC), entidade sem fins lucrativos, quando vende ingressos de cinema ao público em geral e obtém renda, aproveitada nas suas finalidades assistenciais, permanece ao abrigo da imunidade prevista no art. 150, VI, "c" (AI 155.822 AgR, rel. Min. Ilmar Galvão, 1ª Turma, j. 20.09.1994).

18.8.6. Regulação. Lei complementar. A regulação na via da lei complementar está atrelada à chamada "reserva de lei complementar", assim entendida como as previsões expressas na CF para o tratamento de determinadas matérias pelo legislador complementar. O objetivo é que matérias que não devam ser alteradas de forma tão facilitada e frequente sejam preservadas sob o manto do quórum qualificado, que assegura maior participação democrática da deliberação e votação da matéria. Além de garantir maior participação democrática, a exigência de lei complementar termina por assegurar maior estabilidade à regulação e maior segurança jurídica aos seus destinatários. Em matéria tributária, a lei complementar desempenha papeis fundamentais, os quais o constituinte sabiamente retirou da competência do legislador ordinário, prestigiando maior participação democrática nas respectivas deliberações e aprovações e dificultando posteriores alterações ou revogações. Destaca-se o papel da lei complementar de dispor e resolver os conflitos de competência tributária entre os entes federativos (art. 146, I) e de regular determinadas matérias em caráter nacional. Com relação às imunidades previstas às instituições de educação e assistência social, a alínea "c" do inc. VI do art. 150 estatui que o gozo do benefício está condicionado ao atendimento dos "requisitos da lei". A orientação clássica do Direito Constitucional brasileiro é no sentido de que esta lei é ordinária, dado não haver previsão expressa de lei complementar nesse caso. No entanto, as imunidades clássicas do art. 150, VI são espécie de limitações ao poder de tributar, precisamente um dos temas mais caros ao Direito Tributário brasileiro. Não é por menos que a regulação das limitações ao poder de tributar dá-se no plano constitucional e dentro de uma seção específica, em destaque, dentro do Sistema Tributário Nacional. Em consonância a essa inegável fundamentalidade, o constituinte previu, antes mesmo de adentrar nas limitações ao poder de tributar propriamente ditas, no art. 146, II, a competência do legislador complementar para regular as limitações ao poder de tributar. E assim o fez, com a intenção de (i) complementar o texto constitucional, (ii) assegurar maior participação democrática nas respectivas deliberações e votações inerentes ao processo legislativo, (iii) garantir a amplitude nacional do tratamento e da aplicação das respectivas normas, (iv) dificultar eventuais e sucessivas alterações e (v) assegurar maior estabilidade e segurança jurídica. Em que pese a alínea "c" do inc. VI do art. 150 não faça remissão ao art. 146, II, a interpretação conjugada desses dispositivos não só é um dever inerente à interpretação sistemática do Direito, como também uma decorrência natural da boa lógica imanente a todo processo interpretativo. Caso contrário, ter-se-ia uma clara antinomia interna à CF: um dispositivo exigindo lei complementar para regular as limitações ao poder de tributar; outro, específico para uma das espécies de limitações, prevendo mera lei ordinária. Além disso, por que razão haveria de se abrir uma exceção, pelo critério da especificidade, apenas para as instituições de educação e assistência social, e não para os demais sujeitos e objetos contemplados pelas imunidades? Portanto, não pairam dúvidas de que a lei em questão deve ser a lei complementar.

18.8.7. Requisitos materiais e requisitos formais. A imunidade das instituições de educação e assistência social é uma imunidade condicionada ou não autoaplicável, visto que a CF prevê expressamente que o seu gozo está condicionado ao atendimento dos requisitos da lei. Desde a época do Min. Muñoz, o STF entendia que a CF remetia à lei ordinária, no que tangia à imunidade destas instituições, era a fixação de normas sobre a constituição e o funcionamento da entidade, mas não o que dizia respeito aos lindes da imunidade propriamente ditos, os quais deveriam ser disciplinados por lei complementar (RE 93.770, Muñoz, RTJ 102/304). Em agosto de 1998, a Corte constitucional deferiu medida cautelar para suspender, até a decisão final da respectiva ação direta, a vigência do § 1º e da alínea f do § 2º, ambos do art. 12, bem como do art. 13, *caput*, e do art. 14, todos da Lei nº 9.532, de 10/12/1997, sinalizando os contornos em prol da diferenciação entre os requisitos materiais e os requisitos formais para o gozo da imunidade das instituições de educação e de assistência social (ADI 1.802 MC, Rel. Min. Sepúlveda Pertence, Pleno, DJ 13.02.2004). Na ocasião, foi ressaltado o fato de que a categoria econômica representada pela autora da ação, a Confederação Nacional de Saúde, abrangia entidades sem fins lucrativos, cuja característica que objetivamente denotava a sua distinção era a impossibilidade de destinação dos seus resultados positivos à distribuição de lucros. A Corte recordou o julgamento do RE 93.770, da relatoria do Min. Muñoz, no qual restou decidido que a lei ordinária somente poderia fixar as normas sobre constituição e funcionamento da entidade, mas não aquelas relativas à essência da imunidade propriamente dita. Mais recentemente, por ocasião do julgamento da ADI 2.028, restou fixado que as exigências legais relativas à certificação, fiscalização e controle administrativo da imunidade das instituições de educação e de assistência social são passiveis de definição em lei ordinária. Por outro lado, o modo beneficente de atuação destas entidades deve ser delineado pela lei complementar (Rel. para o acórdão Min. Rosa Weber, Pleno, DJe 08.05.2017). Por fim, em abril de 2018, o Pleno decidiu o mérito da ADI 1.802, confirmando que a regulação sobre o modo beneficente de atuação das entidades, especialmente aquelas regras que criam contrapartidas a serem observadas pelas entidades, não podem ser feita por lei ordinária, uma vez que essa competência específica é reservada à lei complementar (requisitos materiais). Por outro lado, a lei ordinária é o veículo próprio para regular os aspectos procedimentais visando ao enquadramento na imunidade (requisitos formais), tais como os referentes à certificação, à fiscalização e ao controle administrativo (ADI 1.802, rel. Min. Dias Toffoli, Pleno, j. 12.04.2018).

18.8.8. Imunidade dos livros, jornais e periódicos. Essa espécie de imunidade é reconhecida amplamente pela doutrina como uma imunidade objetiva, visto que é diretamente ligada aos objetos previstos como destinatários do benefício constitucional. Por outro lado, o que está essencialmente por trás desses objetos são as finalidades constitucionais de fomento e incentivo à educação, à cultura e à informação, bens jurídicos maiores que são apreendidos por meio dos objetos escolhidos pelo Constituinte. Em última análise, por trás da escolha criteriosa desses bens, está nada menos do que o fortalecimento do próprio princípio democrático. Nesse sentido, o Constituinte teve a clara preocupação de não criar entraves tributários ao acesso e à aquisição dos livros, jornais e periódicos, de modo a facilitar financeiramente seu acesso e aquisição por todos na sociedade brasileira, de modo a contribuir, sob o viés tributário não interventivo, na formação e no aprimoramento da educação, da cultura e do acesso à informação. Com isso, ao menos em tese, o País pode contar com cidadãos mais bem educados e instruídos, os quais estarão igualmente mais bem capacitados a fazer melhores escolhas políticas no regime democrático. Em paralelo, está-se a fortalecer a educação, um dos direitos sociais fundamentais mais importantes da ordem constitucional brasileira.

18.8.8.1. Amplitude objetiva de aplicação. É lugar comum nas discussões acerca da imunidade dos livros, jornais e periódicos o paradigmático caso do "álbum de figurinhas". A Corte Suprema, quando instada a se manifestar sobre a incidência ou não da regra desonerativa constitucional sobre os álbuns de figurinhas, entendeu que o fato de eventualmente se compreender que esse tipo de publicação não possui relevante conteúdo educacional ou pedagógico, não lhe retira sua importância dentro de um contexto mais amplo de acesso à educação, à cultura e à informação. Na decisão, restou consignado que o Constituinte "não fez ressalvas quanto ao valor artístico ou didático, à relevância das informações divulgadas ou à qualidade cultural de uma publicação". Além disso, os Ministros à época asseveraram que "não cabe ao aplicador da norma constitucional em tela afastar este benefício fiscal instituído para proteger direito tão importante ao exercício da democracia, por força de um juízo subjetivo acerca da qualidade cultural ou do valor pedagógico de uma publicação destinada ao público infanto-juvenil" (RE 221.239, rel. Min. Ellen Gracie, 2ª Turma, j. 25.05.2004 = RE 179.893, rel. Min. Menezes Direito, 1ª Turma, j. 15.04.2008). O precedente justifica a aplicação da imunidade inclusive às *revistas pornográficas* ou de nu artístico, mesmo que, em princípio, se possa questionar a relevância do seu conteúdo educativo e pedagógico. No caso das *apostilas*, a 2ª Turma entendeu serem "veículos de transmissão de cultura simplificado", sendo alcançadas pela imunidade (RE 183.403, rel. Min. Marco Aurélio, 2ª Turma, j. 07.11.2000). Já no caso dos encartes de propaganda distribuídos com jornais e periódicos, verificou-se a sua índole propagandística e comercial, de modo a não estarem abrangidos pela imunidade (RE 213.094, rel. Min. Ilmar Galvão, 1ª Turma, j. 03.08.1999). Nessa mesma decisão, foi mencionado que a imunidade não se estenderia às empresas responsáveis pelos encartes (aos sujeitos), no que concerne à renda bruta auferida em virtude do serviço prestado e ao lucro líquido obtido. Com relação ao Finsocial, o Pleno também decidiu que a imunidade sobre livros, jornais e periódicos e o papel destinado à sua impressão é objetiva, de modo que não alcança um tributo incidente sobre o faturamento da pessoa jurídica (RE 628.122, rel. Min. Gilmar Mendes, Pleno, j. 19.06.2013, Tema 209). Vale ainda registrar que, no caso das antigas listas telefônicas que veiculavam anúncios e publicidade, não se afasta o benefício constitucional, visto que, no entender da Corte, a divulgação de publicidade paga permite o acesso às informações necessárias a custo zero para os assinantes, caracterizando situação de um acessório que segue a natureza do principal (RE 199.183, rel. Min. Marco Aurélio, 2ª Turma, j. 17.04.1998 = AI 663.747 AgR, rel. Min. Joaquim Barbosa, 2ª Turma, j. 06.04.2010).

18.8.8.2. Livro eletrônico e leitor eletrônico. Causa espanto o fato de que o caso do livro e do leitor eletrônico tenha sido tão polêmico e discutido acirradamente na doutrina nacional. O dispositivo constitucional, ao prever a imunidade ao "papel destinado à sua impressão", levou diversos operadores do Direito à equivocada compreensão de que a desoneração constitucional se aplicaria exclusivamente aos livros, jornais e periódicos em papel, dada a alocação topográfica de ambos os objetos no mesmo dispositivo. A compreensão é equivocada no mínimo sob o aspecto da escolha do método interpretativo afeito às normas constitucionais imunitórias. Conforme visto anteriormente, a Corte Suprema adotou com acerto, como regra, a interpretação teleológica como o método mais adequado à análise de casos que envolvam as imunidades, prestigiando a busca pela melhor concretização possível do direito ou da liberdade fundamental envolvida na desoneração. No caso dos livros e dos leitores eletrônicos, agrega-se à interpretação teleológica a interpretação histórica, utilizando-as de forma conjugada e harmônica. Isso porque o livro é um dos casos mais emblemáticos da evolução tecnológica e digital, a qual deve ser acompanhada pelo Direito. O próprio STF, ao julgar o caso, referiu-se à aplicação de uma interpretação evolutiva, que prestigiasse a interpretação histórica e teleológica. O resultado não poderia ser outro, senão a extensão da desoneração constitucional para o audiolivro (áudio book), para o livro eletrônico (e-book) e também para o suporte eletrônico de leitura (e-reader), estes mesmo que acompanhados de funcionalidades acessórias ou rudimentares, como acesso à internet para download de livros digitais, dicionários etc. (RE 330.817, rel. Min. Dias Toffoli, Pleno, j. 08.03.2017, Tema 593).

18.8.9. Imunidade do papel destinado à impressão. O STF possui entendimento consolidado na Súmula 657, segundo o qual a imunidade abrange os filmes e os papéis fotográficos necessários à publicação de jornais e periódicos. Da mesma forma, os filmes destinados à produção de capas de livros, que se integram ao produto final, estão protegidos pela desoneração (RE 392.221, rel. Min. Carlos Velloso, 2ª Turma, j. 18.05.2004 = AI 597.746 AgR, rel. Min. Sepúlveda Pertence, 1ª Turma, j. 14.11.2006).

18.8.9.1. Outros insumos. Visto que o dispositivo constitucional prevê apenas "o papel destinado à sua impressão", a interpretação literal da norma jurídica subjacente resultaria na aplicação da imunidade unicamente ao papel, excluindo-se quaisquer outros insumos necessários ou indispensáveis à confecção de livros, jornais e periódicos. O entendimento do STF relativo aos insumos é bastante restritivo, conforme denota a sua jurisprudência, contrariando a tendência verificada e anteriormente mencionada da utilização do método de interpretação teleológica às normas constitucionais de imunidade. Nesse sentido, inexiste imunidade relativa aos tributos incidentes na importação de tintas e chapas de gravação destinadas à publicação de jornal (AI 735.816 AgR, rel. Min. Alexandre de Moraes, 1ª Turma, j. 23.03.2018). Também não abrange os serviços de distribuição, transporte ou entrega de livros, jornais, periódicos e do papel destinado à sua impressão. Nesse caso, a 1ª Turma afirmou expressamente que esta imunidade deve ser interpretada restritivamente (RE 530.121 AgR, rel. Min. Ricardo Lewandowski, 1ª Turma, j. 09.11-2010 = RE 630.462 AgR, rel. Min. Ayres Britto, 2ª Turma, j. 07.02.2012). Os serviços de composição gráfica necessários à confecção do produto final também ficaram de fora do benefício constitucional (RE 230.782, rel. Min. Ilmar Galvão, 1ª Turma, j. 13.06.2000 = RE 434.826 AgR, rel. p/ o ac. Min. Celso de Mello, 2ª Turma, j. 19.11.2013). Por outro lado, o Pleno já decidiu que quando se tratar de componentes eletrônicos, destinados exclusivamente a integrar a unidade didática com fascículos periódicos impressos, a imunidade os alcança (RE

595.676, rel. Min. Marco Aurélio, Pleno, j. 08.03.2017, Tema 259. Vide RE 330.817, rel. Min. Dias Toffoli, Pleno, j. 08.03.2017, Tema 593). De forma isolada, há uma decisão da relatoria do Min. Marco Aurélio em que ele sustenta que a imunidade é ampla, total, apanhando produto, maquinário e insumos, sendo a referência ao papel, no dispositivo constitucional, exemplificativa e não exaustiva. Nesse caso, a desoneração deveria abranger toda ferramenta indispensável à edição de veículos de comunicação (RE 202.149, rel. p/ ac. Min. Marco Aurélio, 1ª Turma, j. 04.2011).

18.8.10. Imunidade dos fonogramas e videofonogramas musicais. A imunidade voltada para a música foi inserida no texto constitucional pela EC 75/2013, inaugurando nova espécie de imunidade tributária. Observe-se que a limitação ao poder de tributar é aplicada para composições de áudio e de áudio e vídeo, de caráter musical, mas produzidos no Brasil, de autores brasileiros ou obras em geral interpretadas por artistas brasileiros (art. 150, VI, "e"), revelando nítida proteção à indústria musical nacional. Na justificação trazida na PEC 98/2007, ficam claras as intenções de (i) proteção da produção musical brasileira, (ii) o combate à pirataria física e (iii) o enfrentamento da proliferação da divulgação de músicas e videoclipes na internet. Trata-se de imunidade objetiva, incidente sobre a produção e edição de obras musicais de autores ou intérpretes brasileiros. As obras literomusicais são aquelas que possuem tanto elementos da literatura quanto da música, podendo abranger a leitura de trechos literários e a declamação de poemas. No entanto, a desoneração foi ressalvada na etapa de replicação industrial de mídias ópticas de leitura a laser. Significa que haverá a incidência, portanto, de IPI e ICMS sobre as vendas das cópias ou exemplares das obras produzidas. A ressalva foi implementada a partir da aprovação de um substitutivo apresentado à PEC 98/2007, o qual teve a preocupação de "resguardar a produção industrial de CDs e DVDs na Zona Franca de Manaus, com a manutenção da exclusividade do benefício fiscal na etapa de replicação" (Parecer do Relator, Dep. José Otávio Germano, pela aprovação da Proposta de Emenda à Constituição nº 98-A/2007, com substitutivo). O objetivo foi evitar que a imunidade fosse estendida para qualquer localidade do território nacional, o que poderia gerar um desincentivo às indústrias já instaladas na Zona Franca de Manaus para permanecer lá. A nova imunidade alinha-se à concedida aos livros, jornais e periódicos, materializando igualmente a iniciativa de fortalecimento do direito fundamental de acesso à educação, à cultura e à informação por meio de obras musicais de autores ou intérpretes brasileiros.

§ 1º A vedação do inciso III, b, não se aplica aos tributos previstos nos arts. 148, I, 153, I, II, IV e V; e 154, II; e a vedação do inciso III, c, não se aplica aos tributos previstos nos arts. 148, I, 153, I, II, III e V; e 154, II, nem à fixação da base de cálculo dos impostos previstos nos arts. 155, III, e 156, I. *(Redação dada pela Emenda Constitucional nº 42, de 19.12.2003)*

19. Exceções à anterioridade tributária. A regra da anterioridade tributária é uma diretriz objetiva de concretização da segurança jurídica. Quando combinada com a regra da irretroatividade, constitui a proteção maior conferida ao contribuinte contra instituições e aumentos inesperados de tributos, garantindo-lhe previsibilidade e consequentemente um tempo mínimo para organizar ou reorganizar os seus negócios e a sua vida pessoal. No entanto, a regra trazida pelo § 1º do art. 150 esclarece que a regra da anterioridade não é absoluta, devendo ceder sua primazia, em algumas situações, a outros bens jurídicos envolvidos que, em princípio, são de maior envergadura. A anterioridade de exercício é regra trazida na redação original da CF e, por materializar uma garantia fundamental do contribuinte, possui envergadura de cláusula pétrea, não podendo ser abolida nem mesmo por emenda constitucional (RE 587.008, rel. Min. Dias Toffoli, Pleno, j. 02.02.2011, Tema 107. Vide ADI 939, rel. Min. Sydney Sanches, Pleno, j. 15.12.1993). Já a anterioridade nonagesimal foi incluída pela EC 42/2003, representando uma atuação ativa do constituinte derivado. Todavia, como a modificação foi aditiva e protetiva ao contribuinte, agregando-lhe proteção adicional à preexistente anterioridade de exercício, ela é inequivocamente constitucional. Eventual tentativa de suprimi-la, por emenda constitucional, encontraria igualmente a vedação de abolição de direitos e garantias fundamentais, prevista no § 4º do art. 60, mesmo que tenha sido inserida pelo constituinte derivado, e não pelo constituinte originário. Isso porque o texto constitucional não faz distinção com relação à criação do direito ou da garantia fundamental em si, se pelo constituinte originário ou pelo constituinte derivado, e a jurisprudência do STF tampouco. Além disso, eventual tentativa de supressão da anterioridade nonagesimal representaria verdadeira violação à proibição de retrocesso e à segurança jurídica.

19.1. Tipologia das exceções. O § 1º do art. 150 traz as seguintes exceções à *anterioridade de exercício*, aos seguintes tributos: a) Empréstimo

Compulsório Emergencial (despesas extraordinárias de calamidade pública, guerra externa ou sua iminência – art. 148, I); b) Imposto de Importação (art. 153, I); c) Imposto de Exportação (art. 153, II); d) Imposto sobre Produtos Industrializados (art. 153, IV); e) Imposto sobre Operações Financeiras (art. 153, V); f) Imposto Extraordinário (art. 154, II); à *anterioridade nonagesimal*, aos seguintes tributos: a) Empréstimo Compulsório Emergencial (despesas extraordinárias de calamidade pública, guerra externa ou sua iminência – art. 148, I); b) Imposto de Importação (art. 153, I); c) Imposto de Exportação (art. 153, II); d) Imposto de Renda (art. 153, III); e) Imposto sobre Operações Financeiras (art. 153, V); f) Imposto Extraordinário (art. 154, II); g) fixação da base de cálculo do IPVA (art. 155, III) e do IPTU (art. 156, I). Vale mencionar que, para as *contribuições de seguridade social*, incide a regra do art. 195, § 6º, que prevê a aplicação exclusiva da anterioridade nonagesimal. Ainda, fora do § 1º do art. 150, outras duas exceções devem ser consideradas: os arts. 155, § 4º, IV, "c", e 177, § 4º, I, "b", trazem regra que afasta a aplicação da *anterioridade de exercício* na redução e no restabelecimento das alíquotas nos casos i) do *ICMS monofásico sobre combustíveis e lubrificantes* e ii) da *CIDE-Combustíveis*. Esquematicamente, podemos visualizar da seguinte forma:

Espécie	Exercício	Nonagesimal
Tributos (regra geral)	Aplica	Aplica
Emp. Comp. Emergencial	Não aplica	Não aplica
II	Não aplica	Não aplica
IE	Não aplica	Não aplica
IPI	Não aplica	Aplica
IOF	Não aplica	Não aplica
Impostos Extraordinários	Não aplica	Não aplica
Imposto de Renda	Aplica	Não aplica
Base de cálculo IPVA	Aplica	Não aplica
Base de cálculo IPTU	Aplica	Não aplica
Contr. Seguridade Social	Não aplica	Aplica

Espécie	Exercício	Nonagesimal
ICMS-Combustíveis	Não aplica	Aplica
CIDE-Combustíveis	Não aplica	Aplica

Fonte: elaborada pelo autor.

De forma geral, essas exceções são justificadas pela urgência da modificação em virtude de alguma decisão que precise ser tomada e implementada em sede de política extrafiscal. Se observarmos os impostos sobre o comércio exterior (II e IE) e o imposto sobre as operações financeiras (IOF), veremos que se trata de impostos com nítida preocupação extrafiscal, cuja incidência, dependendo do montante da alíquota, podem direcionar o comportamento dos participantes desses setores econômicos em uma determinada direção ou em outra. Como regra, decisões em setores estratégicos e fundamentais da economia, como são o comércio exterior e o sistema financeiro, não podem esperar o exercício seguinte, muito menos o interregno de noventa dias para serem implementadas e começarem a surtir seus efeitos na economia. Assim, um aumento de alíquota do II tende a desincentivar as importações, favorecendo, em princípio, a balança comercial brasileira. Uma alteração desse porte intenciona reações imediatas, de modo a corrigir a externalidade negativa o mais rápido possível. Por outro lado, uma redução de alíquota do IOF pode vir a fomentar mais operações financeiras, até mesmo mais contratos de concessão de crédito, viabilizando nova dinâmica ao mercado financeiro. Tanto o Empréstimo Compulsório Emergencial quanto o Imposto Extraordinário (de guerra), quando for o caso, devem poder ser cobrados de imediato, tendo em vista a urgência da situação de calamidade pública ou de guerra. Por fim, as bases de cálculo do IPTU e do IPVA possuem a flexibilização quanto à não aplicação da anterioridade nonagesimal, viabilizando a atualização dos valores dos imóveis e dos veículos automotores (base de cálculo) e a utilização dos valores atualizados no início do exercício seguinte, mesmo que realizada no final do ano.

§ 2º A vedação do inciso VI, "a", é extensiva às autarquias e às fundações instituídas e mantidas pelo Poder Público, no que se refere ao patrimônio, à renda e aos serviços, vinculados a suas finalidades essenciais ou às delas decorrentes.

20. Imunidade às autarquias e fundações públicas. Plenamente coerente a imunidade concedida às autarquias e às fundações públicas. Aquelas são entidades operacionais do Poder Público, constituídas para uma ou mais das suas operações específicas, de modo a desonerar o Estado na atuação primária na consecução de determinada finalidade constitucional. Mesmo que as autarquias possuam a necessária autonomia administrativa, operacional e financeira, elas continuam sendo parte da administração pública direta, ou seja, continuam sendo Poder Público. Já as fundações instituídas e mantidas pelo Poder Público, dada sua natureza fundacional, não podem visar ao lucro e, portanto, não podem ser obrigadas à tributação, como regra. Muito menos na situação em que são instituídas e mantidas pelo próprio Estado, não fazendo qualquer sentido o Poder Público tributar o próprio Poder Público. No entanto, eventuais desvios de finalidade ou a ocorrência de situações, em que o patrimônio, a renda ou os serviços não são vinculados a suas finalidades essenciais ou às delas decorrentes, podem fazer surgir legitimamente a obrigação tributária pertinente. Assim, um imóvel abandonado (terreno baldio), por exemplo, pode sofrer a incidência da tributação (RE 98.382, rel. Min. Moreira Alves, 2ª Turma, j. 11.1982), sem prejuízo da cobrança do IPTU progressivo no tempo. O promitente comprador de imóvel de propriedade anterior de autarquia é o contribuinte do IPTU (Súmula STF 583). As autarquias e as fundações públicas podem explorar economicamente seus imóveis mediante locação, desde que os aluguéis sejam aplicados nas atividades para as quais essas entidades foram constituídas (Súmula Vinculante 52). Instituições vinculadas ao ente imune, mas que não revelam instrumentalidade estatal, não estão sob o abrigo da desoneração constitucional. É o caso da Caixa de Assistência dos Advogados que, em que pese esteja integrada à estrutura maior da OAB, é destinada a prover benefícios pecuniários e assistenciais a seus associados, não desempenhando as atividades próprias da OAB (defesa da Constituição, da ordem jurídica, dos direitos humanos e da justiça social) (RE 233.843, rel. Min. Joaquim Barbosa, 2ª Turma, j. 12.2009).

§ 3º As vedações do inciso VI, "a", e do parágrafo anterior não se aplicam ao patrimônio, à renda e aos serviços, relacionados com exploração de atividades econômicas regidas pelas normas aplicáveis a empreendimentos privados, ou em que haja

contraprestação ou pagamento de preços ou tarifas pelo usuário, nem exonera o promitente comprador da obrigação de pagar imposto relativamente ao bem imóvel.

21. Imunidade às empresas públicas e sociedades de economia mista. Do arcabouço constitucional anteriormente delineado, observa-se que a imunidade tributária recíproca abrange as autarquias e as fundações públicas, mas não se aplica ao patrimônio, à renda e aos serviços relacionados com a exploração de atividades econômicas regidas pelo Direito Privado. Quanto às *empresas públicas* e às *sociedades de economia mista*, a Ordem Econômica e Financeira da Constituição Federal prevê, como regra, que "a lei estabelecerá o estatuto jurídico da empresa pública, da sociedade de economia mista e de suas subsidiárias que explorem atividade econômica de produção ou comercialização de bens ou de prestação de serviços, dispondo sobre a sujeição ao regime jurídico próprio das empresas privadas, inclusive quanto aos direitos e obrigações civis, comerciais, trabalhistas e tributários (CF, art. 173, § 1°, II). Além disso, as empresas públicas e as sociedades de economia mista não poderão gozar de privilégios fiscais não extensivos às do setor privado (CF, art. 173, § 2°). Como visto, a Ordem Econômica e Financeira dispõe como regra que as empresas públicas e as sociedades de economia mista não gozarão da imunidade tributária recíproca, visto que não poderão gozar de privilégios fiscais não extensíveis às do setor privado. Em diversos precedentes, a Corte Suprema vem reiterando três funções da imunidade tributária recíproca que condicionam o alcance do benefício: i) a imunidade recíproca opera como salvaguarda do pacto federativo, para evitar que a tributação funcione como instrumento de coerção ou indução de entes federados; ii) a imunidade recíproca deve proteger atividade desprovida de capacidade contributiva, isto é, atividades públicas em sentido estrito, executadas sem intuito lucrativo; iii) a imunidade tributária recíproca não deve beneficiar a expressão econômica de interesses particulares, sejam eles públicos ou privados, nem afetar intensamente a livre iniciativa e a livre concorrência (excetuadas as permissões constitucionais) (Ver aqui o RE 601.392, rel. Min. Joaquim Barbosa, red. p/ ac. Min. Gilmar Mendes, Pleno, j. 28.02.2013). A jurisprudência do STF vem consolidando seu entendimento no sentido de que há situações em que a empresa pública ou a sociedade de economia mista desempenha verdadeiro papel de Poder

Público, atuando como *longa manus* do Estado e, nesses casos, devem ser contempladas com a imunidade tributária recíproca. São situações que devem preencher alguns requisitos, apontados pela jurisprudência do STF como necessários à fruição da imunidade pelas empresas públicas e pelas sociedades de economia mista.

21.1. Extensão da imunidade tributária recíproca às empresas públicas e às sociedades de economia mista. O STF já foi chamado a se manifestar sobre a possibilidade da extensão da imunidade tributária recíprocas aos entes da administração pública indireta, que estariam expressamente excluídos pela CF da fruição de benefícios fiscais não extensíveis às empresas do setor privado. Tratava-se de situações nas quais havia a preocupação precípua de se preservar a *livre concorrência*, de modo a não se estender a imunidade tributária à determinada empresa pública ou determinada sociedade de economia mista que atuasse no mercado *com intuito lucrativo*, em concorrência com uma ou mais empresas do setor privado, as quais não poderiam gozar de qualquer imunidade tributária. Essa preocupação esteve presente nos casos já julgados pelo STF, inclusive naqueles em que a Corte Suprema terminou decidindo pela possibilidade da extensão da imunidade à empresa pública ou à sociedade de economia mista, uma vez demonstrado que ela não desenvolvia atividade econômica propriamente dita, em sede concorrencial. Pelo contrário, foram situações em que restou provado que a empresa em questão, *em que pese formalmente atuante sob regime de Direito Privado*, era, na verdade, e, na sua essência, uma *prestadora de serviço público*. Além disso, o fazia em *caráter de exclusividade*, sem pôr em risco a livre concorrência no mercado. O caso da Companhia Nacional de Abastecimento (CONAB), empresa pública federal, mas que foi reconhecida como prestadora de serviços públicos e, nessa condição, reiterou o STF que o § 2º do art. 173 da CF não se aplica às empresas públicas prestadoras de serviços públicos (RE 596.729 AgR, rel. Min. Ricardo Lewandowski, 1ª Turma, j. 19.10.2010). Em outro caso, também entendeu a Corte Suprema que sociedade de economia mista que presta *serviço de água e esgoto* é *prestadora de serviço público* e, nessa condição, é abrangida pela imunidade tributária recíproca (RE 631.309 AgR, rel. Min. Ayres Britto, 2ª Turma, j. 27.03.2012). Mais evidente ainda foi o caso da *Infraero*, responsável pelos serviços de infraestrutura aeroportuária em âmbito nacional. Em que pese formalmente constituída sob a roupagem de uma empresa pública federal, a *Infraero* foi enquadrada como prestadora de serviço público típico, originalmente de competência da União Federal, mas que fora criada como instrumentalidade administrativa da própria União Federal. Além disso, fora reconhecida a inaplicabilidade das regras insculpidas no art. 150, § 3º, e art. 173, § 1º, da CF (RE 363.412 AgR, rel. Min. Celso de Mello, 2ª Turma, j. 07.08.2007). Situação diversa é a da *Petrobras*, na qual o STF confirmou que se trata de "sociedade de economia mista destinada à exploração econômica em benefício de seus acionistas, pessoas de direito público e privado, e a salvaguarda não se presta a proteger aumento patrimonial dissociado de interesse público primário". A Petrobras visa à distribuição de lucros, e, portanto, tem capacidade contributiva para participar do apoio econômico aos entes federados, não se aplicando a imunidade tributária recíproca (RE 285.716 AgR, rel. Min. Joaquim Barbosa, 2ª Turma, j. 02.03.2010). Por outro lado, vale destacar que o entendimento do STF igualmente é claro no sentido de que é irrelevante para a definição da aplicabilidade da imunidade tributária recíproca a circunstância de a atividade desempenhada estar ou não sujeita à monopólio estatal. Muito pelo contrário, a abrangência da imunidade implica o exame (i) da caracterização econômica da atividade (lucrativa ou não), (ii) do risco à concorrência e à livre iniciativa e (iii) de riscos ao pacto federativo. Há *requisitos* apontados pela Corte Suprema para a extensão da imunidade, a saber: I) capital social majoritariamente público e fechado, II) prestação de serviço público de modo exclusivo e III) ausência de violação à livre concorrência. Mais recentemente, a Corte Suprema apreciou a aplicação da imunidade recíproca à sociedade de economia mista Companhia do Metropolitano de São Paulo – Metrô, tendo fixado a seguinte tese: "as empresas públicas e as sociedades de economia mista delegatárias de serviços públicos essenciais, que não distribuam lucros a acionistas privados nem ofereçam risco ao equilíbrio concorrencial, são beneficiárias da imunidade tributária recíproca prevista no artigo 150, VI, a, da Constituição Federal, independentemente de cobrança de tarifa como contraprestação do serviço" (RG no RE 1.320.054/SP, rel. Min. Luiz Fux, Pleno, j. 06.05.2021). O caso teve repercussão geral reconhecida e provocou a reafirmação da jurisprudência da Corte Suprema.

21.1.1. Capital social majoritariamente público e fechado. O primeiro dos requisitos identificados nos casos já apreciados pela Corte Suprema, envolvendo a análise da possibilidade de extensão da salvaguarda constitucional às empresas públicas e às sociedades de economia mista, é o requisito do *capital social majoritariamente público e fechado*. A circunstância do capital social majoritariamente público denota a pertença da pessoa jurídica em questão ao Poder Público, em que pese formalmente constituída sob a roupagem do Direito Privado. Essa circunstância fica ainda mais clara quando 99,9996 % do capital social pertencem ao Estado, mais precisamente ao Estado do Rio de Janeiro, quando se avaliou o caso da Companhia Estadual de Águas e Esgotos (CEDAE) (ACO 2.757 AgR-ED, rel. Min. Luiz Fux, j. 11.05.2017). No caso CEDAE, foi decidido que inclusive é irrelevante a participação de capital privado em seu quadro societário, visto que ínfima essa participação. Não se tratava, portanto, de exploração de atividades econômicas regidas pelas normas aplicáveis a empreendimentos privados (art. 150, § 3º, CF), de modo que não se caracterizava eventual natureza econômica ou lucrativa dos serviços prestados. Julgando o caso da Companhia de Saneamento Básico do Estado de São Paulo (SABESP), o STF decidiu que a imunidade não é aplicável às sociedades de economia mista, cuja participação acionária é negociada em Bolsas de Valores, e que, inequivocamente, "estão voltadas à remuneração do capital de seus controladores ou acionistas, unicamente em razão das atividades desempenhadas". Fixada tese de repercussão geral nos seguintes termos: "Sociedade de economia mista, cuja participação acionária é negociada em Bolsas de Valores, e que, inequivocamente, está voltada à remuneração do capital de seus controladores ou acionistas, não está abrangida pela regra de imunidade tributária prevista no art. 150, VI, "a", da Constituição, unicamente em razão das atividades desempenhadas" (RE 600.867/SP, rel. Min. Joaquim Barbosa, red. Min. Luiz Fux, Pleno, j. 29.06.2020).

21.1.2. Prestação de serviço público de modo exclusivo. O segundo requisito verificado na jurisprudência do STF é a prestação de serviço público de modo exclusivo. Essa exigência pode ser observada nos casos já julgados pela Corte Suprema, nos quais restou decidido pela possibilidade de extensão da imunidade tributária recíproca às empresas públicas e às sociedades de economia mista. Entre eles, destaca-se a AC 1.851-QO (rel. Min. Ellen Gracie, 2ª Turma, DJe 01.08.2008). O precedente anterior faz menção justamente a um dos casos paradigmáticos sobre a matéria, mais precisamente o caso dos *Correios*, cujo julgamento denotou o mesmo sentido, segundo o qual a empresa pública prestadora de serviço público de prestação obrigatória e exclusiva do Estado está abrangida pela imunidade tributária recíproca (RE 407.099, rel. Min. Carlos Velloso, 2ª Turma, j. 22.06.2004). Nessa mesma linha, a Corte Suprema julgou o caso CASAL, referente à imunidade tributária da Companhia de Saneamento de Alagoas, em que restou decidido que a companhia, em que pese ostentar, como sociedade de economia mista, natureza de ente privado, executa serviço público e o faz de modo exclusivo, sendo também empresa de capital fechado e com 99,96% de participação do Estado de Alagoas (ACO 2.243 AgR-segundo, rel. Min. Dias Toffoli, Pleno, j. 17.03.2016).

21.1.3. Ausência de violação à livre concorrência. O último requisito verificado na jurisprudência da Corte Suprema para a concessão da imunidade tributária recíproca às empresas públicas e às sociedades de economia mista é a *ausência de violação à livre concorrência*. Esse requisito significa que eventual concessão do benefício tributário a uma sociedade de economia mista, por exemplo, não pode resultar em prejuízo para as suas concorrentes, considerando-se, portanto, o mesmo segmento de atuação. Em outras palavras, suas concorrentes não poderão ser prejudicadas, no mesmo mercado em que atuam, pelo fato de essa sociedade de economia mista estar recebendo a desoneração tributária e, eventualmente, conseguir praticar um preço mais competitivo no mercado em razão unicamente da desoneração tributária. Conforme já decidido pelo STF no caso CODESP, "a desoneração não deve ter como efeito colateral relevante a quebra dos princípios da livre concorrência e do exercício de atividade profissional ou econômica lícita" (RE 253.472, rel. Min. Joaquim Barbosa, Pleno, DJe 01.02.2011). No caso, não se observou indicação de risco de quebra do equilíbrio concorrencial ou da livre-iniciativa, eis que ausente comprovação de que a CODESP concorresse com outras entidades no campo de sua atuação. Igualmente, no caso CEDAE (Companhia Estadual de Águas e Esgotos do Rio de Janeiro), decidiu a Corte Suprema que se tratava de induvidoso serviço público de natureza não concorrencial. Nesse caso, também se destacou a ausência de qualquer risco de quebra do equilíbrio concorrencial ou da livre iniciativa, mercê da ausência de comprovação de que a CEDAE concorresse com outras entidades no campo de sua atuação (ACO 2.757, rel. Min. Luiz Fux, j. 11.05.2017). Adicionalmente, ressalta a Corte Suprema que a *cobrança de tarifa*, isoladamente considerada, não possui aptidão para descaracterizar a regra imunizante prevista no art. 150, VI, "a", da CF (ACO 2.730-AgR, rel. Min. Edson Fachin, Pleno, DJe 03.04.2017).

21.2. Serviços de registros públicos, cartorários e notariais. Inexistência de imunidade ao ISS. Os serviços de registros públicos, cartorários e notariais são atividades desempenhadas mediante prévia concessão ou delegação pelo Poder Público. Uma vez concedidas ou delegadas, são realizadas por particulares com nítido intuito lucrativo, denotando inequívoca capacidade contributiva. Estudo ainda recente da FGV Social aponta que, das dez ocupações com maior ganho no País, a partir do que fora informado nas declarações de Imposto de Renda, sete são ligadas ao setor público, principalmente à área jurídica (Disponível em: [https://oglobo.globo.com/economia/conheca-as-dez-carreirascom-maior-rendimento-no-brasil-sete-sao-ligadas-ao-setor-publico-23698823]. Acesso em 23.12.2019). Os maiores rendimentos estão nas mãos dos titulares de cartório (R$ 107,6 mil por mês), seguidos dos membros do Ministério Público (R$ 53,2 mil por mês) e dos membros do Poder Judiciário (R$ 52,8 mil por mês). O STF entendeu pela inexistência de imunidade ao ISS relativamente aos serviços prestados pelos notários, tendo em vista o nítido intuito lucrativo e a inequívoca capacidade contributiva apresentada (ADI 3.089, rel. p/ ac. Min. Joaquim Barbosa, Pleno, j. 02.2008).

§ 4º As vedações expressas no inciso VI, alíneas "b" e "c", compreendem somente o patrimônio, a renda e os serviços, relacionados com as finalidades essenciais das entidades nelas mencionadas.

22. Templos religiosos. Partidos políticos, sindicatos dos trabalhadores e instituições de assistência social. Finalidades essenciais. O dispositivo prevê a vinculação da imunidade relativamente ao patrimônio, à renda e aos serviços prestados pelas entidades religiosas, pelos partidos políticos, suas fundações, sindicatos dos trabalhadores e instituições de assistência social. Todavia, ressalva a vinculação expressa às finalidades essenciais dessas entidades. A jurisprudência do STF tem sido, no geral, mais extensiva do que restritiva sob essa perspectiva. A já mencionada Súmula 724 prevê que "ainda quando alugado a terceiros, permanece imune ao IPTU o imóvel pertencente a qualquer das entidades referidas pelo art. 150, VI, *c*, da Constituição, desde que o valor dos aluguéis seja aplicado nas atividades essenciais de tais entidades". Instituição de assistência social que cobra pelo estacionamento de veículos em área interna da entidade é imune ao ISS, desde que a receita obtida seja destinada ao custeio das suas atividades (RE 144.900, rel. Min. Ilmar Galvão, 1ª Turma, j. 04.1997). O Serviço Social do Comércio (SESC), quando vende ingressos de cinema ao público em geral, também é imune (AI 155.822 AgR, rel. Min. Ilmar Galvão, 1ª Turma, j. 09.1994). Imóveis de instituições de educação e assistência social sem fins lucrativos, utilizados como escritório e residência de membros da entidade, não são causa suficiente para afastar a imunidade (RE 221.395, rel. Min. Marco Aurélio, 2ª Turma, j. 02.2000). Terrenos considerados "baldios", sem vinculação às finalidades essenciais da entidade, afastam a imunidade (RE 375.715 ED, rel. Min. Ellen Gracie, 2ª Turma, j. 31.08.2010 = AI 661.713 AgR, rel. p/ o ac. Min. Marco Aurélio, 1ª Turma, j. 19.03.2013). Entidade de assistência social, cujo imóvel é utilizado para atividades de lazer e recreação, permanece imune ao IPTU, não havendo desvio de finalidade com relação aos objetivos fundacionais (RE 236.174, rel. Min. Menezes Direito, 1ª Turma, j. 02.09.2008).

§ 5º A lei determinará medidas para que os consumidores sejam esclarecidos acerca dos impostos que incidam sobre mercadorias e serviços.

23. Transparência tributária. Acesso à informação. O § 5º do art. 150 consta da redação original da CF, isto é, desde 1988, impondo ao legislador o dever de informar ao consumidor o que ele está pagando a título de impostos sobre mercadorias e serviços. O dispositivo programático coaduna-se com as obrigações inerentes ao Estado Fiscal, cuja essência é arrecadatória, mas que ao mesmo tempo deve ser transparente com relação às suas despesas e à sua competência impositiva. O dever de transparência não termina na CF, ao prever as regras de competência tributária para os entes federativos, visto que elas apenas conferem um panorama geral acerca da imposição tributária. Por outro lado, o quanto efetivamente o consumidor está suportando a título de carga tributária é uma informação que não consta do texto constitucional, o que reforça a justificativa para a iniciativa legislativa de preencher essa lacuna. No Direito Tributário brasileiro, a necessidade de transparência tributária e do dever de informação ao consumidor é ainda mais evidente, dado que não temos um único imposto sobre o consumo, como há nos países que adotam um imposto no formato de um IVA. A legislação tributária sobre o consumo de produtos e mercadorias prevê a incidência de no mínimo o IPI e o ICMS, quando não prevê a incidência de outros tributos, como no caso dos combustíveis. A complexidade da tributação sobre o consumo no Brasil, que não se limita apenas aos impostos, justifica, com segurança, a aplicação do § 5º aos demais tributos, de modo a informar ao cidadão, da melhor forma possível, a *carga de tributos* por ele suportada. A teleologia presente nesse dispositivo adquire maior relevo à luz do ainda recente relatório publicado pela OCDE, em setembro de 2019, denominado de *Tax Morale – What Drives People and Businesses to Pay Tax?* (disponível em: [www.oecd.org/tax/tax-morale-f3d8ea10en.htm?utm_source=Adestra&utm_medium=e-mail&utm_content=Read%20more&utm_campaign=Tax%20News%20Alert%2011-09-2019&utm_term=demo]. Acesso em 16.09.2019). A Organização ressalta, entre outras conclusões, que a *moral tributária* deve ser compreendida a partir de relações dinâmicas entre confiança, facilitação e cumprimento da lei. A confiança deve ser alcançada por meio de um sistema tributário visto como justo, equitativo e previsível, o que inclui *transparência*, *clareza* e *facilidade* no cumprimento da lei tributária. Além disso, uma administração tributária mais orientada para atender e servir ao cidadão, em vez de ser voltada unicamente para fazer cumprir a lei tributária, ajudou as autoridades fiscais na Suécia a aumentar a confiança dos cidadãos no governo, a moral tributária e consequentemente o *compliance* fiscal. Transparência e clareza acerca da carga tributária suportada pelos consumidores devem ser preocupações prioritárias na pauta do programa da moral tributária do Estado.

23.1. Valor aproximado dos tributos. Influência na formação dos preços de venda. A lei que dispõe sobre as medidas de esclarecimento ao consumidor acerca da carga tributária por ele suportada foi publicada apenas em 2012. A Lei 12.741, de 08.12.2012, prevê que, "por ocasião da venda ao consumidor de mercadorias e serviços, em todo território nacional, deverá constar, dos documentos fiscais ou equivalentes, a informação do valor aproximado correspondente à totalidade dos tributos federais, estaduais e municipais, cuja incidência influi na formação dos respectivos preços de venda" (art. 1º). A lei também dispõe sobre a possibilidade dessa informação constar em painel afixado em local visível do estabelecimento, ou por qualquer outro meio eletrônico ou impresso, demonstrando o valor ou percentual aproximado dos tributos incidentes (§ 2º, art. 1º). No detalhamento, deverão ser informados o ICMS, o ISS, o IPI, o IOF, o PIS/Pasep, a Cofins e a CIDE-Combustíveis (§ 5º, art. 1º). No caso de produtos importados, serão informados ainda os valores referentes ao II, PIS/Pasep-Importação e Cofins-Importação, na hipótese de produtos cujos insumos ou componentes representem percentual superior a 20% (vinte por cento) do preço de venda (§ 6º, art. 1º). Quanto aos serviços de natureza financeira, as informações deverão constar em tabelas afixadas nos respectivos estabelecimentos (§ 8º, art. 1º). A lei ainda prevê a obrigação de divulgação da contribuição previdenciária dos empregados e dos empregadores, sempre que o pagamento de pessoal constituir item de custo direto do serviço ou produto fornecido ao consumidor (§ 12, art. 1º). A lei também trouxe nova redação ao art. 6º do Código de Proteção ao Consumidor (Lei 8.078, de 11.09.1990), dispondo ser direito básico do consumidor a informação adequada e clara sobre os tributos incidentes. Eventuais descumprimentos ao dever de informação acerca da carga tributária incidente ficam sujeitas às sanções previstas no Código de Defesa do Consumidor.

§ 6º Qualquer subsídio ou isenção, redução de base de cálculo, concessão de crédito presumido, anistia ou remissão, relativos a impostos, taxas ou contribuições, só poderá ser concedido mediante lei específica, federal, estadual ou municipal, que regule exclusivamente as matérias acima enumeradas ou o correspondente tributo ou contribuição, sem prejuízo do disposto no art. 155, § 2.º, XII, g. ***(Redação dada pela Emenda Constitucional nº 3, de 1993)***

24. Benefícios fiscais, anistia ou remissão. Lei específica. A norma que se extrai do § 6º do art. 150 traduz a necessidade de lei para instituir e conceder *quaisquer benefícios fiscais*. A *reserva legal* igualmente é exigida para as situações de perdão das infrações tributárias (anistia) e de perdão do crédito tributário (remissão). Exige-se lei do ente federado, cuja competência tributária esteja em jogo, não se admitindo a delegação desse poder legislativo ao Executivo. A revogação e a suspensão dos benefícios fiscais também estão na competência do legislador, exclusivamente. A Corte Suprema já decidiu que a transferência da prerrogativa de concessão de benefícios fiscais ao Executivo ofende o postulado da separação dos poderes e da reserva de competência legislativa (ADI 1.247 MC, rel. Min. Celso de Mello, Pleno, j. 08.1995; ADI 1.296 MC, rel. Min. Celso de Mello, Pleno, j. 06.1995). Também declarou a inconstitucionalidade da delegação ao Ministro da Fazenda para suspender o crédito-prêmio do IPI (RE 250.288, rel. Min. Marco Aurélio, Pleno, j. 12.2001). Muito menos pode o legislador estadual autorizar o não ajuizamento de débitos de pequeno valor de competência dos Municípios, sob pena de violação à competência tributária desses (RE 591.033, rel. Min. Ellen Gracie, Pleno, j. 11.2010). A ressalva feita pelo § 6º quanto à lei específica para a concessão do benefício fiscal, da anistia ou da remissão deve ser lida à luz dos casos já julgados pelo STF, entre eles o caso do estatuto da advocacia (Lei 8.906/94), o qual também veiculou a isenção da contribuição sindical para os advogados (ADI 2.522, rel. Min. Eros Grau, Pleno, j. 06.2006). A Corte asseverou a possibilidade de regulação do benefício fiscal no contexto de lei que cuidasse de matéria de natureza diversa, mas que não estivesse totalmente dissociada dessa, de modo a não caracterizar uma introdução oportunista do benefício. Da mesma forma, a previsão de isenção para as MEs e EPPs na mesma lei que instituiu o regime diferenciado de tributação para elas não implica violação ao § 6º do art. 150 da CF, dada a pertinência temática entre o benefício fiscal e o regime tributário instituído (ADI 4.033, rel. Min. Joaquim Barbosa, Pleno, j. 09.2010). Atenção deve ser conferida aos benefícios fiscais no âmbito do ICMS, para os quais a CF prevê um procedimento específico para a sua concessão, com base no art. 155, § 2º, XII, "g". Por fim, os dispositivos do CTN sobre a concessão de isenção (art. 176) e de remissão (art. 172) devem ser lidos e aplicados conforme a norma extraída do § 6º do art. 150 da CF, sob pena de inconstitucionalidade. Na prática, a isenção deve ter a sua tipologia, suas condições e requisitos previstos na lei específica do ente competente para o tributo em questão. A remissão, mesmo que o CTN preveja a possibilidade de autorização legislativa para sua concessão pela autoridade administrativa, deve ter seus requisitos de concessão previstos na lei, e a autoridade administrativa deve se limitar a aplicar ou executar o que está na lei. A *discricionariedade administrativa* prevista no art. 172 do CTN foi limitada pela regra do § 6º do art. 150, restando a atuação administrativa *vinculada* às regras e condições previstas na lei de remissão.

§ 7º A lei poderá atribuir a sujeito passivo de obrigação tributária a condição de responsável pelo pagamento de imposto ou contribuição, cujo fato gerador deva ocorrer posteriormente, assegurada a imediata e preferencial restituição da quantia paga, caso não se realize o fato gerador presumido. *(Incluído pela Emenda Constitucional nº 3, de 1993)*

25. Substituição tributária para frente. A EC 3/93 incluiu no texto constitucional a possibilidade de o legislador atribuir responsabilidade tributária a um terceiro, com relação a um fato gerador que ocorrerá, em princípio, posteriormente, envolvendo outro sujeito passivo da obrigação tributária. A denominada substituição tributária para a frente ou progressiva pressupõe que um determinado sujeito passivo, no início da cadeia de circulação econômica (o industrial, por exemplo), seja o responsável pelo recolhimento antecipado do tributo que será devido, em princípio, em operação futura, a ser realizada por outro sujeito passivo, localizado mais à frente na cadeia de circulação econômica (um varejista, por exemplo). Na prática, uma montadora de veículos automotores recolherá, antecipadamente e na condição de substituta tributária, o imposto que será devido na operação futura de venda do veículo pela concessionária ao consumidor final. A concessionária, nesse caso, não está obrigada a recolher o tributo, figurando como mera substituída tributária. A dinâmica da substituição tributária para a frente pode ser melhor compreendida através da sua teleologia. A técnica foi instituída para evitar que a administração tributária tivesse o trabalho de fiscalizar todas as empresas varejistas, limitando seu dispêndio de tempo e energia à fiscalização das indústrias. Tem-se, ao mesmo tempo, uma significativa simplificação da legislação tributária, com ganhos de praticabilidade, e uma inegável redução das despesas da administração pública quanto ao controle e à fiscalização dos contribuintes. Essa lógica de tributação trabalha com a ideia de um fato gerador presumido, isto é, presume-se que a concessionária, do exemplo dado, venderá o veículo ao consumidor. Caso não ocorra a venda, até então meramente presumida, o dispositivo assegura a imediata e preferencial restituição da quantia antecipada a título de imposto, sem especificar quando e de que forma isso ocorrerá. A base de cálculo dessa operação futura do substituído é conformada por estimativa adotada pelo ente tributante. O STF sempre legitimou essa técnica de tributação, em postura nitidamente favorável ao Fisco, enfatizando as vantagens que a técnica traz à administração tributária, sem dar a devida atenção às dificuldades, às iniquidades e ao elevado custo de compliance fiscal trazidos aos contribuintes (RE 213.396, rel. Min. Ilmar Galvão, Pleno, j. 08.1999; ADI 1.851, rel. Min. Ilmar Galvão, Pleno, j. 05.2002). Na sua fundamentação de ordem econômica consignou, em suma, argumentos de *praticabilidade* e de *eficiência arrecadatória*. Na sua fundamentação de justiça fiscal, ponderou a possibilidade de se alcançar maior justiça fiscal, através de uma distribuição mais equitativa da carga tributária, aliada ao combate à sonegação. O argumento, segundo o qual se tratava de cobrança de tributo sem o respectivo fato gerador, não foi acolhido. Por outro lado, restou registrado que a técnica seria uma medida de política fiscal autorizada pela CF, "não havendo o que se falar em exigência tributária despida de fato gerador" (RE 213.396, rel. Min. Ilmar Galvão, Pleno, j. 08.1999).

25.1. Direito à restituição da diferença do ICMS pago a mais. Base de cálculo efetiva inferior à presumida. A norma jurídica extraída do § 7º do art. 150 é inequívoca quanto ao direito à restituição do tributo pago, caso não se realize o fato gerador presumido. Não poderia ser diferente, pois, caso contrário, o Estado teria recebido o tributo por uma operação que não ocorreu, tendo se locupletado indevidamente com relação ao recebimento do respectivo valor. Por outro lado, ao não prever expressamente o direito à restituição de eventual valor pago a maior, em virtude da diferença entre a base de cálculo presumida (anterior) e a base de cálculo efetiva ou real da operação (posterior), o dispositivo constitucional inaugurou sensível discussão, colocando em lados opostos (i) a praticabilidade e a eficiência da técnica da substituição tributária para a frente e (ii) o direito fundamental do contribuinte de obter a restituição da diferença, como decorrência da garantia fundamental da propriedade e como decorrência natural da tributação isonômica com base na capacidade contributiva. Causa verdadeiro espanto que o texto do dispositivo constitucional em questão foi incluído em 1993 no texto constitucional e a questão da restituição da diferença entre a base presumida e a base real somente foi resolvida pelo STF em 2016 (RE 593.849/MG, rel. Min. Edson Fachin, Pleno, j. 19.10.2016). O Tribunal ponderou o conflito normativo entre, de um lado, a praticabilidade e a manutenção da viabilidade operacional da técnica da substituição tributária progressiva – considerando as vantagens pragmáticas hauridas desse sistema de cobrança de tributos – e, de outro lado, os direitos e garantias fundamentais do contribuinte, notadamente a igualdade, a capacidade contributiva e a vedação ao confisco, de modo a preservar, simultaneamente, a neutralidade fiscal do ICMS. Vale consignar trecho da decisão, segundo o qual "o modo de raciocinar tipificante na seara tributária não deve ser alheio à narrativa extraída da realidade do processo econômico, de maneira a transformar uma ficção jurídica em uma presunção absoluta". Com razão, a tipificação é meio para a realização do fim da arrecadação tributária eficiente. No entanto, a eficiência da arrecadação encontrará sempre limites objetivos na CF, notadamente as limitações ao poder de tributar, capitaneadas pelo princípio da tributação isonômica com base no critério da capacidade contributiva. Considerando essas premissas, entre outras, a Corte Suprema decidiu favorável à restituição da diferença, fixando a tese jurídica ao Tema 201 da sistemática da repercussão geral: "É devida a restituição da diferença do Imposto sobre Circulação de Mercadorias e Serviços – ICMS pago a mais no regime de substituição tributária para frente se a base de cálculo efetiva da operação for inferior à presumida". Assim, de acordo com o art. 150, §7º, *in fine*, o direito à restituição se aplica "a todos os casos em que o fato gerador presumido não se concretize empiricamente da forma como antecipadamente tributado". O Tribunal, por maioria e nos termos do voto do relator, conheceu do recurso extraordinário e deu provimento, para afirmar o direito da parte recorrente de lançar em sua escrita fiscal os créditos de ICMS pagos a maior, nos termos da legislação tributária do Estado de Minas Gerais e respeitado o lapso prescricional de 5 (cinco) anos, vencidos os Min. Teori Zavascki, Dias Toffoli e Gilmar Mendes, que negavam provimento ao recurso extraordinário. Os efeitos do julgamento foram modulados a fim de que o precedente passasse a orientar todos os litígios judiciais pendentes submetidos à sistemática da repercussão geral e os casos futuros oriundos de antecipação do pagamento de fato gerador presumido realizada após a fixação do entendimento.

25.2. Antecipação tributária sem substituição. Regulamentação por decreto do Poder Executivo. Impossibilidade. Há que se diferenciar entre i) o prazo de recolhimento do tributo e ii) o momento da ocorrência do fato gerador da obrigação tributária. O primeiro refere-se a fato gerador já ocorrido, com o respectivo momento de sua ocorrência previamente fixado em lei, mas cujo prazo para pagamento pode ser fixado em decreto do Poder Executivo, visto que esta previsão não altera o aspecto temporal do fato gerador da obrigação tributária, mas apenas a data de recolhimento do tributo. O segundo refere-se ao aspecto temporal propriamente dito da obrigação tributária, portanto, a elemento intrínseco à obrigação tributária, o qual deve estar previsto em lei em sentido estrito, não podendo ser meramente fixado por decreto do Poder Executivo ou delegado genericamente pelo legislador ao Poder Executivo, como inúmeros Estados costumam fazer. Na situação da antecipação tributária sem substituição, são inconstitucionais a regulação da antecipação do aspecto temporal da hipótese de incidência por decreto e a delegação genérica contida em lei. O § 7º do art. 150 exige lei em sentido estrito para a antecipação do aspecto temporal da exigência tributária. Já nas hipóteses de antecipação do fato gerador do ICMS com substituição se exige, por disposição expressa contida no art. 155, § 2º, XII, "b", da CF, previsão em lei complementar. Nesse sentido, decidiu a Corte Suprema, por maioria, vencido o Min. Alexandre de Moraes, negando provimento ao recurso extraordinário do Estado do Rio Grande do Sul, afastando-se a exigência contida em decreto estadual de recolhimento antecipado do ICMS quando da entrada de mercadorias em território gaúcho (RE 598.677/RS, rel. Min. Dias Toffoli, Pleno, j. 29.03.2021).

Art. 151. É vedado à União:

I – instituir tributo que não seja uniforme em todo o território nacional ou que implique distinção ou preferência em relação a Estado, ao Distrito Federal ou a Município, em detrimento de outro, admitida a concessão de incentivos fiscais destinados a promover o equilíbrio do desenvolvimento socioeconômico entre as diferentes regiões do País;

II – tributar a renda das obrigações da dívida pública dos Estados, do Distrito Federal e dos Municípios, bem como a remuneração e os proventos dos respectivos agentes públicos, em níveis superiores aos que fixar para suas obrigações e para seus agentes;

III – instituir isenções de tributos da competência dos Estados, do Distrito Federal ou dos Municípios.

1. Limites ao poder de tributar específicos à União.

1.1. Princípio da uniformidade geográfica. O art. 151 elenca vedações específicas ao poder de tributar da União, inaugurando o inc. I com a proibição da União instituir tributo que não seja uniforme em todo o território nacional. A imposição tributária uniforme da União sobre todo território nacional significa a uniformidade da tributação federal sobre o território dos Estados, do DF e dos Municípios, de modo a preservar a igualdade das unidades federadas e, em última análise, fortalecer o próprio federalismo. Trata-se de mais um princípio jurídico-constitucional voltado para a realização da federação brasileira.

1.2. Princípio da vedação de tratamento diferenciado em relação aos entes federativos. Na prática, o princípio da uniformidade geográfica no âmbito do poder de tributar da União também se traduz com a proibição da União instituir tratamento tributário diferenciado em relação aos entes federativos. A regra geral pressupõe que a imposição tributária federal considere as mesmas regras tributárias impositivas, onde quer que elas incidam, sejam sobre o território do Estado do Rio Grande do Sul, sejam sobre o território do Município de Manaus. No entanto, o próprio inc. I do art. 151 prevê importante exceção, quando admite "a concessão de incentivos fiscais destinados a promover o equilíbrio do desenvolvimento socioeconômico entre as diferentes regiões do País". Se, de um lado, eventual concessão de incentivos fiscais para a Zona Franca de Manaus, por exemplo, implica inequívoca tributação não uniforme sobre o território nacional, de outro lado este tratamento diferenciado (e desigual) encontra, como justificativa legítima, uma razão ou finalidade constitucional de maior envergadura, que é a redução das desigualdades regionais, um dos objetivos fundamentais da República Federativa do Brasil (art. 3º, inc. III, da CF). A concessão de incentivos fiscais para regiões como a da Zona Franca de Manaus foi uma das formas encontradas pelo Constituinte de tornar e manter essa região atrativa aos empreendedores, facilitando a instalação e a operação dos seus negócios e a urbanização, mesmo que em pequena escala, de uma área com condições climáticas desfavoráveis e com oferta precária de mão de obra. Vale ressaltar que os referidos incentivos devem ser voltados para a região como um todo. O objetivo da norma ancorada no dispositivo não é beneficiar determinadas pessoas, categorias ou setores. O legislador deverá sempre ter a cautela de conformar o incentivo, de modo que ele sirva efetivamente ao desenvolvimento socioeconômico da região, não beneficiando uma ou outra empresa em específico. O Poder Judiciário dificilmente poderá adentrar na análise de mérito da decisão legislativa de concessão do benefício, dada a jurisprudência pacífica do STF, segundo a qual a concessão de benefícios tributários é ato discricionário, fruto da articulação política entre o Executivo e o Legislativo, fundado em juízo de conveniência e oportunidade, não podendo o Judiciário atuar como legislador positivo, contemplando outras regiões ou contribuintes que ficaram de fora da concessão (ver aqui, dentre outros, o RE 344.331, rel. Min. Ellen Gracie, 1ª Turma, j. 02.2003).

1.3. Tributação da renda das obrigações da dívida pública dos Estados, do Distrito Federal e dos Municípios e da remuneração e dos proventos dos agentes públicos. De um lado, a União deve tributar a renda das obrigações da dívida pública dos Estados, do DF e dos Municípios, visto que os beneficiários dessa renda não estão protegidos pela imunidade tributária recíproca, bem como tributar a renda e os proventos dos seus servidores públicos, como uma decorrência da sua obrigação tributária impositiva. De outro lado, quando o fizer, não poderá fazê-lo em níveis superiores ou de modo mais gravoso ao que fixar para suas obrigações e para seus agentes. Caso contrário, estaria impondo tratamento tributário desigual entre os entes federativos, violando o princípio da uniformidade da tributação, sob o aspecto espacial, e o princípio da isonomia, sob o aspecto subjetivo, relativos às pessoas políticas.

1.4. Proibição de isenções heterônomas. O art. 151 veda à União "instituir isenções de tributos da competência dos Estados, do Distrito Federal ou dos Municípios". A regra geral insculpida no inc. III coaduna-se com a noção de regra de competência tributária impositiva, segundo a qual a CF é quem prevê as regras que conferem o poder a cada pessoa política para instituir e cobrar os tributos, de forma privativa, concorrente, extraordinária ou residual. A competência tributária possui seu viés positivo na imposição tributária e seu viés negativo na desoneração tributária, de modo que o titular da competência a exerce tanto em um como em outro viés. Decorrência dessa lógica é a proibição trazida à União de estabelecer isenções de tributos que sejam da competência das outras pessoas políticas, de modo a evitar invasão de competência sob o viés negativo e interferir na discricionariedade dos outros entes da federação, o que resultaria também em violação ao pacto federativo. Há exceções pontuais com relação a essa vedação, dentre elas (i) as isenções previstas em lei complementar, relativas ao ICMS e ao ISS sobre as exportações de produtos e serviços (art. 155, § 2º, XII, "e", e art. 156, § 3º, II, da CF) e (ii) as isenções instituídas pela União em sede de tratados internacionais, enquanto signatária e representante da República Federativa do Brasil. O STF entendeu legítima a concessão de isenção, pela União, de ICMS no Acordo Geral de Tarifas e Comércio (GATT), visto que, em sede de tratados internacionais, o Presidente da República não os celebra na condição de Chefe de Governo, mas de Chefe de Estado, afastando a caracterização como isenção heterônoma (RE 229.096, rel. Min. Ilmar Galvão, rel. p/ ac. Min. Cármen Lúcia, Pleno, j. 08.2007). Nesse caso, a autorização é válida para o âmbito das relações externas e não internas às unidades federadas. No âmbito das relações externas, o sujeito partícipe é a República Federativa do Brasil, como pessoa jurídica de Direito Internacional Público, a qual detém a devida soberania, inclusive para estabelecer isenções de tributos estaduais.

Art. 152. É vedado aos Estados, ao Distrito Federal e aos Municípios estabelecer diferença tributária entre bens e serviços, de qualquer natureza, em razão de sua procedência ou destino.

1. Proibição de tratamento tributário diferenciado entre bens e serviços em razão da procedência ou destino. Dentro da mesma *ratio* insculpida no art. 151 da CF, que prestigia a uniformidade geográfica na tributação, a isonomia tributária e a higidez da federação, o art. 152, veda aos Estados, ao DF e aos Municípios tributar de modo diferente os bens e serviços, em virtude da procedência ou destino. Busca-se prestigiar a livre circulação de bens e serviços e a liberdade de concorrência no território nacional, sem que haja discrepâncias tributárias que possam caracterizar a proteção de mercados regionais ou locais.

Seção III
Dos Impostos da União

Art. 153. Compete à União instituir impostos sobre:

I – importação de produtos estrangeiros;

II – exportação, para o exterior, de produtos nacionais ou nacionalizados;

III – renda e proventos de qualquer natureza;

IV – produtos industrializados;

V – operações de crédito, câmbio e seguro, ou relativas a títulos ou valores mobiliários;

VI – propriedade territorial rural;

VII – grandes fortunas, nos termos de lei complementar.

1. Competência tributária privativa da União. Impostos nominados. A União possui a competência impositiva privativa para tributar o comércio exterior (II e IE), a renda (IR), a produção industrial (IPI), o sistema financeiro (IOF), a propriedade rural (ITR) e as grandes fortunas (IGF). É de se observar que a União é a pessoa política que atua tributariamente junto a três dos principais pilares da economia: o comércio exterior, a indústria e o sistema financeiro. Não é por menos que os respectivos impostos possuem função regulatória e extrafiscal, servindo de instrumento do Poder Público federal de intervenção nesses domínios econômicos. Esses impostos estão previstos nominalmente, não excluindo a possibilidade da União instituir outros, não previstos no texto constitucional, dentro da sua competência residual, prevista no art. 154, I.

1.1. Imposto de Importação. A tributação sobre a importação possui nítida função extrafiscal, sobretudo quando onera o preço final de aquisição de produtos de procedência estrangeira no território nacional, estimulando, em princípio, a escolha pelo seu equivalente ou similar de origem nacional, protegendo a indústria local. Paralelamente, ao desincentivar e reduzir o volume de importações, contribui para o fortalecimento de uma balança comercial mais favorável ao desenvolvimento nacional. Tendo em vista a envergadura da relevância do comércio exterior para o desenvolvimento socioeconômico do País, a dinamicidade do setor e a consequente necessidade de agilidade de alterações regulatórias, a CF previu tanto o afastamento da anterioridade de exercício e nonagesimal (art. 150, § 1º) quanto a atenuação da legalidade (art. 153, § 1º), possibilitando a alteração das alíquotas do II mediante ato normativo emanado por órgão vinculado ao Poder Executivo federal.

1.1.1. Fato gerador. A CF prevê a incidência sobre a importação de produtos estrangeiros. A importação pressupõe a entrada, no território nacional, do produto de origem estrangeira, com a sua incorporação à economia interna. O imposto não incide sobre quaisquer bens, mas unicamente sobre a espécie dos produtos. Eventual incidência sobre a entrada de um produto vindo do exterior, mas que esteja apenas em trânsito no território brasileiro, com destino a outro país, será manifestamente ilegítima. A mercadoria nacional reimportada não pode sofrer a incidência do II (RE 104.306, rel. Min. Octavio Gallotti, Pleno, j. 03.1986).

1.1.2. Momento da ocorrência do fato gerador. Violação à segurança jurídica. O II talvez seja o imposto que cause a maior discrepância de compreensão entre o seu fato gerador e o momento da sua ocorrência para fins de imposição tributária. O conceito constitucional do II pressupõe a importação de produtos estrangeiros (art. 153, I, CF), considerado o fato gerador como a entrada desses no território nacional (art. 19, CTN). Sustentam-se dificuldades práticas de se aferir, com precisão, o momento da entrada dos produtos estrangeiros no território nacional, especialmente se considerando os trâmites logísticos do ancoramento de um navio em um porto em águas brasileiras e da descarga e respectivo deslocamento da carga na área interna ao porto, para só então ser desembaraçada e liberada para a circulação interna. De fato, os obstáculos possíveis antes da nacionalização do produto são reais, desde problemas inerentes à descarga até a incorreta identificação dos produtos nos códigos da NCM, que pode resultar em uma tributação a maior ou a menor do que a devida. O Decreto-Lei 37/66, que dispõe sobre o II e reorganiza os serviços aduaneiros, prevê que se considera ocorrido o fato gerador na importação de mercadoria despachada para consumo na *data do registro, na repartição aduaneira, da declaração de importação* (art. 23 c/c art. 44). A fixação da data do registro da declaração de importação na repartição aduaneira favorece inquestionavelmente a administração aduaneira, sendo justificada, a priori, pelos ideais de praticabilidade e de simplificação. Todavia, o resultado prático dessa escolha legislativa é a fixação do momento da imposição tributária, com a quantificação definida pelos parâmetros previstos e vigentes na data do registro da declaração de importação. Então, por exemplo, se a alíquota do II foi majorada dois dias antes da data do registro da declaração, o importador será obrigado a recolher o imposto sob a alíquota majorada, mesmo que ele tenha celebrado o contrato de importação seis meses antes e mesmo que o navio que transportava os produtos importados tenha ingressado no território nacional antes da majoração do imposto. Isso, porque os tribunais superiores chancelaram a legitimidade da aplicação da alíquota majorada neste caso, visto que se deve reconhecer a data do registro da declaração de importação na repartição aduaneira, desconsiderando-se os momentos anteriores relativos à celebração do contrato de importação, do embarque dos produtos no porto estrangeiro e a entrada no território nacional (ver aqui STF, RE 225.602, rel. Min. Carlos Velloso, Pleno, , de j.11/1998; STJ, REsp 1.016.132, rel. Min. Luiz Fux, 1ª Turma, , j. 05/2009). O risco a que o importador está sujeito neste caso a uma incidência majorada é ainda maior, uma vez que o II está excepcionado das regras da anterioridade, de modo que a alíquota majorada poderá ser aplicada imediatamente, não precisando aguardar o exercício seguinte nem o prazo de noventa dias. A leitura a ser feita do caso é clara: em prol da praticabilidade do controle aduaneiro e da garantia da arrecadação tributária, a segurança jurídica do contribuinte é menosprezada. Não estão descartadas situações, nas quais o importador vem a sofrer uma incidência majorada que, além de inesperada, é tão gravosa que ele possivelmente não teria realizado a importação, se tivesse conhecimento prévio acerca do ônus tributário que seria sujeito por ocasião do desembaraço aduaneiro.

1.2. Imposto de Exportação. O IE possui inegável função extrafiscal e compõe, junto com o II, o instrumentário fiscal por excelência de regulação do comércio exterior. Sua competência atribuída à União contribui para uma imposição uniforme em todo território nacional e afasta eventuais tentativas de competição entre os Estados, que possam caracterizar a guerra fiscal. O incentivo às exportações, que pode ocorrer também mediante a redução da alíquota do IE, é uma preocupação legítima no âmbito de uma balança comercial favorável e do desenvolvimento nacional. Dentro da mesma lógica do II, o IE é excepcionado das regras da anterioridade (art. 150, § 1º) e se sujeita à legalidade atenuada, podendo ter suas alíquotas alteradas por ato do Poder Executivo, atendidas as condições e os limites estabelecidos em lei (art. 153, § 1º).

1.2.1. Fato gerador. O IE incide sobre a exportação para o exterior, não podendo incidir sobre o mero deslocamento físico de produtos. A materialidade desse imposto pressupõe que o produto não só seja deslocado para o exterior, mas também seja incorporado à economia interna do país de destino. O texto constitucional deixa clara a incidência do IE tanto sobre a exportação de produtos nacionais como de nacionalizados, isto é, aqueles previamente importados (art. 153, II).

1.2.2. Momento da ocorrência do fato gerador. De forma análoga ao II, exigências de praticabilidade e de economia da administração fiscal determinam o estabelecimento de um momento específico para a ocorrência do fato gerador do IE. O CTN prevê a incidência quando da saída dos produtos do território nacional (art. 23). O Decreto-Lei 1.578/77, que dispõe sobre o imposto sobre a exportação, determina que se considera ocorrido o fato gerador no "momento da expedição da Guia de Exportação ou documento equivalente" (art. 1º, § 1º). Com o passar do tempo, a Guia de Exportação foi substituída pelo registro no SISCOMEX, cuja data passou a demarcar o dia da exportação para fins de caracterização do momento da ocorrência do fato gerador do IE. Dessa forma, é impossível a cobrança do tributo majorado após o registro da exportação (RE 223.796, rel. Min. Ellen Gracie, 1ª Turma, j. 10.2001). No entanto, se o registro da exportação ocorreu dia 19 de outubro, e a majoração da alíquota ocorreu dia 14 de outubro, é legal a aplicação da alíquota majorada (STJ, REsp 964.151, rel. Min. José Delgado, 1ª Turma, j. 04.2008), considerando que o IE está excepcionado das regras da anterioridade (art. 150, § 1º) e pode inclusive ter suas alíquotas alteradas por ato emanado de órgão do Poder Executivo federal (art. 153, § 1º).

1.3. Imposto de Renda. A tributação, na sua essência, utiliza-se unicamente da renda como objeto de imposição, mas em três momentos distintos: (i) no momento do auferimento da renda (renda auferida), (ii) no momento do acúmulo da renda (renda acumulada ou patrimônio) e (iii) no momento do dispêndio da renda (renda despendida ou consumo). Portanto, na essência, a renda, apreendida em momentos distintos, é o elemento central da tributação. Outros elementos como a *receita* e a *movimentação financeira* são circunstâncias acidentais à tributação, pois nem sempre denotam capacidade contributiva e, portanto, nem sempre caracterizam renda para efeitos de incidência de IR. Sob a perspectiva da justiça tributária, o IR é o imposto que melhor se coaduna para realiza uma tributação isonômica com base na capacidade contributiva e, em última análise, concretizar a justiça distributiva. Em outras palavras, o IR está umbilicalmente ligado à igualdade tributária, com base na capacidade contributiva, e à justiça tributária. Sob a perspectiva dos direitos fundamentais, no seu viés mais nuclear da dignidade da pessoa humana, é mediante a renda auferida ou de faixas de renda cuidadosamente dimensionadas que se objetiva o limite inferior da tributação da renda, abaixo do qual não haverá qualquer manifestação de capacidade contributiva. É precisamente o limite inferior da tributação da renda da pessoa física – ou limite de isenção do IRPF – que fixará o valor do mínimo existencial, compreendido como o valor mínimo que uma pessoa precisa para viver dignamente no âmbito de um Estado Social ou de um Estado minimamente preocupado com a realização dos direitos sociais e da justiça social. O *plano vertical* da justiça tributária sinaliza, além do limite inferior garantidor do mínimo existencial imune, um limite superior de tributação, a partir do qual restará caracterizada a tributação confiscatória, rechaçada pela ordem constitucional brasileira. Entre os limites inferior e superior, a renda bem se presta a ser tributada de forma progressiva, de modo a aperfeiçoar a tributação conforme a capacidade contributiva. Por outro lado, o legislador deve ter a necessária cautela de prever quais serão as despesas passíveis de dedução, mesmo que seja apenas da base de cálculo do IR, de modo que despesas que sejam inadiáveis e indispensáveis à manutenção da vida humana minimamente digna ou à manutenção da fonte produtiva sejam devidamente consideradas como redutoras de capacidade contributiva e, portanto, dedutíveis da base de cálculo do imposto. A experiência internacional europeia já demonstrou que a falta de uma devida consideração das despesas redutoras da capacidade contributiva ou da fonte produtiva é mais problemática do que propriamente a imposição de alíquotas mais elevadas de IR.

1.3.1. Renda e proventos. Conceito. O conceito de renda, pressuposto pela CF, leva em consideração a definição de renda prevista pelo CTN, lei complementar de normas gerais de Direito Tributário, vigente à época da promulgação da CF. O CTN traz a noção de renda como "produto do capital, do trabalho ou da combinação de ambos", e de proventos de qualquer natureza como "os acréscimos patrimoniais" não compreendidos no conceito de renda (art. 43, inc. I e II). O Código, portanto, vincula a noção de renda à noção de acréscimo patrimonial, isto é, a diferença positiva entre a realidade patrimonial em um momento anterior e um momento posterior. Trabalhando-se com a noção negativa da renda, onde não houver acréscimo patrimonial, não será devido o IR. Ressalte-se que o imposto também incidirá sobre o produto do capital, o que autorizará a tributação dos resultados positivos dos rendimentos de aplicações financeiras, como regra geral. Se, de um lado, o fato gerador do IR está vinculado à noção de existência de acréscimo patrimonial, de outro lado, o momento da ocorrência do fato gerador é o momento da aquisição da disponibilidade econômica ou jurídica da renda ou dos proventos (art. 43, *caput*). A *disponibilidade econômica* ocorre com o recebimento da renda, a sua incorporação ao patrimônio, momento em que ela pode ser utilizada. A *disponibilidade jurídica* dá-se com a aquisição de um direito não sujeito à condição suspensiva. Nesse caso, o acréscimo ao patrimônio ainda não está economicamente disponível, mas já existe, por exemplo, um título para o seu recebimento (um cheque, uma nota promissória, dentre outros). Também quando há o recebimento pela imobiliária, do aluguel pago pelo locatário, há disponibilidade jurídica para o locador do imóvel, ainda que a imobiliária não tenha prestado contas ao locador (IN/RFB 1.500, de 29 de outubro de 2014, art. 31, § 2º: "Quando o aluguel for recebido por meio de imobiliárias, por procurador ou por qualquer outra pessoa designada pelo locador, será considerada como data de recebimento aquela em que o locatário efetuou o pagamento, independentemente de quando tenha havido o repasse para o beneficiário"). A incidência do IR "independe da denominação da receita ou do rendimento, da localização, condição jurídica ou nacionalidade da fonte, da origem e da forma de percepção" (§ 1º do art. 43). Na prática, não é relevante o nome que fora atribuído ao rendimento (salário, pró-labore, lucros, gratificação, abono, adicional, dentre outros), mas sim se efetivamente houve acréscimo patrimonial, se houve disponibilidade de riqueza nova, e não mera compensação ou recomposição patrimonial.

1.3.2. Indenizações. O conceito constitucional de renda, vinculado à noção de acréscimo patrimonial, possui como desdobramento, sob o viés negativo, a impossibilidade de incidência de IR sobre aquilo que não materializa acréscimo patrimonial. O acréscimo pressupõe a aquisição de riqueza nova, que de fato aumenta o patrimônio e não apenas compensa ou recompõe eventual perda ou desfalque patrimonial. O proprietário que é desapropriado para fins de reforma agrária, por exemplo, quando recebe a indenização da desapropriação, recebe um valor a título de compensação pela perda patrimonial que experimentou, não havendo o que se falar em acréscimo patrimonial. O exemplo ilustra bem que as indenizações implicam compensação, recomposição ou ressarcimento por uma perda, não caracterizando acréscimo patrimonial. Assim, valores de natureza indenizatória não estão sujeitos ao IR. A dificuldade, por vezes, está justamente em verificar a natureza da verba, se indenizatória ou remuneratória. Há diversas situações já enfrentadas, cujo entendimento já fora consolidado nas súmulas dos tribunais superiores, dentre elas: i) "O pagamento de férias não gozadas por necessidade do serviço não está sujeito à incidência do Imposto de Renda" (Súmula STJ 125); ii) "O pagamento de licença-prêmio não gozada por necessidade do serviço não está sujeito ao Imposto de Renda" (Súmula STJ 136); iii) "A indenização recebida pela adesão ao programa de incentivo à demissão voluntária não está sujeita à incidência do Imposto de Renda" (Súmula STJ 215); iv) "São isentas de imposto de renda as indenizações de férias proporcionais e o respectivo adicional" (Súmula STJ 386); v) "Não está sujeita ao Imposto de Renda a indenização recebida por pessoa jurídica em decorrência de desapropriação amigável ou judicial" (Súmula 39 do extinto TFR). O dano moral experimentado por uma pessoa gerou um sofrimento, em alguma medida, que se reflete em uma perda, a qual, uma vez reparada, não pode sofrer a incidência do IR. O STJ possui entendimento sedimentado na Súmula 498 ("Não incide imposto de renda sobre a indenização por danos morais").

1.3.3. Juros e lucros cessantes. O STJ já decidiu que ocorre acréscimo patrimonial quando a indenização "(a) ultrapassar o valor do dano material verificado (= dano emergente), ou (b) se destinar a compensar o ganho que deixou de ser auferido (= lucro cessante), ou (c) se referir a dano causado a bem do patrimônio imaterial (dano que não importou redução do patrimônio material)". Havendo acréscimo patrimonial, é devido o IR, a não ser que o crédito tributário esteja excluído por alguma isenção (REsp 695.499/RJ, rel. p/ ac. Min. Teori Zavascki, 1ª Turma, j. 19.09.2006). De fato, a indenização por lucros cessantes, entendida como a compensação por um ganho que deixou de ser auferido, deve ser tributada, visto que representa efetivamente o ganho ou acréscimo que teria sido percebido, se não houvesse ocorrido o evento danoso. Os juros de mora, conforme entendimento também do STJ, como regra geral, sofrem a incidência do IR, visto serem caracterizados como lucros cessantes não isentos (REsp 1.089.720, rel. Min. Mauro Campbell Marques, 1ª Seção, j. 10.2012). No entanto, são isentos do IR os juros de mora incidentes sobre verba principal isenta ou fora do campo de incidência do IR, consoante a regra do acessório que segue a natureza do principal. A tese anteriormente firmada pela 1ª Seção (REsp 1.227.133, rel. p/ ac. Min. Cesar Asfor Rocha, 1ª Seção, j. 09.2011), no sentido da não incidência do IR sobre os juros moratórios, devido à sua natureza e função indenizatória ampla, foi superada. A Corte Suprema, por maioria, apreciando o Tema 808 da Repercussão Geral, negou provimento ao recurso extraordinário da União, considerando não recepcionada pela CF a parte do § único do art. 16 da Lei 4.506/64 que determina a incidência do IR sobre juros de mora decorrentes de atraso no pagamento das remunerações previstas no artigo (advindas de exercício de empregos, cargos ou funções), de modo que o IR não incida sobre verbas que não representem acréscimo patrimonial ao credor (RE 855.091/RS, rel. Min. Dias Toffoli, Pleno, j. 15.03.2021). Bem decidiu a Corte Suprema ao afastar a incidência do IR sobre os juros de mora devidos pelo atraso no pagamento de remuneração em virtude de emprego, cargo ou função. Primeiro, porque essa verba não representa acréscimo patrimonial para o beneficiário, mas mera recomposição de perdas efetivas (danos emergentes). Como destacado no julgamento, não raras vezes, o beneficiário da renda, em virtude do atraso no seu recebimento, fica obrigado a buscar meios alternativos para atender às suas necessidades básicas e às de sua família, o que atrai juros, multas e outras despesas conexas aos contratos de empréstimos ou contratos análogos. Segundo, porque, caso fosse válida a incidência do IR, a tributação estaria surtindo efeito de penalização sobre o beneficiário do rendimento, sem que a ele possa ser imputada a causa pelo atraso no pagamento da remuneração em virtude de emprego, cargo ou função.

1.3.4. Aplicações financeiras. Rendimentos. Correção monetária. A Primeira Turma do STJ decidiu, por maioria, que os rendimentos e ganhos líquidos provenientes de aplicações financeiras, inclusive sobre a correção monetária apurada no período, sujeitam-se à incidência do IR (AgInt no RESP 1.660.363/SC, rel. Min. Napoleão Nunes Maia Filho, Primeira Turma, j. 11.05.2021). Em síntese, os ministros que acompanharam o entendimento que restou majoritário sustentaram que a correção monetária integra o rendimento das aplicações financeiras, sendo parte indissociável dos juros resultantes, os quais materializam, na sua totalidade, acréscimo patrimonial passível de incidência pelo IR. Além disso, não há autorização legal expressa no sentido da possibilidade da exclusão da correção monetária da base de cálculo do imposto. Em sentido contrário, a Min. Regina Helena Costa abriu divergência, sustentando, inicialmente, que "a inflação provoca o crescimento nominal do capital, acarretando uma riqueza numérica falsa. (...) A recomposição monetária não pode ser alcançada pela incidência do IRRF, porquanto não revela acréscimo patrimonial. Conclusão oposta vulnera, induvidosamente, a norma plasmada no art. 43 do CTN, dispositivo esse interpretado à luz do conceito constitucional de renda e do princípio da capacidade contributiva". A ministra destacou que se impõe a sua não inclusão nas aplicações financeiras, nas quais se mostre destacada a parcela de correção monetária que compõe a base de cálculo do IRRF. Em certos ativos integrantes dos investimentos em renda fixa, como o Tesouro IPCA, é cabível afastar da base de cálculo do IR o montante correspondente à correção monetária. No nosso entendimento, a posição ostentada pela Min. Regina Helena Costa prestigia i) o conceito constitucional de renda, ii) a tributação conforme a real capacidade contributiva e iii) a vedação do IR de incidir sobre a propriedade (o IR não é um imposto sobre a propriedade). A correção monetária existe em virtude da perda do valor da moeda, que implica perda simultânea do poder de compra do seu detentor. A correção nada mais faz do que recompor a perda de parte da propriedade; se o IR incide sobre a correção, a tributação atinge a própria propriedade, pois não houve acréscimo na propriedade, mas apenas reposição. Aqui não cabem comparações com as situações envolvendo salários que foram majorados com base na inflação, a partir de algum índice de sua correção. Nesses casos, os salários sofreram efetiva majoração, equivalente ao percentual calculado para o índice de correção monetária considerado. Outra situação é aquela do fundo ou carteira de investimento, na qual o gestor assegura uma rentabilidade mínima equivalente ao IPCA, por exemplo, mais um determinado percentual de juros. Aqui, garante-se que o valor investido não será corroído pela inflação e ainda sofrerá um acréscimo de um determinado percentual de juros, como resultado efetivamente positivo em benefício do investidor.

1.3.5. Condenações trabalhistas. No âmbito das condenações trabalhistas, é necessário verificar a natureza das verbas pagas. Se forem de natureza remuneratória, sofrerão a incidência do IR; se de natureza indenizatória, será indevida a incidência do IR. Entre os entendimentos já consolidados na Súmula do STJ, vale destacar: i) "O pagamento de férias não gozadas por necessidade do serviço não está sujeito à incidência do Imposto de Renda" (Súmula STJ 125); ii) "O pagamento de licença-prêmio não gozada por necessidade do serviço não está sujeito ao Imposto de Renda" (Súmula STJ 136); iii) "A indenização recebida pela adesão ao programa de incentivo à demissão voluntária não está sujeita à incidência do Imposto de Renda" (Súmula STJ 215); iv) "São isentas de imposto de renda as indenizações de férias proporcionais e o respectivo adicional" (Súmula STJ 386); v) "Incide imposto de renda sobre os valores percebidos a título de indenização por horas extraordinárias trabalhadas, ainda que decorrentes de acordo coletivo" (Súmula STJ 463).

1.3.6. Rendimentos recebidos acumuladamente. No âmbito do IRPF, os rendimentos são tributados quando são efetivamente pagos, o que é conhecido como regime de caixa. Por muito tempo, quando o trabalhador, por exemplo, recebia o valor consolidado de uma condenação trabalhista do seu ex-empregador, era compelido ao pagamento do IR sobre o valor total, recebido acumuladamente. Todavia, o Pleno do STF reconheceu que a incidência do IR sobre os valores recebidos acumuladamente dava-se, na maioria das vezes, pela alíquota maior, quando na verdade, se os valores houvessem sido pagos na época própria, mês a mês, sofreriam a incidência de uma alíquota menor, quando não estariam isentos do IR. Em outras palavras, a incidência do IR sobre o valor total da condenação trabalhista, pelo regime de caixa (no pagamento efetivo), não só gerava uma tributação mais gravosa àquele trabalhador, como também violava os princípios da igualdade tributária e da capacidade contributiva. Como resultado do julgamento pela Corte Suprema, estabeleceu-se que "a percepção cumulativa de valores há de ser considerada, para efeito de fixação de alíquotas, presentes, individualmente, os exercícios envolvidos" (RE 614.406, rel. p/ ac. Min. Marco Aurélio, Pleno, j. 10.2014, Tema 368 da Repercussão Geral).

1.3.7. Depósitos bancários. Omissão de receita. Lei 9.430/1996. O art. 42 da Lei 9.430/96 prevê que "caracterizam-se também omissão de receita ou de rendimento os valores creditados em conta de depósito ou de investimento mantida junto a instituição financeira, em relação aos quais o titular, pessoa física ou jurídica, regularmente intimado, não comprove, mediante documentação hábil e idônea, a origem dos recursos utilizados nessas operações". A norma insculpida no dispositivo traz a presunção da existência de rendimentos tributáveis pelo IR, caso os valores identificados pela Receita Federal não sejam devidamente comprovados pelo intimado, mediante documentação hábil e idônea. Obviamente, essa presunção é relativa, admitindo prova em sentido contrário à presunção inicialmente apontada pelo órgão fiscalizador. Em princípio, basta que o intimado alegue que os valores pertencem a terceiros, fazendo a respectiva prova dessa alegação. Vale observar que as garantias constitucionais processuais do devido processo legal, da ampla defesa e do contraditório, com todos os meios de prova disponíveis, em tese estão preservadas, não havendo que se falar em eventual violação a elas, salvo prova em sentido contrário, a ser realizada no caso concreto. O contribuinte que, devidamente intimado, não comprova a origem dos valores apontados pela Receita Federal ou não apresenta a exigida documentação hábil e idônea, sofrerá os efeitos do lançamento tributário, com a devida imposição de multa qualificada material por omissão de receita ou de rendimento. Com relação à imposição do IR sobre valores que eventualmente restem não comprovados e, portanto, que são presumivelmente rendimentos tributáveis, não vemos qualquer razão para a caracterização de inconstitucionalidade do art. 42 da supracitada lei. Essa modalidade de presunção relativa é legítima e eficiente para fins de combate a uma série de hipóteses de sonegação fiscal e se mostra proporcional e razoável, desde que o contribuinte seja devidamente intimado para exercer sua ampla defesa e contraditório, dentro de um devido processo legal, com todos os meios de prova disponíveis e com a garantia do duplo grau de jurisdição. Conforme decidiu o STF, o art. 42 não ampliou o fato gerador do IR, mas somente inaugurou a possibilidade de impor a exação nas situações nas quais o contribuinte, devidamente intimado, não consiga comprovar a origem dos seus rendimentos. O Pleno, por maioria, apreciando o tema 842 da repercussão geral, negou provimento ao recurso extraordinário do contribuinte, nos termos do voto do Ministro Alexandre de Moraes, vencidos os Ministros Marco Aurélio e Dias Toffoli, fixando a seguinte tese: "O artigo 42 da Lei 9.430/1996 é constitucional" (RE 855.649/RS, rel. Min. Marco Aurélio, Pleno, j. 03.05.2021).

1.3.8. Isenção. Proventos de aposentadoria. Requisitos legais. Ampliação por decisão judicial. A previsão de hipóteses de isenção deve observar a regra da estrita legalidade e configura ato de natureza discricionária do respectivo ente concessivo do benefício. Como regra, é inviável a atuação do Poder Judiciário como legislador positivo, ampliando as hipóteses de isenção, de modo a abranger outros contribuintes não contemplados expressamente na lei resultante da vontade do legislador, poder competente para a definição das hipóteses e dos limites de concessão do benefício (ADI 6.025/DF, rel. Min. Alexandre de Moraes, Pleno, j. 20.04.2020).

1.3.9. Renda da pessoa jurídica. A noção de renda no âmbito das pessoas jurídicas pressupõe a noção de *lucro*, diferentemente do âmbito das pessoas físicas, onde se vincula à noção de *rendimentos tributáveis*. O IRPJ tem por objeto o *lucro real*, definido como "*o lucro líquido do exercício ajustado pelas adições, exclusões ou compensações prescritas ou autorizadas pela legislação tributária*" (art. 6º, *caput*, do Decreto-Lei 1.598, de 26 de dezembro de 1977. Sobre a noção de lucro no âmbito da CSLL, ver os comentários ao art. 195, I, "c").

1.3.10. Compensação de prejuízos. Uma sociedade empresária que teve prejuízo no valor de "x" no ano de 2018 e teve lucro também no valor de "x" no ano de 2019 não teve, ao final de todo o período, lucro algum, pois o prejuízo anterior foi compensado, integralmente, pelo lucro posterior, não resultando saldo positivo algum. Nesse caso, não houve acréscimo patrimonial propriamente dito, não havendo o que se falar em tributação pelo IRPJ e pela CSLL. É evidente que, se fosse viável essa forma de apuração, a Fazenda Pública não receberia qualquer valor a título de IRPJ e de CSLL, situação que, no contexto brasileiro dos últimos anos, se repetiria em uma quantidade significativa de contribuintes. Em 2009, quando o STF julgou a constitucionalidade das limitações à dedução de prejuízos fiscais, analisando os arts. 42 e 58 da Lei 8.981/95, entendeu que a compensação de prejuízos fiscais acumulados em exercícios anteriores é uma espécie de benefício fiscal em favor do contribuinte (RE 344.994, rel. p/ ac. Min. Eros Grau, Pleno, j. 03.2009). Nessa condição, trata-se de instrumento da política fiscal, podendo ser dimensionado e revisto pelo Estado, ausente qualquer direito adquirido por parte do contribuinte. Na ocasião do julgamento, a Min. Ellen Gracie sustentou que o prejuízo faz parte do risco assumido pelos empreendedores, não havendo uma obrigação da sociedade de contribuir com a compensação desses prejuízos, como forma de garantir a sobrevivência de "empresas ineficientes", segundo a percepção que ela possuía, ao menos à época, do mundo dos negócios. Na linha defendida pelo STF, se a compensação de prejuízos é uma espécie de benefício fiscal, então ela está restrita às condições fixadas na lei, sejam elas sobre 10% ou 30% ou sobre a totalidade do lucro líquido. O Min. Marco Aurélio, vencido no julgamento, bem levantou o argumento a favor do contribuinte, em sentido contrário à existência de acréscimo patrimonial, reconhecendo que a renda que é absorvida pelos prejuízos acumulados em anos anteriores, não materializa o indispensável fato gerador do tributo, ausente, neste caso, a base de cálculo. "Empresas, por exemplo, que não teriam de recolher tributo algum, porque inexistente lucro real, com a subtração de 70% dos prejuízos verificados, tiveram de recolher e o fizeram consumindo e alcançando o quê? O patrimônio. Passamos a ter um tributo que deixou de incidir sobre a renda, sobre o lucro, para incidir sobre o patrimônio da empresa". Em 2019, o Pleno julgou a constitucionalidade da limitação do direito de compensação de prejuízos fiscais, tendo decidido, por maioria, pela constitucionalidade da limitação (RE 591.340, rel. Min. Marco Aurélio, red. p/ ac. Min. Alexandre de Moraes, Pleno, j. 27.06.2019). Por maioria, apreciando o tema 117 da repercussão geral, negou provimento ao recurso extraordinário do contribuinte, nos termos do voto do Min. Alexandre de Moraes, vencidos os Min. Marco Aurélio, Edson Fachin e Ricardo Lewandowski, e, por maioria, fixou a seguinte tese: "É constitucional a limitação do direito de compensação de prejuízos fiscais do IRPJ e da base de cálculo negativa da CSLL", vencido o Min. Marco Aurélio.

1.4. Imposto sobre Produtos Industrializados.

1.4.1. Fatos geradores. A CF prevê a competência da União para instituir *imposto sobre produtos industrializados*. Todavia, o fato gerador desse imposto são as *operações com produtos industrializados*, isto é, os negócios jurídicos, notadamente os contratos, que possuam como objeto um bem que foi previamente submetido a algum processo de industrialização. Essa apreensão do fato gerador do IPI, que vai além da mera incidência sobre produtos industrializados, decorre da interpretação sistemática e conforme a Constituição. O art. 153, IV – que prevê o imposto *sobre produtos industrializados* – deve ser lido em harmonia com a regra da não cumulatividade – prevista no § 3º, inc. II, do art. 153 – que preceitua a compensação do que for "devido em cada operação com o montante cobrado nas anteriores". Em que pese não tenha sido a técnica normativa mais adequada de conformação do fato gerador do IPI, o fato é que, na previsão e na sistemática da regra da não cumulatividade do IPI, o Constituinte explicitou que o foco do fato gerador são as *operações*, as quais pressupõem o produto industrializado como objeto, conforme prevê o dispositivo nuclear da regra de competência impositiva (art. 153, IV). Assim, é plenamente sustentável, que esse imposto incida sobre as operações, entendidas como negócios jurídicos, que tenham por objeto um bem previamente submetido a uma das modalidades de industrialização. O CTN prevê, no art. 46, que o IPI tem como fato gerador: (I) o desembaraço aduaneiro do produto, quando de procedência estrangeira; (II) a saída do produto dos estabelecimentos a que se refere o parágrafo único do art. 51; (III) a arrematação do produto, quando apreendido ou abandonado e levado a leilão. A arrematação, contudo, não foi prevista na legislação ordinária ou no RIPI.

1.4.2. Conceito de produto industrializado. O CTN, enquanto lei complementar de normas gerais de Direito Tributário, estatui para o IPI que se considera "industrializado o produto que tenha sido submetido a qualquer operação que lhe modifique a natureza ou a finalidade, ou o aperfeiçoe para o consumo" (art. 46, parágrafo único). A Lei 4.502, de 30 de novembro de 1964, que dispõe sobre o antigo Imposto de Consumo, estabelece que se considera "industrialização qualquer operação de que resulte alteração da natureza, funcionamento, utilização, acabamento ou apresentação do produto" (art. 3º, parágrafo único), salvo (I) o conserto de máquinas, aparelhos e objetos pertencentes a terceiros; (II) o acondicionamento destinado apenas ao transporte do produto; (III) o preparo de medicamentos oficinais ou magistrais, manipulados em farmácias, para venda no varejo, diretamente e consumidor, assim como a montagem de óculos, mediante receita médica; (IV) a mistura de tintas entre si, ou com concentrados de pigmentos, sob encomenda do consumidor ou usuário, realizada em estabelecimento varejista, efetuada por máquina automática ou manual, desde que fabricante e varejista não sejam empresas interdependentes, controladora, controlada ou coligadas. O Dec. 7.212, de 15.06. 2010, que regulamenta a cobrança, fiscalização, arrecadação e administração do IPI, dispõe, no art. 4º, que "caracteriza industrialização qualquer operação que modifique a natureza, o funcionamento, o acabamento, a apresentação ou a finalidade do produto, ou o aperfeiçoe para consumo, tal como (Lei 5.172, de 1966, art. 46, parágrafo único, e Lei 4.502, de 1964, art. 3º, parágrafo único): (I) a que, exercida sobre matérias-primas ou produtos intermediários, importe na obtenção de espécie nova (*transformação*); (II) a que importe em modificar, aperfeiçoar ou, de qualquer forma, alterar o funcionamento, a utilização, o acabamento ou a aparência do produto (*beneficiamento*); (III) a que consista na reunião de produtos, peças ou partes e de que resulte um novo produto ou unidade autônoma, ainda que sob a mesma classificação fiscal (*montagem*); (IV) a que importe em alterar a apresentação do produto, pela colocação da embalagem, ainda que em substituição da original, salvo quando a embalagem colocada se destine apenas ao transporte da mercadoria (*acondicionamento ou reacondicionamento*); ou (V) a que, exercida sobre produto usado ou parte remanescente de produto deteriorado ou inutilizado, renove ou restaure o produto para utilização (*renovação ou recondicionamento*).

1.4.3. IPI na importação realizada por pessoa física. Em 2005, a Segunda Turma do STF entendeu que o veículo importado por pessoa física que não é comerciante nem empresário, destinado ao uso próprio, não pode sofrer a incidência do IPI. Na ocasião, prevaleceu o entendimento, segundo o qual a incidência ofenderia o princípio da não cumulatividade (art. 153, § 3º, II) e a própria materialidade do imposto, que pressupõe uma operação mercantil, portanto, realizada por quem desenvolve atividade empresarial e possui direito ao creditamento na sistemática da não cumulatividade (RE 255.682 AgR/RS, rel. Min. Carlos Velloso, 2ª Turma, j. 29.11.2005). No entanto, em 2016, o Tribunal Pleno decidiu, apreciando o tema 643 da repercussão geral, que "incide o imposto de produtos industrializados na importação de veículo automotor por pessoa natural, ainda que não desempenhe atividade empresarial e o faça para uso próprio" (RE 723.651/PR, rel. Min. Marco Aurélio, Pleno, j. 04.02.2016).

1.4.4. IPI na revenda de bens importados. A possibilidade da incidência do IPI na simples revenda de bem importado, quando o importador não o submeteu a qualquer operação de industrialização, ainda provoca debates no mundo acadêmico e nos tribunais pátrios. O STJ havia acolhido a argumentação dos contribuintes, tendo decidido que (i) o imposto recaía apenas sobre o montante resultante de alguma operação de industrialização, sob pena de (ii) coincidirem os fatos geradores do IPI e do ICMS (EREsp 1.411.749/PR, rel. p/ ac. Min. Ari Pargendler, 1ª Seção, j. 11.06.2014). Todavia, reviu a sua orientação, em 2015, entendendo, na ocasião, que os produtos importados estão sujeitos a uma nova incidência do IPI, quando revendidos pelo importador, mesmo que não tenham sofrido algum processo de industrialização no País. A Lei 4.502/64, ao equiparar o importador ao industrial, o faz com a permissão dada pelo art. 51, II, do CTN, não havendo qualquer ilegalidade, portanto, na incidência do IPI na operação realizada com produto industrializado pelo importador revendedor. Nesse caso, não haveria *bis in idem* ou bitributação, dado que se trataria de dois fatos geradores distintos: (i) o desembaraço aduaneiro de produto estrangeiro e (ii) a saída do produto do estabelecimento do importador, equiparado a industrial. Além disso, o contribuinte importador-revendedor não seria de todo prejudicado, visto que acumularia o crédito do imposto pago no desembaraço aduaneiro para utilizá-lo como abatimento do imposto a ser pago na saído do seu estabelecimento, de modo que a tributação resultaria em uma incidência apenas sobre o valor agregado (EREsp 1.403.532/SC, rel. p/ac. Min. Mauro Campbell Marques, 1ª Seção, j. 14.10.2015). Decidiu acertadamente o STJ nessa última ocasião, na medida em que, conforme expusemos acima, o fato gerador do IPI é a operação com produto industrializado e não a industrialização. A revenda do produto importado, realizada pelo importador, caracteriza uma operação de compra e venda, cujo objeto é um produto previamente submetido a algum processo de industrialização, mesmo que esse tenha ocorrido no exterior. Essa é a materialidade do IPI, apreendida da CF, mais precisamente da regra da não cumulatividade, que prevê a compensação do imposto devido em cada operação com o imposto cobrado nas operações anteriores (art. 153, § 3º, II). Em reforço à possibilidade de incidência do IPI sobre as operações com produtos industrializados, o CTN autoriza a lei a equiparar o importador ao industrial (art. 51, II), de modo que aquele, uma vez equiparado a esse, pode ser alçado ao status de contribuinte do IPI. Por outro lado, uma vez investido na qualidade de contribuinte na operação de revenda do produto estrangeiro previamente importado por ele, poderá utilizar o débito inicial de IPI da operação de importação (primeiro fato gerador) como crédito para abater do débito de IPI na operação de revenda no mercado interno (segundo fato gerador), reduzindo o ônus tributário final. O STF, por maioria, reconheceu a existência de repercussão geral da questão relativa à incidência do IPI na saída do estabelecimento importador de mercadoria para a revenda, no mercado interno, considerada a ausência de novo beneficiamento no campo industrial (RE 946.648 RG/SC, rel. Min. Marco Aurélio, Pleno, j. 30.06.2016 – Tema 906 – "Violação ao princípio da isonomia (art. 150, II, da Constituição Federal) ante a incidência de IPI no momento do desembaraço aduaneiro de produto industrializado, assim como na sua saída do estabelecimento importador para comercialização no mercado interno"). O STF, por maioria, negou provimento ao recurso extraordinário do contribuinte, vencidos os Ministros Marco Aurélio (Relator), Edson Fachin, Rosa Weber e Roberto Barroso, que davam provimento ao recurso, fixando a seguinte tese: "É constitucional a incidência do Imposto sobre Produtos Industrializados – IPI no desembaraço aduaneiro de bem industrializado e na saída do estabelecimento importador para comercialização no mercado interno" (RE 946.648/SC, rel. Min. Marco Aurélio, Pleno, j. 24.08.2020).

1.4.5. Aspecto quantitativo. Na hipótese mais comum atinente ao IPI – nas operações de circulação dos produtos industrializados no mercado interno – o art. 47, II, "a" do CTN prevê que a base de cálculo do imposto é o valor da operação de que decorrer a saída da mercadoria. Essa regra é plenamente alinhada com o fato gerador do IPI, entendido como a operação com bem previamente industrializado (produto) e não a industrialização em si do bem. A regra estabelece como elemento central da materialidade do imposto a operação, cujo objeto é uma mercadoria, que nada mais é do que um bem previamente industrializado e que entrou em circulação no mercado, com um valor para ele estabelecido. Bem decidiu o STF sobre a ilegitimidade da inclusão dos descontos incondicionais na base de cálculo do IPI, inclusão que viola o art. 146, III, "a", da CF (RE 567.935, rel. Min. Marco Aurélio, Pleno, j. 09.2014, Tema 84 da Repercussão Geral). Os descontos concedidos pelo fornecedor, de forma incondicional, reduzem o preço a pagar, ou seja, reduzem o valor da operação, base de cálculo do imposto (art. 47, II, "a", do CTN). Logo, como a incidência deve ocorrer sobre o valor da operação, este valor necessariamente deverá ser menor. Em outras palavras, não é minimamente razoável que o fornecedor deva recolher o imposto sobre uma parcela do valor da operação que ele renunciou e não receberá do seu comprador. O fornecedor não possui capacidade contributiva sobre o valor do desconto, justamente porque se trata de uma parcela que ele efetivamente não recebeu, que não ingressou na sua esfera patrimonial. Da mesma forma, a inclusão do frete na base de cálculo, prevista em lei ordinária, viola o art. 146, III, "a", da CF, dado que está em descompasso com o disposto na alínea "a" do inc. II do art. 47 do CTN (RE 881.908 AgR/CE, rel. Min. Marco Aurélio, 1ª Turma, j. 22.09.2015).

1.4.6. Cálculo. Estabelecimento de valores pré-fixados. Pautas fiscais. Reserva de lei complementar. O § 1º do art. 153 da CF estatui que "é facultado ao Poder Executivo, atendidas as condições e os limites estabelecidos em lei, alterar as alíquotas dos impostos enumerados nos incisos I, II, IV e V". A competência que fora delegada ao Poder Executivo é limitada à faculdade para alterar as alíquotas dos impostos arrolados, nada mais. O CTN, lei complementar de normas gerais de Direito Tributário, prevê que a base de cálculo do imposto é, no caso da saída dos estabelecimentos a que se refere o parágrafo único do artigo 51, o valor da operação de que decorrer a saída da mercadoria. Trata-se do valor real pago pelo mercado e não o presumido pela Receita Federal em pautas fiscais, mesmo que essas sejam previstas em lei ordinária. A sistemática de pauta, sabe-se, pode resultar em valor superior ao da operação real ou inferior à quantia efetivamente cobrada, prejudicando o contribuinte ou o erário, respectivamente. As pautas fiscais são técnicas eficientes para facilitar a tributação (simplificação) e combater a evasão fiscal, mas, enquanto presunção relativa, jamais podem se transformar automaticamente em presunção absoluta, de modo a provocar uma tributação em desconformidade com o valor real da operação, com a verdadeira capacidade contributiva gerada a partir da operação ou uma tributação com efeito confiscatório. A Lei 7.798/89 prevê em seu art. 3º que o Poder Executivo poderá estabelecer classes de valores a serem pagos a título de IPI, para determinadas bebidas e alimentos. O STF entendeu que "a Lei 7.798/1989 tratou apenas de regulamentar o que já estava disposto no CTN, conceituando, portanto, o que seria valor da operação para fins de definição da base de cálculo do IPI", fixando a seguinte tese de repercussão geral: "É constitucional o artigo 3º da Lei 7.798/1989, que estabelece valores prefixados para o IPI" (RE 602.917/RS, rel. Min. Rosa Weber, Pleno, j. 29.06.2020).

1.5. Imposto sobre Operações Financeiras. O imposto tradicionalmente denominado de IOF (Imposto sobre Operações Financeiras) é previsto no art. 153, V, como um imposto de competência da União sobre operações de *crédito*, *câmbio* e *seguro*, ou relativas a *títulos ou valores mobiliários*. O elemento comum são as *operações*, de *natureza financeira*, sobre as quais incide o imposto. Varia a tipologia contratual, visto que são objeto de incidência tanto os contratos de crédito, como os de câmbio, seguro ou os relativos a títulos ou valores mobiliários. Para fins didáticos, é possível visualizar a incidência sob a forma de quatro impostos distintos, cada um incidindo sobre cada uma das operações dentro da tipologia contratual abrangida. A materialidade constitucionalmente aferível do imposto revela a incidência sobre as operações realizadas e envolvendo crédito, câmbio, seguro e título ou valores mobiliários. Não se trata de uma tributação do crédito ou dos títulos, pois isso revelaria uma tributação sobre a patrimônio, o que não foi autorizado pela regra de competência tributária constitucional. A Corte Suprema deixou claro que a incidência não é sobre os títulos em si, mas sobre as operações praticadas com eles (RE 223.144, rel. Min. Carlos Velloso, Pleno, j. 06.2002). Por exemplo, no caso das operações relativas a títulos e valores mobiliários, a *emissão*, *transmissão*, *pagamento* ou *resgate* destes (art. 63, IV, CTN). O imposto não poderá incidir sobre fatos ou atos jurídicos que não se enquadrem no conceito de operação de crédito, operação de câmbio, operação de seguro ou operação relativa a títulos ou valores mobiliários. Adequado, portanto, o entendimento do STF, consolidado na Súmula 664, segundo a qual é inconstitucional a incidência do IOF sobre saques efetuados em caderneta de poupança. Da mesma forma, o entendimento da Súmula 185 do STJ, conforme a qual não incide o IOF sobre os depósitos judiciais.

1.5.1. IOF. Operações praticadas por empresas de *factoring*. Ao prever a competência tributária para a União instituir imposto sobre operações de crédito, câmbio e seguro, ou relativas a títulos ou valores mobiliários, a CF não limitou a incidência do IOF unicamente às operações praticadas por instituições financeiras. O fato gerador são as operações realizadas no âmbito do crédito, do câmbio, do seguro e dos títulos e valores mobiliários. Atento à abrangência da materialidade do imposto, ao julgar o caso das empresas de *factoring*, entendeu o STF que a amplitude de incidência do IOF sobre operações de crédito não se restringe às operações praticadas por instituições financeiras, podendo a lei estender a incidência às operações de *factoring*, quando resultem em financiamento (*conventional factoring*) (ADI 1.763 MC, rel. Min. Sepúlveda Pertence, Pleno, j. 08.1998). Mesmo quando não implique em financiamento, a Corte Suprema vislumbrou que as empresas de *factoring* realizam negócios jurídicos relativos a títulos e valores mobiliários, os quais são igualmente sujeitos à tributação. Posteriormente, a Corte Suprema decidiu que "a alienação de direitos creditórios a empresa de *factoring* envolve, sempre, uma operação de crédito ou uma operação relativa a títulos ou valores mobiliários. É, aliás, própria do IOF a possibilidade de ocorrência de superposição da tributação das operações de crédito e daquelas relativas a títulos e valores mobiliários, motivo pelo qual o Código Tributário Nacional, no parágrafo único do seu art. 63, traz uma regra de tributação alternativa, de sorte a evitar o bis in idem" (ADI 1.763/DF, rel. Min. Dias Toffoli, Pleno, j. 16.06.2020).

1.5.2. IOF. Contratos de mútuo com quem não desenvolve atividade financeira ou análoga. Embora o STF tenha decidido na MC na ADI 1.763 sobre a possibilidade da incidência do IOF sobre as operações de crédito praticadas pelas empresas de *factoring*, seja quando fazem financiamento, seja quando realizam negócios com títulos e valores mobiliários, não estando, portanto, a incidência restrita às operações praticadas por instituições financeiras, deve-se ter cautela com relação à cobrança do imposto sobre os contratos de mútuo celebrados com quem não desenvolve atividade financeira ou análoga. O mútuo celebrado entre particulares não consiste nem em operação relativa a títulos e valores mobiliários, nem caracteriza operação de crédito, pois este mútuo não é objeto de relação negocial profissional, como exigido pelo art. 153, V, da CF e pelo art. 64, I, do CTN, já que nenhuma das partes é instituição financeira ou pessoa jurídica ou física que desenvolva atividade análoga à de instituição financeira, mesmo que de forma eventual. O imposto deve limitar-se às operações de crédito realizadas por pessoas jurídicas ou pessoa física que tenham por objeto social ou façam da sua atividade principal ou acessória a atuação no âmbito do crédito. Essa lógica também é observada na Europa, onde há a preocupação de explorar tributariamente a capacidade econômica gerada nas operações financeiras. Mais precisamente, em setembro de 2011, a Comissão Europeia apresentou sua proposta de instituição de um imposto sobre operações financeiras (*Finanztransaktionssteuer*) nos 27 Estados-membros da União Europeia (Europäische Kommission, *Gemeinsame Regeln für eine Finanztransaktionssteuer – Häufig gestellte Fragen*. Brüssel: Europäische Kommission, 2011. Disponível em: http://europa.eu/rapid/press-release_MEMO-11-640_de.pdf. Acesso em: 11.03.2019). A proposta de um imposto europeu sobre operações financeiras pressupõe a tributação incidente sobre o intercâmbio de instrumentos financeiros entre bancos ou outras instituições financeiras. Esses instrumentos financeiros abrangem papéis negociáveis no mercado, empréstimos, ações e derivativos. Instituições financeiras incluem empresas que negociam papéis no mercado, instituições de crédito, seguradoras, fundos de investimento e fundos de hedge, financeiras e sociedades de propósitos financeiros específicos (Memorando 11/640 da Comissão Europeia, "*Gemeinsame Regeln für eine Finanztransaktionssteuer – Häufig gestellte Fragen*", 2011). Contribuintes são apenas as instituições financeiras e instituições análogas: bancos, corretoras de valores mobiliários, seguradoras, corretores da bolsa de valores, fundos de pensão e fundos de investimento. O imposto incide sobre as operações realizadas com instrumentos financeiros, isto é, com contratos celebrados profissionalmente por instituições financeiras e análogas, as quais detêm autorização especial para operar como tais. É de se ressaltar que a Comissão Europeia (Memorando 11/640 da Comissão Europeia, 2011) deixa claro que o imposto não incide sobre a concessão de crédito via empréstimo (mútuo) por empresas que não são instituições financeiras ou análogas a elas. Até o momento, os Estados-membros da União Europeia ainda não chegaram a um consenso sobre o projeto de criação desse imposto, razão pela qual ainda não o instituíram em suas legislações internas.

1.6. Imposto sobre a Propriedade Territorial Rural. A CF estabelece a competência da União para instituir imposto sobre a propriedade territorial rural (art. 153, VI). Trata-se de um imposto sobre a propriedade (renda acumulada), mas ligado ao "âmbito rural". A propriedade não é um valor absoluto no Estado brasileiro, tanto que o Constituinte previu que ela deva atender a função social. No âmbito do ITR, a propriedade rural também deve atender a função social, o que se apreende da norma emanada do § 4º, inc. I, do art. 153, o qual prevê que o imposto, além de ser progressivo, "terá suas alíquotas fixadas de forma a desestimular a manutenção de propriedades improdutivas". Da redação do texto, fica claro o objetivo do cumprimento da função social da propriedade rural, em meio ao contexto da política de reforma agrária em todo o País. O imposto apresenta tanto a finalidade fiscal (arrecadar) quanto a extrafiscal (desestimular propriedades improdutivas).

1.6.1. Propriedade rural x propriedade urbana. A tributação da propriedade territorial no Brasil está dividida entre a rural e a urbana. A primeira é de competência da União (ITR), e a segunda é de competência dos Municípios (IPTU). A definição da competência tributária, ou seja, se o imposto será devido à União ou ao Município, dependerá do enquadramento da área territorial como rural ou urbana. Dado que se trata de um possível conflito de competência, é a lei complementar o instrumento normativo previsto pela CF para dirimir esse conflito (art. 146, II). Não havendo lei complementar específica para definir o que vem a ser zona rural e zona urbana, recorre-se à lei complementar de normas gerais de Direito Tributário, o CTN. O art. 29 do CTN estatui que "o imposto, de competência da União, sobre a propriedade territorial rural, tem como fato gerador a propriedade, o domínio útil ou a posse de imóvel por natureza, como definido na lei civil, localizado fora da zona urbana do Município". O CTN não define a propriedade rural ou a zona rural, limitando-se, por exclusão, a estabelecer que se trata do imóvel localizado fora da zona urbana do Município. Já a previsão sobre a *zona urbana* é ancorada no § 1º do art. 32 do CTN. O *caput* do dispositivo prevê que o fato gerador é "a propriedade, o domínio útil ou a posse de bem imóvel por natureza ou por acessão física, como definido na lei civil, localizado na zona urbana do Município". O § 1º dispõe que se entende como zona urbana "a definida em lei municipal, observado o requisito mínimo da existência de melhoramentos indicados em pelo menos 2 (dois) dos incisos seguintes, construídos ou mantidos pelo Poder Público: I – meio-fio ou calçamento, com canalização de águas pluviais; II – abastecimento de água; III – sistema de esgotos sanitários; IV – rede de iluminação pública, com ou sem posteamento para distribuição domiciliar; V – escola primária ou posto de saúde a uma distância máxima de 3 (três) quilômetros do imóvel considerado". O Código ainda prevê a possibilidade de a lei municipal considerar como urbanas as áreas urbanizáveis ou de expansão urbana, destinadas à habitação, à indústria ou ao comércio, mesmo que localizadas fora das zonas definidas como urbanas (§ 2º). A definição da competência e a solução de eventual conflito que possa ocorrer se dará pelo *critério da localização* do imóvel, conforme definido na lei municipal, mas sempre observando o requisito mínimo da existência de pelo menos *dois melhoramentos de infraestrutura urbana*, por exemplo, abastecimento de água e sistema de esgotos sanitários. A norma incorpora uma noção de uma infraestrutura de urbanização mínima para que a zona seja considerada como urbana. Por outro lado, a norma nada diz sobre a destinação, se urbana ou rural, de modo que a destinação não poderá ser utilizada como critério de definição e diferenciação da competência tributária. Ocorre que o Decreto-Lei 57, de 18.11.1966 estabelece, no art. 15, que o disposto no art. 32 do CTN não abrange o imóvel que, comprovadamente, seja utilizado em exploração extrativa vegetal, agrícola, pecuária ou agroindustrial, de modo a incidir, sobre o mesmo, o ITR. O art. 15 do Decreto-Lei 57, de 18.11.1966 havia sido revogado pelo art. 12 da Lei 5.868, de 12.12.1972, mas a revogação foi suspensa pelo Senado Federal (Resolução 9, de 07.06.2005), dado que o dispositivo da lei foi declarado inconstitucional por decisão definitiva do STF (RE 140.773/SP, rel. Min. Sydney Sanches, Pleno, j. 08.10.1998). O STF decidiu ser devido o ITR sobre imóveis comprovadamente utilizados em atividades rurais, mesmo que localizados em área urbana, tendo em vista que reconheceu a legitimidade do art. 15 do Decreto-Lei 57/66, que fora recepcionado pela CF com força de lei complementar, podendo, portanto, validamente excepcionar a regra do art. 32 do CTN.

1.6.2. Incidência sobre domínio útil ou posse. O CTN prevê como fato gerador do ITR tanto a propriedade como o *domínio útil* ou a *posse* do imóvel (art. 29), bem como, a título de fato gerador do IPTU, tanto a propriedade como o *domínio útil* ou a *posse* do imóvel (art. 32). O Min. Ilmar Galvão, ao apreciar a imunidade ao IPTU dos imóveis que compõem o acervo patrimonial do Porto de Santos, integrantes do domínio da União, mas ocupados por empresa delegatária de serviços portuários (Companhia Docas do Estado de São Paulo – CODESP), sustentou, no seu voto, que o art. 32 do CTN não pode ser interpretado como tendo englobado, no conceito de posse, (i) o ocupante de bem público, (ii) o mero detentor (como o locatário) e (iii) o possuidor com *animus domini* (RE 253.394/SP, rel. Min. Ilmar Galvão, 1ª Turma, j. 26.11.2002). No entendimento do Ministro, apenas esse pode ser responsável pelo IPTU incidente sobre o imóvel de que possui a posse, na qualidade de substituto do proprietário. Em outro caso, envolvendo uma academia de ginástica, na posse de um imóvel situado no Aeroporto de Jacarepaguá, lastreada por um contrato de concessão de uso, celebrado com a INFRAERO, o Min. Gilmar Mendes estava convencido de que a academia de ginástica não preenchia nenhum dos requisitos para ser contribuinte do IPTU, "porquanto é detentora de posse precária e desdobrada decorrente de contrato de concessão de uso" (RE 451.152/RJ, rel. Min. Gilmar Mendes, 2ª Turma, j. 22.08.2006). O ITR pressupõe a propriedade, e o conceito constitucional de propriedade pressupõe o conceito de propriedade havido na época da promulgação da CF. Em outras palavras, quando a CF foi promulgada, incorporando, dentre os seus dispositivos, a regra de competência tributária da União para instituir imposto sobre a propriedade territorial rural, pressupunha-se um determinado conceito de propriedade já existente e, portanto, considerado pelo Constituinte quando da redação da regra de competência. Esse conceito não pode ser outro, senão aquele trazido pelo Direito Privado da época, mais precisamente aquele insculpido no Código Civil de 1916 (art. 524 – "A lei assegura ao proprietário o direito de usar, gozar e dispor de seus bens, e de reavê-los do poder de quem quer que injustamente os possua"). Não cabe aqui se discorrer sobre posse e propriedade, mas apenas reforçar que se trata de conceitos distintos, não havendo o que se confundir entre a posse e a propriedade. Posto isso, o ITR deve incidir apenas sobre a propriedade. Isso não impede que o ônus econômico referente ao imposto seja transferido contratualmente ao possuidor, como ocorre nos contratos de locação de imóvel urbano, no âmbito do IPTU, como uma regra amplamente aceita e praticada no mercado de locação de imóveis urbanos. Todavia, sem esquecer, que o contrato de locação, nesse caso, não é oponível ao Fisco para efeitos de alterar a definição legal do sujeito passivo da obrigação tributária, salvo disposição de lei em contrário (art. 123, CTN).

1.6.3. Base de cálculo. Diferentemente do IPTU, que abrange tanto a propriedade predial como a territorial, o ITR prevê a incidência apenas sobre a propriedade territorial. Assim, o imposto incidirá apenas sobre a terra, não abrangendo benfeitorias, prédios ou a renda resultante de alguma exploração econômica do imóvel. O denominado "valor fundiário" pressupõe a terra nua. O CTN (art. 30) prevê como base do cálculo o valor fundiário. O proprietário do imóvel rural eventualmente invadido por famílias de sem-terra e que terminou ficando privado da sua posse não pode ser cobrado com o ITR (STJ, REsp 963.499, rel. Min. Herman Benjamin, 2ª Turma, j. 03.2009).

1.7. Imposto sobre Grandes Fortunas. Em que pese o Constituinte tenha atribuído competência tributária à União para instituir *imposto sobre grandes fortunas*, o imposto nunca chegou a ser instituído. O art. 80, III, do ADCT, prevê a destinação do produto da arrecadação do IGF ao Fundo de Combate e Erradicação da Pobreza. Essa vinculação descaracteriza a natureza de imposto do IGF, transformando-o em uma contribuição especial, com finalidade e destinação específicas para o combate e a erradicação da pobreza. A Lei de Responsabilidade Fiscal (LC 101, de 04.05.2000), quando estabelece as regras pertinentes à previsão e à arrecadação da receita pública, estatui que um dos requisitos da responsabilidade na gestão fiscal é a instituição e a efetiva arrecadação de todos os tributos da competência constitucional do ente da Federação (art. 11). O caráter obrigatório da norma é reforçado pela regra do parágrafo único, que veda a realização de transferências voluntárias para o ente que não instituir e arrecadar os impostos. Portanto, se até o advento da LC 101, de 04.05.2000 ainda se tinha dúvidas sobre a facultatividade do exercício da competência tributária para a instituição e cobrança dos tributos, a partir da vigência da Lei de Responsabilidade Fiscal, resta clara a responsabilidade na gestão fiscal quanto à instituição e cobrança do IGF pela União. A Alemanha não possui propriamente um IGF, mas prevê, na Lei do Imposto de Renda (EStG – disponível em: https://www.gesetze-im-internet.de/estg/__32a.html. Acesso em: 11.01.2020), a denominada "alíquota dos ricos" (*Reichensteuersatz*), de 45%, para rendimentos anuais a partir de 270.501 Euro. Quando vier a ser instituído, a CF prevê que o seja "nos termos de lei complementar". Há uma diferença aqui entre ser instituído "nos termos de lei complementar" e "mediante lei complementar". Como a CF estatui que a instituição seja "nos termos de lei complementar", a melhor interpretação é aquela que é sistematizada com a regra do art. 146, III, "a", que exige lei complementar para a definição do fato gerador, da base de cálculo e dos contribuintes dos impostos. A regra do art. 146, III, "a", é inafastável nesse caso, de modo que a definição dos elementos essenciais do IGF deverá ser implementada por lei complementar. Não faz sentido, definir o fato gerador, a base de cálculo e os contribuintes por lei complementar e instituir efetivamente o imposto por lei ordinária.

§ 1º É facultado ao Poder Executivo, atendidas as condições e os limites estabelecidos em lei, alterar as alíquotas dos impostos enumerados nos incisos I, II, IV e V.

2. Legalidade atenuada para II, IE, IPI e IOF. O dispositivo prevê, de um lado a faculdade ao Poder Executivo para alterar as alíquotas do II, IE, IPI e IOF, mas, de outro lado, restringe esse poder às condições e aos limites estabelecidos em lei. Continua sendo o legislador que disporá sobre as condições e os limites das alíquotas, podendo o Poder Executivo manejar alterações, mas sempre respeitando, por exemplo, as alíquotas máximas fixadas na lei. O resultado dessa dinâmica é simplesmente uma atenuação da legalidade, não chegando a configurar uma exceção. Essa faculdade conferida ao Poder Executivo encontra, na sua motivação, a necessária dinamicidade e agilidade que deve ser assegurada em virtude de determinadas razões extrafiscais, ligadas ao comércio exterior, à indústria e ao sistema financeiro nacional. O STF entende que a lei de condições e limites é a lei ordinária, visto que a CF não determinou expressamente lei complementar para esse caso (RE 225.602, rel. Min. Carlos Velloso, Pleno, j. 11.1998). Essa mesma decisão registra a posição da Corte Suprema de que a motivação do decreto que alterou as alíquotas pode constar no procedimento administrativo de sua formação, pois não há sentido que os motivos do decreto venham nele próprio. O STF terminou chancelando a possibilidade de atribuir a órgão integrante do Poder Executivo da União (CAMEX) a faculdade de alterar as alíquotas do IE, reconhecendo que a competência em questão não é privativa do Presidente da República (RE 570.680, rel. Min. Ricardo Lewandowski, Pleno, j. 10.2009). No entanto, há um ponto relevante a ser considerado nessa avaliação, destacado pelos Min. Carlos Britto e Marco Aurélio, que restaram vencidos. Eles sustentavam que a faculdade de alteração das alíquotas fora estabelecida para o Poder Executivo, e esse, nos termos do art. 76 da CF, é exercido pelo Presidente da República, auxiliado pelos Ministros de Estado. Ou seja, é a própria CF que está estabelecendo expressamente que o exercício do Poder Executivo será pelo Presidente da República, auxiliado pelos seus Ministros de Estado, não por qualquer órgão, mesmo que vinculado ao Poder Executivo. O Poder Judiciário poderá sempre controlar a compatibilidade do decreto ou ato do órgão vinculado ao Poder Executivo com as condições e limites estabelecidos na lei, mas não poderá intervir nas questões propriamente atinentes ao mérito decisivo da política extrafiscal envolvida, sendo essa de exclusiva discricionariedade do Poder Executivo. Em dezembro de 2019, a 1ª Turma negou provimento a um recurso do contribuinte, em que se discutia a responsabilidade da União pelos prejuízos supostamente causados à empresa, uma indústria de brinquedos nacional, em virtude da redução do II de brinquedos na década de 1990 (Informativo 959). A 1ª Turma entendeu que a dinâmica da política econômica, com suas alterações, é parte do contexto do risco empresarial assumido pelos empreendedores, não havendo direito subjetivo à manutenção de determinada política econômica (ARE 1.175.599 AgR/DF, rel. Min. Rosa Weber, 1ª Turma, j. 10.12.2019).

§ 2º O imposto previsto no inciso III:

I – será informado pelos critérios da generalidade, da universalidade e da progressividade, na forma da lei;

II – *(Revogado pela Emenda Constitucional nº 20, de 1998)*

3. IR. Critérios de conformação.

3.1. Generalidade e universalidade. O critério da generalidade impõe que o IR seja o mais genérico possível, no sentido de abranger o maior número possível de pessoas, físicas e jurídicas, que realizem o fato gerador do IR e sejam capazes em termos de capacidade contributiva. De um lado, há uma pretensão de tributar o maior número de pessoas; de outro, há uma preocupação subjacente de obrigar todos os que se encontrem na mesma situação ou condição, honrando o princípio da igualdade tributária. O critério da universalidade impõe que o IR alcance todo e qualquer rendimento, entendido como acréscimo patrimonial, independentemente da denominação jurídica ou da classificação contábil conferida. Sob o ângulo da não abrangência de algumas pessoas ou de alguns rendimentos, que eventualmente ficarão de fora da tributação, a generalidade e a universalidade procuram, com um ideal principiológico, evitar que se concedam isenções ou outros benefícios tributários, os quais flexibilizam o ideal da igualdade tributária. Por outro lado, as pessoas que não auferem rendimentos ou que os percebam em valor demasiadamente reduzido, abaixo do limite de isenção do IR, não ostentam capacidade contributiva mínima, devendo necessariamente ficar de fora do grande grupo previsto sob a ótica da generalidade. Aqui, a aparente violação à igualdade é justificada pela imunidade tributária do mínimo existencial, decorrente da conjugação dos princípios da dignidade da pessoa humana e do Estado Social.

3.2. Progressividade. A capacidade contributiva não exige a progressividade, mas essa não se opõe àquela. A progressividade fiscal no IRPF aperfeiçoa a concretização da capacidade contributiva e potencializa a justiça tributária no plano vertical. Isso, porque pressupõe que as alíquotas serão gradativamente aumentadas, à medida que aumentam os rendimentos ou as faixas de rendimentos percebidos pela pessoa física. Dessa forma, pessoas com maior rendimento contribuirão não apenas proporcionalmente mais conforme o aumento da sua renda, mas sim progressivamente mais. Se considerarmos rendimentos tributáveis mensais de R$ 10.000,00 e nenhuma dedução, teremos esse valor como base de cálculo para o IRPF e o valor de R$ 1.880,64 de imposto devido, o que representa uma alíquota efetiva de 18,81% (disponível em: www.receita.fazenda.gov.br/Aplicacoes/ATRJO/Simulador/simulador.asp?tipoSimulador=M. Acesso em: 11.01.2020). Isso porque as alíquotas variam conforme as faixas de renda e incidem sobre a parcela que se situa na respectiva faixa, conforme o quadro abaixo. Ao final, em que pese esse rendimento de R$ 10.000,00 esteja na faixa de 27,5%, a alíquota efetiva é de 18,81%.

Base de Cálculo (R$)	**Alíquota (%)**	**Parcela a deduzir do IR (em R$)**
Até 1.903,98	-	-
De 1.903,99 até 2.826,65	7,5	142,80
De 2.826,66 até 3.751,05	15	354,80
De 3.751,06 até 4.664,68	22,5	636,13
Acima de 4.664,68	27,5	869,36

Fonte: Receita Federal.

A tabela está desatualizada desde 2015 (IN RFB 1.558, de 2015). A falta de atualização resulta em um total descompasso com a inflação e o aumento do custo de vida dos brasileiros, não refletindo a realidade dos indicadores econômicos atuais. À luz do princípio da capacidade contributiva e do princípio da justiça tributária, a tabela deveria ser corrigida, sendo seus valores trazidos a valores presentes, que refletissem toda a inflação acumulada desde 2015 e eventuais outras atualizações necessárias, visando a adequar especialmente o limite de isenção. Isso, porque é justamente o limite de isenção que deveria refletir o mínimo existencial imune à tributação. Ocorre que o seu valor está longe de refletir minimamente esse ideal quantitativo da dignidade da pessoa humana no Estado que se diz *social*. O STF não interfere na correção monetária da tabela progressiva do IRPF, alegando ausência de previsão legal nesse sentido e impossibilidade de o Judiciário interferir nas decisões dos Poderes Executivo e Legislativo na política econômica (RE 388.312, rel. Min. Marco Aurélio, Pleno, j. 08.2011). Ao contrário, a Corte Constitucional alemã, nesses casos, declara a respectiva norma inconstitucional, uma vez que ainda contempla valores que na ocasião são estranhos à realidade (*realitätsfremd*), fixando prazo para o Poder Legislativo federal adequar os valores à realidade.

§ 3º O imposto previsto no inciso IV:

I – será seletivo, em função da essencialidade do produto;

II – será não cumulativo, compensando-se o que for devido em cada operação com o montante cobrado nas anteriores;

III – não incidirá sobre produtos industrializados destinados ao exterior.

IV – terá reduzido seu impacto sobre a aquisição de bens de capital pelo contribuinte do imposto, na forma da lei. *(Incluído pela Emenda Constitucional nº 42, de 19.12.2003)*

4. IPI.

4.1. Seletividade em função da essencialidade. O princípio da seletividade em função da essencialidade não encontra previsão nos sistemas jurídicos da maioria dos países ocidentais. De regra, não é previsto nas respectivas legislações tributárias. A literatura dos países ocidentais costuma tratar o princípio de forma implícita, e ele termina permanecendo no pano de fundo da conformação dos impostos, especialmente das respectivas alíquotas. Trata-se na verdade de uma técnica de tributação, segundo a qual a base de cálculo ou as alíquotas dos impostos indiretos sobre o consumo devem manifestar a característica da seletividade. Como critério de diferenciação, inerente à seletividade, para a graduação das alíquotas, é prevista a importância ou indispensabilidade do produto para o consumidor final, denominada de essencialidade. Tecnicamente, as alíquotas do IPI devem ser proporcionais ao grau de *essencialidade* dos produtos para as necessidades humanas. Assim, de um lado, alimentos – ao menos aqueles integrantes da cesta básica -, medicamentos, água encanada, vestuário e outras despesas de consumo humano assecuratórias da existência devem ser isentas ou tributadas de forma reduzida. De outro lado, produtos supérfluos ou de consumo de luxo, como cosméticos e iates, por exemplo, devem ser tributados de forma elevada. Todavia, esse princípio não pressupõe alíquotas progressivas. O legislador tributário não está obrigado, por exemplo, a gravar as alíquotas dos automóveis conforme o modelo e a potência do motor ou o leite, conforme é dispensado de forma líquida ou em pó. A seletividade em função da essencialidade não implica esse grau de diferenciação com base na conformação mecânica ou química dos produtos. Apesar da progressão das alíquotas no âmbito de categorias vinculadas à funcionalidade ou à qualidade dos produtos não seja uma condição do princípio, o legislador tributário deve se esforçar sempre a realizar o princípio com a melhor eficácia possível, atentando para os valores constitucionais em jogo. Um mesmo produto intermediário também pode ser tributado de forma seletiva, conforme a sua aplicabilidade. Por exemplo, o formaldeído (IPI – 0%) é utilizado tanto na produção de medicamentos (IPI – 0%) como também na produção de cosméticos (IPI – 20%); lentes (IPI – 0%) podem ser utilizadas em óculos (IPI – 5%), binóculos (IPI – 15%) e câmeras de filme (IPI – 30%). Uma graduação de alíquotas de um mesmo produto com base em diferentes categorias vinculadas à sua aplicabilidade encontra justificação constitucional suficiente, toda vez que o critério de seleção for a essencialidade do produto para as necessidades humanas. A seletividade é de adoção obrigatória pelo legislador do IPI (o imposto "será seletivo, em função da essencialidade do produto"), e o critério será necessariamente a essencialidade do produto para as necessidades humanas. A ausência absoluta de essencialidade, aliada à presença de externalidades negativas que possam vir a reboque, autoriza inclusive a tributação a patamares *a priori* desproporcionais ou manifestamente excessivos. É o caso do IPI sobre cigarros, graduado em 300% (NCM 2402.20.00 – "Cigarros que contenham tabaco": 300%. Ver o Decreto 8.950, de 29.12.2016. Disponível em: http://receita.economia.gov.br/acesso-rapido/legislacao/documentos-e-arquivos/tipi-1.pdf.

Acesso em: 12.01.2020), que além de ser nocivo à saúde humana, eleva os gastos da saúde pública no tratamento das doenças e demais problemas ligados ao seu consumo. O Poder Judiciário jamais afastou uma alíquota em um caso como esse, mesmo que no patamar de 300%, e não deveria afastar. Aqui, o fundamento jurídico-constitucional da proibição de confisco ou de tributação desproporcional perde em peso ou relevância frente ao caráter extrafiscal da elevada tributação do cigarro, como uma medida justificada para desestimular o seu consumo e reduzir as correlatas despesas de saúde.

4.1.1. Legitimidade da tributação indutora de comportamento. O Estado dispõe de diferentes instrumentos de atuação, por exemplo, no âmbito da saúde pública, os quais pressupõem a utilização desde campanhas diretas em prol de uma vida mais saudável até programas de alimentação saudável nas escolas da rede pública. Além dessas formas usuais de intervenção na saúde pública, um outro instrumento de atuação do Estado, imperceptível para a maioria da população, é a tributação. De regra, na composição do preço de todo e qualquer produto ou mercadoria, há tributos embutidos, os quais terminam sendo repassados como ônus financeiro ao consumidor final, em que pese esse não ostente a qualidade de contribuinte (de Direito) desses tributos. Há uma expectativa de determinada reação do mercado consumidor a partir do preço final do produto ou da mercadoria, o qual pode ser majorado ou reduzido por meio da regulação tributária. Para que essa interferência tributária no preço dos produtos e mercadorias e, consequentemente, na reação do mercado, seja legítima, ela precisa estar bem justificada a partir de regras e princípios constitucionais. A tributação pode servir a duas finalidades: *i) arrecadatória* e *ii) indutora de comportamento*. A finalidade arrecadatória é também chamada de finalidade fiscal, cuja cobrança serve para o custeio das despesas de manutenção da estrutura do Estado e para o atingimento das suas finalidades constitucionais precípuas. A finalidade indutora de comportamento é também chamada de finalidade extrafiscal, cuja cobrança é direcionada notadamente à indução de determinado comportamento, omissivo ou comissivo, no cidadão. Em que pese a classificação dos tributos em razão da extrafiscalidade, há que se reconhecer que qualquer tributo pode manifestar tanto o caráter fiscal como o extrafiscal. Isso porque, de um lado, todo tributo, mesmo aquele com finalidade extrafiscal precípua, gera arrecadação tributária (efeito fiscal); de outro lado, todo o tributo, mesmo aquele com finalidade fiscal precípua, pode provocar um estímulo ou um desestímulo no comportamento do cidadão, interferindo na sua tomada de decisão (efeito extrafiscal). Por exemplo, quando um investidor estrangeiro decide não investir no Brasil, tendo em vista a elevada tributação sobre as empresas em geral, ele está levando em consideração uma carga tributária total que engloba não apenas tributos essencialmente extrafiscais, como o IPI, mas também tributos essencialmente fiscais como o IRPJ e a CSLL. Por outro lado, este mesmo investidor pode tomar uma decisão diametralmente oposta e investir no Brasil, motivado pelo possível retorno que obterá por meio de dividendos, os quais são isentos de IR no Brasil, em que pese este imposto seja essencialmente com finalidade fiscal. No entanto, a CF prevê alguns tributos, que em virtude de características que lhe são peculiares, se tornam essencialmente extrafiscais. O II, o IE, o IPI e o IOF, ancorados no art. 153, e o IPTU, previsto no art. 156, I e § 1º, e no art. 182, § 4º. O II e o IE são os impostos diretamente ligados ao comércio exterior, o IPI é o imposto da indústria e o IOF é o imposto do sistema financeiro nacional. Esses impostos interferem diretamente na dinâmica dos três principais pilares da economia de qualquer país que pretenda ser de modo de produção capitalista. Tendo em vista a relevância desses setores e da necessária dinamicidade que exigem, o Constituinte brasileiro facultou ao Poder Executivo Federal, atendidas as condições e os limites estabelecidos em lei, alterar as alíquotas do II, do IE, do IPI e do IOF (CF, art. 153, § 1º). Além disso, visando a simplificar ainda mais o processo de regulação destes setores estratégicos da economia, o Constituinte excepcionou o II, o IE e o IOF tanto da anterioridade de exercício como da anterioridade nonagesimal, possibilitando que o Poder Executivo Federal altere suas alíquotas a qualquer tempo, sem que seja necessário se aguardar a mudança do exercício ou o prazo de noventa dias (CF, art. 150, III, "b" e "c", e § 1º). Já o IPI foi excepcionado da anterioridade de exercício, mas deve respeitar a anterioridade nonagesimal (CF, art. 150, § 1º). O IPTU pode ser cobrado de forma progressiva, em razão do valor do imóvel, e pode ter alíquotas diferentes, de acordo com sua localização e seu uso (CF, art. 156, § 1º, I e II). A denominada progressividade fiscal regula o IPTU com base na capacidade contributiva do proprietário do imóvel, manifestada por intermédio dos critérios do valor do imóvel (i) e da localização e uso (ii). Além desse formato, os Municípios ainda podem graduar esse imposto de forma progressiva no tempo, cobrando anualmente valores mais elevados dos proprietários de solos urbanos não edificados, subutilizados ou não utilizados, para que seja promovido seu adequado aproveitamento. A assim denominada *progressividade extrafiscal* objetiva o cumprimento da função social da propriedade, sendo calibrada com base em critérios de utilização e subutilização dos imóveis urbanos, conforme o plano diretor de cada Município (CF, art. 182, § 4º, II). Aqui, fica inquestionável o seu caráter instrumental de extrafiscalidade. No entanto, não são apenas esses impostos, cujas características peculiares permitem inferir seu caráter instrumental extrafiscal, que irradiam efeitos indutores de comportamento. No âmbito do ICMS, por exemplo, em que pese este seja um imposto originariamente com finalidade fiscal, as alíquotas praticadas pelos Estados sobre as operações com *energia elétrica* podem chegar a 35% (caso do Rio de Janeiro), quando as alíquotas padrões gravitam em torno de 17% e 18%, dependendo do Estado. Nesse caso, os Estados aproveitam uma clara oportunidade de arrecadar mais (finalidade fiscal), mas sob a justificativa da preservação ambiental (finalidade extrafiscal).

4.1.2. Seletividade e capacidade contributiva. Em certa medida, a seletividade em função da essencialidade pode ser vista como uma manifestação parcial do princípio da capacidade contributiva na tributação do consumo. Isso em parte, porque por trás da seletividade das alíquotas (ou das bases de cálculo), está a proteção ao *mínimo existencial*, assim compreendido como o conjunto mínimo de direitos fundamentais e de direitos sociais necessários à manutenção de uma vida minimamente digna do cidadão e dos seus dependentes. Na prática da tributação com o IPI e com o ICMS, devem ser desonerados aqueles produtos, mercadorias e serviços que são indispensáveis à composição do núcleo essencial de cada um dos direitos sociais (art. 6º, CF) e dos direitos fundamentais do trabalhador urbano e rural (art. 7º, IV, CF). A desoneração pode ser parcial ou total e deverá abranger, para se manter coerente com o seu propósito, por exemplo, desde alimentos integrantes da cesta básica, serviços de saúde até um consumo mínimo de energia elétrica residencial. A saúde e a alimentação são direitos sociais fundamentais (art. 6º, CF) e, ao mesmo tempo, integrantes das necessidades vitais básicas do trabalhador e das de sua família (art. 7º, IV, CF). A fundamentalidade dessas posições de direitos impõe ao legislador tributário a priorização da sua atenção na política fiscal e extrafiscal brasileira, sendo variáveis de consideração obrigatória pelas comissões das casas legislativas, quando apreciam projetos de lei tributária que possam provocar intervenções nessas áreas. Trata-se de alguns dos direitos fundamentais que compõem o núcleo essencial da própria dignidade da pessoa humana e, portanto, estão diretamente ligados a um dos fundamentos da República Federativa do Brasil (art. 1º, CF).

4.1.3. Discricionariedade na fixação das alíquotas. Na conformação das alíquotas do IPI, deverá ser observado o princípio da seletividade em função da essencialidade. A discricionariedade na quantificação deste imposto está, portanto, vinculada e deverá ser modulada com base no critério da essencialidade. No âmbito do IPI, a discricionariedade estatal será exercida, em um primeiro momento, pelo legislador ordinário, que fixará os limites para as alíquotas. Em momento posterior, a discricionariedade poderá ser exercida pelo Poder Executivo Federal, a quem é facultado alterar as alíquotas do II, IE, IPI e IOF, atendidas as condições e os limites estabelecidos em lei (§ 1º, art. 153, CF). Não raras vezes, o Poder Judiciário é acionado para realizar o *controle da essencialidade* sobre a discricionariedade exercida na fixação das alíquotas do IPI. De um lado, resta claro o comando constitucional pela observância da seletividade em função da essencialidade; de outro lado, o texto constitucional não define o que é essencial, levando a inúmeras decisões permeadas de subjetividade. O Desembargador Federal Luiz Carlos de Castro Lugon, do TRF 4, embora vencido, reconheceu a inconstitucionalidade de dispositivo legal que fixava a alíquota do IPI para cana-de-açúcar em 18%, ao entendimento de que, estando o açúcar legalmente reconhecido como produto integrante da cesta básica, não haveria espaço para discricionariedade a ponto de se chegar à conclusão diferente, aplicando-se uma tributação mais gravosa sobre tal produto (TRF 4. Incidente de Arguição de Inconstitucionalidade na AMS 1998.04.01.017397-6, rel. Des. Federal Vilson Darós, Corte Especial, j. 15.10.2007). Diversamente, o STF, por unanimidade, apreciando o Tema 80 da Repercussão Geral, fixou a tese, segundo a qual "surge constitucional, sob o ângulo do caráter seletivo, em função da essencialidade do produto e do tratamento isonômico, o artigo 2º da Lei nº 8.393/1991, a revelar alíquota máxima de Imposto sobre Produtos Industrializados – IPI de 18%, assegurada isenção, quanto aos contribuintes situados na área de atuação da Superintendência de Desenvolvimento do Nordeste – SUDENE e da Superintendência de Desenvolvimento da Amazônia – SUDAM, e autorização para redução de até 50% da alíquota, presentes contribuintes situados nos Estados do Espírito Santo e do Rio de Janeiro" (RE 592.145, rel. Min. Marco Aurélio, Pleno, j. 05.04.2017, Tema 80). Na ocasião desse julgamento, o Min. Marco Aurélio registrou, inicialmente no seu voto, que se a essencialidade do açúcar fosse definida sob o ângulo médico, e tomando por base os diabéticos, não haveria essencialidade. No entanto, ressalvou a natureza jurídica da apreciação, sob o ângulo constitucional, embora entendendo que *o caráter seletivo do tributo está longe de* *revelar imunidade tributária*. Além disso, mesmo que o legislador tenha exercido sua discricionariedade, optando por integrar o açúcar na cesta básica, isso seria insuficiente para se concluir pela impossibilidade de cobrança do tributo, cabendo observar a "opção político-normativa ante a essencialidade do produto, tendo-a, ou não, como justificada". As embalagens para produtos alimentícios e farmacêuticos já foram enquadradas em classificações fiscais sujeitas à alíquota zero, em respeito ao princípio da seletividade que orienta o IPI (TRF 4, Apelação/Reexame Necessário 2005.72.01.004811-3, rel. Des. Federal Otávio Roberto Pamplona, 2ª Turma, j. 01.12.2009). A equalização a zero foi reconhecida ainda na hipótese em que a embalagem tivesse uso múltiplo, mas destinada, no caso concreto, ao envase de alimentos e produtos farmacêuticos. O serviço coletivo de transporte ferroviário de massa já foi reconhecido como essencial. Na ocasião, entendeu o TRF 2 que a alíquota de 15% sobre os bilhetes magnéticos de acesso e utilização do transporte não poderia ser considerada razoável, posto que enfraquecia o interesse público e violava a seletividade em função da essencialidade (TRF 2, Agravo 2002.02.01.001050-0, rel. Des. Federal Ricardo Regueira, 1ª Turma, j. 27.05.2002). No âmbito do ICMS, a Corte Suprema decidiu que a controvérsia em torno da fixação de alíquota no patamar de 25% de ICMS sobre o fornecimento de energia elétrica e nos serviços de telecomunicação, em patamar superior ao estabelecido para as operações em geral (17%), possui repercussão geral (RE 714.139 RG, rel. Min. Marco Aurélio, DJe 26.09.2014). O processo aguarda julgamento. Nas instâncias judiciais ordinárias, há uma abertura maior ao controle judicial da essencialidade, tendência esta que não é verificada na Corte Suprema, a qual tende a respeitar a discricionariedade legislativa na fixação das alíquotas, especialmente no âmbito do IPI.

4.1.4. Garrafões, garrafas e tampas plásticas. Acondicionar água mineral. Bem essencial. O STF, por unanimidade de votos, apreciando o tema 501 da repercussão geral, deu provimento ao recurso extraordinário da União, a fim de reformar o acórdão do tribunal a quo, denegando a ordem ante a ausência de direito líquido e certo do contribuinte ao reenquadramento dos seus produtos, garrafões, garrafas e tampas plástica (posição 3923.30.00 da TIPI), como embalagens de produtos alimentícios (posição 3923.90.00 da TIPI), fixando a seguinte tese: "É constitucional a fixação de alíquotas de IPI superiores a zero sobre garrafões, garrafas e tampas plásticas, ainda que utilizados para o acondicionamento de produtos essenciais" (RE 606.314/PE, rel. Min. Roberto Barroso, Pleno, j. 12.05.2021). Bem ressaltou a Corte Suprema que "a observância à seletividade e a atribuição de alíquota zero a produtos essenciais são fenômenos que não se confundem. O princípio da seletividade não implica imunidade ou completa desoneração de determinado bem, ainda que seja essencial. Desse modo, os produtos em análise podem ser tributados a alíquotas superiores a zero, sem que isso configure desrespeito ao preceito constitucional".

4.2. Não cumulatividade.

4.2.1. Compensação. Método do creditamento. O § 3º do art. 153 estatui que o IPI "será não cumulativo, compensando-se o que for devido em cada operação com o montante cobrado nas anteriores". A regra denota a incidência plurifásica do IPI, pois deixa claro que incidirá em mais de uma fase da cadeia de produção ou de circulação. Se não fosse autorizada a compensação do imposto devido na operação com o montante do imposto cobrado nas operações anteriores, o efeito seria de uma carga tributária excessivamente onerosa, que terminaria invariavelmente sendo repassada ao consumidor final. O método subjacente à regra insculpida no § 3º é o do *creditamento*. O cálculo pressupõe subtrair do valor devido de IPI, incidente sobre o valor da operação, o valor dos créditos que são resultantes do aproveitamento do imposto incidente nas operações anteriores. Em outras palavras, o imposto que foi débito na operação anterior de aquisição, transforma-se em crédito para abater do débito gerado pelo imposto devido na operação posterior. Esse crédito pode ser *físico* ou *financeiro*. Os créditos físicos são relativos à aquisição dos bens utilizados fisicamente em processo de industrialização, sendo incorporados no produto ou consumidos na industrialização; os créditos financeiros são decorrentes de todos os insumos necessários à produção do produto. A jurisprudência constitucional corrobora o direito ao creditamento restritivamente à aquisição de insumos que passem a integrar o produto final. O princípio da não cumulatividade autoriza o creditamento para matéria-prima e outros elementos relativos ao fenômeno produtivo; a aquisição de peças de máquinas, aparelhos, equipamentos industriais e material para a manutenção não geram crédito (RE 195.894, rel. Min. Marco Aurélio, 2ª Turma, j. 11.2000). A Corte constitucional também não reconhece ao contribuinte o direito de crédito referente ao valor do IPI na aquisição de bens destinados ao uso e/ou à integração no ativo fixo do seu próprio estabelecimento (RE 593.772 ED, rel. Min. Celso de Mello, 2ª Turma, j. 03.2009). O STJ, julgando recurso representativo de controvérsia, decidiu que não gera direito ao creditamento de IPI a aquisição de (i) bens que integram o ativo permanente da empresa ou (ii) que não se incorporam ao produto final ou (iii) cujo desgaste não ocorra de forma imediata e integral durante o processo de industrialização. Com relação à aquisição de bens integrantes do ativo permanente da empresa, o STJ consolidou o entendimento na Súmula 495, confirmando que não gera direito a creditamento de IPI. A legislação permite o creditamento relativo a matérias-primas, produtos intermediários e material de embalagem, adquiridos para emprego na industrialização, incluindo tanto os que forem integrados ao produto final quanto os que forem consumidos no processo de industrialização (REsp 1.075.508, rel. Min. Luiz Fux, 1ª Seção, j. 09.2009).

4.2.2. Creditamento. Aquisição de insumos não tributados. Topograficamente, a não cumulatividade inerente ao IPI (art. 153, § 3º, II) não está atrelada a qualquer regra que restrinja o creditamento nos casos de isenção ou de não incidência. Por outro lado, a não cumulatividade inerente ao ICMS (art. 155, § 2º, II) possui a restrição expressa relativa às entradas isentas ou não tributadas. O dispositivo prevê que "a isenção ou não incidência, salvo determinação em contrário da legislação, não implicará crédito para compensação com o montante devido nas operações ou prestações seguintes" e "acarretará a anulação do crédito relativo às operações anteriores". No caso do IPI, não havendo restrição expressa ao creditamento nos casos de isenção ou de não incidência, vale a regra geral da não cumulatividade, a qual permite a compensação do imposto devido em cada operação com o montante do imposto cobrado nas anteriores. Ocorre que, se avaliadas as entradas não tributadas à luz da literalidade da regra da não cumulatividade do IPI, é sustentável se afirmar que a compensação, mediante o creditamento, pressupõe necessariamente imposto cobrado nas operações anteriores. Se essas não apresentaram imposto (não foram tributadas), então não há o que se compensar com o imposto devido na operação posterior. Em outras palavras, a isenção ou não incidência na entrada torna ausente um dos elementos inerentes a subtração a ser realizada mediante o método do creditamento, o qual pressupõe um débito anterior de imposto – que se transforma em crédito – e um débito posterior do imposto. Em 1998, a Corte Suprema acolheu a pretensão dos contribuintes relativa ao direito ao creditamento na aquisição de insumos isentos, em prol da concretização do princípio da não cumulatividade, voltado para limitar a tributação ao valor agregado na operação (RE 212.484, rel. p/ ac. Min. Nelson Jobim, Pleno, j. 03.1998). Após, em 2002, o Pleno reconheceu o direito do contribuinte ao creditamento nas entradas de insumos com alíquota zero, em prol da validação do princípio da não cumulatividade (RE 350.446, rel. Min. Nelson

Jobim, Pleno, j. 12.2002). Contudo, em 2007, quando do julgamento do RE 353.657 (rel. Min. Marco Aurélio, Pleno, j. 06.2007), o STF reformou sua jurisprudência, negando o direito ao creditamento. Vislumbrou que o disposto no inc. II do § 3º do art. 153 da CF prevê a não cumulatividade mediante a possibilidade de compensação do que for devido em cada operação com o montante cobrado nas anteriores, "ante o que não se pode cogitar de direito a crédito quando o insumo entra na indústria considerada a alíquota zero". Em outras palavras, a compensação realizada via creditamento pressupõe um valor cobrado pelo fisco na operação antecedente; se não houve cobrança, não há quantia a ser compensada.

4.2.3. Creditamento. Entrada com insumos tributados. Saídas isentas ou com alíquota zero. O entendimento do STF sobre o direito ao creditamento relativo a operações envolvendo entradas com insumos tributados e utilizados na industrialização de produtos, cuja saída do estabelecimento é isenta ou sujeita à alíquota zero, é pela inexistência (RE 475.551, rel. p/ ac. Min. Cármen Lúcia, Pleno, j. 05.2009). A compensação pressupõe o cotejo e a subtração dos valores apurados e cobrados na entrada e o devido na saída. No entanto, com a Lei 9.779/99 (art. 11), passou-se a ter o direito ao crédito tributário decorrente da aquisição de insumos tributados e utilizados na industrialização de produtos isentos ou submetidos à alíquota zero.

4.2.4. Aquisição de insumos da Zona Franca de Manaus. Creditamento. Até abril de 2019, ainda não se tinha certeza, se a aquisição direta de insumos da Zona Franca de Manaus, dada as particularidades da região, poderiam gerar o direito ao creditamento ao contribuinte. Ao julgar o recurso extraordinário da União, o Pleno fixou a seguinte tese: "Há direito ao creditamento de IPI na entrada de insumos, matéria-prima e material de embalagem adquiridos junto à Zona Franca de Manaus sob o regime da isenção, considerada a previsão de incentivos regionais constante do art. 43, § 2º, III, da Constituição Federal, combinada com o comando do art. 40 do ADCT" (RE 592.891, rel. Min. Rosa Weber, Pleno, j. 25.04.2019, Tema 322). A Corte entendeu que não seria caso de aplicabilidade da regra do art. 153, § 3º, II, da CF, mas sim de consideração de particularidades inerentes a procedência dos insumos de região especial do território nacional, suficientes a distinguir o feito dos anteriores julgados pelo STF sobre creditamento do IPI nas hipóteses de não tributação. A isenção do IPI foi prevista com a finalidade do desenvolvimento da região e é de interesse da federação como um todo e da nação brasileira e não unicamente das empresas lá instaladas. Entendeu-se como razoável que a regra da não cumulatividade deveria ceder espaço para a "realização da igualdade, do pacto federativo, dos objetivos fundamentais da República Federativa do Brasil e da soberania nacional". Ponderou, com razão, que o reconhecimento do direito ao creditamento no caso da Zona Franca de Manaus, mesmo que a regra da não cumulatividade pressuponha compensação com o montante cobrado nas operações anteriores, é devido por força de objetivos e valores constitucionais maiores, de interesse de toda a nação brasileira, voltados ao desenvolvimento da região e à manutenção das empresas lá instaladas e de todo desenvolvimento econômico e urbano a partir delas gerado.

4.3. Não incidência sobre a exportação. O inc. III do § 3º do art. 153 prevê que o imposto "não incidirá sobre produtos industrializados destinados ao exterior". Em que pese a redação indique hipótese de não incidência, trata-se de hipótese de imunidade tributária, dada a previsão constitucional para a desoneração. A intenção é clara, no sentido de desonerar as exportações, contribuindo para que os produtos nacionais sejam mais competitivos no exterior.

4.4. Redução sobre a aquisição de bens de capital. O inc. IV do § 3º do art. 153 preceitua que o IPI "terá reduzido seu impacto sobre a aquisição de bens de capital pelo contribuinte do imposto, na forma da lei". Não se trata de hipótese de imunidade tributária, mas unicamente de redução da carga do IPI na aquisição de bens de capital, de modo a beneficiar, em certa medida, o contribuinte do IPI. Esse benefício está condicionado à regulação por lei, não sendo autoaplicável.

§ 4º O imposto previsto no inciso VI do caput: ***(Redação dada pela Emenda Constitucional nº 42, de 19.12.2003)***

I – será progressivo e terá suas alíquotas fixadas de forma a desestimular a manutenção de propriedades improdutivas; ***(Incluído pela Emenda Constitucional nº 42, de 19.12.2003)***

II – não incidirá sobre pequenas glebas rurais, definidas em lei, quando as explore o proprietário que não possua outro imóvel; ***(Incluído pela Emenda Constitucional nº 42, de 19.12.2003)***

III – será fiscalizado e cobrado pelos Municípios que assim optarem, na forma da lei, desde que não implique redução do

imposto ou qualquer outra forma de renúncia fiscal. ***(Incluído pela Emenda Constitucional nº 42, de 19.12.2003)***

5. ITR.

5.1. Progressividade extrafiscal. A técnica da progressividade pressupõe o aumento das alíquotas à medida que aumenta a base de cálculo. No caso do ITR, a autorização para a progressividade possui inequívoca função extrafiscal: desestimular a manutenção de propriedades improdutivas. O art. 11 da Lei 9.393, de 19.12.1996 prevê o cálculo do ITR mediante a aplicação, sobre o Valor da Terra Nua tributável (VTNt), da alíquota correspondente, que considera a área total do imóvel e o Grau de Utilização (GU). Por exemplo, um imóvel de até 50 hectares de área total, com GU maior que 80%, recolhe na alíquota de 0,03%; um imóvel de área total acima de 5.000 hectares, com GU até 30%, recolhe na alíquota de 20%. A Segunda Turma do STF entendeu não existir inconstitucionalidade na progressividade das alíquotas com base não só no *grau de utilização da terra*, como também na área do imóvel. A conjugação dos critérios potencializa a função extrafiscal do ITR, contribuindo para desestimular a manutenção da propriedade improdutiva (RE 1.038.357, rel. Min. Dias Toffoli, 2ª Turma, j. 06.02.2018).

5.2. Imunidade de pequenas glebas rurais. A CF prevê que o ITR "não incidirá sobre pequenas glebas rurais, definidas em lei, quando as explore o proprietário que não possua outro imóvel". Essa regra de não incidência, uma vez prevista no texto da CF, possui envergadura de imunidade tributária. A Lei 9.393, de 19.12.1996 regula a imunidade em questão, definindo como pequenas glebas rurais os imóveis com área igual ou inferior a: "I – 100 ha, se localizado em município compreendido na Amazônia Ocidental ou no Pantanal mato-grossense e sul-mato-grossense; II – 50 ha, se localizado em município compreendido no Polígono das Secas ou na Amazônia Oriental; III – 30 ha, se localizado em qualquer outro município" (art. 2º). Como se trata de regra que faz parte da regulação da imunidade do ITR, deveria ser veiculada em lei complementar, dada a previsão do art. 146, II, da CF, que estabelece expressamente que cabe à lei complementar "regular as limitações constitucionais ao poder de tributar". A regra da imunidade do ITR traz como requisito que o proprietário que explore a pequena gleba rural não possua outro imóvel.

5.3. Fiscalização pelos Municípios. O ITR poderá ser fiscalizado e cobrado pelos Municípios que assim optarem, na forma da lei. A possibilidade de delegação dos poderes de fiscalizar e cobrar não altera a competência da União para a instituição do imposto. O sujeito ativo é a União. A Lei 11.250, de 27.12.2005 estabelece a possibilidade de a União, por meio da SRF, de celebrar convênios com o DF e os Municípios, que assim optarem, e delegar as atribuições de fiscalização, lançamento e cobrança do ITR (art. 1º). Quanto à repartição das receitas, a CF estatui no art. 158, II, que pertencem aos Municípios 50% do produto da arrecadação do ITR, relativamente aos imóveis neles situados, cabendo a totalidade na hipótese da opção a que se refere o art. 153, § 4º, III (Redação dada pela EC 42, de 19.12.2003).

§ 5º O ouro, quando definido em lei como ativo financeiro ou instrumento cambial, sujeita-se exclusivamente à incidência do imposto de que trata o inciso V do "caput" deste artigo, devido na operação de origem; a alíquota mínima será de um por cento, assegurada a transferência do montante da arrecadação nos seguintes termos: *(Vide Emenda Constitucional nº 3, de 1993)*

I – trinta por cento para o Estado, o Distrito Federal ou o Território, conforme a origem;

II – setenta por cento para o Município de origem.

6. Ouro. Ativo financeiro ou instrumento cambial. IOF. O Constituinte diferenciou o ouro em duas operações, com competências tributárias diversas. Se o ouro for objeto de operação de mercancia, a titularidade da competência tributária será dos Estados e do DF, para cobrar o ICMS sobre elas; se for objeto de operação cambial (moeda de troca) ou de operação em bolsas de mercadorias e de futuros (ativo financeiro), a titularidade da competência tributária será da União, para cobrar imposto sobre operação de câmbio ou imposto sobre operações relativas a títulos ou valores mobiliários. Para a Corte Suprema, o ouro como ativo financeiro ou instrumento cambial está sujeito ao IOF apenas na operação de origem (incidência monofásica) (RE 190.363, rel. Min. Carlos Velloso, Pleno, j. 13.05.1998).

A Lei 7.766, de 11.05.1989 estabelece, no art. 1º, que "o ouro em qualquer estado de pureza, em bruto ou refinado, quando destinado ao mercado financeiro ou à execução da política cambial do País, em operações realizadas com a interveniência de instituições integrantes do Sistema Financeiro Nacional, na forma e condições autorizadas pelo Banco Central do Brasil, será, desde a extração, inclusive, considerado ativo financeiro ou instrumento cambial". Ainda, "as negociações com o ouro, ativo financeiro, de que trata este artigo, efetuada nos pregões das bolsas de valores, de mercadorias, de futuros ou assemelhadas, ou no mercado de balcão com a interveniência de instituição financeira autorizada, serão consideradas operações financeiras" (§ 2º). Fato gerador é a *primeira aquisição do ouro*, ativo financeiro, efetuada por instituição autorizada, integrante do Sistema Financeiro Nacional (art. 8º). Se for caso de ouro físico oriundo do exterior, ingressado no País, o fato gerador é o seu desembaraço aduaneiro (parágrafo único, art. 8º). Quanto à lei definidora, o STF decidiu que é caso de lei ordinária, não tendo a CF exigido lei complementar para a definição como ativo financeiro ou instrumento cambial (RE 190.363, rel. Min. Carlos Velloso, Pleno, j. 13.05.1998). O montante da arrecadação deve ser transferido 30% para o Estado, o Distrito Federal ou o Território, conforme a origem, e 70% para o Município de origem. A União não fica com receita alguma.

Art. 154. A União poderá instituir:

I – mediante lei complementar, impostos não previstos no artigo anterior, desde que sejam não cumulativos e não tenham fato gerador ou base de cálculo próprios dos discriminados nesta Constituição;

II – na iminência ou no caso de guerra externa, impostos extraordinários, compreendidos ou não em sua competência tributária, os quais serão suprimidos, gradativamente, cessadas as causas de sua criação.

1. Impostos residuais e extraordinários.

1.1. Impostos residuais. Requisitos. Além de todos os impostos ordinários previstos no art. 153, a União ainda poderá instituir os chamados impostos residuais. Se o fizer, deverá observar três requisitos cumulativos: (i) instituir por lei complementar; (ii) ser não cumulativo; (iii) não poderá ter fato gerador ou base de cálculo próprios dos impostos discriminados na CF. Trata-se de hipótese de *imposto novo*, cuja denominação será irrelevante, visto que é o fato gerador da respectiva obrigação que determina a natureza jurídica específica do tributo, sendo irrelevante a sua denominação (art. 4º, I, CTN). O dispositivo constitucional é claro ao prever que eventual instituição de imposto residual deverá ser "mediante lei complementar". Não se trata da mesma redação trazida no art. 146, III, "a", que prevê caber à lei complementar estabelecer as normas gerais dos tributos e de suas espécies e em relação aos impostos já previstos, os respectivos fatos geradores, bases de cálculo e contribuintes. A hipótese do imposto residual pressupõe toda sua instituição mediante lei complementar, isso é, de todos os seus elementos conformadores. A União nunca exerceu sua competência para criar impostos residuais.

1.2. Impostos extraordinários. Também denominados de "impostos extraordinários de guerra", essa hipótese apenas comporta as situações de *iminência* ou *caso de guerra externa*. Esse imposto pode estar compreendido ou não na competência tributária da União. Isso significa que a União poderá instituir um imposto de guerra até mesmo dentro da competência dos Estados e Municípios, ou seja, um imposto, que tenha como base de incidência circulação de mercadorias ou prestação de serviços. Essa sobreposição está devidamente autorizada, dado o caráter excepcional e urgente da situação, inclusive mediante o afastamento da anterioridade (art. 150, § 1º).

Seção IV
Dos Impostos dos Estados e do Distrito Federal

Art. 155. Compete aos Estados e ao Distrito Federal instituir impostos sobre: ***(Redação dada pela Emenda Constitucional nº 3, de 1993)***

I – transmissão causa mortis e doação, de quaisquer bens ou direitos; ***(Redação dada pela Emenda Constitucional nº 3, de 1993)***

II – operações relativas à circulação de mercadorias e sobre prestações de serviços de transporte interestadual e intermunicipal

e de comunicação, ainda que as operações e as prestações se iniciem no exterior; ***(Redação dada pela Emenda Constitucional nº 3, de 1993)***

III – propriedade de veículos automotores. ***(Inciso com redação dada pela Emenda Constitucional nº 3, de 1993)***

1. Impostos dos Estados e do Distrito Federal.

1.1. Competência para os impostos estaduais. Aos Estados foi outorgada a competência para a instituição e para a cobrança de três impostos: ITCD (inc. I), ICMS (inc. II) e IPVA (inc. III). No entanto, esses impostos podem ser desdobrados em mais de três fatos imponíveis, a partir da materialidade aferível das regras contidas nos incisos I a III do art. 155: I) ITCD: a) transmissão *causa mortis* de bens e direitos, e b) transmissão de bens e direitos por doação; II) ICMS: a) operações de circulação de mercadorias, b) prestação de serviços de transporte interestadual e intermunicipal, c) prestação de serviços de comunicação; III) IPVA: a) propriedade de veículos automotores. Ao DF cabe a competência tanto para esses impostos quanto para os impostos de competência dos Municípios (art. 147, CF).

1.2. ITCD. Lei complementar. A CF separou as materialidades inerentes ao ITCD e ao ITBI, fixando a competência referente ao ITCD aos Estados (art. 155, I) e ao ITBI aos Municípios (art. 156, II). O CTN não previu o ITCD, e a lei complementar sobre normas gerais de Direito Tributário (art. 146, III, "a") ainda não foi editada. No entanto, a inexistência da lei complementar sobre as normas gerais aplicadas ao ITCD não impede a sua instituição por lei dos Estados e do DF. Esse foi o entendimento apresentado pelo STF com relação ao IPVA, no sentido de que os Estados estão legitimados a editar normas gerais referentes ao IPVA, no exercício da competência concorrente (art. 24, § 3º, CF) (RE 414.259 AgR, rel. Min. Eros Grau, 2ª Turma, DJe 15.08.2008).

1.2.1. Fato gerador. Aspectos circunstanciais. O texto constitucional é claro ao delimitar a competência tributária para abranger quaisquer bens e direitos (móveis ou imóveis), quando presente (i) o evento *causa mortis* ou (ii) o contrato de doação. É legítima a incidência do ITCMD no inventário inclusive por morte presumida (Súmula 331 STF). O fato imponível é a transmissão de quaisquer bens ou direitos por sucessão ou por doação, presentes os conceitos e as respectivas regras contidas no Código Civil sobre esses institutos. O momento da ocorrência do fato gerador está atrelado (i) à abertura da sucessão (art. 1.784, CC) e (ii) a perfectibilização da doação com a aceitação do donatário (art. 539). A base de cálculo deve considerar o valor total ou parcial dos bens transmitidos, cujo conteúdo econômico denota o signo presuntivo de riqueza e revelador de capacidade contributiva. Em promessas de compra de venda de imóvel, havendo saldo credor, calcula-se o imposto sobre ele, no momento da abertura da sucessão do promitente vendedor (Súmula 590 STF). Não incide o ITCD sobre os honorários do advogado contratado pelo inventariante (Súmula 115 STF). Como o fato gerador é a transmissão de bens e direitos, deve ser levado em consideração o valor de mercado na data da transmissão. Isso, porque todo o lançamento tributário considera a data da ocorrência do fato gerador da obrigação e submete-se à lei vigente à época, ainda que posteriormente revogada (art. 144, CTN). No entanto, o STF considera o valor dos bens na data da avaliação para fins de cálculo do ITCD (Súmula 113, STF). Contra a avaliação, é possível impugnação, prévia à homologação do cálculo, visando a afastar eventuais erros ou excessos. O imposto não é exigível antes da homologação do cálculo (Súmula 114, STF). Os bens e direitos são transmitidos em herança tão logo aberta a sucessão (art. 1.784, CC). A abertura da sucessão é o marco temporal definidor para a transmissão dos bens e direitos, de modo que o ITCD deve ser calculado pela alíquota vigente ao tempo da abertura da sucessão (Súmula 112, STF).

1.2.2. Progressividade. Legitimidade. A jurisprudência do STF sempre foi no sentido da necessidade de previsão e autorização expressa para a progressividade no texto constitucional. Dito de outra forma, se a CF não prevê que o imposto seja progressivo, o legislador não poderá configurá-lo de forma progressiva. Assim foram declaradas inconstitucionais as leis que estabeleciam alíquotas progressivas para o ITBI com base no valor do imóvel (Súmula 656) e declaradas inconstitucionais as leis municipais que estabeleceram, antes da EC 29/2000, alíquotas progressivas para o IPTU, salvo se em função do atendimento da função social da propriedade urbana (Súmula 668). No entanto, em 2013, a Corte Suprema, no julgamento da progressividade do ITCD do Estado do Rio Grande do Sul, o relator, Min. Ricardo Lewandowski, entendeu que o § 1º do art. 145 da CF contém uma *vedação* à progressividade aos impostos reais e que esta vedação, ao lado dos princípios da legalidade, irretroatividade, anterioridade, isonomia e proibição de confisco, configura garantia constitucional e direito individual do contribuinte, não podendo ser afastada por lei ordinária estadual. Já o Min. Ayres Britto sustentou que: "se tratando de ITCMD, bem mais razão é de se ajuizar que a nossa Magna Lei não contém condição semelhante à que havia em relação à progressividade do IPTU, antes da EC nº 29/2000. Daí que a norma geral do § 1º do art. 145 passa a incidir pelo modo mais desembaraçado para, naturalmente, admitir a progressividade das alíquotas 'segundo a capacidade econômica do contribuinte'. Vale dizer, aqui (no âmbito do ITCMD) não há e nunca houve necessidade de emenda constitucional para que o imposto fosse progressivo". Ao final, o Pleno julgou constitucional, por maioria, a lei gaúcha, admitindo a progressividade das alíquotas, fixadas de 1% a 8%. Prevaleceu o entendimento, segundo o qual um imposto tradicionalmente real, como o ITCD, poderia adquirir características ou feições de imposto pessoal (*pessoalização do imposto*), podendo e devendo ser graduado conforme a capacidade contributiva, inclusive de forma progressiva, não havendo vedação constitucional para tanto (RE 562.045, rel. p/ o ac. Min. Cármen Lúcia, Pleno, j. 06.02.2013, Tema 21). Ainda, no âmbito do ITCD, vale a referência à outra análise realizada pelo Tribunal, mediante a qual se reconheceu que o *grau de parentesco*, por não guardar identidade ou mínima relação com a capacidade contributiva, não poderia ser utilizado como parâmetro para a progressividade (RE 854.869 AgR, rel. Min. Cármen Lúcia, 2ª Turma, j. 25.08.2015).

1.3. ICMS. O Imposto sobre Operações de Circulação de Mercadorias e Serviços de Transporte Interestadual e Intermunicipal e de Comunicação não só representa a principal fonte de recursos tributários para Estados e DF como também é a sua principal ocorrência em termos de discussões administrativas e judiciais. É regulado por lei complementar específica (LC 87, de 13.09.1996 – "Lei Kandir"), o que afasta a aplicação do CTN quanto aos dispositivos relativos às normas gerais para o imposto. Didaticamente, costuma-se desmembrar o ICMS a partir dos seus fatos imponíveis: a) operações de circulação de mercadorias; b) prestação de serviços de transporte interestadual e intermunicipal; e c) serviços de comunicação.

1.3.1. Operações de circulação de mercadorias.

1.3.1.1. Conceito de operações. Operações são *atos ou negócios jurídicos*, regulados pelo Direito, que, no âmbito do ICMS, viabilizam a circulação de mercadorias.

1.3.1.2. Conceito de circulação. A *circulação* implica a *tradição da coisa*, mediante *transferência do domínio*, presente a *intenção* de alterar a titularidade. Para fins de ICMS, interessam apenas as operações onde há transferência de titularidade (domínio ou posse indireta). É ínsito ao conceito de *circulação de mercadoria* a existência de um negócio jurídico que pressuponha a transferência da titularidade da coisa. Tanto que, em negócios jurídicos sem a transferência da titularidade, como o comodato, não há fato gerador do ICMS (Súmula STF 573: "Não constitui fato gerador do imposto de circulação de mercadorias a saída física de máquinas, utensílios e implementos a título de comodato"). Na mesma linha, já se decidiu que o simples deslocamento de coisas de um estabelecimento para o outro, da mesma pessoa jurídica, sem a transferência da propriedade, não gera direito à cobrança do ICMS (STF, AgRAI 131.941, rel. Min. Marco Aurélio, 2ª Turma, j. 04.1991). O Supremo Tribunal Federal, por unanimidade de votos, declarou a inconstitucionalidade dos artigos 11, § 3º, II, 12, I, no trecho ainda que para outro estabelecimento do mesmo titular, e 13, § 4º, da Lei Complementar Federal n. 87/96, ratificando que o deslocamento de mercadorias entre estabelecimentos do mesmo titular não configura fato gerador da incidência de ICMS, ainda que se trate de circulação interestadual (ADC 49/RN, rel. Min. Edson Fachin, Pleno, j. 19.04.2021). Esse entendimento foi consolidado na Súmula 166 do STJ, tendo em vista que no simples deslocamento da coisa de um estabelecimento para outro estabelecimento do mesmo contribuinte não há transferência da propriedade. Como o ICMS tem por fato gerador a operação de circulação de mercadoria, decorre que a sua incidência possui amparo constitucional apenas nos negócios jurídicos que envolvam a transferência da propriedade de mercadoria. Assim, por exemplo, a transferência ficta, mediante mero registro documental, não pode ser sujeita ao ICMS (ACO 541, rel. Min. Gilmar Mendes, Pleno, j. 04.2006). Igualmente, a integração, ao ativo fixo, de bem produzido pelo contribuinte no seu próprio estabelecimento, não legitima a incidência do ICMS (RE 158.834, rel. p/ ac. Min. Marco Aurélio, Pleno, j. 10.2002). Quanto às operações que envolvem a água como objeto de entrega, duas situações devem ser diferenciadas: a) o fornecimento de água tratada via encanamento, realizada por concessionárias de serviço público ou por departamentos municipais ou estaduais de água e esgoto: trata-se de água em estado natural, enquadrada como bem público, cujo fornecimento não caracteriza operação de circulação de mercadoria (RE 607.056, rel. Min. Dias Toffoli, Pleno, j. 04.2013, Tema 326 da Repercussão Geral);

b) o fornecimento de água mineral engarrafada, realizada por empresas privadas com intuito lucrativo: trata-se de operação de circulação de mercadoria, sendo legítima a incidência do ICMS. Não incide o ICMS no *arrendamento mercantil internacional*, salvo quando realizada antecipadamente a opção de compra, a qual denota a transferência da titularidade do bem. Se houver só a manutenção da posse, como se fosse uma locação, não há circulação para fins de ICMS (RE 540.829, rel. p/ o ac. Min. Luiz Fux, Pleno, j. 11.09.2014, Tema 297).

1.3.1.3. Extração de petróleo. Ausência dos elementos "operação" e "circulação". A Corte Suprema declarou a inconstitucionalidade das Leis 7.183/2015 e 4.117/2003, do Estado do Rio de Janeiro, que previam a incidência do ICMS sobre operação de circulação de petróleo desde os poços de sua extração para a empresa concessionária (ADI 5.481/DF, rel. Min. Dias Toffoli, Pleno, j. 29.03.2021). O fato gerador do imposto ocorria imediatamente após a extração do petróleo e quando a mercadoria passasse pelos Pontos de Medição da Produção. As leis impugnadas são inconstitucionais, visto que os fatos geradores do ICMS nelas previstos não retratam a existência de ato ou de negócio jurídico que transfira a titularidade de uma mercadoria. Seja no regime de concessão (Lei 9.478/97), seja no regime de partilha (Lei 12.351/10), o concessionário ou o contratado adquire, de modo originário, a propriedade do petróleo extraído ou de parcela dele. O concessionário extrai o petróleo da natureza, adquirindo sua propriedade de forma originária (não há transferência da União para ele), movimentando-o fisicamente para o seu estabelecimento, de modo que não há o que se falar de transferência de titularidade, mas de simples movimentação física, do local da extração até o local apropriado no âmbito do estabelecimento do concessionário.

1.3.1.4. Conceito de mercadoria. Mercadoria é uma espécie especial de coisa: são as coisas móveis suscetíveis de comércio (*mercancia*). As coisas, em sentido estrito, são os objetos corpóreos. O conceito de "coisas" é inspirado na tradição germânica, que foi uma das fontes diretas de inspiração para o Direito Civil brasileiro. O Código Civil alemão (*Bürgerliches Gesetzbuch* – BGB) prevê, no seu § 90 (*Begriff der Sache*), que "coisas, no sentido da lei, são somente objetos corpóreos". As coisas recebem a denominação de mercadorias quando são objeto de atividade mercantil. Pressupõe a atividade profissional do empresário produtor, industrial ou comerciante. A energia elétrica é uma coisa incorpórea e foi excepcionalmente abrangida no conceito de mercadoria, sendo submetida ao ICMS. As obras cinematográficas, uma vez gravadas em série, em fitas para videocassete, tornam-se exemplares oferecidos ao público. Nessa condição, sujeitam-se ao ICMS (RE 191.732, rel. Min. Sepúlveda Pertence, 2ª Turma, j. 05.1999. Súmula 662: "É legítima a incidência do ICMS na comercialização de exemplares de obras cinematográficas, gravados em fitas de videocassete"). Caso contrário, se for um serviço realizado sob encomenda, para a necessidade de um determinado consumidor, estará sob a competência dos Municípios, sujeita ao ISS.

1.3.1.5. Economia digital. Software. Evolução regulatória. As controvérsias envolvendo a tributação de *bens digitais* não são novas. O Direito brasileiro já vivenciou acirrados debates, que se iniciaram com a distinção entre *software customizado*, sob encomenda, e *software de prateleira*, vendido no varejo, passando pela discussão sobre a possibilidade do ICMS incidir sobre o *download de músicas e programas de computador*, até chegar à regulação tributária, ainda precária, das "novas tecnologias", abarcando atividades inovadoras como a de *armazenagem de dados em nuvem*, *streaming* e *software as a service*. A jurisprudência do STF, por ocasião do julgamento do RE 176.626 (rel. Min. Sepúlveda Pertence, 1ª Turma, j. 10.11.98), decidiu que o ICMS somente poderia incidir sobre a *venda de cópias ou exemplares* dos programas de computador, *produzidos em série e comercializados no varejo*. Na ocasião, a Corte Suprema entendeu que apenas o software de prateleira materializava o *corpus mechanicum* da criação intelectual do programa, constituindo, assim, mercadoria posta no comércio. De outro lado, o *software customizado, sob encomenda*, representava um bem incorpóreo, não sendo equiparável à mercadoria. Neste caso, o programa de computador seria objeto de licenciamento ou cessão de direito de uso, sendo tributado pelo ISS. Em 2010, foi julgada a medida cautelar na ADI 1.945 (red. p/ ac. Min. Gilmar Mendes, Pleno, j. 26.05.2010), quando se avaliou a constitucionalidade de lei do Estado de Mato Grosso, na qual se previa regra de incidência do ICMS sobre operações com programas de computador, realizadas por transferência eletrônica de dados. Na ocasião, foi decidido que seria possível a incidência do imposto sobre a aquisição de software via download, sendo irrelevante a existência ou inexistência de um bem corpóreo ou mercadoria em sentido estrito. O fundamento maior utilizado para justificar a legitimidade da incidência foi a necessidade de se adaptar o Direito a situações novas, notadamente aquelas trazidas pela evolução tecnológica. Na prática, a transferência do software de prateleira continuava existindo, mas agora de forma eletrônica, por meio de estabelecimentos virtuais, dispensando-se o CD ou disquete como suporte físico para o programa ou para a música. Com o advento da LC 116/2003, que trouxe a nova regulação nacional para o ISS, uma nova lista de serviços foi criada, com um item inteiro voltado para "*serviços de informática e congêneres*". Entre esses serviços, há menção expressa a "*licenciamento ou cessão de direito de uso de programas de computação*" (item 1.05). Isso trouxe um significado muito claro para o debate: a competência tributária sobre programas de computador foi avocada para o legislador municipal, e os licenciamentos de programas de computador passaram a sofrer a incidência do ISS. No final de 2015, foi publicado o Convênio ICMS 181, autorizando 19 Estados a conceder redução de base de cálculo nas operações com softwares, programas, jogos eletrônicos, aplicativos, arquivos eletrônicos e congêneres. A autorização para a concessão de redução na base de cálculo do ICMS possibilitou que a carga tributária correspondesse ao percentual de, no mínimo, 5% do valor da operação, relativo às operações com softwares, programas, jogos eletrônicos, aplicativos, arquivos eletrônicos e congêneres, padronizados, ainda que fossem ou pudessem ser adaptados, disponibilizados por qualquer meio, inclusive nas operações efetuadas por meio de transferência eletrônica de dados. Por meio desse Convênio, os Estados partem da premissa de que a tributação das operações com bens digitais pelo ICMS sempre foi possível, antes mesmo da sua edição. Isso porque o Convênio não veio para instituir a tributação, mas sim um benefício fiscal sobre uma tributação pré-existente. No final de 2016, os Municípios conseguiram articular-se no Congresso Nacional e obtiveram a aprovação da LC 157/2016, que acrescentou à lista anexa da LC 116/2003 os serviços de *computação na nuvem* (1.03 – Processamento, armazenamento ou hospedagem de dados, textos, imagens, vídeos, páginas eletrônicas, aplicativos e sistemas de informação, entre outros formatos, e congêneres. (Redação dada pela LC 157/2016) e de *streaming* (1.09 – Disponibilização, sem cessão definitiva, de conteúdos de áudio, vídeo, imagem e texto por meio da internet, respeitada a imunidade de livros, jornais e periódicos (exceto a distribuição de conteúdos pelas prestadoras de Serviço de Acesso Condicionado, de que trata a Lei 12.485, de 12.09.2011, sujeita ao ICMS)(Incluído pela LC 157/2016). Com isso, os Municípios garantiram a receita da tributação de uma importante fatia do mercado da economia digital. Por fim, foi aprovado pelo CONFAZ o Convênio ICMS 106/2017, com a principal intenção de não deixar mais dúvidas quanto à incidência ampla e abrangente do ICMS nas operações com bens digitais. Esse Convênio disciplina os procedimentos de cobrança do ICMS incidente nas operações com bens e mercadorias digitais comercializadas por meio de transferência eletrônica de dados e concede isenção nas saídas anteriores à saída destinada ao consumidor final. Fica claro que a pretensão dos Estados é de lhes assegurar a manutenção da receita da tributação sobre supostas operações de "circulação de mercadorias" no âmbito digital.

1.3.1.5.1. Convênio ICMS 106/2017. Violação da competência do legislador complementar. O Convênio ICMS 106/2017 desrespeita a competência do legislador complementar para (a) a definição dos contribuintes do imposto e para (b) a fixação da responsabilidade tributária pelo seu recolhimento. Transgride as regras de competência previstas nos arts. 146, III e 155, § 2º, XII, "a" e "d", e XII, "g", da CF. A Cláusula Quarta do Convênio prevê regra que define a figura do contribuinte das operações com bens e mercadorias digitais, identificado como a "pessoa jurídica detentora de site ou de plataforma eletrônica que realize a venda ou a disponibilização, ainda que por intermédio de pagamento periódico, de bens e mercadorias digitais mediante transferência eletrônica de dados". Ocorre que, ao definir o contribuinte da operação, o CONFAZ extrapola sua competência de órgão regulador da forma como os benefícios e incentivos fiscais no âmbito do ICMS serão concedidos pelos Estados, adentrando na competência que, nesse caso, é privativa do legislador complementar federal. Isso porque a CF dispõe claramente que cabe à lei complementar estabelecer as normas gerais de Direito Tributário, especialmente sobre a definição dos contribuintes dos impostos discriminados na CF (art. 146, III, "a"). Além disso, em reforço a essa regra geral de definição de competência para legislar sobre as normas gerais de Direito Tributário, o art. 155, § 2º, XII, "a", relativo ao ICMS, prevê igualmente a competência do legislador complementar para definir os contribuintes deste imposto. Mediante os convênios é permitida, portanto, apenas a delimitação de hipóteses de concessão de benefícios e incentivos fiscais. A Corte Suprema já se manifestou nesse sentido, por ocasião do julgamento da ADI 4.628, decidindo que "(...) aos Convênios atribuiu-se competência para delimitar hipóteses de concessões de isenções, benefícios e incentivos fiscais, nos moldes do artigo 155, § 2º, XII, g, da CRFB/1988 e da Lei Complementar nº 21/1975, hipóteses inaplicáveis *in casu*. (...) Os Estados-membros, diante de um cenário que lhes seja desfavorável, não detêm competência constitucional para instituir novas regras de cobrança de ICMS, em confronto com a repartição constitucional estabelecida. (...)" (rel. Min. Luiz Fux, Pleno, j. 17.09.2014). Não obstante essa violação, a mesma Cláusula prevê obrigação de inscrição do contribuinte nas unidades federadas em que praticar as saídas internas ou de importação destinadas a consumidor final. Ao assim proceder, inova na ordem jurídica, trazendo nova obrigação, não prevista em lei, atentando contra o princípio da legalidade geral, previsto no art. 5º, II, da CF. O dispositivo ainda viola a liberdade de exercício de atividade econômica ou profissão (art. 5º, XIII, da CF), ao veicular imposição cogente que afeta a liberdade de fixação do estabelecimento empresarial. A violação da competência do legislador complementar também é verificada na Cláusula Quinta. Novamente, o CONFAZ pretende ir além da sua competência de regular os benefícios fiscais no âmbito do ICMS, procurando estabelecer as regras de fixação de responsabilidade pelo recolhimento do imposto. A responsabilidade tributária é matéria afeita ao tema da obrigação tributária, cujas normas gerais devem ser previstas em lei complementar, conforme clara previsão do art. 146, III, "b", da CF. Isso significa que a responsabilidade pelo recolhimento do ICMS deve ser regulada em lei complementar, nesse caso, na LC 87/96, que é a lei complementar específica para o ICMS. Cabe ainda ressaltar que um convênio no âmbito do CONFAZ não passa de uma norma de natureza estritamente complementar (no sentido de secundária), não podendo jamais delegar as competências arroladas acima aos Estados. O CTN prevê que são normas complementares das leis, dos tratados e das convenções internacionais e dos decretos os convênios que entre si celebrem a União, os Estados, o Distrito Federal e os Municípios (art. 100, IV). Ou seja, um convênio do CONFAZ nada mais pode fazer do que complementar aquilo que já fora estabelecido na lei, especialmente quanto à instituição de obrigações tributárias. Não pode criar nada novo, não pode inovar na ordem jurídica, sob pena de violação do princípio da legalidade geral e das regras constitucionais de competência. A ADI 5.958/DF foi ajuizada objetivando a declaração de inconstitucionalidade do Convênio ICMS 106/2017 e a declaração de inconstitucionalidade parcial, sem redução de texto, do inc. I do art. 2º da LC 87/96, para "afastar qualquer possível interpretação que permita a incidência do ICMS sobre operações de transferência eletrônica de softwares e congêneres". Em março de 2021, a Min. Cármen Lúcia, relatora da ADI 5.958/DF, julgou-a prejudicada, pela perda superveniente do seu objeto. Isso porque, em sessão plenária de 24.02.2021, o STF concluiu o julgamento da ADI 5.659 (rel. Min. Dias Toffoli), conferindo ao art. 2º da LC 87/96 interpretação conforme à CF, "excluindo-se das hipóteses de incidência do ICMS o licenciamento ou cessão de direito de uso de programas de computador". Na decisão, a Min. Cármen Lúcia afirma não haver dúvida sobre a caducidade do Convênio ICMS 106/2017 desde o julgamento da ADI 5.659.

1.3.1.5.2. ICMS sobre operações com software. Não incidência. Os Estados possuem a clara pretensão de tributar, com o ICMS, supostas operações com bens e mercadorias digitais (softwares, programas, jogos eletrônicos, aplicativos, arquivos eletrônicos e congêneres), que sejam padronizados, ainda que tenham sido ou possam ser adaptados e comercializadas por meio de transferência eletrônica de dados (Cláusula Primeira do Convênio ICMS 106/2017). Da forma como foi previsto no Convênio, o ICMS incide sobre todo e qualquer negócio jurídico envolvendo bens e mercadorias digitais, independentemente de haver transferência da propriedade sobre o bem ou mera cessão de direitos de uso e independentemente desse bem ser uma mercadoria ou não. O CONFAZ, por meio do Convênio, desconsidera por completo a natureza jurídica dos contratos e dos bens envolvidos, passando a enquadrar, automaticamente, como operação com mercadoria sujeita ao ICMS, todo e qualquer negócio jurídico tendo como objeto bens digitais. Todavia, essa pretensão fiscal ampla e abrangente viola as regras constitucionais de competência tributária e desconsidera os conceitos constitucionais de *circulação*, de *mercadoria* e de *programa de computador*. O *download* de arquivos ou dados não caracteriza "circulação de mercadoria". A circulação implica a tradição da coisa, mediante transferência do domínio, presente a intenção de alterar a titularidade. Para fins de ICMS, interessam apenas as operações onde há transferência de titularidade (domínio ou posse indireta). Em negócios jurídicos sem a transferência da titularidade, como o comodato, não há fato gerador do ICMS (Súmula STF 573). Na mesma linha, o simples deslocamento de coisas de um estabelecimento para o outro, da mesma pessoa jurídica, sem a transferência da propriedade, não gera direito à cobrança do ICMS (STF, AgRAI 131.941, rel. Min. Marco Aurélio, 2ª Turma, j. 04.1991. Entendimento consolidado na Súmula 166 do STJ). A mercadoria pressupõe um bem corpóreo, sujeito a um ato mercantil, e a circulação implica transferência de propriedade desse bem. Como o ICMS tem por fato gerador a operação de circulação de mercadoria, decorre que a sua incidência possui amparo constitucional apenas nos negócios jurídicos que envolvam a transferência da propriedade de um bem corpóreo. Não se nega que o Direito deva acompanhar as inovações tecnológicas, atendendo às novas necessidades que surgem a partir delas, regulando os novos negócios jurídicos e garantindo a necessária segurança nas relações jurídicas. Nesse contexto, a legislação do ICMS fora prontamente adequada ao comércio eletrônico, de modo a abarcar as vendas realizadas fora do tradicional estabelecimento empresarial físico. A compra de um sapato, por exemplo, pela internet, permanece sendo uma compra e venda mercantil, sujeita ao ICMS, pois presente um negócio jurídico com a transferência da propriedade de um bem corpóreo, em que pese fora da loja física. Ocorre que o segmento econômico do comércio eletrônico de mercadorias, que engloba as vendas realizadas pela internet, não pode ser confundido com o setor econômico em que atuam as empresas de tecnologia da informação. Os *programas de computador* são *bens incorpóreos e intangíveis* (i). A legislação brasileira fornece um conceito para software na Lei 9.609/98, equiparando-o ao programa de computador: "Art. 1º Programa de computador é a expressão de um conjunto organizado de instruções em linguagem natural ou codificada, contida em suporte físico de qualquer natureza, de emprego necessário em máquinas automáticas de tratamento da informação, dispositivos, instrumentos ou equipamentos periféricos, baseados em técnica digital ou análoga, para fazê-los funcionar de modo e para fins determinados". Registre-se que um software pode abarcar diversos programas de computador, os quais auxiliarão no funcionamento de um dispositivo ou de uma máquina e dos seus equipamentos periféricos. O programa de computador é uma expressão de um conjunto organizado de instruções em linguagem natural ou codificada, que é contida em um suporte físico qualquer. A sua essência, portanto, não é corpórea nem tangível. O núcleo criativo de um programa de computador está no seu algoritmo, que é precisamente este conjunto de instruções ou comandos, manifestados sob a forma de linguagem natural ou codificada, com a finalidade de fazer funcionar, de uma forma pré-estabelecida (programada), determinadas máquinas, dispositivos ou equipamentos. O suporte físico nada mais representa do que um meio (material) para a transcrição deste conjunto de instruções ou comandos, não podendo jamais ser confundido com a essência do programa propriamente dito. Os programas de computador e demais bens digitais, que possam ser equiparados a eles, possuem regulação jurídica específica, na Lei do Software e na Lei de Direitos Autorais (ii). A Lei 9.609/1998, que dispõe sobre a proteção da propriedade intelectual de programa de computador e sua comercialização no País, determina, em seu art. 2º, que "o regime de proteção à propriedade intelectual de programa de computador é o conferido às obras literárias pela legislação de direitos autorais e conexos vigentes no País, observado o disposto nesta Lei". Já a Lei 9.610/1998, que consolida a legislação sobre direitos autorais, prevê, em seu art. 7º, que "são obras intelectuais protegidas as criações do espírito, expressas por qualquer meio ou fixadas em qualquer suporte, tangível ou intangível, conhecido ou que se invente no futuro, tais como: (...) XII – os programas de computador". A *regulação jurídica específica* conferida aos programas de computador e aos bens digitais a eles equiparados reforça ainda mais o distanciamento do seu conceito com relação ao conceito de mercadoria. Isso porque a regulação jurídica de Direito Privado aplicável à circulação de mercadorias é essencialmente aquela prevista no Código Civil para a compra e venda de bens móveis, cujas regras não são aplicáveis aos negócios jurídicos envolvendo programas de computador e bens digitais análogos. Tanto é verdade, que a Lei do Software afasta, como regra, a sujeição do programa de computador ao contrato de compra e venda. O art. 9º prevê expressamente que o programa de computador será *objeto de contrato de licença* (iii). E isso porque se trata de obras intelectuais, que são transacionadas sob uma outra lógica, diversa da lógica tradicional da compra e venda de uma mera mercadoria. É certo que este formato de contratação não afasta a possibilidade do desenvolvimento de um software sob encomenda, customizado às necessidades do cliente, ou da cessão total dos direitos de propriedade sobre o programa de computador, com a respectiva entrega do seu código-fonte. No entanto, isso traduz outro negócio jurídico, diverso das operações contempladas no Convênio ICMS 106/2017, que expressamente prevê como objeto da tributação pelo ICMS operações com softwares e congêneres que sejam padronizados. Apresentando um formato contratual próprio, diverso da tradicional compra e venda mercantil, o licenciamento ou cessão de direitos de uso de software escapa do campo de incidência do ICMS. Do contrário, eventual tributação pelo ICMS estaria transformando uma cessão de direitos de uso em uma compra e venda mercantil, alterando importantes conceitos do Direito Privado, com o objetivo de ampliar a competência tributária dos Estados, o que encontra expressa vedação no art. 110 do CTN (iv). Em resumo: i) os programas de computador são bens incorpóreos e intangíveis; ii) os programas de computador e demais bens digitais, que possam ser equiparados a eles, possuem regulação específica, na Lei do Software e na Lei de Direitos Autorais; iii) a Lei do Software afasta, como regra, a sujeição do programa de computador ao contrato de compra e venda, prevendo expressamente que o programa de computador será objeto de contrato de licença; iv) apresentando um formato contratual próprio, diverso da tradicional compra e venda mercantil, o licenciamento ou cessão de direitos de uso de software escapa do campo de incidência do ICMS.

1.3.1.5.3. Bitributação. ICMS e ISS. Impossibilidade. Na tributação do consumo no Brasil, as regras de competência tributária são definidas de forma privativa para os impostos, de modo que somente os Estados e o DF podem instituir e cobrar o ICMS e somente os Municípios podem cobrar o ISS. Visto sob a ótica da incidência sobre o fato imponível, determinado fato, ato ou negócio jurídico somente será fato gerador de um desses impostos: ou do ICMS ou do ISS. A maioria das operações envolvendo bens digitais, entre eles softwares, programas, jogos eletrônicos, aplicativos, arquivos eletrônicos e congêneres já foi contemplada na competência tributária dos Municípios, o que exclui, automaticamente, a possibilidade de os Estados também exercerem sua competência tributária sobre estas operações, sob pena de bitributação, prática vedada na ordem constitucional tributária brasileira. De um lado, o Convênio 106/2017 considera essas operações como passíveis de "comercialização", como se fossem "atos mercantis", sujeitas, portanto, ao ICMS. De outro lado, o legislador complementar federal validou a competência tributária dos Municípios para tributar essas operações, quando as incluiu, como serviços, na lista anexa à LC 116/2003, não como operações de comercialização (ICMS), mas como licenciamento ou cessão de direitos de uso, como processamento, armazenamento ou hospedagem e como disponibilização, sem cessão definitiva, de conteúdos de áudio, vídeo, imagem e texto por meio da internet (1.05 – Licenciamento ou cessão de direito de uso de programas de computação; 1.03 – Processamento, armazenamento ou hospedagem de dados, textos, imagens, vídeos, páginas eletrônicas, aplicativos e sistemas de informação, entre outros formatos, e congêneres (Redação dada pela Lei Complementar 157/2016); 1.09 – Disponibilização, sem cessão definitiva, de conteúdos de áudio, vídeo, imagem e texto por meio da internet, respeitada a imunidade de livros, jornais e periódicos (exceto a distribuição de conteúdos pelas prestadoras de Serviço de Acesso Condicionado, de que trata a Lei 12.485, de 12.09.2011, sujeita ao ICMS). (Incluído pela Lei Complementar 157, de 2016). O legislador complementar federal exerceu sua competência para dirimir conflitos de competência tributária entre os Estados e os Municípios, consoante dispõe o art. 146, I, da CF. Em outras palavras, o legislador complementar federal – e não o CONFAZ – definiu, dentro da sua competência constitucional, que as operações com bens digitais são, muito antes, operações que envolvem, na sua essência ou preponderância contratual, negócios de licenciamento de software, processamento e hospedagem de dados e disponibilização de conteúdos na internet, sem cessão definitiva. A decisão tomada pelo legislador complementar federal define, por exclusão, que as operações visadas pelo CONFAZ não possuem caráter mercantil, não podendo, por conseguinte, ser tributadas pelo ICMS. O licenciamento ou cessão de direitos de uso sobre programa de computador é um contrato típico, específico, diverso da compra e venda mercantil, com regulação própria e que não implica transferência da propriedade do bem, não havendo circulação de mercadoria. A atividade de processamento e armazenamento de dados, textos, imagens, vídeos, páginas eletrônicas, aplicativos e sistemas de informação, também conhecida como *cloud computing* (computação na nuvem), permite que o usuário, tomador do serviço, tenha acesso a aplicativos e a dados em ambiente virtual, fora do seu estabelecimento empresarial. Um exemplo é o do *Software as a Service* (SaaS). A atividade de disponibilização, sem cessão definitiva, de conteúdos de áudio, vídeo, imagem e texto por meio da internet também não pressupõe circulação de mercadoria, não se sujeitando ao ICMS. A disponibilização de conteúdo via tecnologia denominada de *streaming* permite ao usuário acesso a filmes, documentários, videoclipes e músicas em plataforma digital. A disponibilização do conteúdo implica, na prática, um compartilhamento de arquivos digitais entre os usuários contratantes do serviço, permitindo um acesso, de regra, ilimitado aos respectivos conteúdos. A contraprestação ocorre, de regra, mediante o pagamento de uma remuneração mensal, que serve de retribuição tanto pelos conteúdos efetivamente acessados, como também pelos conteúdos que foram disponibilizados e que poderiam ter sido acessados a qualquer momento pelo usuário. Como não há cessão definitiva do objeto contratado, não há o que se falar em circulação de mercadoria, tampouco, portanto, de incidência de ICMS. O CONFAZ, ao avocar para a competência dos Estados essas operações com bens digitais, distorce os conceitos desses "novos" institutos de Direito Privado. Essa pretensão encontra óbice na norma contida no art. 110 do CTN, segundo a qual "a lei tributária não pode alterar a definição, o conteúdo e o alcance de institutos, conceitos e formas de direito privado, utilizados, expressa ou implicitamente, pela Constituição Federal, pelas Constituições dos Estados, ou pelas Leis Orgânicas do Distrito Federal ou dos Municípios, para definir ou limitar competências tributárias".

1.3.1.6. As decisões do STF na ADI 1.945 e ADI 5.659. Aparente consolidação de entendimento. Em fevereiro de 2021, o Pleno do STF concluiu o julgamento da ADI 1.945, tendo decidido que "a tradicional distinção entre software de prateleira (padronizado) e por encomenda (personalizado) não é mais suficiente para a definição da competência para tributação dos negócios jurídicos que envolvam programas de computador em suas diversas modalidades". Além disso, entendeu que diversos precedentes da Corte já sinalizaram a superação da até então existente dicotomia entre obrigação de fazer e de dar, especialmente em contratos complexos ou híbridos. A CF prevê competência ao legislador complementar para dirimir conflitos de competência em matéria tributária, mais especificamente no art. 146, I. A LC 116/03 traz, no subitem 1.05 da lista de serviços a ela anexa, o licenciamento e a cessão de direito de uso de programas de computação, fixando para os Municípios a competência para cobrar o ISS sobre essas atividades econômicas. Ao final, acordaram os Ministros, por maioria, em modular os efeitos da decisão, atribuindo a ela eficácia ex nunc, a contar da publicação da ata de julgamento do mérito em questão, para: a) impossibilitar a repetição de indébito do ICMS incidente sobre operações com softwares em favor de quem recolheu esse imposto, até a véspera da data da publicação da ata de julgamento do mérito, vedando, nesse caso, que os municípios cobrem o ISS em relação aos mesmos fatos geradores; b) impedir que os Estados cobrem o ICMS em relação aos fatos geradores ocorridos até a véspera da data da publicação da ata de julgamento do mérito. Ficam ressalvadas (i) as ações judiciais em curso, inclusive de repetição de indébito e execuções fiscais em que se discuta a incidência do ICMS e (ii) as hipóteses de comprovada bitributação, caso em que o contribuinte terá direito à repetição do indébito do ICMS. Por sua vez, incide o ISS no caso de não recolhimento do ICMS ou do ISS, em relação aos fatos geradores ocorridos até a véspera da data da publicação da ata de julgamento do mérito. Foi apreciada em conjunto a ADI 5.659, tendo o Pleno do STF julgado-a procedente, dando-se ao art. 5º da Lei nº 6.763/75 e ao art. 1º, I e II, do Decreto nº 43.080/02, ambos do Estado de Minas Gerais, bem como ao art. 2º da LC 87/96, interpretação conforme à Constituição Federal, excluindo-se das hipóteses de incidência do ICMS o licenciamento ou a cessão de direito de uso de programas de computador, tal como previsto no subitem 1.05 da lista de serviços anexa à LC 116/03. Vale destacar que ambas as decisões foram prolatadas por maioria, tendo alguns ministros entendido em sentido contrário, mais precisamente pela incidência do ICMS sobre as operações envolvendo "software de prateleira". Reiteramos aqui nosso entendimento acima exposto, no sentido do total descabimento da incidência do ICMS sobre operações envolvendo software. Com relação à incidência do ISS sobre diversos contratos, cujo objeto seja o software, entendemos que licenciamento ou cessão de direitos de uso sobre software não se confunde com prestação de serviços, em que pese se possa sustentar que o licenciamento de um programa de computador possa trazer utilidades materiais e imateriais para o licenciado. Por outro lado, o negócio jurídico envolvendo o licenciamento de programa de computador não pressupõe manifestação inequívoca de vontade no sentido de alguém realizar um esforço humano, em caráter negocial e com intuito lucrativo, em prol de outrem, mas sim a intenção de licenciar uma cópia para o contratante, de modo que este reste autorizado a usar o programa de computador, cuja autoria é imputada ao contratado. São realidades contratuais diversas, previstas em tipologias diferentes, tanto que a legislação de Direito Privado as disciplina separadamente, deixando claro que se trata de contratos inconfundíveis. Por fim, dois aspectos merecem destaque: i) a lista de serviços anexa à LC 116/03 não pode conter como serviço aquilo que ontologicamente serviço não é; ii) o ISS não é um imposto residual, que abarque todas as materialidades diversas das operações de circulação de mercadorias, prestação de serviços de transporte e de comunicação e das operações com produtos industrializados. Com relação ao primeiro aspecto, o fato gerador do ISS é a prestação de serviços constante na lista anexa à LC 116/03, admitindo inclusive os congêneres. Ocorre que a competência do legislador complementar não vai aonde serviço não há, não vai até o ponto de transformar a natureza ontológica de determinado negócio jurídico. Assim, locação de bens móveis e leasing, por exemplo, não se confundem com prestação de serviços, mesmo que possam trazer, direta ou indiretamente, utilidade material ou imaterial ao seu destinatário. No que toca ao segundo aspecto, não há qualquer previsão na CF para o ISS ser um imposto residual, de modo a alcançar todo e qualquer negócio não alcançado pelo IPI e pelo ICMS. Não existe essa concepção nas materialidades previstas constitucionalmente para os impostos sobre o consumo. Além disso, não cabe aqui se socorrer das materialidades previstas para o IVA europeu, cuja lógica e estrutura normativa é diversa da prevista para os impostos sobre o consumo no Brasil. Primeiro, porque o IVA europeu possui uma base ampla, intencionalmente desenhada para abarcar todas as operações ou negócios no âmbito das relações de consumo (é um imposto sobre o consumo). Segundo, porque o STF não é o Poder competente para fazer eventual tentativa de equiparação ou aproximação do ISS com o IVA, visto que esta competência é do Poder Legislativo, em sede de eventual reforma tributária com esse intuito.

1.3.1.7. Habitualidade e natureza mercantil. Venda de salvados de sinistros. A operação de circulação de mercadoria apresenta, como regra, natureza mercantil, visto que realizada por empresário, que negocia, com habitualidade, bens corpóreos no mercado. O caráter habitual da atividade se contrapõe ao caráter eventual da alienação, de modo que é a atividade habitual e mercantil que interessa ao ICMS. A venda de um carro realizada por uma concessionária de veículos é sujeita ao ICMS, ao passo que a venda de um carro realizada por um particular não se sujeita ao ICMS. Portanto, como regra, a habitualidade e o caráter mercantil da operação são essenciais para se definir a competência tributária relativa ao ICMS. Todavia, se a alienação é realizada com habitualidade, mas sem caráter mercantil ou intuito lucrativo, não incide o ICMS. É o caso da não incidência do ICMS sobre a alienação de salvados de sinistros pelas seguradoras (Súmula Vinculante 32). Entendeu-se, nesse caso, que essa alienação não representa ato mercantil; é uma venda que se integra à operação de seguro, constituindo recuperação de receitas e não atividade mercantil (RE 588.149, rel. Min. Gilmar Mendes, Pleno, j. 02.2011). A atividade empresarial da seguradora são operações com seguros, sujeitas ao IOF. O negócio da seguradora não é venda de carros.

1.3.1.8. Energia elétrica. Demanda contratada. O ICMS incidente sobre as operações de fornecimento de energia elétrica deve incidir unicamente sobre a energia elétrica efetivamente entregue e consumida, visto que apenas nessa situação, houve efetiva circulação da mercadoria, e não a incidência sobre um valor de operação meramente contratado e não entregue (REsp 960.476, rel. Min. Teori Zavascki, 1ª Seção, j. 03.2009). Esse é o entendimento que foi cristalizado na Súmula 391 do STJ: "O ICMS incide sobre o valor da tarifa de energia elétrica correspondente à demanda de potência efetivamente utilizada". O STF, por maioria de votos, apreciando o tema 176 da repercussão geral, vencidos os Ministros Alexandre de Moraes e Marco Aurélio, fixou a seguinte tese: "A demanda de potência elétrica não é passível, por si só, de tributação via ICMS, porquanto somente integram a base de cálculo desse imposto os valores referentes àquelas operações em que haja efetivo consumo de energia elétrica pelo consumidor" (RE 593.824/SC, rel. Min. Edson Fachin, Pleno, j. 27.04.2020).

1.3.1.9. Base de cálculo. O ICMS incide sobre *operações* de circulação de mercadorias e sobre serviços de transporte interestadual e intermunicipal e de comunicação. O núcleo do fato gerador é a *operação*, e a base de cálculo é o *valor da operação*.

1.3.1.9.1. Venda para entrega futura. Quando houver a saída da mercadoria do estabelecimento (momento da ocorrência do fato gerador do ICMS) após a celebração do contrato, pode-se questionar sobre eventual incidência do ICMS sobre o valor da venda acrescido de correção monetária até o momento da saída. No entanto, se não houver previsão legal nesse sentido e o reconhecimento do direito ao creditamento integral, é inviável exigir o ICMS sobre o preço acrescido da correção, sob pena de violar os princípios da legalidade e da não cumulatividade (RE 210.876, rel. Min. Marco Aurélio, Pleno, j. 09.2002).

1.3.1.9.2. Inclusão do próprio montante do ICMS incidente. O ICMS é um tributo que pressupõe o cálculo "por dentro", incluindo o seu próprio montante no valor da operação (RE 212.209, rel. p/ ac. Min. Nelson Jobim, Pleno, j. 06.1999). Apreciando o Tema 214 da Repercussão Geral, o Pleno reafirmou a conformação da base de cálculo do ICMS, como o valor da operação de circulação de mercadorias (art. 155, II, da CF, c/c arts. 2º, I, e 8º, I, da LC 87/1996), incluindo o próprio montante do ICMS incidente (RE 582.461, rel. Min. Gilmar Mendes, Pleno, j. 18.05.2011, Tema 214). Relevou-se o fato de que o imposto faz parte da importância paga pelo comprador e recebida pelo vendedor. Além disso, com a EC 33/2001, o legislador complementar ficou autorizado a considerar igualmente a determinação da base de cálculo tanto nas operações internas como nas importações do exterior, de modo a calcular o ICMS "por dentro" em ambos os casos.

1.3.1.9.3. Inclusão do frete. O valor do frete, no caso de transporte de veículo entre a montadora e a concessionária, integra a base de cálculo do ICMS na substituição tributária "para frente". No entanto, se a montadora, na qualidade de substituta tributária, não efetua o transporte, nem o contrata por sua conta e ordem, o valor do frete não deve ser incluído. Dito de outra forma, a inclusão do frete na base de cálculo do ICMS sob o regime da substituição tributária somente deverá ocorrer, quando o substituto estiver envolvido com o transporte do veículo, podendo repassar a despesa ao destinatário. Esse é o entendimento do STJ (REsp 931.727, rel. Min. Luiz Fux, 1ª Seção, j. 08.2009).

1.3.1.9.4. Mercadorias dadas em bonificação. As mercadorias dadas em bonificação devem ser compreendidas como um desconto incondicional, que consiste na entrega de uma maior quantidade do produto vendido. O art. 13 da LC 87/96 traduz que a base de cálculo do ICMS nas operações mercantis é aquela efetivamente realizada, não se incluindo os descontos incondicionais. Nessa linha, decidiu o STJ, concluindo pela não incidência do ICMS sobre as vendas realizadas em bonificação (REsp 1.111.156, rel. Min. Humberto Martins, 1ª Seção, j. 10.2009, representativo de controvérsia). No entanto, nas hipóteses de substituição tributária, não mais existe o direito à exclusão da base de cálculo do ICMS. Entendeu a 2ª Turma do STJ que "o intuito de lucro e a inexistência de obrigação legal imputável aos contribuintes da cadeia de circulação de mercadorias impede a adoção da presunção de que as mercadorias adquiridas por bonificação permanecerão com esta qualidade até a destinação final pelo consumidor" (REsp 1.098.304, rel. Min. Eliana Calmon, 2ª Turma, j. 08.2010).

1.3.1.9.5. Encargos de financiamento. Eventual financiamento em um contrato de compra e venda pode ocorrer de duas formas distintas: a) venda a prazo, financiada pelo próprio vendedor, sem a intermediação de instituição financeira; b) venda financiada, com a intermediação de instituição financeira. Sobre a venda a prazo, sem a instituição financeira, financiada pelo vendedor, a base de cálculo é o valor total da venda. Sobre a venda financiada, há uma operação de venda e uma operação de financiamento, aplicando-se ao caso o entendimento consolidado na Súmula 237 do STJ: "Nas operações com cartão de crédito, os encargos relativos ao financiamento não são considerados no cálculo do ICMS" (ver REsp 1.106.462, rel. Min. Luiz Fux, 1ª Seção, j. 09.2009, representativo de controvérsia).

1.3.1.9.6. Valor de pauta fiscal. A regra é que se considere o valor da operação efetiva como base de cálculo para a apuração do ICMS devido. Quando se adota o regime de pautas fiscais, trabalha-se com bases de cálculo presumidas, desconsiderando-se o valor real da operação. No entanto, o STJ possui entendimento consolidado na Súmula 431, segundo o qual "é ilegal a cobrança de ICMS com base no valor da mercadoria submetido ao regime de pauta fiscal".

1.3.1.10. Conflito ICMS x ISS. Serviços gráficos. Embalagens. O Tribunal Pleno, ao apreciar a medida cautelar na ADI 4.389, decidiu pela não incidência do ISS sobre "operações de industrialização por encomenda de embalagens, destinadas à integração ou utilização direta em processo subsequente de industrialização ou de circulação de mercadoria" (ADI 4.389 MC, rel. Min. Joaquim Barbosa, Pleno, j. 13.04.2011). Por outro lado, concluiu que incide o ICMS. Os ministros levaram em consideração o papel que a atividade dos serviços gráficos possui no ciclo produtivo e a "vantagem econômica" da incidência do ICMS, em vez do ISS, para "calibrar o tributo devido na operação subsequente, nos termos da regra constitucional da não cumulatividade". O Min. Teori Zavascki já havia proposto *critérios* para a *delimitação* *da competência tributária* entre Estados e Municípios, relativamente à tributação do consumo, considerando os arts. 155, II, § 2º, IX, b e 156, III da CF, art. 2º, IV, da LC 87/96 e art. 1º, § 2º, da LC 116/03, da seguinte forma: "(a) sobre operações de circulação de mercadoria e sobre serviços de transporte interestadual e internacional e de comunicações incide ICMS; (b) sobre operações de prestação de serviços compreendidos na lista de que trata a LC 116/03 (que sucedeu ao DL 406/68), incide ISSQN; e (c) sobre operações mistas, assim entendidas as que agregam mercadorias e serviços, incide o ISSQN sempre que o serviço agregado estiver compreendido na lista de que trata a LC 116/03 e incide ICMS sempre que o serviço agregado não estiver previsto na referida lista" (STJ, REsp 1.092.206/SP, rel. Min. Teori Zavascki, 1ª Seção, j. 03.2009). Entendemos que, embora haja um efetivo esforço humano empreendido no serviço de composição gráfica sobre as embalagens contratadas sob encomenda, com o intuito de proporcionar uma utilidade material específica, prepondera a essência da contratação envolvida, que é a entrega das embalagens para utilização em processo posterior de industrialização. O objetivo final da contratação é a entrega de embalagens, as quais serão integradas ou utilizadas em processo posterior de industrialização. A definição da pretensão contratual já descreve, em certa medida, a atividade-fim envolvida: a entrega de embalagens, mediante prévia produção e fixação da composição gráfica mediante rotulagem ou impressão. Trata-se de obrigação de dar (entregar), a atrair a competência tributária estadual para a cobrança do ICMS, afastando a incidência do ISS. Diversamente ocorreria, caso o contratante desejasse o serviço de composição gráfica sobre as embalagens que ele próprio já produziu ou adquiriu de outro fornecedor. Nesse caso, haveria o serviço de composição gráfica sobre *bens de terceiros*, cuja posse é transferida para fins de agregação da composição gráfica sobre as embalagens, por exemplo, mediante rotulagem, retornando ao estabelecimento do contratante. Essa é a situação de prestação de serviços de composição gráfica sobre bens de terceiro (do contratante), a atrair a incidência do ISS.

1.3.2. ICMS sobre serviços.

1.3.2.1. Transporte. O serviço de transporte abarcado pela competência dos Estados e do DF é o transporte intermunicipal e interestadual. O transporte intramunicipal, por exclusão, é de competência dos Municípios, sofrendo a incidência do ISS, exclusivamente. Incide a tributação sobre o transporte intermunicipal e interestadual, mesmo que iniciado no exterior. Portanto, pode-se tributar a importação de serviços de transporte. A discussão foi realizada sobre a incidência do ICMS sobre o transporte aéreo. Ao julgar a ADI 1.600, o Pleno do STF decidiu pela não incidência do ICMS sobre os serviços de transporte aéreo de passageiros – intermunicipal, interestadual e internacional – e pela inconstitucionalidade da exigência do ICMS sobre os serviços de transporte aéreo internacional de cargas pelas empresas aéreas nacionais, enquanto persistirem os convênios de isenção de empresas estrangeiras (ADI 1.600, rel. p/ ac. Min. Nelson Jobim, Pleno, j. 11.2001). Eventual manutenção da tributação das empresas nacionais as colocaria em situação de desvantagem competitiva com as empresas estrangeiras, favorecidas pelos convênios de isenção. Entendeu, dessa forma, por estender a desoneração às empresas nacionais. O Tribunal vislumbrou (i) a inaplicabilidade das regras de partição da receita do ICMS entre os Estados, (ii) a omissão quanto aos elementos necessários à instituição do imposto sobre a navegação aérea e (iii) a ausência de normas de solução de conflitos de competência entre as unidades federadas.

1.3.2.2. Comunicação e telecomunicação. A comunicação é um processo, iniciado a partir de um *emissor* (1), que emite uma *mensagem* (2), que precisa ser *transmitida* (3) por um *canal de transmissão* (4), chegando posteriormente a um *receptor* (5) para então poder chegar, por fim, até o seu destino (6). É comum simplificar esse processo com a utilização dos componentes *emissor*, *mensagem*, *meio de transmissão* e *receptor*. Na prática, trata-se de um encadeamento de atos, onde uma mensagem com determinada codificação é emitida, utilizando-se de um meio ou canal de transmissão para, mediante um receptor, ser recebida no seu destino, que pode ser uma pessoa ou uma coisa. A Lei 9.472, de 16.07.1997, que dispõe sobre a organização dos serviços de telecomunicações, estatui que "serviço de telecomunicações é o conjunto de atividades que possibilita a oferta de telecomunicação" (art. 60). No § 1º, define telecomunicação com "a transmissão, emissão ou recepção, por fio, radioeletricidade, meios ópticos ou qualquer outro processo eletromagnético, de símbolos, caracteres, sinais, escritos, imagens, sons ou informações de qualquer natureza". A mesma lei também define *serviço de valor adicionado* como "a atividade que acrescenta, a um serviço de telecomunicações que lhe dá suporte e com o qual não se confunde, novas utilidades relacionadas ao acesso, armazenamento, apresentação, movimentação ou recuperação de informações (art. 61). O serviço de valor adicionado "não constitui serviço de telecomunicações, classificando-se seu provedor como usuário do serviço de telecomunicações que lhe dá suporte, com os direitos e deveres inerentes a essa condição" (§ 1º).

1.3.2.2.1. Amplitude de incidência. A incidência do ICMS sobre serviços de comunicação pressupõe um contrato oneroso de prestação de serviços, tendo por objeto a atividade-fim de comunicação ou de telecomunicação.

As dificuldades de delimitação surgem nos serviços que, em certa medida ou indiretamente estão ligados à comunicação, mas não são serviços de comunicação propriamente ditos. Trata-se dos chamados serviços-meio, de caráter instrumental ou acessório ao serviço principal da comunicação. O STJ já foi chamado por diversas ocasiões a se manifestar sobre diferentes ocorrências relacionadas à comunicação, tendo decidido que i) "o ICMS não incide no serviço dos provedores de acesso à internet" (Súmula 334); ii) "o ICMS não incide sobre o serviço de habilitação de telefone celular" (Súmula 350). Além desses entendimentos já sumulados, o STJ já decidiu que não incide o ICMS sobre os serviços preparatórios ou acessórios, como adesão, habilitação e instalação de equipamentos para viabilizar o serviço de TV a cabo (AgReg no REsp 1.064.596, rel. Min. Herman Benjamin, 2ª Turma, j. 10.2008). O STF possui decisão referente à tarifa de assinatura básica mensal de telefonia, tendo entendido que essa tarifa não é serviço, mas sim "a contraprestação pelo serviço de comunicação propriamente dito prestado pelas concessionárias de telefonia, consistente no fornecimento, em caráter continuado, das condições materiais para que ocorra a comunicação entre o usuário e terceiro, o que atrai a incidência do ICMS" (RE 912.888, rel. Min. Teori Zavascki, Pleno, j. 13.10.2016, Tema 827). Na ocasião, foi aprovada a seguinte tese de repercussão geral: "o ICMS incide sobre a tarifa de assinatura básica mensal cobrada pelas prestadoras de serviço de telefonia, independentemente da franquia de minutos conferida, ou não, ao usuário". O STF também já se pronunciou no sentido de que as atividades-meio ou os serviços preparatórios, tais como habilitação, instalação, disponibilidade, assinatura, cadastro de usuário e equipamento, entre outros, não sofrem a incidência de ICMS (RE 572.020, rel. p/ ac. Min. Luiz Fux, Pleno, j. 06.02.2014).

1.3.3. ICMS declarado e não recolhido. Crime. O histórico da prática do Direito Tributário no País sempre apresentou duas situações aparentemente distintas ou passíveis de distinção: i) os casos de mero inadimplemento tributário, caracterizados pela conduta do contribuinte que declara o tributo, mas não recolhe; ii) os casos de sonegação fiscal, apropriação indébita e outros crimes conexos contra a ordem econômica. Os casos de mero inadimplemento tributário costumavam ser enquadrados no âmbito dos ilícitos cíveis tributários, sendo impulsionados pela Procuradoria da Fazenda pela via da execução fiscal e enfrentados pela jurisdição cível tributária. Em certa medida, o enfrentamento das situações de mera inadimplência fiscal (declarar, mas não recolher), somente na esfera cível, fora uma prática reiteradamente observada e conduzida pelas autoridades administrativas. A lei 8.137/90, que define crimes contra a ordem tributária, econômica e contra as relações de consumo, prevê no art. 1º que "constitui crime contra a ordem tributária suprimir ou reduzir tributo, ou contribuição social e qualquer acessório, mediante as seguintes condutas: (...)" (Pena – reclusão de 2 (dois) a 5 (cinco) anos, e multa). O art. 2º estatui que "constitui crime da mesma natureza: (...) II – deixar de recolher, no prazo legal, valor de tributo ou de contribuição social, descontado ou cobrado, na qualidade de sujeito passivo de obrigação e que deveria recolher aos cofres públicos; (...)" (Pena – detenção, de 6 (seis) meses a 2 (dois) anos, e multa). A Corte Suprema entendeu, por maioria, que "o contribuinte que deixa de recolher o valor do ICMS cobrado do adquirente da mercadoria ou serviço apropria-se de valor de tributo, realizando o tipo penal do art. 2º, II, da Lei nº 8.137/1990" (RHC 163.334/SC, rel. Min. Roberto Barroso, Pleno, j. 18.12.2019). No entanto, "impõe-se, porém, uma interpretação restritiva do tipo, de modo que somente se considera criminosa a inadimplência sistemática, contumaz, verdadeiro modus operandi do empresário, seja para enriquecimento ilícito, para lesar a concorrência ou para financiar as próprias atividades. A caracterização do crime depende da demonstração do dolo de apropriação, a ser apurado a partir de circunstâncias objetivas factuais, tais como o inadimplemento prolongado sem tentativa de regularização dos débitos, a venda de produtos abaixo do preço de custo, a criação de obstáculos à fiscalização, a utilização de 'laranjas' no quadro societário, a falta de tentativa de regularização dos débitos, o encerramento irregular das suas atividades, a existência de débitos inscritos em dívida ativa em valor superior ao capital social integralizado etc." Vencidos os Ministros Gilmar Mendes, Ricardo Lewandowski e Marco Aurélio, a Corte fixou a seguinte tese: "O contribuinte que, de forma contumaz e com dolo de apropriação, deixa de recolher o ICMS cobrado do adquirente da mercadoria ou serviço incide no tipo penal do art. 2º, II, da Lei nº 8.137/1990". Entendemos que a atuação do Direito Penal na tributação deve ocorrer essencialmente com a imposição das multas tributárias, aplicáveis nas situações de inadimplemento tributário, inclusive naquelas em que o contribuinte declara o tributo, portanto, não omite, mas não recolhe. A imposição de outras penalidades, tais como a de detenção e a de reclusão, somente podem ser aplicadas excepcionalmente, em casos que se diferenciam das situações de mero não recolhimento. Nas situações nas quais o contribuinte deixa de recolher o ICMS cobrado do adquirente da mercadoria ou serviço, em que pese tenha previamente declarado ao Fisco o imposto devido, a Corte Suprema fixou dois requisitos objetivos para validar o enquadramento penal no art. 2º, II, da Lei 8.137/90: i) a conduta contumaz do inadimplemento tributário; e ii) a presença do dolo de apropriação. Andou bem o Supremo ao adotar uma interpretação mais restritiva do tipo, somente considerando como conduta criminosa a inadimplência sistemática, contumaz, e a dependência da demonstração do dolo de apropriação, manifestado em uma das condutas mencionadas, a título de exemplo, no acórdão do julgamento e arroladas acima.

1.4. IPVA. O Imposto sobre a Propriedade de Veículos Automotores (IPVA) surgiu em substituição à Taxa Rodoviária Única (TRU), que era de competência da União e incidia sobre a prestação de serviços de registro e licenciamento de veículos. A competência para a instituição e cobrança do IPVA foi atribuída aos Estados e ao DF. O imposto não foi regulado pelo CTN, de modo que sua disciplina foi relegada à lei complementar específica, nos termos do art. 146, III, "a", da CF. No entanto, até o momento, ainda não foi editada a respectiva lei complementar. A Corte Suprema já se manifestou, no sentido de que, se a União deixou de editar as normas gerais sobre o IPVA, os Estados e o DF podem exercer sua competência legislativa (plena) para instituir e cobrar o imposto, nos termos do § 3º do art. 24 da CF (AI 167.777 AgR, rel. Min. Marco Aurélio, 2ª Turma, j. 03.1997). Além disso, o § 3º do art. 34 do ADCT abriu aos entes da Federação a possibilidade da edição de leis necessárias à respectiva aplicação. A competência tributária deve ser atribuída ao ente, em cujo território está registrado (licenciado) o veículo. Por se tratar de um imposto sobre a propriedade, os mecanismos de controle e cobrança eficiente dependem de um registro da propriedade do bem, vinculado ao seu proprietário, a partir do qual se poderá, inclusive, melhor administrar a repartição das receitas afeitas ao IPVA com os Municípios. O art. 158, III, da CF prevê que pertencem aos Municípios "cinquenta por cento do produto da arrecadação do imposto do Estado sobre a propriedade de veículos automotores licenciados em seus territórios". Visto de outra forma, esse dispositivo contém a regra da definição do critério do território do licenciamento para a delimitação da competência impositiva territorial e para a repartição das receitas advindas do imposto com os Municípios.

1.4.1. Fato gerador. A materialidade constitucionalmente aferível do IPVA é perceptível a partir da sua previsão constitucional, localizada na regra definidora da competência tributária. Portanto, o imposto deve incidir sobre a propriedade de veículos automotores. Não envolve, dessa forma, a posse, nem veículos que não sejam por propulsão motora, como as bicicletas. Como regra, incide sobre veículos automotores de circulação terrestre.

1.4.2. Aeronaves e embarcações. O IPVA foi o sucessor da *Taxa Rodoviária Única*. Essa taxa incidia sobre a propriedade de veículos automotores registrados e licenciados em todo território nacional (art. 1º do Decreto-Lei 999, de 21.10.1969). Tecnicamente e etimologicamente, aeronaves e embarcações podem ser enquadradas como veículos automotores, pois independem de qualquer tração externa à sua estrutura física. No entanto, o STF, ao apreciar a possibilidade da incidência do IPVA sobre a propriedade de aeronaves e embarcações, ponderou o histórico antecedente ao surgimento do IPVA (RE 134.509, rel. p/ ac. Min. Sepúlveda Pertence, Pleno, j. 05.2002). Em síntese, ao resgatar o seu antecessor, a Taxa Rodoviária Única, ponderou que esta incidia unicamente sobre veículos automotores terrestres, passíveis de circulação em rodovias no território nacional, não abrangendo, portanto, aeronaves e embarcações. Em segundo lugar, analisou a dificuldade de se aferir o Estado e o Município de localização da aeronave e da embarcação para fins de licenciamento e posterior repasse de 50% da receita arrecadada ao Município onde estivesse licenciado o veículo (art. 23, § 13, da CF/69, com a redação dada pela EC 27/85, que corresponde ao art. 158, III, da CF/88). Ao final, a partir do voto do Min. Sepúlveda Pertence, decidiu que o campo de incidência do IPVA não inclui embarcações e aeronaves.

1.4.3. Aspectos quantitativos. A CF traz, no § 6º do art. 155, regras específicas de competência quanto às alíquotas mínimas e quanto aos critérios que podem ser utilizados na diferenciação das alíquotas. No detalhe, o inc. I do § 6º prevê que as alíquotas mínimas serão fixadas pelo Senado Federal. O inc. II do § 6º estatui que o IPVA poderá ter alíquotas diferenciadas em função do tipo e da utilização. Fica devidamente autorizada a discriminação com base nos critérios do tipo e da utilização do veículo automotor. Portanto, não se admite diferenciação em função da origem do veículo, por exemplo, mesmo porque essa diferenciação violaria o disposto no art. 152 da CF, que veda aos Estados, DF e Municípios discriminar tributariamente bens e serviços em razão de sua procedência ou destino.

1.4.3.1. Desconto para o bom motorista. No âmbito dos critérios legítimos e ilegítimos para as violações à isonomia tributária, o critério do "bom motorista" – aquele que não cometeu infrações de trânsito – revela-se um critério legítimo para a atribuição de um desconto, sob a forma de uma redução de alíquota ou uma isenção parcial. A função extrafiscal do benefício em questão é sustentável e adequadamente justificada à luz das normas jurídicas de trânsito, mormente daquelas voltadas para a segurança no trânsito. A intenção subjacente de se mudar a cultura no trânsito e de mantê-la no sentido do bem jurídico maior da segurança no trânsito traduz, em última análise, uma nítida preocupação com o bem maior da preservação da vida humana. O STF, com acerto, ao apreciar a questão, entendeu que eram legítimos os descontos do IPVA previstos para motorista que não havia cometido infrações de trânsito (ADI 2.301 MC, rel. Min. Marco Aurélio, Pleno, j. 09.2003).

1.4.3.2. Redução do IPVA. Contratação de empregados com mais de 40 anos. O IPVA também poderá ser manejado com finalidade extrafiscal no âmbito do combate às externalidades verificadas no mercado de trabalho. Dada a dificuldade encontrada pelas pessoas mais velhas, preteridas com relação às mais novas nas contratações das empresas, o legislador estadual pode estimular a contratação de empregados com mais de 40 anos, instituindo incentivos fiscais no âmbito do IPVA. A discriminação resultante do tratamento tributário diferenciado em razão da contratação de pessoas nessa faixa etária não viola o princípio da igualdade tributária. Nesse sentido, já decidiu a Corte Suprema no julgamento da ADI 1.276/SP (rel. Min. Ellen Gracie, Pleno, j. 29.08.2002).

1.4.3.3. Recolhimento em Estado diverso daquele que o contribuinte mantém sua sede ou domicílio tributário. A premissa segundo a qual, o proprietário de veículo automotor deve registrar e licenciar seu veículo no Município onde mantém sua sede ou domicílio tributário, pode parecer verdadeira, especialmente quando consideramos o art. 120 do Código de Trânsito Brasileiro (CTB), que dispõe que "todo veículo automotor, elétrico, articulado, reboque ou semirreboque, deve ser registrado perante o órgão executivo de trânsito do Estado ou do Distrito Federal, no Município de domicílio ou residência de seu proprietário, na forma da lei". Com relação ao sujeito ativo para a cobrança do IPVA, pode parecer igualmente lógico que será aquele Estado, onde o veículo automotor circula e, portanto, desgasta as vias públicas locais e intermunicipais, justificando a cobrança para contribuir com o custeio da manutenção e expansão dessas vias públicas. O argumento seduz, mas não se sustenta constitucionalmente. Primeiro, porque inexistindo lei complementar federal sobre normas gerais, os Estados exercerão a competência legislativa plena, para atender a suas peculiaridades (art. 24, § 3º, CF). Segundo, porque promulgada a Constituição, a União, os Estados, o Distrito Federal e os Municípios poderão editar as leis necessárias à aplicação do sistema tributário nacional nela previsto (art. 34, § 3º, ADCT). Terceiro, porque pertencem aos Municípios cinquenta por cento do produto da arrecadação do imposto do Estado sobre a propriedade de veículos automotores licenciados em seus territórios (art. 158, III, CF). Tendo em vista que ainda não foi editada a lei complementar de normas gerais de Direito Tributário, relativas ao IPVA, os Estados podem exercer sua competência plena para a instituição e cobrança do IPVA, inclusive para fixar regras específicas para a vinculação da sujeição passiva ao local onde licenciado o veículo. E se determinados Estados oferecem vantagens pecuniárias para tanto, como a redução de alíquotas do imposto, o fazem dentro da sua competência, mesmo que isso possa provocar o danoso efeito da chamada "guerra fiscal". Esta deve ser regulada ou afastada por lei complementar federal e não pela jurisdição da Corte Suprema, como ocorreu no julgamento do RE 1.016.605/MG (rel. Min. Marco Aurélio, Pleno, j. 16.06.2020). Na ocasião, foi fixada a seguinte tese para fins de repercussão geral: "A Constituição autoriza a cobrança do Imposto sobre a Propriedade de Veículos Automotores (IPVA) somente pelo Estado em que o contribuinte mantém sua sede ou domicílio tributário". Por fim, vale destacar, que não se está aqui a incentivar fraudes, mediante falsas declarações de domicílio, como se observa em alguns Estados. Pelo contrário, caso a lei do IPVA de determinado Estado disponha sobre o aspecto espacial do fato gerador desse imposto, de modo a vincular sua sujeição passiva ao local onde o contribuinte mantém sua sede ou domicílio, então esse critério deverá ser observado, não podendo o contribuinte recolher o IPVA para esse Estado, caso ali não mantenha sua sede ou domicílio. Enquanto não houver a lei complementar federal de normas gerais do imposto, inclusive para se afastar situações de guerra fiscal – como há no âmbito do ICMS –, os Estados permanecerão com a competência tributária plena para o IPVA, inclusive para oferecer vantagens para os contribuintes, como alguns o fazem, mediante a fixação de alíquotas mais reduzidas.

§ 1º O imposto previsto no inciso I: ***(Redação dada pela Emenda Constitucional nº 3, de 1993)***

I – relativamente a bens imóveis e respectivos direitos, compete ao Estado da situação do bem, ou ao Distrito Federal;

II – relativamente a bens móveis, títulos e créditos, compete ao Estado onde se processar o inventário ou arrolamento, ou tiver domicílio o doador, ou ao Distrito Federal;

III – terá competência para sua instituição regulada por lei complementar:

a) se o doador tiver domicílio ou residência no exterior;

b) se o de cujus possuía bens, era residente ou domiciliado ou teve o seu inventário processado no exterior;

IV – terá suas alíquotas máximas fixadas pelo Senado Federal;

2. ITCD. Regras específicas de competência.

2.1. Estado da situação do bem imóvel. O ITCD cabe ao Estado de situação do bem, ou ao DF, relativamente a bens imóveis e respectivos direitos.

Eventual situação de localização do imóvel em zona fronteiriça, envolvendo dois ou mais Estados, poderia levar a uma divisão do imposto proporcionalmente à área de cada Estado, de modo a preservar a competência de cada um relativamente à situação territorial efetiva de cada fração do imóvel.

2.2. Estado onde se processar o inventário ou o arrolamento. Com relação aos bens móveis, títulos e créditos, a CF estabelece que o imposto compete ao Estado (ou ao DF) onde se processar o inventário ou arrolamento, ou onde tiver domicílio o doador.

2.3. Situações envolvendo o exterior. Instituição regulada por lei complementar. Nas situações nas quais o doador possuir domicílio ou residência no exterior ou o de cujus possuía bens, era residente ou domiciliado ou teve seu inventário processado no exterior, a competência para a regulação da instituição do imposto será por lei complementar. Conforme preceitua o § 3º do art. 24 da CF, combinado com o § 3º do art. 34 do ADCT, os Estados e o DF poderão exercer sua competência legislativa plena, aparentemente também nas situações de ausência da lei complementar referida para regular as questões que envolvem o exterior. Ocorre que o art. 146 da CF estatui caber à lei complementar dispor sobre conflitos de competência, em matéria tributária, entre a União, os Estados, o Distrito Federal e os Municípios. Essa competência não podem os Estados suplantar, pois ela existe especificamente para o legislador complementar e justamente prevendo eventuais conflitos de competência que possam ocorrer entre os Estados, momento no qual surge como crucial o papel do legislador complementar para dirimir essas disputas por direitos tributários entre os Estados, sobre o mesmo fato gerador. Adicionalmente, o art. 155, § 1º, III da CF deixa clara a competência do legislador complementar, nas situações em que há elemento de conexão com o exterior, limitando a competência supletiva dos Estados com relação à instituição do ITCD por lei ordinária estadual. Surge imprescindível a regulação por lei complementar federal, quando presentes elementos de conexão com o exterior, para fixar a qual unidade federada caberá o imposto. O Supremo Tribunal Federal, por maioria, apreciando o tema 825 da repercussão geral, negou provimento ao recurso extraordinário do Estado, vencidos os Ministros Alexandre de Moraes, Cármen Lúcia, Luiz Fux e Gilmar Mendes fixando a seguinte tese: "É vedado aos estados e ao Distrito Federal instituir o ITCMD nas hipóteses referidas no art. 155, § 1º, III, da Constituição Federal sem a intervenção da lei complementar exigida pelo referido dispositivo constitucional" (RE 851.108/SP, rel. Min. Dias Toffoli, Pleno, j. 01.03.2021). Acordaram os Ministros, por maioria, em modular os efeitos da decisão, atribuindo a eles eficácia ex nunc, a contar da publicação do acórdão em questão, ressalvando as ações judiciais pendentes de conclusão até o mesmo momento, nas quais se discuta: (1) a qual Estado o contribuinte deve efetuar o pagamento do ITCMD, considerando a ocorrência de bitributação; e (2) a validade da cobrança desse imposto, não tendo sido pago anteriormente.

2.4. Alíquotas máximas. Competência do Senado Federal. De um lado, a CF estabelece a fixação das alíquotas máximas do ITCD pelo Senado Federal. Todavia, isso não significa que haja automaticidade entre a alíquota do ITCD de determinado Estado correspondendo ao limite máximo fixado em resolução do Senado Federal (RE 213.266/PE, rel. Min. Marco Aurélio, Pleno, j. 10.1999). São competências distintas: (i) a do Senado Federal, para fixar as alíquotas máximas possíveis de serem praticadas pelos Estados e pelo DF, e (ii) a dos Estados e do DF, para, com base no princípio da legalidade, instituir o imposto e suas alíquotas mínimas e máximas, percentualmente, respeitado o teto fixado pelo Senado Federal. Em outras palavras, a lei de cada Estado e do DF deverá prever expressamente e percentualmente as alíquotas, sendo que as alíquotas máximas não poderão ser mais elevadas do que as fixadas pelo Senado Federal.

§ 2º O imposto previsto no inciso II atenderá ao seguinte: *(Redação dada pela Emenda Constitucional nº 3, de 1993)*

I – será não cumulativo, compensando-se o que for devido em cada operação relativa à circulação de mercadorias ou prestação de serviços com o montante cobrado nas anteriores pelo mesmo ou outro Estado ou pelo Distrito Federal;

3. ICMS. Regras específicas.

3.1. Não cumulatividade. A CF prevê que o ICMS "será não cumulativo, compensando-se o que for devido em cada operação relativa à circulação de mercadorias ou prestação de serviços com o montante cobrado nas anteriores pelo mesmo ou outro Estado ou pelo Distrito Federal" (ver aqui os comentários acerca da não cumulatividade do IPI, art. 153, § 3º, II). Tanto para o IPI quanto para o ICMS, a regra da não cumulatividade é efetivada pelo sistema da compensação. Esse permite que o contribuinte compense o imposto devido em cada operação com o montante cobrado na operação anterior pelo mesmo ou outro Estado ou pelo DF. O sistema da compensação, pressuposto na regra constitucional da não cumulatividade, implica o encontro do débito da operação atual com o crédito da operação anterior, crédito esse resultante do imposto cobrado na operação anterior. Na prática, os questionamentos gravitam em torno da identificação dos créditos e do seu respectivo direito de uso (direito ao creditamento). De um lado, surge o direito ao creditamento como um direito subjetivo do contribuinte, decorrente da regra da não cumulatividade. Em primeiro lugar, porque essa é a leitura mais adequada que se faz diretamente do dispositivo constitucional. Em segundo lugar, porque se não há o direito ao creditamento, viabilizando a compensação e consequentemente a redução do imposto a pagar, a tributação será cumulativa, e a CF preceitua justamente o contrário, que o ICMS será não cumulativo. Entretanto, a jurisprudência tem restringido o direito ao creditamento, conforme se verá nos casos abaixo.

3.1.1. Aproveitamento do crédito. Nota fiscal inidônea. Desde que demonstrada a veracidade da compra e venda efetuada, o comerciante de boa-fé que adquire mercadoria de fornecedor emitente de nota fiscal posteriormente declarada inidônea, pode se aproveitar do crédito do ICMS em virtude da regra da não cumulatividade. A responsabilidade do adquirente limita-se à verificação da regularidade do alienante; a verificação da idoneidade da documentação do alienante incumbe ao Fisco (STJ, REsp 1.148.444, rel. Min. Luiz Fux, 1ª Seção, j. 04.2010, representativo de controvérsia). O STJ consolidou o entendimento da Súmula 509: "É lícito ao comerciante de boa-fé aproveitar os créditos de ICMS decorrentes de nota fiscal posteriormente declarada inidônea, quando demonstrada a veracidade da compra e venda".

3.1.2. Incidência monofásica. Quando a tributação ocorre de forma monofásica, não há ofensa à regra da não cumulatividade, dado que a cumulatividade pressupõe necessariamente a sobreposição de incidências tributárias (STF, RE 762.892 AgR, rel. Min. Luiz Fux, 1ª Turma, j. 03.2015).

3.1.3. Regime de diferimento e não cumulatividade. O STF já decidiu que o regime de diferimento não ofende a regra da não cumulatividade (RE 325.623 AgR, rel. Min. Ellen Gracie, 2ª Turma, j. 03.2006). No caso concreto, a saída da produção do contribuinte não era tributada pelo ICMS, sendo a incidência diferida para a próxima etapa do ciclo econômico. Com razão o STF, ao vislumbrar que, se nada é recolhido na venda da mercadoria, não há que se falar em efeito cumulativo. Não havendo tributação na entrada, não há crédito a compensar na saída.

3.1.4. Telefonia. Processo industrial por equiparação. No caso dos serviços de telecomunicação, a energia elétrica é um insumo essencial, cujo impedimento ao creditamento tornaria o ICMS cumulativo. O STJ entendeu que o art. 33, II, da LC 87/96 deveria ser interpretado conforme a CF, de modo que a regra da não cumulatividade tenha amplitude suficiente para abarcar os três "núcleos de incidência": (i) circulação de mercadorias; (ii) serviços de transporte; (iii) serviços de comunicação. Assim, "o ICMS incidente sobre a energia elétrica consumida pelas empresas de telefonia, que promovem processo industrial por equiparação, pode ser creditado para abatimento do imposto devido quando da prestação dos serviços" (REsp 842.270/RS, rel. p/ ac. Castro Meira, j. 05.2012; REsp 1.201.635/MG, rel. Min. Sérgio Kukina, 1ª Seção, j. 06.2013).

3.1.5. Creditamento. ICMS de serviços e de produtos desvinculados do processo de industrialização da mercadoria comercializada. Com relação à possibilidade de creditamento do ICMS decorrente de serviços de telecomunicações, transporte, fornecimento de energia elétrica e aquisição de mercadorias destinadas ao ativo fixo, a jurisprudência da Corte Suprema é no sentido de que a regra da não cumulatividade não é razão suficiente para o creditamento do ICMS de serviços e produtos consumidos, mas desvinculados do processo de industrialização da mercadoria comercializada como atividade principal (AI-AgR 807.119, rel. Min. Gilmar Mendes, 2ª Turma, DJe 01.07.2011; RE 354.376 AgR/MG, rel. Min. Teori Zavascki, 2ª Turma, j. 21.05.2013). No âmbito dos supermercados, a Primeira Seção do STJ decidiu que inexiste direito ao creditamento de ICMS pago na entrada da energia elétrica consumida no estabelecimento comercial, quando analisadas as atividades de panificação e de congelamento de produtos perecíveis. A Corte Superior entendeu, à luz das normas do Regulamento do IPI, que essas atividades não configuram processo de industrialização de alimentos (REsp 1.117.139/RJ, rel. Min. Luiz Fux, 1ª Seção, j. 25.11.2009).

3.1.6. Material de construção para ampliação do estabelecimento. O STJ possui decisão no sentido da impossibilidade de creditamento do ICMS na aquisição de material para a construção ou ampliação do estabelecimento empresarial (AgRg no AREsp 188.879/SC, rel. Min. Ari Pargendler, 1ª Turma, j. 17.09.2013).

3.1.7. Correção monetária dos créditos. A discussão acerca da possibilidade de correção monetária dos créditos do ICMS traz os seguintes argumentos: (i) necessidade de previsão legal expressa; (ii) impossibilidade do Poder Judiciário atuar como legislador positivo; (iii) força normativa do princípio da não cumulatividade. A jurisprudência do STF é no sentido de que o crédito de ICMS possui natureza meramente contábil, escritural, e os contribuintes não têm direito a corrigir monetariamente os saldos dos créditos quando não há legislação estadual permitindo a correção (RE 212.163 AgR-EDv-AgR/SP, rel. Min. Maurício Corrêa, Pleno, j. 18.02.2002). Ao afirmar a impossibilidade da correção sem previsão legal, entende a Corte Suprema que essa recusa não configura violação à não cumulatividade e à isonomia (AgRgRE 231.195/SP, rel. Min. Celso de Mello, 2ª Turma, j. 10.2001). Por outro lado, reconhece que a correção monetária incide sobre o débito tributário devidamente constituído ou quando recolhido em atraso (RE 223.566, rel. Min. Maurício Corrêa, 2ª Turma, j. 03.11.1997). O Min. Marco Aurélio, vencido no julgamento do RE 386.475/RS, sustentou que "reconhecer o direito de os contribuintes terem os créditos corrigidos monetariamente resulta em simples manutenção do poder aquisitivo da moeda, não se podendo falar em atuação do Judiciário como legislador positivo, mas como garante da força normativa da Constituição. Revela a homenagem ao princípio isonômico (...)" (RE 386.475/RS, rel. p/ ac. Min. Cármen Lúcia, Pleno, j. 18.10.2006).

II – a isenção ou não incidência, salvo determinação em contrário da legislação:

a) não implicará crédito para compensação com o montante devido nas operações ou prestações seguintes;

b) acarretará a anulação do crédito relativo às operações anteriores;

4. Impedimentos ao creditamento. Em interpretação restritiva, apenas as hipóteses de isenção e não incidência na entrada não implicarão crédito para compensação com o montante devido na saída e acarretarão a anulação do crédito relativo às operações anteriores. A ressalva feita pelo dispositivo quanto à possibilidade de determinação em contrário da legislação abre a possibilidade para a legislação prever autorização para o creditamento. Nunca se olvide, nesse caso, que o § 2º, XII, "g", do art. 155 prevê que cabe à lei complementar "regular a forma como, mediante deliberação dos Estados e do Distrito Federal, isenções, incentivos e benefícios fiscais serão concedidos e revogados". O preceito remete, na prática, à LC 24, de 07.01.1975, que dispõe sobre os *convênios*, celebrados e ratificados pelos Estados e pelo DF, para a concessão ou revogação de isenções do ICMS. Portanto, eventual norma que assegure o direito à manutenção do crédito fiscal em casos, por exemplo, em que há redução da base de cálculo ou isenção, não viola a regra da não cumulatividade, desde que observando autorização prevista em convênio (STF, ADI 2.320, rel. Min. Eros Grau, Pleno, j. 02.2006).

4.1. Crédito presumido. A hipótese de crédito presumido dever ser vista como diversa das hipóteses de isenção e não incidência. No crédito presumido, há a incidência do imposto na etapa anterior, que não foi recolhido por completo em virtude do crédito presumido concedido pelo Estado de origem ao vendedor situado em seu território. Na isenção e na não incidência, não há imposto devido. Assim, no crédito presumido, não se altera o cálculo do imposto devido, mas esse é recolhido a menor em razão da concessão do crédito presumido, devendo ser autorizado o creditamento (STJ, RMS 31.714, rel. Min. Castor Meira, 2ª Turma, j. 05.2011). Na visão do STJ, a restrição ao creditamento, portanto, somente ocorre quando for hipótese de isenção ou não tributação.

4.2. Redução da base de cálculo. Isenção parcial. Estorno proporcional. Segundo entendimento do Pleno do STF, a redução da base de cálculo é espécie de isenção parcial, implicando o benefício fiscal, observada a necessária autorização a ser prevista em convênio (ADI 2.320, rel. Min. Eros Grau, Pleno, j. 02.2006). No entanto, a redução da base de cálculo implica anulação proporcional dos créditos relativos às operações anteriores, salvo determinação em contrário na legislação estadual (RE 635.688, rel. Min. Gilmar Mendes, Pleno, j. 10.2014, Tema 299 da Repercussão Geral). Ausente a determinação legal para a manutenção integral dos créditos, deve ocorrer a anulação proporcional do crédito relativo às operações anteriores.

4.3. Estorno. Opção por regime mais vantajoso. Há situações nas quais o legislador estadual estatui um regime tributário mais vantajoso, cuja adesão é opcional, mas nesse caso veda a utilização de quaisquer créditos relativos a entradas tributadas. Em um caso envolvendo o segmento de transportes e a previsão de adesão opcional ao benefício de redução de base de cálculo, o STF entendeu que, em havendo a opção do contribuinte pelo regime tributário mais favorável, mediante regramento específico para ele, a adesão a ele não gera o direito ao creditamento se a lei o excluir (AI 765.420 AgR-segundo/RS, rel. p/ ac. Min. Rosa Weber, 1ª Turma, j. 22.09.2015). Ressalva feita para a posição defendida pelo Min. Marco Aurélio, que sustentava que essa regra de vedação à utilização violaria a regra da não cumulatividade, pois, ao contrário, deveria resguardar o aproveitamento dos créditos na proporção da redução da base de cálculo.

4.4. Estorno proporcional de crédito efetuado pelo Estado de destino. Crédito fiscal presumido concedido pelo Estado de origem sem

autorização do CONFAZ. Não cumulatividade. A CF estatui que o ICMS "será não cumulativo, compensando-se o que for devido em cada operação relativa à circulação de mercadorias ou prestação de serviços com o montante cobrado nas anteriores pelo mesmo ou outro Estado ou pelo Distrito Federal". A isenção ou não incidência, salvo determinação em contrário da legislação, "não implicará crédito para compensação com o montante devido nas operações ou prestações seguintes" e "acarretará a anulação do crédito relativo às operações anteriores". A LC 24/75, que dispõe sobre os convênios para a concessão de isenções do ICMS, estabelece, no art. 8º, que "a inobservância dos dispositivos desta Lei acarretará, cumulativamente a nulidade do ato e a ineficácia do crédito fiscal atribuído ao estabelecimento recebedor da mercadoria" e "a exigibilidade do imposto não pago ou devolvido e a ineficácia da lei ou ato que conceda remissão do débito correspondente". A regra constitucional da não cumulatividade é realizada por meio da técnica da compensação entre o que foi efetivamente devido em cada operação com o montante efetivamente cobrado nas operações anteriores. A isenção ou não incidência – por não haver imposto devido na operação – não implica crédito para compensação com o montante devido nas operações ou prestações seguintes ou acarreta a anulação do crédito relativo às operações anteriores, salvo determinação em contrário da legislação. O texto constitucional traz como regra geral a anulação ou estorno do crédito relativo às operações anteriores, salvo determinação em contrário da legislação estadual, isso é, permite que os Estados estipulem de maneira diversa, conforme sua política fiscal regional. Por outro lado, a exigência de prévia existência de convênio, no âmbito do CONFAZ, visando a atenuar os efeitos da guerra fiscal, termina por impor o requisito da prévia concordância dos Estados com relação à instituição de benefícios fiscais e de seus respectivos limites, no âmbito do ICMS. Ocorre que, de um lado, o contribuinte não pode ser penalizado pela ausência de convênio e a simultânea concessão unilateral de benefício fiscal de ICMS, que ele, contribuinte, aproveitou de boa-fé e com base na lei estadual concessiva. De outro lado, o Estado prejudicado na sua expectativa legítima de concorrência leal, não pode lançar mão de expedientes administrativos unilaterais de retaliação ao contribuinte de boa-fé, anulando o crédito fiscal concedido pelo Estado de origem, dentro da sua esfera de discricionariedade de política fiscal regional. O expediente legítimo, previsto em lei e amplamente reconhecido pelo STF, nesse caso, é a propositura de ação direta de inconstitucionalidade, de modo que o órgão competente para eventualmente afastar o benefício concedido à margem da decisão do CONFAZ é o STF e não a Secretaria da

Fazenda do Estado supostamente prejudicado. No entanto, a Corte Suprema decidiu, por maioria, que "o estorno proporcional de crédito de ICMS efetuado pelo Estado de destino, em razão de crédito fiscal presumido concedido pelo Estado de origem sem autorização do Conselho Nacional de Política Fazendária (CONFAZ), não viola o princípio constitucional da não cumulatividade (Tema 490 da repercussão geral. RE 628.075/RS, rel. Min. Edson Fachin, Pleno, j. 18.08.2020). Entendeu constitucional o art. 8º, I, da LC 24/75, uma vez considerado que o estorno proporcional de crédito de ICMS em razão de crédito fiscal presumido concedido por outro Estado não viola o princípio constitucional da não cumulatividade.

4.5. Creditamento. Empresa prestadora de serviços de telefonia móvel. Aparelho celular. Cessão em comodato. A não cumulatividade é regra constitucional, operacionalizada mediante a técnica da compensação entre o que for devido em cada operação, relativa à circulação de mercadorias ou prestação de serviços, com o montante cobrado nas anteriores, pelo mesmo ou outro Estado ou pelo Distrito Federal (art. 155, § 2º, I). A isenção ou não incidência, salvo determinação em contrário da legislação, não implicará crédito para compensação com o montante devido nas operações ou prestações seguintes e acarretará a anulação do crédito relativo às operações anteriores. A LC 87/96 estabelece, no art. 20, que "para a compensação a que se refere o artigo anterior, é assegurado ao sujeito passivo o direito de creditar-se do imposto anteriormente cobrado em operações de que tenha resultado a entrada de mercadoria, real ou simbólica, no estabelecimento, inclusive a destinada ao seu uso ou consumo ou ao ativo permanente, ou o recebimento de serviços de transporte interestadual e intermunicipal ou de comunicação". O § 1º dispõe que "não dão direito a crédito as entradas de mercadorias ou utilização de serviços resultantes de operações ou prestações isentas ou não tributadas, ou que se refiram a mercadorias ou serviços alheios à atividade do estabelecimento". Empresa de telefonia que adquire aparelhos celulares e os incorpora ao seu ativo imobilizado e, ato contínuo, cede-os para uso dos seus clientes, permanecendo com sua propriedade, conserva o direito ao creditamento do imposto atinente à aquisição de bem destinado ao ativo permanente da empresa. Se a empresa de telefonia cede os aparelhos em comodato, dentro da sua estratégia comercial, visando a ampliar seu mercado de consumo de serviços de telefonia e, consequentemente, aumentar seu faturamento, então os aparelhos em questão não estão alheios à atividade do estabelecimento empresarial, considerada aqui a atividade de prestação de serviços de telecomunicações em sentido amplo.

Como bem destacou o Min. Marco Aurélio no julgamento do caso, "o aparelho celular está envolvido no dinamismo do serviço de telefonia móvel. Viabiliza a telecomunicação, impulsionando a realização do objeto social da empresa, a qual busca, mediante a cessão, potencializar o próprio desempenho, ante o aumento do número de clientes" (RE 1.141.756/RS, rel. Min. Marco Aurélio, Pleno, j. 28.09.2020).

III – poderá ser seletivo, em função da essencialidade das mercadorias e dos serviços;

5. Seletividade. Faculdade. O princípio da seletividade em função da essencialidade não encontra previsão nos sistemas jurídicos da maioria dos países ocidentais. De regra, não é previsto nas respectivas legislações tributárias. A literatura dos países ocidentais costuma tratar o princípio de forma implícita, e ele termina permanecendo como "pano de fundo" da conformação dos impostos, especialmente das respectivas alíquotas. Trata-se, na verdade, de uma *técnica de tributação*, segundo a qual a base de cálculo ou as alíquotas dos impostos indiretos sobre o consumo devem manifestar a característica da seletividade. No caso do ICMS, a CF prevê uma autorização (poderá ser seletivo), o que torna a seletividade facultativa para o legislador estadual. No entanto, uma vez optando pela adoção da seletividade como técnica de conformação quantitativa, o legislador estadual deverá fazê-lo necessariamente com base no critério da *essencialidade*. Como critério de diferenciação, para a graduação das alíquotas, como costuma ocorrer, leva-se em consideração a importância ou indispensabilidade da mercadoria e do serviço para o consumidor final. Tecnicamente, as alíquotas do ICMS devem ser proporcionais ao grau de essencialidade das mercadorias e dos serviços para as necessidades humanas. Assim, de um lado, alimentos – ao menos aqueles integrantes da cesta básica –, medicamentos, água, vestuário e outras despesas de consumo humano asseguratórias da existência devem ser isentas ou tributadas de forma reduzida. De outro lado, produtos supérfluos ou de consumo de luxo, como cosméticos e iates, por exemplo, devem ser tributados de forma elevada. Todavia, esse princípio não pressupõe alíquotas progressivas. O legislador tributário não está obrigado, por exemplo, a gravar as alíquotas dos automóveis conforme o modelo e a potência do motor ou o leite, conforme é dispensado de forma líquida ou em pó. A seletividade em função da essencialidade não implica esse grau de diferenciação com base na conformação mecânica ou química das mercadorias. Apesar da progressão das alíquotas no âmbito de categorias vinculadas à funcionalidade ou à qualidade dos produtos não seja uma condição do princípio, o legislador tributário deve se esforçar sempre a realizar o princípio com a melhor eficácia possível, atentando para os valores constitucionais em jogo (ver ainda sobre a seletividade aplicável ao IPI, nos comentários nos itens 31.1. e seguintes).

5.1. Energia elétrica e telecomunicações. É difícil não admitir, nos dias de hoje, a essencialidade da energia elétrica e das telecomunicações para as necessidades pessoais e profissionais humanas. No entanto, até que ponto esses serviços são essenciais, de modo a justificar constitucionalmente uma tributação mais reduzida do que a atualmente praticada pela maioria dos Estados, é uma questão ainda discutida. Considerada a média das alíquotas praticadas pelos Estados, em torno de 25%, pode-se afirmar que estão substancialmente acima da média das alíquotas praticadas nas operações em geral, em torno de 17%. Sem adentrar nos argumentos econômicos e sociais ratificadores do caráter essencial desses serviços, entendemos que o princípio da seletividade em função da essencialidade, tanto enquanto norma jurídica autônoma quanto como princípio que realiza, ao menos em parte, o princípio da capacidade contributiva na tributação do consumo, orienta o legislador estadual a graduar a alíquota desses serviços de forma mais moderada, recomendando sua redução ao patamar médio das operações em geral, em torno de 17%. Não é caso de se reduzir à alíquota mínima, uma vez que existe uma inadiável preocupação ambiental envolvida, ao menos no que toca à recomendação de redução do consumo de energia elétrica, a justificar uma tributação com caráter extrafiscal ambiental. Em outras palavras, uma alíquota mínima aqui encontra justificáveis óbices de conservação ambiental. O STF reconheceu a repercussão geral da controvérsia relativa à constitucionalidade de norma estadual que fixa alíquota de 25% de ICMS incidente no fornecimento de energia elétrica e nos serviços de telecomunicação, em patamar superior ao estabelecido para as operações em geral, de 17% (RE 714.139 RG/SC, rel. Min. Marco Aurélio, Pleno, j. 12.06.2014, Tema 745 – "Alcance do art. 155, § 2º, III, da Constituição Federal, que prevê a aplicação do princípio da seletividade ao Imposto sobre Circulação de Mercadorias e Serviços – ICMS").

IV – resolução do Senado Federal, de iniciativa do Presidente da República ou de um terço dos Senadores, aprovada pela maioria absoluta de seus membros, estabelecerá as alíquotas aplicáveis às operações e prestações, interestaduais e de exportação;

6. Alíquotas. Operações interestaduais e de exportação. As decisões envolvendo as operações interestaduais e de exportações tocam aos interesses de toda a Federação brasileira e geram efeitos sobre todo o território nacional. São decisões que precisam ser tomadas em caráter nacional, de modo a padronizar a regulação em todo o território nacional. Tendo em vista essa preocupação, sem prejuízo de outras, o Constituinte retirou da competência dos Estados e do DF o estabelecimento das alíquotas dessas operações e prestações, transferindo a competência para o Senado Federal, com a ressalva de que a iniciativa possa vir do Presidente da República ou de um terço dos Senadores. A decisão deve ser fixada em resolução do Senado Federal, aprovada pela maioria absoluta de seus membros. Para as operações interestaduais, a Resolução do Senado Federal 22/89 estabeleceu em 12% a alíquota. Nas operações e prestações realizadas nas Regiões Sul e Sudeste, destinadas às Regiões Norte, Nordeste e Centro-Oeste e ao Estado do Espírito Santo, a alíquota é de 7%. Essa resolução ainda prevê a alíquota de 13% para as operações de exportação para o exterior. Todavia, as operações de exportação possuem imunidade, prevista no art. 155, § 2º, X, "a". Ou seja, após a EC 42/03, a Resolução 22/89 passou a ter eficácia apenas às operações e prestações interestaduais. Já a Resolução do Senado Federal 13/2012 estabeleceu a alíquota de 4% nas operações interestaduais com bens e mercadorias importados do exterior. A alíquota aplica-se aos bens e mercadorias importados que, após seu desembaraço aduaneiro: "I – não tenham sido submetidos a processo de industrialização; II – ainda que submetidos a qualquer processo de transformação, beneficiamento, montagem, acondicionamento, reacondicionamento, renovação ou recondicionamento, resultem em mercadorias ou bens com Conteúdo de Importação superior a 40% (quarenta por cento)" (§ 1º, art. 1º). Esse "Conteúdo de Importação" é o "percentual correspondente ao quociente entre o valor da parcela importada do exterior e o valor total da operação de saída interestadual da mercadoria ou bem" (§ 2º). Ao CONFAZ foi atribuída a competência para regular a definição dos critérios e procedimentos a serem observados no processo de "Certificação de Conteúdo de Importação" (§ 3º). Ainda, o disposto nos §§ 1º e 2º não se aplica: "I – aos bens e mercadorias importados do exterior que não tenham similar nacional, a serem definidos em lista a ser editada pelo Conselho de Ministros da Câmara de Comércio Exterior (Camex) para os fins desta Resolução; II – aos bens produzidos em conformidade com os processos produtivos básicos de que tratam o Decreto-Lei nº 288, de 28 de fevereiro de 1967, e as Leis nºs 8.248, de 23 de outubro de 1991, 8.387, de

30 de dezembro de 1991, 10.176, de 11 de janeiro de 2001, e 11.484, de 31 de maio de 2007" (§ 4º). Por fim, o disposto nessa Resolução não se aplica às operações que destinem gás natural importado do exterior a outros Estados. A Resolução CAMEX 79, DE 01.11.2012 dispõe sobre a lista de bens sem similar nacional a que se refere o inc. I do § 4º do art. 1º da Resolução do Senado Federal 13/2012. O Convênio ICMS 38, de 22.05.2013 dispõe sobre os procedimentos a serem observados na aplicação da tributação pelo ICMS prevista na Resolução do Senado Federal 13/2012. Os Estados não possuem competência para estabelecer redutores de alíquotas, por invadir a competência do Senado Federal. É nesse sentido a decisão do STF na medida cautelar na ADI 1.601 (rel. Min. Ellen Gracie, Pleno, j. 12.1997).

V – é facultado ao Senado Federal:

a) estabelecer alíquotas mínimas nas operações internas, mediante resolução de iniciativa de um terço e aprovada pela maioria absoluta de seus membros;

b) fixar alíquotas máximas nas mesmas operações para resolver conflito específico que envolva interesse de Estados, mediante resolução de iniciativa da maioria absoluta e aprovada por dois terços de seus membros;

VI – salvo deliberação em contrário dos Estados e do Distrito Federal, nos termos do disposto no inciso XII, "g", as alíquotas internas, nas operações relativas à circulação de mercadorias e nas prestações de serviços, não poderão ser inferiores às previstas para as operações interestaduais;

7. Alíquotas mínimas e máximas. Operações internas. Conflitos de Estados. É facultado ao Senado Federal estabelecer as alíquotas mínimas nas operações internas. A resolução nesse sentido deverá ser de iniciativa de um terço e aprovada pela maioria absoluta de seus membros. Ocorre que a CF também prevê que as alíquotas internas não poderão ser inferiores às previstas para as operações interestaduais, salvo deliberação em contrário dos Estados e do DF (art. 155, § 2º, VI). O limite mínimo nas operações internas deve ser pela alíquota mais geral, de 12%, e não pela especial, de 7% (Resolução do Senado Federal 22, de 19.05.1989). Essa é a compreensão do STF manifestada na ADI 2.021 MC/SP (rel. Min. Maurício Corrêa, Pleno, j. 25.08.1999).

VII – nas operações e prestações que destinem bens e serviços a consumidor final, contribuinte ou não do imposto, localizado em outro Estado, adotar-se-á a alíquota interestadual e caberá ao Estado de localização do destinatário o imposto correspondente à diferença entre a alíquota interna do Estado destinatário e a alíquota interestadual; *(Redação dada pela Emenda Constitucional nº 87, de 2015)*

a) (Revogada); *(Redação dada pela Emenda Constitucional nº 87, de 2015)*

b) (Revogada); *(Redação dada pela Emenda Constitucional nº 87, de 2015)*

VIII – a responsabilidade pelo recolhimento do imposto correspondente à diferença entre a alíquota interna e a interestadual de que trata o inciso VII será atribuída: *(Redação dada pela Emenda Constitucional nº 87, de 2015)*

a) ao destinatário, quando este for contribuinte do imposto; *(Incluído pela Emenda Constitucional nº 87, de 2015)*

b) ao remetente, quando o destinatário não for contribuinte do imposto; *(Incluído pela Emenda Constitucional nº 87, de 2015)*

8. Operações interestaduais. Alíquotas. Repartição do imposto. A EC 87/2015 deu nova redação ao inc. VII, unificando o regime de incidência e de repartição do imposto devido nas operações interestaduais, quando os bens e serviços são destinados a consumidor final, contribuinte ou não do imposto, localizado em outro Estado. Nesse caso, incide a alíquota interestadual, devida para o Estado de origem, e o diferencial de alíquota para o Estado de destino. Em outras palavras, a arrecadação fica repartida entre o Estado de origem e o Estado de destino. Àquele, a alíquota interestadual; a esse, a diferença entre a alíquota interestadual e a alíquota interna do Estado de destino. O inc. VIII estabelece que a responsabilidade pelo recolhimento do imposto correspondente à diferença entre a alíquota interna e a interestadual será atribuída ao destinatário, quando esse for contribuinte do imposto ou ao remetente, quando o destinatário não for contribuinte do imposto (redação dada pela EC 87/2015). No entanto, a EC 87/2015 acrescentou ao ADCT o art. 99, dispondo que o imposto correspondente à diferença entre a alíquota interna e a interestadual será partilhado entre os Estados de origem e de destino. Essa partilha foi prevista para os anos de 2015, 2016, 2017 e

2018. A partir de 2019, foi previsto 100% para o Estado de destino. O Convênio ICMS 93/2015 dispôs sobre os procedimentos a serem observados nas operações e prestações nesse âmbito, considerando a regra do art. 99 do ADCT. Especificamente com relação às empresas de construção civil, o STJ possui entendimento, segundo o qual elas não estão obrigadas a pagar ICMS sobre mercadorias adquiridas como insumos em operações interestaduais (Súmula 432, do STJ). No âmbito do Simples Nacional, a cláusula nona do Convênio ICMS 93/15, ao determinar a extensão da sistemática da EC 87/15 aos optantes do Simples Nacional, adentra no campo material de incidência da LC 123/06, que estabelece normas gerais relativas ao tratamento tributário diferenciado e favorecido a microempresas e empresas de pequeno porte. A Corte Suprema declarou a inconstitucionalidade formal das cláusulas primeira, segunda, terceira, sexta e nona do Convênio ICMS 93/ 2015, do CONFAZ, por invasão de campo próprio de lei complementar federal (ADI 5.469/DF, rel. Min. Dias Toffoli, Pleno, j. 24.02.2021). Convênio não pode suprir lei complementar, disciplinando obrigação tributária, contribuintes, alíquotas e créditos de ICMS nas operações interestaduais com consumidor final não contribuinte do imposto, como fizeram as cláusulas primeira, segunda, terceira e sexta do Convênio ICMS 93/2015. Foi julgado conjuntamente o RE 1.287.019/DF (rel. Min. Marco Aurélio, Pleno, j. 24.02.2021), tendo sido fixada a seguinte tese de repercussão geral (Tema 1.093): "A cobrança do diferencial de alíquota alusivo ao ICMS, conforme introduzido pela Emenda Constitucional nº 87/2015, pressupõe edição de lei complementar veiculando normas gerais".

IX – incidirá também:

a) sobre a entrada de bem ou mercadoria importados do exterior por pessoa física ou jurídica, ainda que não seja contribuinte habitual do imposto, qualquer que seja a sua finalidade, assim como sobre o serviço prestado no exterior, cabendo o imposto ao Estado onde estiver situado o domicílio ou o estabelecimento do destinatário da mercadoria, bem ou serviço; ***(Redação dada pela Emenda Constitucional nº 33, de 2001)***

9. Importação. A redação original da alínea "a" era: "a) sobre a entrada de mercadoria importada do exterior, ainda quando se tratar de bem destinado a consumo ou ativo fixo do estabelecimento, assim como sobre serviços prestado no exterior, cabendo o imposto ao Estado onde estiver situado o estabelecimento destinatário da mercadoria ou do serviço". A EC 33/2001 ampliou a base econômica de incidência do ICMS na hipótese da importação, passando a alcançar também bens, isto é, qualquer que seja o produto importado do exterior ("sobre a entrada de bem ou mercadoria"). Ficam abrangidos inclusive pessoas físicas que não sejam contribuintes habituais do imposto, qualquer que seja a sua finalidade. A alteração constitucional amplia as situações, sobre as quais ocorre a incidência do imposto e o faz superando a até então vigente jurisprudência do STF sobre a não sujeição ao ICMS na importação realizada por pessoa física e por sociedade civil. Antes da EC 33/2001, o STF entendia que o ICMS não incidia na importação realizada por pessoa física para uso próprio (RE 178.318/SP, rel. Min. Moreira Alves, 1ª Turma, j. 08/2000). O entendimento foi consolidado na Súmula STF 660 : "Não incide ICMS na importação de bens por pessoa física ou jurídica que não seja contribuinte do imposto". Por exemplo, a importação de um aparelho de mamografia por uma sociedade civil, não contribuinte do imposto, não autorizava a cobrança do ICMS na importação (RE 185.789/SP, rel. p/ ac. Min. Maurício Corrêa, Pleno, j. 03.02.2000). Após a vigência da EC 33/2001, o STF confirmou a competência constitucional para estender a incidência do ICMS sobre a importação de bem destinado à pessoa que não se dedique habitualmente ao comércio ou à prestação de serviços. No entanto, ressaltou que a legitimidade dessa incidência está condicionada ao respeito às regras da anterioridade, "cuja observância se afere com base em cada legislação local que tenha modificado adequadamente a regra-matriz e que seja posterior à LC 114/2002" (RE 439.796, rel. Min. Joaquim Barbosa, Pleno, j. 11.2013). Acerca do sujeito ativo constitucional do ICMS na importação, o STF decidiu pela existência de repercussão geral na hipótese de importação de mercadoria ocorrida em um determinado Estado da Federação, industrializada em outro Estado e que retorna ao primeiro para comercialização (ARE 665.134 RG/MG, rel. Min. Joaquim Barbosa, Pleno, j. 10.02.2012, Tema 520). A Corte Suprema decidiu que "o sujeito ativo da obrigação tributária de ICMS incidente sobre mercadoria importada é o Estado-membro no qual está domiciliado ou estabelecido o destinatário legal da operação que deu causa à circulação da mercadoria, com a transferência de domínio" (tese jurídica ao Tema 520). A Súmula 661 do STF consolida o entendimento pela legitimidade da cobrança do ICMS por ocasião do desembaraço aduaneiro na entrada de mercadoria importada do exterior.

9.1. ICMS-Importação. *Leasing*. O contrato de *leasing* ou arrendamento mercantil é, na sua essência, uma locação. A peculiaridade relevante é a possibilidade de se realizar a opção de compra do bem arrendado, inclusive no início do contrato. Na hipótese do arrendamento sem opção de compra, não pode haver a incidência do ICMS na importação, visto que nesse caso não há transferência da titularidade do bem e, portanto, não há circulação de mercadoria. Apenas se houver a opção de compra com a transferência da propriedade estará legitimada a incidência do ICMS-Importação. Em respeito ao art. 110 do CTN, combinado com o art. 146, III e art. 155, II, e § 2º, IX, "a", da CF, o STF confirmou esse entendimento (RE 540.829 RG, rel. p/ ac. Min. Luiz Fux, Pleno, j. 09.2014).

9.2. Sujeito ativo. Estado em que localizado o domicílio ou o estabelecimento do destinatário jurídico da mercadoria importada. Gás natural oriundo da Bolívia. Na importação de gás natural da Bolívia, realizada em nome próprio, sob encomenda, pela Petrobrás, vislumbrou a Corte Suprema duas operações de compra e venda: "a primeira entre a empresa boliviana e a Petrobras, com sujeição ativa do ICMS devido na importação correspondente ao Estado do destinatário jurídico da importação do gás, qual seja, Mato Grosso do Sul"; "posterior transferência do domínio jurídico às empresas estatais dos Entes Federativos subnacionais em segunda operação de compra e venda de gás natural já internalizado, com nova incidência tributária de ICMS". O Tribunal reconheceu a sujeição ativa exacional do Estado de Mato Grosso do Sul, envolvendo os contratos de importação de gás natural da Bolívia do gasoduto Gasbol, e determinou aos Estados de Santa Catarina, de São Paulo e do Rio Grande do Sul que "se abstenham de formular qualquer tipo de autuação ou lançamento tributário do ICMS incidente sobre as operações de importação de gás natural advindo da Bolívia e realizada pela Petrobras – Corumbá/MS e prosseguirem com as cobranças já iniciadas" (ACO 854/MS, rel. Min. Gilmar Mendes, Pleno, j. 22.10.2020).

b) sobre o valor total da operação, quando mercadorias forem fornecidas com serviços não compreendidos na competência tributária dos Municípios;

10. ICMS em operações mistas. As operações mistas são aquelas que envolvem tanto o fornecimento de mercadorias quanto a prestação de serviços. Há que se diferenciar entre (i) a operação em que haja destacadamente cada uma das prestações de dar e de fazer e (ii) a operação em que uma das prestações seja meramente instrumental ou acessória à outra, que é a operação principal ou preponderante (análise da preponderância). O STJ, ao apreciar a delimitação da competência tributária entre Estados e Municípios, relativamente aos serviços de composição gráfica, estabeleceu os seguintes critérios: "(a) sobre operações de circulação de mercadoria e sobre serviços de transporte interestadual e intermunicipal e de comunicações, incide ICMS; (b) sobre operações de prestação de serviços compreendidos na lista de que trata a LC 116/03 (que sucedeu ao DL 406/68), incide ISSQN; e (c) sobre operações mistas, assim entendidas as que agregam mercadorias e serviços, incide o ISSQN sempre que o serviço agregado estiver compreendido na lista de que trata a LC 116/03 e incide ICMS sempre que o serviço agregado não estiver previsto na referida lista" (REsp 1.092.206, rel. Min. Teori Zavascki, 1ª Seção, j. 03.2009). No que toca à composição gráfica (impressos personalizados e sob encomenda), entendeu o STJ ser de natureza mista, sendo que os serviços a elas agregados estão previstos na lista anexa à LC 116/03, estando sujeitas à incidência do ISS e não do ICMS. A Súmula 156 do STJ consolidou o entendimento: "A prestação de serviço de composição gráfica, personalizada e sob encomenda, ainda que envolva fornecimento de mercadorias, está sujeita, apenas, ao ISS". No que interessa à competência dos Estados, o STJ definiu, portanto, que sobre as operações mistas incide ICMS sempre que o serviço agregado não estiver previsto na lista anexa à LC 116/03. Ocorre que, em assim decidindo, o ICMS poderá incidir sobre outros serviços além daqueles previstos para a sua competência (serviços de transporte interestadual e intermunicipal e de comunicação). Em outras palavras, o STJ amplia, dessa forma, a competência dos Estados relativamente aos serviços passíveis de tributação pelo ICMS, para além das hipóteses previstas na CF. A Corte Suprema, ao apreciar a hipótese de fornecimento de refeições e bebidas em restaurantes, decidiu que o ISS incide sobre os serviços previstos na lista anexa à lei complementar do ISS, e o ICMS terá por objeto, além dos serviços de transporte e de comunicações, operações relativas à circulação de mercadorias, ainda que sejam acompanhadas de prestação de serviço, salvo quando o serviço esteja previsto na lista anexa à lei complementar do ISS como sujeito a ele (RE 144.795, rel. Min. Ilmar Galvão, 1ª Turma, j. 10.1993). O STJ consolidou o entendimento sobre bares e restaurantes da seguinte forma: "O fornecimento de mercadorias com a simultânea prestação de serviços em bares, restaurantes e estabelecimentos similares constitui fato gerador do ICMS a incidir sobre o valor total da operação" (Súmula 163). O STF, por sua vez, exige a previsão expressa na lei estadual para a cobrança do ICMS: "Sem lei estadual que a estabeleça, é ilegítima a cobrança do imposto de circulação de mercadorias sobre o fornecimento de alimentação e bebidas em restaurante ou estabelecimento similar" (Súmula 574). Já o "fornecimento de concreto, por empreitada, para construção civil, preparado no trajeto até a obra em betoneiras acopladas a caminhões, é prestação de serviço, sujeitando-se apenas à incidência do ISS" (Súmula 167 STJ).

X – não incidirá:

11. Imunidades relativas ao ICMS. Em que pese o texto constitucional traga a expressão "não incidirá", a desoneração aqui referida é constitucionalmente qualificada, de modo que o correto é sua compreensão como uma regra de imunidade. Em outras palavras, a CF retira do legislador qualquer possibilidade de exercer sua discricionariedade tributária nas situações elencadas abaixo.

a) sobre operações que destinem mercadorias para o exterior, nem sobre serviços prestados a destinatários no exterior, assegurada a manutenção e o aproveitamento do montante do imposto cobrado nas operações e prestações anteriores; *(Redação dada pela Emenda Constitucional nº 42, de 19.12.2003)*

12. Exportações. A redação revogada se referia a "operações que destinem ao exterior produtos industrializados, excluídos os semielaborados definidos em lei complementar". A redação em vigor estende a imunidade à exportação de quaisquer mercadorias e serviços. Polêmica a possibilidade de extensão da imunidade a outras operações envolvidas ou voltadas para a operação final de exportação. O STF reconheceu a existência de repercussão geral ao Tema 475, relativo à "extensão da imunidade relativa ao ICMS para a comercialização de embalagens fabricadas para produtos destinados à exportação" (ARE 639.352 RG, rel. Min. Dias Toffoli, Pleno, j. 08.09.2011). No julgamento de mérito do recurso, decidiu, por maioria, que "a imunidade a que se refere o art. 155, § 2º, X, 'a', da CF não alcança operações ou prestações anteriores à operação de exportação" (RE 754.917/RS, rel. Min. Dias Toffoli, Pleno, j. 05.08.2020). Registre-se que o dispositivo constitucional assegura a manutenção e o aproveitamento do montante do imposto cobrado nas operações e prestações anteriores, isso é, pressupõe a efetiva incidência do ICMS nas operações anteriores à operação de exportação, de modo a garantir o crédito daí decorrente. Se as operações anteriores à exportação também fossem imunes, não haveria qualquer imposto cobrado nas operações anteriores, não havendo o que se falar em manutenção e aproveitamento de crédito decorrente de imposto que não foi cobrado. Em outras palavras, a decisão política traduzida na redação do dispositivo deixa claro que há a incidência do ICMS nas operações anteriores na cadeia produtiva, de modo a possibilitar a manutenção e o aproveitamento dos créditos. No entanto, essa não é a única leitura possível do dispositivo constitucional em apreço. Primeiro, porque se trata de imunidade tributária. A jurisprudência da Corte Suprema em matéria de imunidades tributárias tende para a escolha do método de interpretação teleológico, visando à máxima concretização possível do objetivo ou finalidade constitucional buscada pela norma imunizante. A aplicação do método teleológico não implica o método extensivo; na verdade, da aplicação do método teleológico pode se chegar em um resultado com efeitos extensivos ou restritivos, dependendo da compreensão do operador do Direito no caso concreto. Entendemos, no caso da imunidade das operações de exportação, que se deve aplicar o método teleológico, de modo a valorizar, na máxima medida possível, a política fiscal de desoneração das exportações da forma mais ampla possível, abrangendo as operações anteriores e, assim, desonerando plenamente o produto final a ser exportado. Segundo, porque se trata de norma constitucional voltada para a política de exportações. Se a verdadeira intenção é desonerar as exportações, favorecendo a balança comercial e tornando o País mais competitivo no cenário internacional, inclusive no quesito da atração de investimentos, então a imunidade deve ser mais ampla do que aquela restrita apenas à operação final de exportação. Isso porque se as operações anteriores permanecerem gravadas com o ICMS, a tendência natural é o exportador repassar esse ônus financeiro no preço da mercadoria para o importador, onerando ainda mais a exportação. Terceiro, porque envolve a dinâmica do comércio internacional e as boas práticas a ele relacionadas. Sob esse aspecto, recomenda-se desonerar plenamente as exportações, deixando para o País do destino a tributação sobre a importação.

13. Manutenção e aproveitamento dos créditos. A regra constitucional assegura ao exportador a manutenção e o aproveitamento do crédito que é resultante do imposto que foi cobrado nas operações e prestações anteriores, não sobre o imposto que seria devido na sua operação de exportação. Em outras palavras, o imposto pago pelo fornecedor do exportador e destacado na nota fiscal emitida pelo fornecedor transforma-se em crédito para a exportadora. No cômputo final da tributação, há uma total desoneração das exportações: o exportador se beneficia da imunidade na operação de exportação e ainda aproveita o crédito decorrente do imposto pago pelo seu fornecedor e destacado na nota fiscal. Esse crédito pode ser compensado com o imposto devido por elas em operações internas ou poderá ser cedido a outros contribuintes. Com relação à cessão desses créditos, o STF decidiu que não incidem a COFINS e a contribuição ao PIS, sob pena de violação da regra constitucional desonerativa das exportações (RE 606.107, rel. Min. Rosa Weber, Pleno, j. 05.2013, Tema 283). Ressaltou que o aproveitamento dos créditos de ICMS na hipótese da exportação representa mera recuperação do ônus econômico advindo do ICMS.

b) sobre operações que destinem a outros Estados petróleo, inclusive lubrificantes, combustíveis líquidos e gasosos dele derivados, e energia elétrica;

14. Operações interestaduais. Derivados de petróleo e energia elétrica. O ICMS não incidirá sobre as operações interestaduais que destinem petróleo, lubrificantes, combustíveis líquidos e gasosos dele derivados e energia elétrica. A desoneração beneficia os Estados não produtores de petróleo e seus derivados, cabendo ao Estado de destino dos produtos em causa a totalidade do ICMS sobre eles incidente, desde a remessa até o consumo (RE 198.088, rel. Min. Ilmar Galvão, Pleno, j. 05.2000). Na visão do STF, não se justifica a extensão do benefício a produto ou subproduto do petróleo (nafta petroquímica) não excluído expressamente no dispositivo constitucional (RE 193.074, rel. Min. Ilmar Galvão, 1ª Turma, j. 02.1999). A imunidade em questão "restringe-se ao Estado de origem, não abrangendo o Estado de destino da mercadoria, onde são tributadas todas as operações que compõem o ciclo econômico por que passam os produtos, independentemente de se tratar de consumidor final ou intermediário" (RE 190.992 AgR, rel.

Min. Ilmar Galvão, 1ª Turma, j. 12.11.2002). O STF, por maioria, apreciando o tema 689 da repercussão geral, fixou a seguinte tese: "Segundo o artigo 155, § 2º, X, b, da CF/1988, cabe ao Estado de destino, em sua totalidade, o ICMS sobre a operação interestadual de fornecimento de energia elétrica a consumidor final, para emprego em processo de industrialização, não podendo o Estado de origem cobrar o referido imposto" (RE 748.543/RS, rel. Min. Marco Aurélio, Pleno, j. 05.08.2020).

c) sobre o ouro, nas hipóteses definidas no art. 153, § 5º;

15. Ouro como ativo financeiro ou instrumento cambial. O ICMS não incide sobre o ouro na condição de ativo financeiro ou instrumento cambial (art. 153, § 5º). Nessa condição, está sujeito ao IOF (ver os comentários ao art. 153, § 5º). Se não estiver nessa condição, mas na de mercadoria, poderá haver a incidência do ICMS.

d) nas prestações de serviço de comunicação nas modalidades de radiodifusão sonora e de sons e imagens de recepção livre e gratuita; *(Incluído pela Emenda Constitucional nº 42, de 19.12.2003)*

16. Radiodifusão de recepção livre e gratuita. A EC 42, de 19.12.2003, incluiu regra de imunidade referente ao serviço de comunicação nas modalidades de radiodifusão sonora e de sons e imagens de recepção livre e gratuita, superando a posição do STF, no sentido de que o art. 155, II não previa essa imunidade, e a LC 87, de 13.09.1996 reiterava a incidência do ICMS sobre todo e qualquer serviço de comunicação, de forma ampla (ADI 1.467/DF, rel. Min. Sydney Sanches, Pleno, j. 12.02.2003).

XI – não compreenderá, em sua base de cálculo, o montante do imposto sobre produtos industrializados, quando a operação, realizada entre contribuintes e relativa a produto destinado à industrialização ou à comercialização, configure fato gerador dos dois impostos;

17. IPI. Base de cálculo do ICMS. Exclusão. O ICMS não compreenderá, na sua base de cálculo, o IPI, quando a operação (i) for realizada entre contribuintes, (ii) for relativa a produto destinado à industrialização ou à comercialização e (iii) configure fato gerador dos dois impostos. A não incidência do ICMS sobre o IPI, portanto, somente se aplica nessa situação; em todas as demais, poderá haver a incidência do ICMS sobre o IPI, como no caso da venda para consumidor final, que não é contribuinte do ICMS. A norma constitucional não distingue contribuinte industrial de contribuinte equiparado a industrial. Eventual lei estadual que estabeleça em sentido contrário ofende a regra constitucional em questão (RE 191.648, rel. Min. Ilmar Galvão, Pleno, j. 04.1997).

XII – cabe à lei complementar:

18. Competência do legislador complementar. A CF reserva à lei complementar a disciplina acerca de diversos aspectos do ICMS. A LC 87, de 13.09.1996, que regula o imposto, o faz com eficácia sobre todo o território nacional, de modo que os Estados e o DF regulem o ICMS regionalmente, mas sempre observando suas normas gerais. O objetivo é que a regulação regional do imposto seja o mais uniforme possível, trazendo maior previsibilidade, certeza e segurança jurídica, em que pese cada Estado e o DF tenham o seu ICMS. Como há lei complementar específica para o ICMS, afasta-se a aplicação da lei complementar geral (CTN), naquilo que conflitar com as normas da lei específica.

a) definir seus contribuintes;

19. Contribuintes. O art. 146, III, "a", estabelece, nas normas gerais sobre o Sistema Tributário Nacional, que cabe à lei complementar estabelecer normas gerais de Direito Tributário, especialmente sobre os fatos geradores, as bases de cálculo e os contribuintes dos impostos discriminados na CF, o que inclui obviamente o ICMS. Desse modo, a alínea "a" acima apenas repete a reserva de lei complementar já explicitada nas normas gerais sobre o Sistema Tributário Nacional.

b) dispor sobre substituição tributária;

20. Substituição tributária. O regime da responsabilidade por substituição tributária também deve ser previsto, em sede de normas gerais, em lei complementar. A previsão vai ao encontro do art. 146, III, "b", o qual prevê que as normas gerais sobre obrigação tributária devem ser reguladas por lei complementar (sobre a legitimidade da substituição tributária para frente, ver os comentários ao art. 150, § 7°). A lei complementar deve se ater a regular as normas gerais, especialmente aquelas atinentes às operações interestaduais, que afetam mais de um Estado. Por outro lado, o detalhamento do regramento da substituição tributária deve ficar no âmbito da autonomia dos Estados.

c) disciplinar o regime de compensação do imposto;

21. Regulação da compensação. Cabe à lei complementar disciplinar o regime de compensação do ICMS, isso é, a metodologia e os critérios de compensação serão estabelecidos em lei complementar. As discussões surgem precisamente quando a lei complementar eventualmente restringe ou limita a utilização de determinados créditos ou veda o seu aproveitamento em certas situações, em clara afronta à regra da não cumulatividade. Se, de um lado, o legislador complementar possui discricionariedade para definir quais situações geram direito ao crédito e em quais o aproveitamento está vedado, de outro lado, toda e qualquer vedação ao aproveitamento dos créditos será inconstitucional, se violar a regra da não cumulatividade. Isso, porque a regra da não cumulatividade é da essência do ICMS brasileiro, e a compensação não passa de um método ou sistemática por meio da qual se alcança o efeito pretendido da não cumulatividade. Dito de outra forma: a compensação não é um fim em si mesmo, mas um meio para se gerar o efeito da não cumulatividade. Assim, toda vez que a lei complementar restringir a utilização dos créditos, de modo a gerar o efeito da cumulatividade, estará violando a regra constitucional da não cumulatividade, devendo o respectivo dispositivo ser declarado inconstitucional.

d) fixar, para efeito de sua cobrança e definição do estabelecimento responsável, o local das operações relativas à circulação de mercadorias e das prestações de serviços;

22. Definição do local das operações. A definição do local das operações é fundamental para a fixação do direito de tributação a um ou outro Estado envolvido na operação. A definição entre a cobrança na origem, no destino ou a eventual repartição do imposto entre o Estado de origem e o Estado de destino refletirá na apropriação da receita do imposto pelos Estados envolvidos. Não raras vezes, uma cadeia de circulação de mercadoria, por exemplo, envolve uma importação em um Estado A, realizada por uma sociedade empresária sediada no Estado B, com destino ao Estado C. Qual Estado ficará com a receita do imposto ou como será realizada a divisão do imposto entre eles é uma questão sensível no âmbito das receitas públicas e que deve ser resolvida em âmbito nacional pelo legislador complementar, de forma a vincular todos os Estados e o DF.

e) excluir da incidência do imposto, nas exportações para o exterior, serviços e outros produtos além dos mencionados no inciso X, "a";

23. Desoneração das exportações. O inc. X, "a" estatui que o ICMS não incidirá "sobre operações que destinem mercadorias para o exterior, nem sobre serviços prestados a destinatários no exterior, assegurada a manutenção e o aproveitamento do montante do imposto cobrado nas operações e prestações anteriores". A alínea "e" dispõe que cabe à lei complementar "excluir da incidência do imposto, nas exportações para o exterior, serviços e outros produtos além dos mencionados no inciso X, "a". Recorde-se que o art. 151, III estatui que é vedado à União "instituir isenções de tributos da competência dos Estados, do Distrito Federal ou dos Municípios". Caso venha a ser estabelecida alguma exclusão da incidência do ICMS nas exportações para o exterior, de serviços e outros produtos além dos mencionados no inciso X, "a", será na via da lei complementar, e essa será editada pela União, com eficácia em todo o território nacional e sobre todos os Estados e o DF. A União estará estabelecendo uma desoneração de um imposto estadual (isenção heterônoma). No entanto, trata-se de uma exceção ao art. 151, III, prevista expressamente no texto constitucional, não havendo o que se falar em qualquer conflito normativo.

f) prever casos de manutenção de crédito, relativamente à remessa para outro Estado e exportação para o exterior, de serviços e de mercadorias;

24. Manutenção de crédito. Cabe à lei complementar "prever casos de manutenção de crédito, relativamente à remessa para outro Estado e exportação para o exterior, de serviços e de mercadorias". Essa regra de competência deve ser lida em conjunto com a regra insculpida no art. 155, § 2º, X, "a", que prevê que o ICMS não incidirá "sobre operações que destinem mercadorias para o exterior, nem sobre serviços prestados a destinatários no exterior, assegurada a manutenção e o aproveitamento do montante do imposto cobrado nas operações e prestações anteriores" (redação dada pela EC 42, de 19.12.2003). A EC 42, de 19.12.2003 assegurou a manutenção e o aproveitamento do montante do imposto cobrado nas operações e prestações anteriores, de modo que a lei complementar não poderá dispor de forma diversa, sob pena de violação a essa garantia constitucional. A competência do legislador complementar fica restrita, portanto, às remessas para outros Estados (operações interestaduais), dado que nas operações de exportação, está assegurada constitucionalmente a manutenção e o aproveitamento do crédito.

g) regular a forma como, mediante deliberação dos Estados e do Distrito Federal, isenções, incentivos e benefícios fiscais serão concedidos e revogados.

25. Benefícios fiscais. Acordo entre os Estados e o DF. Ao prever que cabe à lei complementar "regular a forma como, mediante deliberação dos Estados e do Distrito Federal, isenções, incentivos e benefícios fiscais serão concedidos e revogados", o Constituinte pretendeu que a regulação dos benefícios fiscais no âmbito do ICMS fosse estabelecida de forma nacional, evitando conflitos entre os Estados e o DF. Caso não houvesse a regulação no plano nacional, os Estados regulariam autonomamente a concessão dos benefícios nos seus territórios, em pleno exercício da sua competência relativa ao ICMS. Inevitavelmente, concederiam benefícios a determinados setores econômicos ou empresas, visando à sua instalação e posterior permanência das suas atividades no seu território, o que provocaria uma disputa com os outros Estados pela atração dessas empresas. A assim denominada "guerra fiscal" é um efeito gerado pela regionalização de um imposto que deveria ser nacional, como é o IVA em diversos países desenvolvidos. A nacionalização do ICMS ou sua substituição por um IVA nacional, com a posterior repartição das receitas com os Estados e os Municípios, superaria esses conflitos. Enquanto não sobrevém uma reforma desse porte, a regra constitucional prevê que os benefícios tributários em matéria de ICMS sejam concedidos e revogados mediante prévia deliberação e decisão dos Estados e do DF, a qual deve ser materializada no instrumento denominado de *convênio*. O convênio pode ser visto, portanto, como uma espécie de acordo, que visa a evitar que determinado Estado ou o DF venha a conceder unilateralmente benefícios fiscais, sem que tenha havido a prévia concordância dos demais Estados pela possibilidade de favorecimento ou incentivo de determinado setor econômico ou situação específica.

25.1. Forma de concessão. Requisitos. A CF prevê que haja lei complementar para regular "a forma" de concessão e de revogação dos benefícios tributários, isso é, a competência do legislador complementar está restrita à regulação da forma como o benefício será concedido e revogado, mas não quanto ao conteúdo ou mérito do benefício. A LC 24, de 07.01.1975 dispõe sobre a forma como as isenções e outras hipóteses de benefícios tributários em matéria de ICMS serão concedidos e revogados, tendo sido recepcionada pela CF (STF, ADI 1.179 MC/SP, rel. Min. Marco Aurélio, Pleno, j. 29.02.1996). O conteúdo ou a escolha política que permeia o benefício é da competência dos Estados e do DF, por intermédio dos seus representantes. Esses deliberarão e decidirão acerca do benefício, autorizando sua concessão e os respectivos limites. O instrumento resultante – o convênio – possui natureza normativa, mas não pode ser confundido com a lei. O convênio possui caráter autorizativo, sendo prévio ao ato de ratificação e de concessão propriamente dito do benefício por parte dos Estados e do DF. O art. 150, § 6º, estatui que qualquer benefício tributário somente poderá ser concedido mediante lei específica do ente concedente, reforçando a necessária legalidade que deve estar presente na concessão do benefício. Assim, o Estado que optar por introduzir determinada isenção autorizada por convênio, deverá fazê-lo por lei. O STF possui decisão no sentido da competência da assembleia legislativa de, por decreto legislativo, aprovar os convênios e conceder efetivamente o benefício, de modo a prestigiar a estrita legalidade exigida no art. 150, § 6º, da CF (RE 539.130/RS, rel. Min. Ellen Gracie, 2ª Turma, j. 04.12.2009). Em resumo, o convênio autoriza, e o ato do legislativo (lei ou decreto legislativo) concede o benefício. Ocorre que o art. 4º da LC 24/75 prevê que o Poder Executivo publicará decreto ratificando ou não o convênio celebrado. A ratificação por decreto é ilegítima, pois viola a legalidade estrita, especialmente na hipótese de concessão de benefícios tributários. O convênio nada mais faz do que autorizar a concessão do benefício, após deliberação e decisão dos Estados e DF, não possuindo força de lei. É necessária a participação ativa do legislativo estadual, por lei ou por decreto legislativo, prestigiando a legalidade e a democracia. No entanto, o STF possui decisão, no sentido da possibilidade da concessão de benefício fiscal de ICMS por decreto, com amparo em convênio (ADI 3.410, rel. Min. Joaquim Barbosa, Pleno, j. 11.2006).

25.2. Imunidade. Concessão por Constituição Estadual. A vedação de incidência do ICMS sobre determinados serviços, constante na Lei Orgânica do Distrito Federal, caracteriza a concessão de imunidade não prevista na CF ou a concessão de benefício fiscal não autorizado por lei complementar, devendo ser declarada inconstitucional (ADI 1.467, rel. Min. Sydney Sanches, Pleno, j. 02.2003).

25.3. Diferimento. O diferimento pode ser regulado por lei estadual sem a prévia celebração de convênio (ADI 2.056, rel. Min. Gilmar Mendes, Pleno, j. 05.2007). O STF entendeu que o diferimento implica a transferência do momento do recolhimento do tributo, cujo fato gerador já ocorreu, não podendo ser confundido com a isenção ou com a imunidade. No entanto, caso o diferimento – assim nominado pelo ato normativo – revista-se, na essência, de caráter de benefício tributário, resultando em forma dissimulada de não pagamento do imposto, sem aprovação dos demais Estados em convênio, deve ser declarado inconstitucional, por violação ao art. 155, § 2º, XII, "g" (ADI 3.702, rel. Min. Dias Toffoli, Pleno, j. 06.2011).

25.4. Remissão dos créditos tributários. Reinstituição dos benefícios tributários. A LC 160, de 07.08.2017, prevê a possibilidade de os Estados e o DF deliberarem, mediante convênio, sobre "a remissão dos créditos tributários, constituídos ou não, decorrentes das isenções, dos incentivos e dos benefícios fiscais ou financeiro-fiscais instituídos em desacordo com o disposto na alínea "g" do inciso XII do § 2º do art. 155 da Constituição Federal por legislação estadual publicada até a data de início de produção de efeitos desta Lei Complementar" e "a reinstituição das isenções, dos incentivos e dos benefícios fiscais ou financeiro-fiscais referidos no inciso I deste artigo que ainda se encontrem em vigor" (art. 1°, I e II).

25.5. Venda, realizada por locadora de veículos, de automóvel com menos de doze meses de aquisição da montadora. O STF entendeu ser legítima a incidência do ICMS sobre a operação de venda, realizada por locadora de veículos, de automóvel com menos de doze meses de aquisição da montadora. Nesse caso, os bens perdem a característica de ativo imobilizado, passando a assumir o caráter de mercadoria, nos termos do Decreto Estadual 29.831/2006, que "tratou apenas de regulamentar internamente as disposições aprovadas pelo Convênio CONFAZ 64/2006". Ao final, fixou a seguinte tese de julgamento: "É constitucional a incidência do ICMS sobre a operação de venda, realizada por locadora de veículos, de automóvel com menos de 12 (doze) meses de aquisição da montadora" (RE 1.025.986/PE, rel. Min. Marco Aurélio, Pleno, j. 05.08.2020).

h) definir os combustíveis e lubrificantes sobre os quais o imposto incidirá uma única vez, qualquer que seja a sua finalidade, hipótese em que não se aplicará o disposto no inciso X, b; *(Incluída pela Emenda Constitucional nº 33, de 2001) (Vide Emenda Constitucional nº 33, de 2001)*

26. Incidência monofásica. Combustíveis e lubrificantes. Cabe à lei complementar "definir os combustíveis e lubrificantes sobre os quais o imposto incidirá uma única vez, qualquer que seja a sua finalidade, hipótese em que não se aplicará o disposto no inciso X, b". A EC 33/2001 previu, no art. 4°, que enquanto não entrar em vigor essa lei complementar, os Estados e o DF, mediante convênio, fixarão as normas para regular provisoriamente a matéria.

i) fixar a base de cálculo, de modo que o montante do imposto a integre, também na importação do exterior de bem, mercadoria ou serviço. *(Incluída pela Emenda Constitucional nº 33, de 2001)*

27. Integração do ICMS na sua base de cálculo. A EC 33/2001 ampliou a base econômica do ICMS na importação, de modo a abarcar também a importação de qualquer bem, não apenas daquele destinado ao comércio. O STF já havia decidido em 1999 pela inclusão do ICMS em sua própria base de cálculo, gerando o chamado "cálculo por dentro", visto que o imposto integra o valor da operação (RE 212.209, rel. Min. Nelson Jobim, Pleno, j. 06.1999).

§ 3º À exceção dos impostos de que tratam o inciso II do caput deste artigo e o art. 153, I e II, nenhum outro imposto poderá incidir sobre operações relativas a energia elétrica, serviços de telecomunicações, derivados de petróleo, combustíveis e minerais do País. (Redação dada pela Emenda Constitucional nº 33, de 2001)

28. Imunidade. ICMS, II e IE. À exceção do ICMS, do II e do IE, nenhum outro imposto poderá incidir sobre operações relativas a energia elétrica, serviços de telecomunicações, derivados de petróleo, combustíveis e minerais do País. Trata-se de imunidade (parcial) relativa a impostos, com exceção, portanto, do ICMS, do II e do IE. O STF entende pela legitimidade da cobrança das contribuições sociais, tendo consolidado sua posição na Súmula 659: "É legítima a cobrança da COFINS, do PIS e do FINSOCIAL sobre as operações relativas a energia elétrica, serviços de telecomunicações, derivados de petróleo, combustíveis e minerais do País". Assim, sobre as operações referidas, é possível a incidência dessas contribuições sociais, do ICMS, do II, do IE e de outros tributos diversos da espécie dos impostos. A jurisprudência do STF tem sido restritiva com relação a essas operações. Não se aplica a imunidade aos serviços de transporte de minerais (RE 170.784, rel. p/ ac. Min. Nelson Jobim, 2ª Turma, j. 03.2006); operações sobre sacos de matéria plástica é inaplicável o benefício (AI 199.516 AgR, rel. Min. Moreira Alves, 1ª Turma, j. 09.1997); a imunidade também não se estende às movimentações financeiras decorrentes das operações envolvendo energia elétrica, telecomunicações, derivados de petróleo, combustíveis e minerais do País (RE 216.286, rel. Min. Maurício Corrêa, 2ª Turma, j. 05.2001).

§ 4º Na hipótese do inciso XII, h, observar-se-á o seguinte: *(Incluído pela Emenda Constitucional nº 33, de 2001)*

I – nas operações com os lubrificantes e combustíveis derivados de petróleo, o imposto caberá ao Estado onde ocorrer o consumo; *(Incluído pela Emenda Constitucional nº 33, de 2001)*

II – nas operações interestaduais, entre contribuintes, com gás natural e seus derivados, e lubrificantes e combustíveis não incluídos no inciso I deste parágrafo, o imposto será repartido entre os Estados de origem e de destino, mantendo-se a mesma proporcionalidade que ocorre nas operações com as demais mercadorias; *(Incluído pela Emenda Constitucional nº 33, de 2001)*

III – nas operações interestaduais com gás natural e seus derivados, e lubrificantes e combustíveis não incluídos no inciso I deste parágrafo, destinadas a não contribuinte, o imposto caberá ao Estado de origem; *(Incluído pela Emenda Constitucional nº 33, de 2001)*

IV – as alíquotas do imposto serão definidas mediante deliberação dos Estados e Distrito Federal, nos termos do § 2º, XII, g, observando-se o seguinte: *(Incluído pela Emenda Constitucional nº 33, de 2001)*

a) serão uniformes em todo o território nacional, podendo ser diferenciadas por produto; *(Incluído pela Emenda Constitucional nº 33, de 2001)*

b) poderão ser específicas, por unidade de medida adotada, ou ad valorem, incidindo sobre o valor da operação ou sobre o preço que o produto ou seu similar alcançaria em uma venda em condições de livre concorrência; *(Incluído pela Emenda Constitucional nº 33, de 2001)*

c) poderão ser reduzidas e restabelecidas, não se lhes aplicando o disposto no art. 150, III, b. *(Incluído pela Emenda Constitucional nº 33, de 2001)*

§ 5º As regras necessárias à aplicação do disposto no § 4º, inclusive as relativas à apuração e à destinação do imposto, serão estabelecidas mediante deliberação dos Estados e do Distrito

Federal, nos termos do § 2º, XII, g. *(Incluído pela Emenda Constitucional nº 33, de 2001)*

29. ICMS monofásico. Combustíveis e lubrificantes. O ICMS monofásico sobre combustíveis e lubrificantes possui regulação específica nos §§ 4º e 5º do art. 155 (incluídos pela EC 33/2001). Nas operações com os lubrificantes e combustíveis derivados de petróleo, o imposto caberá ao Estado onde ocorrer o consumo (inc. I). Nas operações interestaduais, entre contribuintes, com gás natural e seus derivados, e lubrificantes e combustíveis não incluídos no inciso I, o imposto será repartido entre os Estados de origem e de destino, mantendo-se a mesma proporcionalidade que ocorre nas operações com as demais mercadorias (inc. II). Nas operações interestaduais com gás natural e seus derivados, e lubrificantes e combustíveis não incluídos no inciso I, destinadas a não contribuinte, o imposto caberá ao Estado de origem (inc. III). Quanto às alíquotas, serão definidas mediante deliberação dos Estados e DF, mediante convênio, na forma estabelecida para a concessão de benefícios tributários (§ 4º, inc. IV). As alíquotas podem ser diferenciadas por produto e podem ser reduzidas e restabelecidas, não se lhes aplicando a regra do art. 150, III, "b" (anterioridade de exercício). A não observância da anterioridade de exercício viola uma das garantias fundamentais do contribuinte ligada à previsibilidade e à segurança jurídica.

§ 6º O imposto previsto no inciso III: *(Incluído pela Emenda Constitucional nº 42, de 19.12.2003)*

I – terá alíquotas mínimas fixadas pelo Senado Federal; *(Incluído pela Emenda Constitucional nº 42, de 19.12.2003)*

II – poderá ter alíquotas diferenciadas em função do tipo e utilização. *(Incluído pela Emenda Constitucional nº 42, de 19.12.2003)*

30. IPVA. Alíquotas. A EC 42/2003 incluiu o § 6º ao art. 155, prevendo a competência do Senado Federal para a fixação das alíquotas mínimas do IPVA e a possibilidade da diferenciação das alíquotas em função do tipo e da utilização dos veículos automotores. Não é legítima a alíquota diferenciada de IPVA em razão da procedência (veículos importados) (RE 367.785 AgR, rel. Min. Eros Grau, 2ª Turma, j. 05.2006).

Seção V
Dos Impostos dos Municípios

Art. 156. Compete aos Municípios instituir impostos sobre:

I – propriedade predial e territorial urbana;

II – transmissão "inter vivos", a qualquer título, por ato oneroso, de bens imóveis, por natureza ou acessão física, e de direitos reais sobre imóveis, exceto os de garantia, bem como cessão de direitos a sua aquisição;

III – serviços de qualquer natureza, não compreendidos no art. 155, II, definidos em lei complementar. ***(Redação dada pela Emenda Constitucional nº 3, de 1993)***

IV – ***(Revogado pela Emenda Constitucional nº 3, de 1993)***

1. Impostos dos Municípios. Aos Municípios foi outorgada a competência para a instituição e cobrança do IPTU, do ITBI e do ISS. Conforme previsto no art. 147, ao DF cabem os impostos municipais. Assim, o DF possui tanto a competência estadual (art. 155) quanto a municipal (art. 147). A EC 3/1993 revogou o inc. IV, extinguindo o Imposto sobre Vendas a Varejo de Combustíveis Líquidos e Gasosos (IV).

1.1. IPTU.

1.1.1. Base econômica. O IPTU incide sobre a base econômica da propriedade predial e territorial urbana. Pode incidir tanto sobre a propriedade do prédio quanto do terreno urbano (sobre a natureza da tributação da propriedade territorial, ver os comentários ao ITR, no art. 153, VI).

1.1.2. Aspecto quantitativo. A base de cálculo do IPTU é definida em lei complementar de caráter nacional, mais precisamente no CTN, em cujo art. 33 se define a base de cálculo como o valor venal do imóvel. O valor venal é o valor de venda do imóvel, podendo ser efetivo ou estimado. A Administração Fazendária municipal pode realizar a apuração do valor venal dos imóveis situados no território do respectivo município por estimativa. A atualização dos valores venais pode configurar majoração do tributo, caso seja superior aos índices oficiais de correção monetária. Assim, eventual majoração de base de cálculo em percentual superior ao da correção monetária, depende de lei (RE 93.661, rel. Min. Décio Miranda, Pleno,

j. 11.1981). Ressalva-se a possibilidade de mera atualização dos valores, na via do decreto, desde que pelos índices oficiais de correção monetária. Nessa linha, o STJ possui entendimento sumulado, no sentido de que "é defeso, ao Município, atualizar o IPTU, mediante decreto, em percentual superior ao índice oficial de correção monetária" (Súmula 160 STJ).

1.1.3. Aspecto subjetivo. A definição do sujeito passivo do IPTU é prevista, em sede de normas gerais, na lei complementar. O CTN prevê, no art. 34, que o "contribuinte do imposto é o proprietário do imóvel, o titular do seu domínio útil, ou o seu possuidor a qualquer título". O STJ sumulou o entendimento, definindo que "cabe à legislação municipal estabelecer o sujeito passivo do IPTU" (Súmula 399). No entanto, o Min. Ilmar Galvão, ao apreciar a imunidade ao IPTU dos imóveis que compõem o acervo patrimonial do Porto de Santos, integrantes do domínio da União, mas ocupados por empresa delegatária de serviços portuários (Companhia Docas do Estado de São Paulo – CODESP), sustentou, no seu voto, que o art. 32 do CTN não pode ser interpretado como tendo englobado, no conceito de posse, (i) o ocupante de bem público, (ii) o mero detentor (como o locatário) e (iii) o possuidor com *animus domini* (STF, RE 253.394/SP, rel. Min. Ilmar Galvão, 1ª Turma, j. 26.11.2002). No entendimento do Ministro, apenas este último pode ser responsável pelo IPTU incidente sobre o imóvel de que possui a posse, na qualidade de substituto do proprietário. Em outro caso, envolvendo uma academia de ginástica, na posse de um imóvel situado no Aeroporto de Jacarepaguá, lastreada por um contrato de concessão de uso, celebrado com a INFRAERO, o Min. Gilmar Mendes estava convencido de que a academia de ginástica não preenchia nenhum dos requisitos para ser contribuinte do IPTU, "porquanto é detentora de posse precária e desdobrada decorrente de contrato de concessão de uso" (RE 451.152/RJ, rel. Min. Gilmar Mendes, 2ª Turma, j. 22.08.2006).

1.2. ITBI. Este imposto municipal incide sobre a transmissão "inter vivos" da propriedade de bens imóveis. A ação envolvida não é a propriedade do bem imóvel em si, mas sim a sua transmissão, de um sujeito para o outro, em vida. Se for por ocasião da morte, escapará da competência dos Municípios, adentrando na competência dos Estados e do DF, dada a incidência do ITCD nesse caso. Em resumo, são elementos nucleares desse imposto: (i) a transmissão da propriedade do bem imóvel e (ii) a transmissão por ato entre vivos. O CC estabelece como requisito da transferência da propriedade imobiliária o registro do título translativo no Registro de Imóveis, sob pena de o alienante continuar sendo o dono do imóvel (art. 1.245 e § 1º). Em que pese o ITBI incida sobre a transmissão da propriedade, o STF possui entendimento sumulado pela legitimidade da incidência sobre a transferência do domínio útil (Súmula 326). Além disso, "são inconstitucionais o imposto de cessão e a taxa sobre inscrição de promessa de venda de imóvel, substitutivos do imposto de transmissão, por incidirem sobre ato que não transfere o domínio" (Súmula 82 STF). Quanto ao momento de consideração do valor do imóvel, "é legítima a incidência do imposto de transmissão *inter vivos* sobre o valor do imóvel ao tempo da alienação e não da promessa, na conformidade da legislação local" (Súmula 108 STF). Com relação à construção realizada sobre o terreno, "o imposto de transmissão *inter vivos* não incide sobre a construção, ou parte dela, realizada pelo adquirente, mas sobre o que tiver sido construído ao tempo da alienação do terreno" (Súmula 110 STF) e "o imposto de transmissão *inter vivos* não incide sobre a construção, ou parte dela, realizada, inequivocamente, pelo promitente comprador, mas sobre o valor do que tiver sido construído antes da promessa de venda" (Súmula 470 STF). Na desapropriação, "é legítima a incidência do imposto de transmissão *inter vivos* sobre a restituição, ao antigo proprietário, de imóvel que deixou de servir à finalidade da sua desapropriação" (Súmula 111 STF). A CF ainda prevê a imunidade a impostos federais, estaduais e municipais nas transferências de imóveis desapropriados para fins de reforma agrária (§ 5º do art. 184). Quanto à progressividade do ITBI, ela não é permitida, dado que a CF não autoriza a progressividade das suas alíquotas, de modo que o princípio da capacidade contributiva é realizado de forma proporcional ao preço da venda (RE 234.105, rel. Min. Carlos Velloso, Pleno, j. 04.1999). O entendimento é consolidado na Súmula 656 do STF: "é inconstitucional a lei que estabelece alíquotas progressivas para o imposto de transmissão *inter vivos* de bens imóveis – ITBI com base no valor venal do imóvel". Com relação ao fato gerador do imposto, para fins de repercussão geral, a Corte fixou a seguinte tese: "O fato gerador do imposto sobre transmissão inter vivos de bens imóveis (ITBI) somente ocorre com a efetiva transferência da propriedade imobiliária, que se dá mediante o registro", reafirmando sua jurisprudência (ARE 1.294.969 RG/SP, rel. Min. Luiz Fux, Pleno, j. 11.02.2021).

1.3. ISS.

1.3.1. Aspecto material e conceito. A regra de competência constitucional foi redigida de tal forma a garantir aos Municípios o poder de instituir imposto sobre "serviços de qualquer natureza, não compreendidos no art. 155, II, definidos em lei complementar". A norma constitucional atribui a tributação sobre serviços aos Municípios, à exceção dos serviços de transporte interestadual e intermunicipal e de comunicação, que estão sob a competência dos Estados e do DF por meio do ICMS. A redação da regra de competência não foi a mais adequada, pois não ressalva a impossibilidade de os Municípios tributarem os serviços qualificados como industriais, os quais sofrem a incidência do IPI, de competência da União. Em outras palavras, o Constituinte negligenciou a incompetência dos Municípios para tributar os serviços passíveis de enquadramento como industrialização, como regra. Vale destacar, no entanto, que há exceções, em que os Municípios poderão cobrar o ISS sobre a atividade de industrialização, mas quando esta for sobre *bens de terceiros* (item 14.05 da Lista Anexa à LC 116/2003: "14 – Serviços relativos a bens de terceiros: (...) 14.05 – Restauração, recondicionamento, acondicionamento, pintura, beneficiamento, lavagem, secagem, tingimento, galvanoplastia, anodização, corte, recorte, plastificação, costura, acabamento, polimento e congêneres de objetos quaisquer" (redação dada pela LC 157/2016). O conceito constitucional de serviços, para fins de ISS, exclui, portanto, os serviços de transporte interestadual e intermunicipal e de comunicação – sujeitos ao ICMS – e os serviços enquadrados como industriais – sujeitos ao IPI. Ao deixar de fora da competência dos Municípios esses serviços específicos, restam todos os demais serviços sob a sua competência. Esses serviços "de qualquer natureza" pressupõem (i) um esforço humano, empenhado com ou sem o auxílio da tecnologia mecânica ou digital, (ii) que configure uma atividade economicamente relevante e de regra financeiramente quantificável, (iii) visando ao atendimento da necessidade de outrem. O prestador o faz, (iv) sob regime de Direito Privado, (v) com intuito remuneratório, (vi) visando trazer alguma utilidade, material ou imaterial, para o seu tomador. Por fim, um elemento importante é (vii) a ausência de subordinação. Caso esta esteja presente, existe a probabilidade de a atividade desempenhada ser enquadrada como relação de emprego, desde que presentes os demais requisitos do vínculo de emprego (pessoalidade, habitualidade, remuneração e subordinação). Dito de outra forma, toda prestação de serviços em que se comprovar a presença desses requisitos pode ser desqualificada como tal e enquadrada como relação de emprego, transmudando a natureza do contrato e os seus efeitos jurídicos e econômicos. Vale lembrar que os serviços registrais, cartorários e notariais, delegados a particulares, não estão imunes ao ISS, visto que são prestados com intuito lucrativo e denotam nítida capacidade contributiva (ADI 3.089, rel. p/ ac. Min. Joaquim Barbosa, Pleno, j. 02.2008).

1.3.2. Serviço x locação. O Código Civil apresenta uma clara distinção entre os contratos de prestação de serviços e de locação de bens móveis e imóveis. A tipologia dos contratos em espécie denota a autonomia dos contratos previstos no Código Civil, cada um com as suas peculiaridades. Não há que se falar em contrato de "locação de serviços", visto que o objeto contratual será ou a prestação de serviços ou a locação de coisas. Não fosse assim, o regramento civil codificado trataria ambos os contratos sob a mesma disciplina jurídica. A clara distinção tipológica demonstra que se trata de relações contratuais diversas: na prestação de serviços, há a obrigação de fazer, traduzida no esforço humano prestado em caráter negocial em benefício de outrem, visando trazer certa utilidade material ou imaterial; na locação de coisas, há a obrigação de dar, manifestada na entrega do bem, nesse caso, a título de cessão ou transferência da sua posse, conservando o locador a sua propriedade. O Direito Tributário é um Direito de sobreposição, isto é, que se sobrepõe aos demais ramos do Direito, especialmente sobre o Direito Privado. Essa sobreposição atua no plano da eficácia dos fatos, atos e negócios jurídicos, impondo-lhes efeitos tributários. Assim, sobre o fato de que alguém é proprietário de um imóvel urbano, o Direito Tributário atua, exigindo o IPTU do proprietário em virtude da propriedade. Sobre a remuneração advinda de um contrato de emprego, o Direito Tributário gera seus efeitos, obrigando o empregador a reter e recolher o IR do trabalhador. Visto ainda sob a ótica dos planos do negócio jurídico, o Direito Tributário não atua sobre o plano da existência, pois não cria e não altera os negócios jurídicos. Também, o Direito Tributário não está preocupado com a validade dos negócios jurídicos ou com a licitude do objeto, mas sim com a existência ou não do fato gerador da obrigação tributária, de modo que se exigirá o ICMS decorrente da venda de bebida alcoólica a menor e o IR sobre a renda decorrente do tráfico de drogas. O CTN é claro ao prever que "a lei tributária não pode alterar a definição, o conteúdo e o alcance de institutos, conceitos e formas de direito privado, utilizados, expressa ou implicitamente, pela Constituição Federal, pelas Constituições dos Estados, ou pelas Leis Orgânicas do Distrito Federal ou dos Municípios, para definir ou limitar competências tributárias" (art. 110). Essa regra proíbe, portanto, que os Municípios alarguem o conceito de serviço, de modo a abarcar outras prestações que tecnicamente não se enquadram como serviço, ampliando sua competência tributária para além dos limites implícitos na competência tributária ancorada na CF. Assim, levada a sério a tipologia das espécies contratuais e sua respectiva natureza jurídica, mostra-se inviável a incidência do ISS sobre a locação de bens móveis e imóveis. Não foi outro o entendimento do STF, ao afastar a cobrança do ISS sobre a locação de bens móveis (RE 116.121, rel. p/ ac. Min. Marco Aurélio, Pleno, j. 10.2000). A orientação restou afirmada na Súmula Vinculante 31: "é inconstitucional a incidência do Imposto sobre Serviços de Qualquer Natureza – ISS sobre operações de locação de bens móveis". Por ocasião da apreciação da Proposta de Súmula Vinculante 35, que resultou na Súmula Vinculante 31, o Min. Cezar Peluso ressaltou que, quando a locação de bens móveis for associada à operação de serviço, não cabe o ISS. E quando houver locação de móveis e, ao mesmo tempo, prestação de serviços, "a locação de móveis continua não suportando o imposto; o serviço sim". O Pleno, em 2014, julgou um caso envolvendo a locação de maquinário e equipamentos conjuntamente com a disponibilização de mão de obra especializada para operá-los. Decidiu que a Súmula Vinculante 31 somente pode ser aplicada nesses casos, se a locação de bens móveis estiver claramente segmentada da prestação de serviços, "seja no que diz com o seu objeto, seja no que concerne ao valor específico da contrapartida financeira". No caso, entendeu não haver previsão de remuneração específica da mão de obra, restando baralhadas as atividades de locação de bens e de prestação de serviços, não havendo como acolher a reclamação constitucional apresentada (Rcl 14.290 AgR, rel. Min. Rosa Weber, Pleno, j. 22.05.2014). No mesmo sentido, "se houver ao mesmo tempo locação de bem móvel e prestação de serviços, o ISS incide sobre o segundo fato, sem atingir o primeiro". (ARE 656.709 AgR, rel. Min. Joaquim Barbosa, 2ª Turma, j. 14.02.2012).

1.3.3. *Leasing*. O *leasing* clássico, chamado de *leasing* operacional, configura, na essência, uma locação, com a peculiaridade de haver a possibilidade de opção de compra, a qual pode ser realizada antecipadamente ou ao final do contrato. Nesse caso, não há incidência do ISS, visto haver uma locação (RE 547.245, rel. Min. Eros Grau, Pleno, j. 12.2009). Entretanto, nas situações do *leasing financeiro* e do *lease-back*, há *serviço de financiamento*, sobre o qual pode incidir o ISS.

1.3.4. Amplitude da definição dos serviços. A definição dos fatos geradores, das bases de cálculo e dos contribuintes dos impostos discriminados na CF é tarefa do legislador complementar (art. 146, III, "a"). A lei complementar do ISS não é a lei complementar geral (CTN), mas sim a lei complementar específica (LC 116/2003). Esta prevê que "o Imposto Sobre Serviços de Qualquer Natureza, de competência dos Municípios e do Distrito Federal, tem como fato gerador a prestação de serviços constantes da lista anexa, ainda que esses não se constituam como atividade preponderante do prestador" (art. 1º). Da forma como foi redigido o dispositivo definidor do fato gerador do ISS, a competência tributária dos Municípios e do DF ficou restrita à prestação dos serviços constantes da lista anexa à LC 116, de 31.07.2003. Por outro lado, a CF delimitou a competência dos Municípios à tributação de "serviços de qualquer natureza, não compreendidos no art. 155, II, definidos em lei complementar" (art. 156, III). O STF entende que a lista de serviços anexa à lei complementar é taxativa, e não simplesmente exemplificativa, "embora comportem interpretação ampla os seus tópicos" (RE 361.829, rel. Min. Carlos Velloso, 2ª Turma, j. 12.2005). Em 2020, por maioria, apreciando o Tema 296 da repercussão geral, fixou a seguinte tese: "É taxativa a lista de serviços sujeitos ao ISS a que se refere o art. 156, III, da Constituição Federal, admitindo-se, contudo, a incidência do tributo sobre as atividades inerentes aos serviços elencados em lei em razão da interpretação extensiva" (RE 784.439/DF, rel. Min. Rosa Weber, Pleno, j. 29.06.2020). Destacou a Corte Suprema que "as listas de serviços preveem ser irrelevante a nomenclatura dada ao serviço e trazem expressões para permitir a interpretação extensiva de alguns de seus itens, notadamente se socorrendo da fórmula 'e congêneres'. Não existe obstáculo constitucional contra esta sistemática legislativa". O STJ igualmente sustenta a taxatividade da lista de serviços, mas admite "aos já existentes apresentados com outra nomenclatura, o emprego da interpretação extensiva para serviços congêneres" (REsp 1.111.234/PR, rel. Min. Eliana Calmon, 1ª Seção, j. 09.2009). Por outro lado, excluiu da incidência do ISS os serviços de rebocagem de embarcações durante a vigência do DL 406/68, em face da ausência de expressa previsão legal e por não ser idêntico ao serviço de atracação, o que inviabilizaria a interpretação extensiva ou analógica da lista de serviços (EREsp 887.360, rel. Min. Mauro Campbell Marques, 1ª Seção, j. 02.2011). A interpretação conferida pelos tribunais superiores à natureza da lista anexa à lei complementar do ISS terminou por limitar a competência tributária dos Municípios relativamente ao ISS, o que poderia ter sido evitado com a simples menção à possibilidade de tributação de serviços de qualquer natureza, não compreendidos no art. 155, II, da CF. O efeito gerado é a necessidade de constante alteração da lista anexa, para incluir novos serviços, a exemplo do que ocorreu no âmbito da economia digital. A LC 157/2016 incluiu, na lista anexa à LC 116/2003, os serviços de "Processamento, armazenamento ou hospedagem de dados, textos, imagens, vídeos, páginas eletrônicas, aplicativos e sistemas de informação, entre outros formatos, e congêneres" (item 1.03) e de "Disponibilização, sem cessão definitiva, de conteúdos de áudio, vídeo, imagem e texto por meio da internet, respeitada a imunidade de livros, jornais e periódicos (exceto a distribuição de conteúdos pelas prestadoras de Serviço de Acesso Condicionado, de que trata a Lei nº 12.485, de 12 de setembro de 2011, sujeita ao ICMS)" (item 1.09).

1.3.5. Conceito constitucional de serviços. Mutação. Artigos 109 e 110 do CTN. Plano de saúde e seguro-saúde. Quando a Constituição Federal de 1988 foi promulgada, ela recepcionou toda a legislação tributária até então em vigor, naquilo que não ficou incompatível com a nova ordem constitucional, inaugurada em 1988. O Constituinte, ao estruturar as regras constitucionais de competência tributária, laborou considerando os conceitos jurídicos existentes naquele momento histórico e, mais do que isso, pressupondo os sentidos já apreendidos e consolidados pela Ciência do Direito para os diversos termos e expressões utilizados nas definições e nos conceitos jurídicos. Assim, ao definir a competência dos Municípios para a instituição do imposto sobre serviços de qualquer natureza, pressupôs e considerou juridicamente o conceito já delineado pela doutrina civilista e incorporado na tipologia referente ao contrato de prestação de serviços, previsto no Código Civil à época. Prestação de serviços implica esforço humano, empenhado por alguém, em prol de outrem, em caráter negocial, com intuito lucrativo, visando a gerar uma utilidade material ou imaterial para o seu tomador. O CTN é claro ao prever que "a lei tributária não pode alterar a definição, o conteúdo e o alcance de institutos, conceitos e formas de direito privado, utilizados, expressa ou implicitamente, pela Constituição Federal, pelas Constituições dos Estados, ou pelas Leis Orgânicas do Distrito Federal ou dos Municípios, para definir ou limitar competências tributárias" (art. 110). Uma vez reconhecido o status de lei complementar atribuído ao CTN e sua envergadura de lei complementar geral de normas gerais de Direito Tributário, conforme exigido pela CF (art. 146), não há como negar sua força normativa e complementar ao sentido exigido pelas regras constitucionais de competência tributária, especialmente quando consideramos não apenas a definição da competência, mas também sua limitação semântica. O art. 156, III, da CF prevê a competência dos Municípios para instituir imposto sobre serviços de qualquer natureza, não compreendidos no art. 155, II, definidos em lei complementar. O legislador complementar federal é o sujeito competente, portanto, para definir, quais serviços estarão dentro da esfera da competência tributária dos Municípios, pressupondo, obviamente, que serão considerados apenas atividades econômicas que possam ser enquadradas como serviços, afastando-se qualquer tentativa de se prever como serviço aquilo que ontologicamente não é, como a locação de bens móveis ou a cessão de direitos de uso. Evidentemente, o legislador complementar federal poderá atualizar periodicamente a lista de serviços anexa à LC 116/2003, prevendo novos serviços como passíveis de tributação pelos Municípios, mas desde que considere, criteriosamente, apenas aquelas novas atividades econômicas, inclusive aquelas resultantes da digitalização da economia, que possam ser enquadradas no conceito de serviços, pressuposto pela Constituição

Federal, quando promulgada em 1988. Toda pretensão legislativa ou judicial, de incluir na lista anexa à LC 116/2003 como serviço aquilo que ontologicamente não é, viola a regra constitucional de competência, ampliando indevidamente o poder de tributar do ente municipal, violando, em última análise, a expectativa legítima do contribuinte de ser tributado unicamente quando presta serviço e não quando desenvolve qualquer atividade econômica, que tenha sido enquadrada residualmente na competência dos Municípios. Em adição, não há o que se falar em competência residual do ISS, dado que não existe previsão de competência residual para os Municípios nesse sentido, mas somente para a União, conforme previsão do art. 154, I, da CF. O Supremo Tribunal Federal, por maioria, apreciando o tema 581 da repercussão geral, fixou a seguinte tese: "As operadoras de planos privados de assistência à saúde (plano de saúde e seguro-saúde) realizam prestação de serviço sujeita ao Imposto Sobre Serviços de Qualquer Natureza – ISSQN, previsto no art. 156, III, da CRFB/88", vencido o Ministro Marco Aurélio quanto ao mérito e à tese firmada (RE 651.703/PR, rel. Min. Luiz Fux, Pleno, j. 29.09.2016).

1.3.6. Franquia. Contrato empresarial. Essência de cessão de direitos sobre marca e produto. O contrato de franquia, que pode ser qualificado como complexo ou híbrido, possui características próprias e peculiares à sua tipologia contratual e, sob diversos aspectos, diferencia-se do tradicional contrato de prestação de serviços, não devendo ser confundido com ele. Eis as razões para a diferenciação: i) legislação específica: o contrato de franquia é regulado pela Lei 13.966/2019, enquanto o contrato de prestação de serviços é regulado pelo Código Civil. Trata-se de contrato empresarial, com características próprias, que o distingue dos contratos típicos previstos no Código Civil; ii) natureza jurídica de sistema contratual: o art. 1º da lei disciplina "o sistema de franquia empresarial, pelo qual um franqueador autoriza por meio de contrato um franqueado a usar marcas e outros objetos de propriedade intelectual, sempre associados ao direito de produção ou distribuição exclusiva ou não exclusiva de produtos ou serviços e também ao direito de uso de métodos e sistemas de implantação e administração de negócio ou sistema operacional desenvolvido ou detido pelo franqueador, mediante remuneração direta ou indireta, sem caracterizar relação de consumo ou vínculo empregatício em relação ao franqueado ou a seus empregados, ainda que durante o período de treinamento". Trata-se de um sistema complexo, envolvendo diferentes prestações ou operações, que pressupõem autorização de uso sobre marcas e objetos de propriedade intelectual, distribuição exclusiva de produtos ou serviços, direito de uso sobre métodos e sistemas específicos de gestão do negócio. O § 1º do art. 1º da lei enfatiza que "o franqueador deve ser titular ou requerente de direitos sobre as marcas e outros objetos de propriedade intelectual negociados no âmbito do contrato de franquia, ou estar expressamente autorizado pelo titular". Ou seja, a própria lei já destaca, quando da descrição do sistema de franquia, a preponderância ou essência pressuposta no negócio, destacando os direitos sobre as marcas e os objetos de propriedade intelectual que serão cedidos em uso ao franqueado; iii) essência ou predominância de cessão de direitos de uso sobre marca e produto: conforme sinalizado anteriormente, a franquia apresenta como seu traço distintivo e preponderante a essência de um contrato de cessão de direitos de uso sobre marca, produto e/ou tecnologia, pressupondo ainda a transferência de conhecimento acerca de métodos e técnicas de gestão do negócio, que o diferenciam dos demais negócios do mercado e dos tradicionais contratos tipificados no Código Civil. Prova disso é que o interessado em determinada franquia busca a possibilidade de explorar economicamente a marca, o produto e a técnica pertencentes ao franqueador, mediante sua autorização; iv) a atividade-fim não é serviço: a atividade-fim da franquia não é assistência técnica, treinamento ou avaliação pessoal, por parte do franqueador, dado que essas atividades são meras atividades-meio, visando à realização da atividade-fim: a possibilidade de exploração econômica da marca, dos objetos de propriedade intelectual e da técnica ou conhecimento de propriedade do franqueador, mediante sua autorização; v) contraprestação mediante pagamento de royalties: a contraprestação ínsita ao contrato de franquia ocorre sob a forma de royalties, modalidade própria aos contratos onde há transferência de tecnologia, *know-how* e cessão de direitos de uso sobre marca. Essa forma de remuneração específica já denota o núcleo essencial dessa espécie contratual empresarial. Portanto, o núcleo da materialidade do contrato de franquia não se identifica com o núcleo da materialidade da regra de competência tributária atribuída aos Municípios para a cobrança do ISS, não havendo o que se falar na incidência desse imposto sobre a operação de franquia. Além disso, reitere-se que o ISS não é um imposto de incidência residual, isso é, que incida residualmente sobre aquelas operações, que não foram tributadas nem pelo ICMS nem pelo IPI. A competência tributária residual somente existe no âmbito da competência da União, conforme delineado no art. 154, I, da CF, para hipóteses diversas daquelas já existentes e relativas aos impostos já instituídos no País. Eventual situação de ausência de tributação sobre o consumo de bens e serviços deve ser solucionada pelo poder competente – o Poder Legislativo –, não pelo Poder

Judiciário, sob pena de alargamento indevido dos conceitos e das rígidas regras constitucionais de competência tributária. Vale relembrar ocasião em que se defrontou o Tribunal no RE 166.772-9-RS, quando veio a glosar a exigência da contribuição social sobre a remuneração paga a administradores e autônomos. Na ementa do precedente, constou a advertência, aplicável ao caso da pretensão de cobrança do ISS sobre os contratos de franquia: "O conteúdo político de uma Constituição não é conducente ao desprezo do sentido vernacular das palavras, muito menos ao do técnico, considerados institutos consagrados pelo Direito". O STF, por maioria de votos, apreciando o tema 300 da repercussão geral, fixou a seguinte tese: "É constitucional a incidência de Imposto sobre Serviços de Qualquer Natureza (ISS) sobre contratos de franquia (franchising) (itens 10.04 e 17.08 da lista de serviços prevista no Anexo da Lei Complementar 116/2003) (RE 603.136/RJ, rel. Min. Gilmar Mendes, Pleno, j. 29.05.2020)."

1.3.7. Operações mistas. As operações mistas já foram abordadas no tópico 37.8, denominado "ICMS em operações mistas". Vale recordar que as operações mistas são aquelas que envolvem *tanto o fornecimento de mercadorias quanto a prestação de serviços*. Há que se diferenciar entre (i) a operação em que haja destacadamente cada uma das prestações de dar e de fazer e (ii) a operação em que uma das prestações seja meramente instrumental ou acessória à outra, que é a operação principal ou preponderante (análise da preponderância). O STJ, ao apreciar a delimitação da competência tributária entre Estados e Municípios, relativamente aos *serviços de composição gráfica*, estabeleceu os seguintes *critérios*: "(a) sobre operações de circulação de mercadoria e sobre serviços de transporte interestadual e intermunicipal e de comunicações, incide ICMS; (b) sobre operações de prestação de serviços compreendidos na lista de que trata a LC 116/03 (que sucedeu ao DL 406/68), incide ISSQN; e (c) sobre operações mistas, assim entendidas as que agregam mercadorias e serviços, incide o ISSQN sempre que o serviço agregado estiver compreendido na lista de que trata a LC 116/03 e incide ICMS sempre que o serviço agregado não estiver previsto na referida lista" (REsp 1.092.206, rel. Min. Teori Zavascki, 1ª Seção, j. 03.2009). No que toca à *composição gráfica* (impressos personalizados e sob encomenda), entendeu o STJ ser de natureza mista, e os serviços a elas agregados estão previstos na lista anexa à LC 116/03, permanecendo sujeitas à incidência do ISS, e não do ICMS. A Súmula 156 do STJ consolidou o entendimento: "A prestação de serviço de composição gráfica, personalizada e sob encomenda, ainda que envolva fornecimento de mercadorias, está sujeita, apenas, ao ISS". No que interessa à competência dos Estados, o STJ definiu, portanto, que sobre as operações mistas incide ICMS sempre que o serviço agregado não estiver previsto na lista anexa à LC 116/03. Ocorre que, em assim decidindo, o ICMS poderá incidir sobre outros serviços além daqueles previstos para a sua competência (serviços de transporte interestadual e intermunicipal e de comunicação). Em outras palavras, o STJ amplia, dessa forma, a competência dos Estados relativamente aos serviços passíveis de tributação pelo ICMS, para além das hipóteses previstas na CF. A Corte Suprema, ao apreciar a hipótese de fornecimento de refeições e bebidas em restaurantes, decidiu que o ISS incide sobre os serviços previstos na lista anexa à lei complementar do ISS, e o ICMS terá por objeto, além dos serviços de transporte e de comunicações, operações relativas à circulação de mercadorias, ainda que sejam acompanhadas de prestação de serviço, salvo quando o serviço esteja previsto na lista anexa à lei complementar do ISS como sujeito a ele (RE 144.795, rel. Min. Ilmar Galvão, 1ª Turma, j. 10.1993). O STJ consolidou o entendimento sobre bares e restaurantes da seguinte forma: "O fornecimento de mercadorias com a simultânea prestação de serviços em bares, restaurantes e estabelecimentos similares constitui fato gerador do ICMS a incidir sobre o valor total da operação" (Súmula 163). O STF, por sua vez, exige a previsão expressa na lei estadual para a cobrança do ICMS: "Sem lei estadual que a estabeleça, é ilegítima a cobrança do imposto de circulação de mercadorias sobre o fornecimento de alimentação e bebidas em restaurante ou estabelecimento similar" (Súmula 574). Já o "fornecimento de concreto, por empreitada, para construção civil, preparado no trajeto até a obra em betoneiras acopladas a caminhões, é prestação de serviço, sujeitando-se apenas à incidência do ISS" (Súmula 167 STJ). No âmbito assistencial hospitalar, a Súmula 274 do STJ prevê que "o ISS incide sobre o valor dos serviços de assistência médica, incluindo-se neles as refeições, os medicamentos e as diárias hospitalares".

1.3.8. Medicamentos produzidos por manipulação de fórmulas, sob encomenda. Subitem 4.07 da lista anexa à LC 116/03. Sujeição ao ISS. O STF, por maioria, apreciando o Tema 379 da Repercussão Geral, vencidos os Ministros Marco Aurélio, Edson Fachin e Gilmar Mendes, fixou a seguinte tese: "Incide ISS sobre as operações de venda de medicamentos preparados por farmácias de manipulação sob encomenda. Incide ICMS sobre as operações de venda de medicamentos por elas ofertados aos consumidores em prateleira" (RE 605.552/RS, rel. Min. Dias Toffoli, Pleno, j. 05.08.2020). No âmbito da manipulação de medicamentos, realizada por farmácias de manipulação, a Corte Suprema ratificou entendimento já esposado por alguns tribunais do País, no sentido de que há serviço na manipulação sob encomenda de medicamentos para consumo pessoal do solicitante (ISS) e há circulação de mercadoria no fornecimento de medicamentos disponibilizados em prateleira para o público consumidor em geral (ICMS). O STF se ateve ao critério objetivo de definição de competência tributária, relacionado à pertinência à lista anexa à LC 116/2003, conforme já fixado na sua jurisprudência. No caso, entendeu que a atividade das farmácias de manipulação, quando realizada sob encomenda e para uso pessoal do solicitante, enquadra-se no subitem 4.07 (serviços farmacêuticos) da lista de serviços anexa à LC 116/2003, sendo sujeita, portanto, ao ISS, por força do critério objetivo de previsão na lei complementar. Distinção foi mantida para a situação na qual os medicamentos, em que pese manipulados pela mesma farmácia de manipulação, sejam disponibilizados em prateleira, para o público consumidor em geral, sem que haja a necessidade de encomenda específica para uso pessoal, da mesma forma como ocorre no âmbito dos medicamentos produzidos pela indústria farmacêutica e comercializados pelas farmácias de dispensação de medicamentos.

1.3.9. Local do estabelecimento x local da efetiva prestação. Ainda persistem situações de guerra fiscal entre os Municípios do local do estabelecimento prestador e do local da efetiva prestação do serviço. Esse conflito não deveria existir, visto que o art. 3º da LC 116/2003 é claro quando estabelece, como regra geral, que "o serviço se considera prestado, e o imposto, devido, no local do estabelecimento prestador ou, na falta do estabelecimento, no local do domicílio do prestador", excetuando a regra geral em *vinte e cinco hipóteses diferentes*, nas quais o imposto será devido no local do estabelecimento do tomador ou no local da prestação do serviço. O STJ possui entendimento, segundo o qual o aspecto espacial do ISS é definido nos arts. 3º e 4º da LC 116/2003, de modo que a municipalidade competente para o ISS é a do local do estabelecimento prestador dos serviços (REsp 1.160.253, rel. Min. Castro Meira, 2ª Turma, j. 08.2010). Nessa decisão, restou assentado que se trata da localidade em que há uma unidade econômica ou profissional onde a atividade é desenvolvida, "independentemente de ser formalmente considerada como sede ou filial da pessoa jurídica". A Corte Superior ressalta que isso significa que nem sempre a tributação será devida no local em que o serviço é prestado, ressaltando a localidade onde estiver configurada uma organização, enquanto complexo de bens, necessária ao exercício da atividade. Em se tratando de construção civil, o ISS é devido no local da construção, mesmo que a obra envolva diversas etapas de construção, muitas delas realizadas fora do local da obra, em município diverso, onde se localiza a sede da prestadora (REsp 1.117.121, rel. Min.

Eliana Calmon, 1ª Seção, j. 10.2009, representativo de controvérsia). A obra deve ser considerada, para efeito de recolhimento de ISS, como uma universalidade, sem divisão de etapas de execução. Em 2012, a 1ª Seção do STJ decidiu que "após a vigência da LC 116/2003 é que se pode afirmar que, existindo unidade econômica ou profissional do estabelecimento prestador no Município onde o serviço é perfectibilizado, ou seja, onde ocorrido o fato gerador tributário, ali deverá ser recolhido o tributo" (REsp 1.060.210/SC, rel. Min. Napoleão Nunes Maia Filho, 1ª Seção, j. 11.2012, representativo de controvérsia).

1.3.10. Obrigatoriedade de cadastro. Prestadores de serviços não estabelecidos no território do Município. Obrigação ao tomador de recolhimento do ISS quando descumprida a obrigação. O art. 9º-A, caput, da Lei 13.701/2003, do Município de São Paulo, com a redação decorrente da Lei 14.042/2005, previam que "o prestador de serviço que emitir nota fiscal autorizada por outro Município, para tomador estabelecido no Município de São Paulo, referente aos serviços descritos nos itens 1, 2, 3 (exceto o subitem 3.04), 4 a 6, 8 a 10, 13 a 15, 17 (exceto os subitens 17.05 e 17.09), 18, 19 e 21 a 40, bem como nos subitens 7.01, 7.03, 7.06, 7.07, 7.08, 7.13, 7.18, 7.19, 7.20, 11.03 e 12.13, todos constantes da lista do 'caput' do art. 1º desta lei, fica obrigado a proceder à sua inscrição em cadastro da Secretaria Municipal de Finanças, conforme dispuser o regulamento". O § 2º do art. 9º-A previa que "as pessoas jurídicas estabelecidas no Município de São Paulo, ainda que imunes ou isentas, são responsáveis pelo pagamento do Imposto sobre Serviços de Qualquer Natureza – ISS, devendo reter na fonte o seu valor, quando tomarem ou intermediarem os serviços a que se refere o 'caput' deste artigo executados por prestadores de serviços não inscritos em cadastro da Secretaria Municipal de Finanças e que emitirem nota fiscal autorizada por outro Município". O legislador municipal de São Paulo estabeleceu unilateralmente obrigação acessória de inscrição de contribuintes situados em outros Municípios no seu cadastro municipal, sob pena de retenção do ISS devido a São Paulo, por parte do tomador dos serviços estabelecidos em São Paulo. A justificativa utilizada para a adoção de tal medida instrumental, em síntese, fora o combate à guerra fiscal entre os Municípios e o combate às fraudes praticadas por contribuintes estabelecidos em Municípios que preveem a cobrança do ISS mediante alíquotas mais reduzidas. Ocorre que o legislador paulista viola a competência prevista constitucionalmente para o legislador complementar federal de dispor sobre conflitos de competência em matéria tributária e sobre o estabelecimento de normas gerais em matéria de legislação tributária, especialmente sobre os impostos discriminados na Constituição Federal, ao tentar combater, unilateralmente, a guerra fiscal entre os Municípios, sem a participação do legislador complementar federal. Além disso, o legislador municipal de São Paulo estabelece diferenciação tributária entre bens e serviços, de qualquer natureza, em razão de sua procedência ou destino (art. 152, CF). Em que pese os Municípios possam atribuir de modo expresso a responsabilidade pelo crédito tributário a terceira pessoa, vinculada ao fato gerador da respectiva obrigação, os Municípios não estão autorizados a estabelecer, como sanção, a retenção e o recolhimento do ISS, na situação de descumprimento da obrigação acessória de cadastramento do prestador externo. O tributo não constitui sanção por ato ilícito e a penalidade cabível no caso desse tipo de descumprimento de obrigação acessória é, no máximo, a penalidade de multa, jamais a imposição da obrigação tributária principal, especialmente quando se está em jogo a definição da sujeição ativa do imposto, a qual deve ser estabelecida na lei complementar federal (LC 116/2003). O Supremo Tribunal Federal declarou incompatível com a Constituição Federal a obrigatoriedade de cadastro, em órgão da Administração local, instituída pelo Município de São Paulo em desfavor de prestadores de serviços estabelecidos fora da respectiva área, imputada ao tomador a retenção do Imposto Sobre Serviços – ISS quando descumprida a obrigação acessória, assentada a inconstitucionalidade do artigo 9º, cabeça e § 2º, da Lei Municipal nº 13.701/2003, com a redação decorrente da Lei Municipal nº 14.042/2001. Foi fixada a seguinte tese: "É incompatível com a Constituição Federal disposição normativa a prever a obrigatoriedade de cadastro, em órgão da Administração municipal, de prestador de serviços não estabelecido no território do Município e imposição ao tomador da retenção do Imposto Sobre Serviços – ISS quando descumprida a obrigação acessória", nos termos do voto do relator e por maioria (RE 1.167.509/SP, rel. Min. Marco Aurélio, Pleno, j. 01.03.2021).

1.3.11. Conflito ISS x IPI. No âmbito dos conflitos com a União, vislumbra-se, até hoje, certa dificuldade, na jurisprudência, de se definir o correto enquadramento de algumas operações de industrialização sob encomenda e se elas estão sujeitas ao IPI ou ao ISS. Não há por que ter dúvidas quanto ao enquadramento, visto que a própria lei complementar soluciona esse aparente conflito de competência: a LC 116/2003 prevê a incidência do ISS *somente* no caso de industrialização sob encomenda, quando o *material é fornecido pelo cliente* (item 14 – *Serviços relativos a bens de terceiros*: 14.05 – Restauração, recondicionamento, acondicionamento, pintura, beneficiamento, lavagem, secagem, tingimento, galvanoplastia, anodização, corte, recorte, plastificação, costura, acabamento, polimento e congêneres de objetos quaisquer (redação dada pela LC 157/2016)). Quando o bem não é de terceiro, incide o IPI, pressupondo a existência de uma das modalidades de industrialização.

1.3.12. Conflito ICMS x ISS. Serviços gráficos. Embalagens. O Tribunal Pleno, ao apreciar a medida cautelar na ADI 4.389, decidiu pela não incidência do ISS sobre "operações de industrialização por encomenda de embalagens, destinadas à integração ou utilização direta em processo subsequente de industrialização ou de circulação de mercadoria" (ADI 4.389 MC, rel. Min. Joaquim Barbosa, Pleno, j. 13.04.2011). Por outro lado, concluiu que incide o ICMS. Os ministros levaram em consideração o papel que a atividade dos serviços gráficos possui no ciclo produtivo e a "vantagem econômica" da incidência do ICMS, em vez do ISS, para "calibrar o tributo devido na operação subsequente, nos termos da regra constitucional da não-cumulatividade". O Min. Teori Zavascki já havia proposto *critérios* para a *delimitação da competência tributária* entre Estados e Municípios, relativamente à tributação do consumo, considerando os arts. 155, II, § 2º, IX, *b* e 156, III, da CF, art. 2º, IV, da LC 87/96 e art. 1º, § 2º, da LC 116/03, da seguinte forma: "(a) sobre operações de circulação de mercadoria e sobre serviços de transporte interestadual e internacional e de comunicações, incide ICMS; (b) sobre operações de prestação de serviços compreendidos na lista de que trata a LC 116/03 (que sucedeu ao DL 406/68), incide ISSQN; e (c) sobre operações mistas, assim entendidas as que agregam mercadorias e serviços, incide o ISSQN sempre que o serviço agregado estiver compreendido na lista de que trata a LC 116/03 e incide ICMS sempre que o serviço agregado não estiver previsto na referida lista" (STJ, REsp 1.092.206/SP, rel. Min. Teori Zavascki, 1ª Seção, j. 03.2009). Entendemos que, embora haja um efetivo esforço humano empreendido no serviço de composição gráfica sobre as embalagens contratadas sob encomenda, com o intuito de proporcionar uma utilidade material específica, prepondera a essência da contratação envolvida, que é a entrega das embalagens para utilização em processo posterior de industrialização. O objetivo final da contratação é a entrega de embalagens, as quais serão integradas ou utilizadas em processo posterior de industrialização. A definição da pretensão contratual já descreve, em certa medida, a atividade-fim envolvida: a entrega de embalagens, mediante prévia produção e fixação da composição gráfica mediante rotulagem ou impressão. Trata-se de obrigação de dar (entregar), a atrair a competência tributária estadual para a cobrança do ICMS, afastando a incidência do ISS. Diversamente ocorreria, caso o contratante desejasse o serviço de composição gráfica sobre as embalagens que ele próprio já produziu ou adquiriu de outro fornecedor. Nesse caso, haveria o serviço de composição gráfica sobre *bens de terceiros*, cuja posse é transferida para fins de agregação da composição gráfica sobre as embalagens, por exemplo, mediante rotulagem, retornando ao estabelecimento do contratante. Essa é a situação de prestação de serviços de composição gráfica sobre bens de terceiro (do contratante), a atrair a incidência do ISS.

1.3.13. Base de cálculo. A base de cálculo do imposto é o *preço do serviço* (art. 7º, LC 116/2003). Quando os serviços descritos pelo subitem 3.04 da lista anexa (3.04 – Locação, sublocação, arrendamento, direito de passagem ou permissão de uso, compartilhado ou não, de ferrovia, rodovia, postes, cabos, dutos e condutos de qualquer natureza) forem prestados no território de mais de um Município, o § 1º do art. 7º da LC 116/2003 prevê que a base de cálculo será proporcional, conforme o caso, à extensão da ferrovia, da rodovia, de dutos e condutos de qualquer natureza, de cabos de qualquer natureza, ou ao número de postes, existentes em cada Município. O valor dos materiais fornecidos pelo prestador dos serviços previstos nos itens 7.02 e 7.05 da lista de serviços (construção civil, instalação e montagem de produtos, peças e equipamentos, reparação, conservação e reforma de edifícios, estradas, pontes, portos e congêneres, entre outros), não se inclui na base de cálculo do ISS (§ 2º, art. 7º, LC 116/2003). No âmbito dos serviços bancários, o ISS não incide sobre os depósitos, as comissões e taxas de desconto cobrados pelos estabelecimentos bancários (Súmula 588 STF). Trata-se de serviços dos bancos sujeitos ao imposto sobre operações de crédito (IOF). A cobrança concomitante de ISS seria bitributação, prática vedada pelo ordenamento constitucional tributário. Nos serviços envolvendo cessão de mão de obra, o STJ diferenciou a atividade das empresas fornecedoras em duas situações: "(i) como intermediária entre o contratante da mão de obra e o terceiro que é colocado no mercado de trabalho; (ii) como prestadora do próprio serviço, utilizando de empregados a ela vinculados mediante contrato de trabalho" (REsp 1.138.205, rel. Min. Luiz Fux, 1ª Seção, j. 12.2009, representativo de controvérsia). Quando for intermediação, o preço do serviço é a comissão. Nessa hipótese, o ISS incide apenas sobre a taxa de agenciamento, excluídas as importâncias voltadas para o pagamento dos salários e encargos sociais dos trabalhadores. Quanto à receita de terceiros, no âmbito dos planos de saúde, por exemplo, a base de cálculo do ISS é o valor líquido recebido pela operadora de plano de saúde, isto é, "o valor bruto pago pelo associado deduzidos os pagamentos efetuados aos profissionais credenciados" (REsp 1.137.234, rel. Min. Mauro Campbell Marques, 2ª Turma, j. 06.2011). Esses profissionais já recolhem o ISS sobre os serviços que eles prestam aos seus pacientes, devendo ser afastada uma segunda incidência sobre o preço pago pelo mesmo serviço. Em outras palavras, os honorários repassados aos profissionais credenciados devem ser excluídos da base de cálculo do ISS devido pela operadora do plano de saúde. Com relação à incidência sobre a exploração de atividades de apostas e a respectiva base de cálculo a ser dimensionada, o Tribunal, por maioria, apreciando o tema 700 da repercussão geral, vencido o Min. Marco Aurélio, fixou a seguinte tese: "É constitucional a incidência de ISS sobre serviços de distribuição e venda de bilhetes e demais produtos de loteria, bingos, cartões, pules ou cupons de apostas, sorteios e prêmios (item 19 da Lista de Serviços Anexa à Lei Complementar 116/2003). Nessa situação, a base de cálculo do ISS é o valor a ser remunerado pela prestação do serviço, independentemente da cobrança de ingresso, não podendo corresponder ao valor total da aposta" (RE 634.764/RJ, rel. Min. Gilmar Mendes, Pleno, j. 08.06.2020).

§ 1º Sem prejuízo da progressividade no tempo a que se refere o art. 182, § 4º, inciso II, o imposto previsto no inciso I poderá: *(Redação dada pela Emenda Constitucional nº 29, de 2000)*

I – ser progressivo em razão do valor do imóvel; e *(Incluído pela Emenda Constitucional nº 29, de 2000)*

II – ter alíquotas diferentes de acordo com a localização e o uso do imóvel. *(Incluído pela Emenda Constitucional nº 29, de 2000)*

2. Características do IPTU.

2.1. Progressividade. No *leading case* sobre a progressividade do IPTU, no ano de 1996, o STF entendeu que o IPTU era um imposto real, não admitindo a progressividade (RE 153.771, rel. Min. Carlos Velloso, rel. p/ Acórdão Min. Moreira Alves, Pleno, j. 20/11/1996, DJ 05/09/1997). Isso porque, se analisado à luz do § 1º do art. 145, o caráter real desse imposto seria incompatível com a progressividade decorrente da capacidade econômica do contribuinte. Se analisado ainda de forma conjugada com o art. 156, § 1º, também não seria viável. Ao final, admitiu apenas a progressividade extrafiscal do IPTU, esta sim prevista na CF, sendo inconstitucional qualquer progressividade que não atendesse exclusivamente ao disposto no art. 156, § 1º, aplicado com as limitações trazidas pelos §§ 2º e 4º do art. 182, ambos da CF. O entendimento restou consolidado na Súmula 668 do STF: "é inconstitucional a lei municipal que tenha estabelecido, antes da emenda constitucional 29/2000, alíquotas progressivas para o IPTU, salvo se destinada a assegurar o cumprimento da função social da propriedade urbana". Após a alteração constitucional, o IPTU, que já era progressivo extrafiscal (art. 182, § 4º), passou a ser progressivo também sob o aspecto fiscal, em razão do valor do imóvel. A progressividade extrafiscal no tempo, voltada para o atendimento da função social da propriedade, deve ser disciplinada com observância das regras previstas no art. 182, § 4º, da CF. O STF entende ser constitucional a redução do imposto sobre o imóvel ocupado pela residência do Proprietário que não possua outro (Súmula 539). Por outro lado, é ilegítima a fixação de adicional progressivo do imposto em virtude do número de imóveis do contribuinte (Súmula 589).

2.2. Seletividade. A EC 29/2000 incluiu a possibilidade de o IPTU ter alíquotas diferentes de acordo com a localização e o uso do imóvel. Ao fazê-lo, viabilizou a seletividade das alíquotas do imposto em função dos critérios (i) da localização e (ii) do uso do imóvel. A seletividade não deve ser confundida com a progressividade. Esta está presente no IPTU, mas, em razão do valor do imóvel: à medida que aumenta o valor do imóvel, aumenta a alíquota devida. A seletividade do IPTU potencializa sua feição extrafiscal, possibilitando a utilização de alíquotas menores para imóveis localizados em determinados bairros, onde a necessidade de urbanização é maior. Da mesma forma, o legislador municipal poderá impor alíquotas mais reduzidas para estimular certo uso do imóvel, conforme a política local de desenvolvimento urbano. O Supremo Tribunal Federal, por maioria, apreciando o tema 523 da repercussão geral, negou provimento ao recurso extraordinário do contribuinte, fixando a seguinte tese: "São constitucionais as leis municipais anteriores à Emenda Constitucional nº 29/2000, que instituíram alíquotas diferenciadas de IPTU para imóveis edificados e não edificados, residenciais e não residenciais" (RE 666.156/RJ, rel. Min. Roberto Barroso, Pleno, j. 11.05.2020). Bem decidiu a Corte Suprema pela possibilidade da instituição de alíquotas diferenciadas de IPTU com base na destinação e situação do imóvel (residencial ou comercial, edificado ou não edificado), em período anterior à EC 29/2000. A seletividade não se confunde com a progressividade das alíquotas, cuja constitucionalidade valia apenas para assegurar o cumprimento da função social da propriedade, quando considerado período anterior à EC 29/2000.

§ 2º O imposto previsto no inciso II:

I – não incide sobre a transmissão de bens ou direitos incorporados ao patrimônio de pessoa jurídica em realização de capital, nem sobre a transmissão de bens ou direitos decorrente de

fusão, incorporação, cisão ou extinção de pessoa jurídica, salvo se, nesses casos, a atividade preponderante do adquirente for a compra e venda desses bens ou direitos, locação de bens imóveis ou arrendamento mercantil;

II – compete ao Município da situação do bem.

3. Imunidade ao ITBI. Realização de capital de pessoa jurídica e transformações societárias. A CF traz uma regra excepcional relativa ao ITBI por ocasião da transmissão de bens ou direitos (i) incorporados ao patrimônio de pessoa jurídica em realização de capital e (ii) de fusão, incorporação, cisão ou extinção de pessoa jurídica. No primeiro caso, a transmissão de um imóvel do patrimônio da pessoa física do sócio, por exemplo, para fins de integralização das suas cotas em uma *holding* familiar ou patrimonial, é imune ao ITBI. Cabe ao sócio ou ao administrador da sociedade providenciar junto à Secretaria da Fazenda do Município de situação do imóvel uma declaração ou certidão de imunidade, destinada a fazer a prova da imunidade perante o Registro de Imóveis, de modo a afastar a cobrança do imposto previamente ao registro da transferência da propriedade do imóvel para a sociedade. No segundo caso, as transferências de bens ou direitos em virtude de fusão, incorporação, cisão ou extinção da pessoa jurídica também ficam liberadas do pagamento do imposto de transmissão. A finalidade por trás da norma é estimular a criação e a expansão de novos negócios, seja por ocasião da sua constituição, seja por ocasião do seu crescimento, seja até mesmo por causa da sua alienação para um investidor ou fundo de investimento. O ponto de maior atenção dessa norma constitucional está na parte final do dispositivo, o qual excepciona a imunidade, se a atividade preponderante da pessoa jurídica adquirente for a compra e venda desses bens ou direito, locação de bens móveis ou arrendamento mercantil. A análise da preponderância é realizada pelos Municípios, os quais possuem interesse no recebimento do imposto, portanto, no afastamento da imunidade. A lei municipal deverá regular a preponderância da atividade imobiliária, com observância da norma geral prevista no art. 37, § 1°, do CTN, a qual dispõe que: "considera-se caracterizada a atividade preponderante referida neste artigo quando mais de 50% (cinquenta por cento) da receita operacional da pessoa jurídica adquirente, nos 2 (dois) anos anteriores e nos 2 (dois) anos subsequentes à aquisição, decorrer de transações mencionadas neste artigo". Vale destacar que "o imposto de transmissão *inter vivos* não incide sobre a transferência de ações de sociedade imobiliária" (Súmula 329 STF). O STF, por maioria, apreciando o Tema 796 da repercussão geral, vencidos os

Ministros Marco Aurélio (Relator), Edson Fachin, Ricardo Lewandowski e Cármen Lúcia, fixou a seguinte tese: "A imunidade em relação ao ITBI, prevista no inciso I do § 2º do art. 156 da Constituição Federal, não alcança o valor dos bens que exceder o limite do capital social a ser integralizado" (RE 796.376/SC, rel. Min. Marco Aurélio, Pleno, j. 05.08.2020). No julgamento, prevaleceu o entendimento segundo o qual "a norma não imuniza qualquer incorporação de bens ou direitos ao patrimônio da pessoa jurídica, mas exclusivamente o pagamento, em bens ou direitos, que o sócio faz para integralização do capital social subscrito. Portanto, sobre a diferença do valor dos bens imóveis que superar o capital subscrito a ser integralizado, incidirá a tributação pelo ITBI".

§ 3º Em relação ao imposto previsto no inciso III do caput deste artigo, cabe à lei complementar: ***(Redação dada pela Emenda Constitucional nº 37, de 2002)***

I – fixar as suas alíquotas máximas e mínimas; ***(Redação dada pela Emenda Constitucional nº 37, de 2002)***

II – excluir da sua incidência exportações de serviços para o exterior. ***(Incluído pela Emenda Constitucional nº 3, de 1993)***

III – regular a forma e as condições como isenções, incentivos e benefícios fiscais serão concedidos e revogados. ***(Incluído pela Emenda Constitucional nº 3, de 1993)***

§ 4º ***(Revogado pela Emenda Constitucional nº 3, de 1993)***

4. Lei complementar. Alíquotas. Exportações. Benefícios fiscais. Foi reservada a competência ao legislador complementar para a fixação das alíquotas máximas e mínimas do ISS, para a exclusão da sua incidência das exportações de serviços para o exterior e para a regulação da forma e das condições de concessão e revogação dos benefícios fiscais no âmbito do ISS. A LC 116/2003 prevê a alíquota máxima de 5% (art. 8º, II). A alíquota mínima foi incluída pela LC 157/2016, no percentual de 2% (art. 8º-A). A LC 157/2016 também incluiu o § 1º ao art. 8º-A, prevendo que "o imposto não será objeto de concessão de isenções, incentivos ou benefícios tributários ou financeiros, inclusive de redução de base de cálculo ou de crédito presumido ou outorgado, ou sob qualquer outra forma que resulte, direta ou indiretamente, em carga tributária menor que a decorrente da aplicação da alíquota mínima estabelecida no *caput*, exceto para os serviços a que se referem os subitens 7.02, 7.05 e 16.01 da lista anexa a esta Lei Complementar". O § 2º do art. 8º-A estatui a nulidade da lei ou do ato normativo que não respeite as disposições relativas à alíquota mínima no caso de serviço prestado a tomador ou intermediário localizado em Município diverso daquele onde está localizado o prestador do serviço. Até o advento da LC 157/2016, considerava-se o disposto no art. 88 do ADCT, que dispõe que, enquanto a lei complementar não disciplinasse o disposto nos incs. I e III do § 3º do art. 156 da CF, o ISS teria alíquota mínima de 2%, exceto para os serviços a que se referiam os itens 32, 33 e 34 da Lista de Serviços anexa ao DL 406, de 31.12.1968. Não poderia ser objeto de concessão de isenções e benefícios fiscais que resultassem direta ou indiretamente na redução da alíquota mínima estabelecida em 2%. Com relação às exportações, o dispositivo constitucional prevê que cabe à lei complementar excluir da incidência do ISS as exportações de serviços para o exterior, isto é, autoriza o legislador complementar federal a instituir uma isenção, nesse caso, heterônoma, pois se trata de um tributo que não é da competência da União. Não se trata de imunidade, pois depende da atuação do legislador complementar federal para a instituição da desoneração. A LC 116/2003 contém disposição expressa, segundo a qual o ISS não incide sobre as exportações de serviços para o exterior do País (art. 2º, I).

4.1. Ato de improbidade administrativa. A LC 157/2016 alterou a Lei de Improbidade Administrativa (Lei 8.429, de 02.06.1992), prevendo que "constitui ato de improbidade administrativa qualquer ação ou omissão para conceder, aplicar ou manter benefício financeiro ou tributário contrário ao que dispõem o *caput* e o § 1º do art. 8º-A da Lei Complementar nº 116, de 31 de julho de 2003" (art. 10-A). Na hipótese disposta no art. 10-A, previram-se perda da função pública, suspensão dos direitos políticos de cinco a oito anos e multa civil de até três vezes o valor do benefício financeiro ou tributário concedido.

4.2. Sociedades profissionais. ISS fixo. Os profissionais liberais e as sociedades profissionais podem ser tributados de forma fixa, em valores anuais ou mensais, independentemente da receita bruta auferida pelos serviços prestados. Essa disciplina é prevista nos §§ 1º e 3º do art. 9º do DL 406/68, regras ainda vigentes no âmbito do ISS. A Súmula 663 do STF estatui que "os §§ 1º e 3º do art. 9º do Decreto-lei 406/1968 foram recebidos pela Constituição".

PARTE II

Normas tributárias fora do Sistema Tributário Nacional

Título VII

Da Ordem Econômica e Financeira

Capítulo I
Dos Princípios Gerais da Atividade Econômica

Art. 177. Constituem monopólio da União:

(...)

§ 4º A lei que instituir contribuição de intervenção no domínio econômico relativa às atividades de importação ou comercialização de petróleo e seus derivados, gás natural e seus derivados e álcool combustível deverá atender aos seguintes requisitos: ***(Incluído pela Emenda Constitucional nº 33, de 2001)***

I – a alíquota da contribuição poderá ser: ***(Incluído pela Emenda Constitucional nº 33, de 2001)***

a) diferenciada por produto ou uso; ***(Incluído pela Emenda Constitucional nº 33, de 2001)***

b) reduzida e restabelecida por ato do Poder Executivo, não se lhe aplicando o disposto no art. 150, III, b; ***(Incluído pela Emenda Constitucional nº 33, de 2001)***

II – os recursos arrecadados serão destinados: ***(Incluído pela Emenda Constitucional nº 33, de 2001)***

a) ao pagamento de subsídios a preços ou transporte de álcool combustível, gás natural e seus derivados e derivados de petróleo; ***(Incluído pela Emenda Constitucional nº 33, de 2001)***

b) ao financiamento de projetos ambientais relacionados com a indústria do petróleo e do gás; ***(Incluído pela Emenda Constitucional nº 33, de 2001)***

c) ao financiamento de programas de infraestrutura de transportes. ***(Incluído pela Emenda Constitucional nº 33, de 2001)***

1. CIDE-Combustíveis. A CIDE-Combustíveis tem sua competência regulada dentro da Ordem Econômica e Financeira da CF, isto é, fora do Sistema Tributário Nacional. No entanto, tendo em vista que preenche os requisitos para ser enquadrada como tributo, restam inegáveis sua natureza tributária e, por conseguinte, sua sujeição às normas do Sistema Tributário Nacional, especialmente às limitações ao poder de tributar.

1.1. Seletividade. A seletividade está presente na regra que possibilita a diferenciação da alíquota por produto ou uso. Por outro lado, a CF não prevê qual o critério para a diferenciação, ao contrário da seletividade do IPI e do ICMS, cujo critério é a essencialidade do produto, da mercadoria e do serviço.

1.2. Destinação dos recursos. Em sendo contribuições, a CIDE-Combustíveis deve ter seus recursos vinculados à finalidade subjacente à sua criação. O STF já alertou o legislador sobre a destinação expressa prevista na CF quanto aos valores arrecadados, ante a natureza exaustiva das alíneas "a", "b" e "c" do inc. II do § 4º do art. 177 da CF (ADI 2.925, rel. P/ac. Min. Marco Aurélio, Pleno, j. 12.2003).

Art. 184. Compete à União desapropriar por interesse social, para fins de reforma agrária, o imóvel rural que não esteja cumprindo sua função social, mediante prévia e justa indenização em títulos da dívida agrária, com cláusula de preservação do valor real, resgatáveis no prazo de até vinte anos, a partir do segundo ano de sua emissão, e cuja utilização será definida em lei.

(...)

§ 5º São isentas de impostos federais, estaduais e municipais as operações de transferência de imóveis desapropriados para fins de reforma agrária.

1. Imunidade. Reforma agrária. A imunidade prevista nas operações de transferências de imóveis desapropriados para fins de reforma agrária tem por finalidade não onerar o procedimento expropriatório ou dificultar a realização da reforma agrária (RE 169.628, rel. Min. Maurício Corrêa, 2ª Turma, j. 09.1999). O Constituinte fez por bem olhar para a pessoa do adquirente final dos imóveis desapropriados, ou seja, os beneficiados da reforma agrária, cidadãos desprovidos, em regra, de capacidade contributiva. A aquisição pelos "sem-terra", por exemplo, não estará sujeita ao ITBI ou ao ITCD. Sobre o acréscimo patrimonial havido pelo adquirente, também não poderá incidir o IRPF. Por outro lado, o terceiro adquirente dos títulos da dívida agrária (TDA), que realiza ato mercantil com o expropriado, não é destinatário da norma constitucional em questão. O STF admitiu a incidência do IR e do IOF sobre os TDAs adquiridos por terceiros estranhos à desapropriação (RE 169.628, rel. Min. Maurício Corrêa, 2ª Turma, j. 09.1999).

Título VIII

Da Ordem Social

(...)

Capítulo II
Da Seguridade Social

Seção I
Disposições Gerais

(...)

Art. 195. A seguridade social será financiada por toda a sociedade, de forma direta e indireta, nos termos da lei, mediante recursos provenientes dos orçamentos da União, dos Estados, do Distrito Federal e dos Municípios, e das seguintes contribuições sociais:

1. Contribuições sociais de seguridade social. As contribuições sociais de seguridade social são inequívocas espécies de tributo, visto que apresentam todos os requisitos para se enquadrarem como tal. Portanto, estão sujeitas às limitações ao poder de tributar, com algumas exceções que serão a seguir expostas. Elas são destinadas ao financiamento da seguridade social, compreendida como um conjunto de ações dos Poderes Públicos e da sociedade em torno da saúde, da previdência e da assistência social (art. 194 da CF). São, topograficamente, uma espécie de contribuição social referida no art. 149 da CF. A competência para sua instituição e cobrança é exclusiva da União. A seguridade social, sob o viés da previdência, possui disciplina específica para os demais entes da Federação, os quais podem instituir contribuições previdenciárias destinadas ao custeio do regime previdenciário dos seus servidores (art. 149, § 1º). São contribuições que podem ser instituídas por lei ordinária, visto que o art. 146, III, "a", dispõe caber à lei complementar estabelecer normas gerais de Direito Tributário, de definição da hipótese de incidência, da base de cálculo e dos contribuintes relativamente aos *impostos* discriminados na CF. O art. 195, ao prever o financiamento da seguridade social por toda a sociedade, esclarece que o custeio da seguridade social será realizado sob o manto do *princípio da solidariedade*. Esse princípio é, portanto, previsto expressamente somente para as contribuições de seguridade social, não se estendendo, por exemplo, para outros tributos, como a Contribuição ao INCRA, ao contrário do que decidiu o STJ, quando chancelou sua cobrança inclusive das empresas urbanas. O princípio da solidariedade inspira todo o arcabouço de financiamento da seguridade social e é mandamental com relação a todo o sistema jurídico, a incidir também sobre as cooperativas (RE 598.085, rel. Min. Luiz Fux, Pleno, j. 06.11.2014, Tema 177= RE 599.362, rel. Min. Dias Toffoli, Pleno, j. 06.11.2014, Tema 323). O art. 146, III, "c", da CF prevê que cabe à lei complementar estabelecer a forma adequada para a tributação do ato cooperativo, mas não garante imunidade, tampouco direito subjetivo das cooperativas à isenção. O STF entendeu que não se pode inferir que o Constituinte tinha a intenção de conferir tratamento tributário privilegiado às cooperativas, mesmo porque a própria CF estabelece que a seguridade social será financiada por toda a sociedade, de maneira direta e indireta. Partindo disso, a Corte declarou a incidência da Contribuição ao PIS/Pasep sobre os atos (negócios jurídicos) praticados pelas cooperativas com terceiros tomadores de serviço (RE 599.362, rel. Min. Dias Toffoli, Pleno, j. 06.11.2014, Tema 323 = RE 598.085, rel. Min. Luiz Fux, Pleno, j. 06.11.2014, Tema 177). Quanto à arrecadação das contribuições, as incumbências de fiscalização e arrecadação atreladas à Receita Federal não interferem na destinação específica à seguridade social (ADI 763, rel. Min. Edson Fachin, Pleno, j. 25.11.2015).

I – do empregador, da empresa e da entidade a ela equiparada na forma da lei, incidentes sobre: *(Redação dada pela Emenda Constitucional nº 20, de 1998)*

2. Contribuições patronais. Parte da seguridade social é financiada pelo empregador, pela empresa e pela entidade a ela equiparada na forma da lei. Esses são os sujeitos passivos do tributo. O conceito de empregador é aquele da legislação trabalhista (RE 166.772, rel. Min. Marco Aurélio, Pleno, j. 05.1994). Todavia, o STF legitimou a cobrança da COFINS de empresas potencialmente empregadoras, isso é, de empresas que estão aptas para admitir empregados, em que pese não o façam por opção sua (RE 364.215 AgR, rel. Min. Carlos Velloso, 2ª Turma, j. 08.2004). O conceito de *empresa* é derivado do conceito de *empresário*, insculpido no *caput* do art. 966 do CC: "considera-se empresário quem exerce profissionalmente atividade econômica organizada para a produção ou a circulação de bens ou de serviços". Entretanto, "não se considera empresário quem exerce profissão intelectual, de natureza científica, literária ou artística, ainda com o concurso de auxiliares ou colaboradores, salvo se o exercício da profissão constituir elemento de empresa" (§ único, art. 966, CC). Observe-se que sociedades de profissionais ou de profissão regulamentada, por serem de natureza intelectual, não são sociedades empresárias, em regra, salvo se o exercício da profissão constituir elemento de empresa. Na prática, serão de natureza empresária, se forem organizadas intensivamente em torno dos fatores de produção: capital, mão de obra, matéria-prima e tecnologia. Assim, uma sociedade de advogados, com apenas três integrantes, que ocupa uma pequena sala comercial e desenvolve sua atividade profissional de forma pessoal, sem que seja refletida uma estrutura maior em níveis de organização, será sempre uma sociedade de pessoas, sem caráter empresarial. No entanto, o custeio da seguridade social é previsto mediante contribuições a serem pagas tanto pelas empresas quanto pelas entidades a elas equiparadas, de modo que outras pessoas jurídicas, como as sociedades profissionais, em que pese não ostentem caráter empresarial, podem ser chamadas a contribuir. Mesmo porque a sujeição passiva das sociedades não empresárias é justificada pelo princípio da solidariedade, cuja aplicação é válida apenas para as contribuições de seguridade social. A Corte Suprema firmou o entendimento de que o termo "empregadores", em sua redação original, "não pode ser interpretado estritamente, pois as contribuições para a seguridade social assentam na solidariedade geral"; a nova redação do inc. I do art. 195, conforme a EC 20/98, "apenas explicitou o que o constituinte originário já previa" (RE 585.181 AgR-segundo, rel. Min. Joaquim Barbosa, 2ª Turma, j. 31.08.2010 = AI 736.870 AgR, rel. Min. Marco Aurélio, 1ª Turma, j. 18.06.2013).

a) a folha de salários e demais rendimentos do trabalho pagos ou creditados, a qualquer título, à pessoa física que lhe preste serviço, mesmo sem vínculo empregatício; *(Incluído pela Emenda Constitucional nº 20, de 1998)*

3. Contribuição sobre a folha. Antes da EC 20/98, a contribuição social incidia sobre a folha de salários, o faturamento e o lucro. Com a EC 20/98, foi ampliada a incidência do tributo, de modo a abranger também os "demais rendimentos do trabalho pagos ou creditados, a qualquer título, à pessoa física que lhe preste serviço, mesmo sem vínculo empregatício". A legitimidade da contribuição está vinculada à existência de algum rendimento do trabalho, ou seja, de natureza remuneratória. Portanto, não será devida a contribuição sobre verbas de caráter não remuneratório, isto é, as verbas indenizatórias. Verbas que não constituem pagamento pelo trabalho realizado, como o aviso prévio indenizado e o auxílio-doença pago pelas empresas nos quinze primeiros dias do afastamento do trabalho, não podem se sujeitar à incidência da contribuição, sendo indevida eventual incidência (REsp 836.531, rel. Min. Teori Zavascki, 1ª Turma, j. 08.2006). Eventual cobrança da contribuição sobre o valor pago, em dinheiro, a título de vale-transporte, aos empregados afronta a CF (RE 478.410, rel. Min. Eros Grau, Pleno, j. 03.2010). O auxílio-creche foi enquadrado como indenização pelo STJ, não integrando, portanto, o salário de contribuição para a Previdência (REsp 1.146.772, rel. Min. Benedito Gonçalves, 1ª Seção, j. 02.2010, representativo de controvérsia). Por outro lado, "a contribuição previdenciária incide sobre o abono incorporado ao salário" (Súmula 241 STF) e é legítima sua incidência sobre o 13º salário (Súmula 688 STF), bem como incide sobre a comissão paga ao corretor de seguros (Súmula 458 STJ).

3.1. Contribuição. Valor bruto. Nota fiscal. Cooperativas de trabalho. O STF reconheceu que os pagamentos efetuados às cooperativas de trabalho, em face de serviços prestados por seus cooperados, não se confundem com os valores efetivamente pagos aos cooperados. O art. 22, IV (execução suspensa pela Resolução do Senado Federal 10/2016), da Lei 8.212/91, com a redação da Lei 9.876/99, instituiu contribuição previdenciária sobre o valor bruto da nota fiscal ou fatura emitida pelas cooperativas, extrapolando a norma do art. 195, I, "a", da CF, "descaracterizando a contribuição hipoteticamente incidente sobre os rendimentos do trabalho dos cooperados, tributando o faturamento da cooperativa, com evidente *bis in idem*". Dessa forma, a cobrança implica nova fonte de custeio, a qual somente poderia ser instituída por lei complementar (art. 195, § 4º, CF) (RE 595.838, rel. Min. Dias Toffoli, Pleno, j. 23.04.2014, Tema 166).

3.2. Empresa contratante de serviços. Cessão de mão de obra. Retenção de 11%. O art. 31 da Lei 8.212/91, quando na redação implementada pela Lei 9.711/98, determinou a retenção de 11% sobre o valor bruto da nota fiscal ou da fatura de prestação de serviço pela empresa contratante de serviços executados mediante cessão de mão de obra. Trata-se de obrigação acessória de reter 11% do valor bruto da nota fiscal ou fatura e recolher a importância retida até o dia 2 do mês subsequente ao da emissão da respectiva nota fiscal ou fatura, em nome da empresa cedente da mão de obra. O STF decidiu pela inocorrência de ofensa ao disposto nos arts. 150, § 7º; 150, IV; 195, § 4º; 154, I; e 148 da CF, declarando a obrigação constitucional. Entendeu tratar-se de "mera obrigação acessória", visando simplificar a arrecadação e auxiliar a fiscalização da contribuição (RE 393.946, rel. Min. Carlos Velloso, Pleno, j. 03.11.2004 = RE 455.956 AgR, rel. Min. Ayres Britto, 2ª Turma, j. 23.11.2010).

3.3. Salário-maternidade. Prestação previdenciária. Decorrência da licença-maternidade. O salário-maternidade é espécie de prestação previdenciária, devida pela Previdência Social, por ocasião do afastamento da segurada em virtude da licença-maternidade, pelo período de cento e vinte dias em que permanece afastada do trabalho e, portanto, sem prestar serviços ao empregador. De fato, não se trata de contraprestação pelo trabalho, justamente porque é o período em que a gestante se encontra afastada do trabalho e não está prestando serviços ao empregador, de modo que não se amolda ao conceito de "folha de salários e demais rendimentos do trabalho pagos ou creditados, a qualquer título à pessoa física que lhe preste serviço, mesmo sem vínculo empregatício". Portanto, não pode integrar a base de cálculo da contribuição previdenciária a cargo do empregador. O STF, por maioria de votos, apreciando o Tema 72 da repercussão geral, declarou, incidentalmente, a inconstitucionalidade da incidência de contribuição previdenciária sobre o salário-maternidade, prevista no art. 28, § 2º, da Lei 8.212/91, e a parte final do seu § 9º, alínea a, em que se lê "salvo o salário-maternidade", nos termos do voto do Relator, vencidos os Ministros Alexandre de Moraes, Ricardo Lewandowski, Gilmar Mendes e Dias Toffoli, fixando a seguinte tese: "É inconstitucional a incidência da contribuição previdenciária a cargo do empregador sobre o salário-maternidade" (RE 576.967/PR, rel. Min. Roberto Barroso, Pleno, j. 05.08.2020).

3.4. Terço constitucional de férias gozadas. O STF, apreciando o tema 985 da repercussão geral, assentou a incidência da contribuição previdenciária sobre valores pagos pelo empregador a título de terço constitucional de férias gozadas, fixando a seguinte tese: "É legítima a incidência de contribuição social sobre o valor satisfeito a título de terço constitucional de férias" (RE 1.072.485/PR, rel. Min. Marco Aurélio, Pleno, j. 31.08.2020). A Primeira Seção do Superior Tribunal de Justiça, no REsp 1.062.530 AgRg (rel. Min. Castro Meira, DJe 10.05.2010), assentou entendimento pelo afastamento da incidência da contribuição previdenciária sobre o terço constitucional de férias, ante sua natureza eminentemente indenizatória. O STF se manifestou repetidamente pela infraconstitucionalidade de controvérsias relativas à definição da natureza jurídica de verba para fins de tributação, seja por contribuição previdenciária, seja por imposto de renda (RE 611.505-RG, rel. Min. Ayres Britto, DJe 28.10.2014; ARE 745.901-RG, rel. Min. Teori Zavascki, DJe 18.09.2014).

3.5. Contribuição previdenciária. Comissão paga pelas seguradoras aos corretores de seguros. A Corte Suprema entendeu que o legislador constitucional, "ao eleger como grandeza tributável os rendimentos do trabalho da pessoa física (CF, art. 195, I, "a"), permitiu a incidência da referida contribuição sobre a comissão paga pelas seguradoras aos corretores de seguro" (ADI 4.673/DF, rel. Min. Alexandre de Moraes, Pleno, j. 15.04.2020).

b) a receita ou o faturamento; *(Incluído pela Emenda Constitucional nº 20, de 1998)*

4. Contribuição sobre a receita ou o faturamento.

4.1. Redação original e redação atual. Na redação original do art. 195, I, da CF, havia a previsão de incidência de contribuições sociais dos empregadores sobre a *folha de salários, o faturamento e o lucro*. A EC 20/98 inseriu, ao lado do faturamento, a receita, da seguinte forma: "I – do empregador, da empresa e da entidade a ela equiparada na forma da lei, incidentes sobre: (...) b) a receita ou o faturamento". Ao fazê-lo, ampliou a possibilidade arrecadatória da União, estendendo sua competência para o âmbito da receita.

4.2. Conceitos envolvidos. Necessário distinguir entre (i) *ingresso*, (ii) *receita* e (iii) *faturamento*. *Ingressos* podem ser compreendidos como valores que entram no caixa da pessoa jurídica, mas que não incrementam o patrimônio. Valores de titularidade de terceiros e empréstimos são exemplos de ingressos que não constituem receita. Já a *receita* é uma espécie de ingresso que integra o patrimônio como elemento novo e positivo. O STF já manifestou entendimento no sentido de que, "sob o específico prisma constitucional, receita bruta pode ser definida como o ingresso financeiro que se integra no patrimônio na condição de elemento novo e positivo, sem reservas e condições" (RE 606.107, rel. Min. Rosa Weber, Pleno, j. 05.2013, Tema 283). A distinção é inequivocamente relevante, para fins de aferição de capacidade contributiva e de distinção diante de meras *movimentações financeiras*, as quais já foram alvo de contribuição específica (a extinta CPMF, art. 74, ADCT). A Contribuição Provisória sobre Movimentação ou Transmissão de Valores e de Créditos e Direitos de Natureza Financeira (CPMF) foi introduzida pela Lei 9.311/96, tendo sido cobrada até 31 de dezembro de 2007. Considerava-se movimentação ou transmissão de valores e créditos e direitos de natureza financeira qualquer operação liquidada ou lançamento realizado por instituição financeira, bancos e caixas econômicas, que representasse circulação escritural ou física de moeda, e de que resultasse ou não transferência da titularidade dos mesmos valores, créditos e direitos. A contribuição incidia sobre diferentes modalidades de depósitos, empréstimos, pagamentos e sobre o lançamento e qualquer outra forma de movimentação ou transmissão de valores e de créditos e direitos de natureza financeira. A alíquota era de trinta e oito centésimos por cento. O produto da arrecadação da contribuição era destinado ao Fundo Nacional de Saúde, para financiamento das ações e dos serviços de saúde, ao custeio da Previdência Social e ao Fundo de Combate e Erradicação da Pobreza. A CPMF, ao incidir sobre quaisquer movimentações financeiras, inclusive sobre pagamentos, desrespeita o princípio da capacidade contributiva e a própria lógica fundamental de toda a tributação. O *faturamento*, na jurisprudência do STF, é uma parte da receita, mais precisamente a *receita bruta da venda de mercadorias e/ou da prestação de serviços*. Em sendo uma parte da receita, o faturamento está dentro da receita, que, por sua vez, está dentro dos ingressos. O art. 3º da Lei 9.718/98, editada antes da EC 20/98, havia ampliado o conceito de faturamento, impondo que este correspondia à receita bruta da pessoa jurídica, e que a receita bruta correspondia à "totalidade das receitas auferidas pela pessoa jurídica, sendo irrelevantes o tipo de atividade por ela exercida e a classificação contábil adotada para as receitas" (§ 1º, art. 3º). O STF declarou a inconstitucionalidade desses dispositivos, que haviam equiparado o faturamento à receita (RE 346.084, rel. p/ ac. Min. Marco Aurélio, Pleno, j. 11.2005). A EC 20/98, ao incluir o vocábulo "receita" ao lado de "faturamento" (art. 195, I, "b"), deixou clara a diferença entre um e outro. A alteração constitucional ampliou a competência tributária da União, possibilitando a incidência da contribuição (COFINS) sobre todas as receitas das pessoas jurídicas. As receitas não operacionais, que não fazem parte do objeto social da empresa, como as receitas de aluguéis de imóveis de propriedade das indústrias, são uma espécie de receitas que não constituem faturamento. Em 2014, a Lei 12.973/14 alterou o Decreto-Lei 1.598/77 para dispor que "a receita bruta compreende: I – o produto da venda de bens nas operações de conta própria; II – o preço da prestação de serviços em geral; III – o resultado auferido nas operações de conta alheia; e IV – as receitas da atividade ou objeto principal da pessoa jurídica não compreendidas nos incisos I a III" (art. 12). Vale destacar que a alteração empreendida pela Lei 12.973/14 deixou claro que a receita bruta também compreende outras receitas da atividade ou do objeto principal da pessoa jurídica, não abrangidas na venda tanto de produtos quanto de mercadorias e na prestação de serviços em geral.

4.3. COFINS.

4.3.1. Legislação. A COFINS foi instituída a partir do art. 195, I, "b", da CF, substituindo a extinta Contribuição ao FINSOCIAL. A LC 70/91, ao criar a COFINS, previu inicialmente a alíquota de 2% sobre o faturamento mensal, este entendido como "a receita bruta das vendas de mercadorias, de mercadorias e serviços e de serviços de qualquer natureza" (art. 2º). Após, a Lei 9.718/98 implementou alterações estruturais, inclusive ampliando sua base de cálculo, cujo dispositivo foi declarado inconstitucional pelo STF, conforme mencionado anteriormente. Mais à frente, a Lei 10.833/03 alterou suas alíquotas e instituiu o regime não cumulativo para determinadas pessoas jurídicas.

4.3.2. Base de cálculo. Exclusão do ICMS. O STJ já possuía entendimento consolidado na Súmula 94, segundo a qual "a parcela relativa ao ICMS inclui-se na base de cálculo do FINSOCIAL" e na Súmula 68, conforme a qual "a parcela relativa ao ICM inclui-se na base de cálculo do PIS" (súmulas canceladas). Em 2014, o Tribunal Pleno já havia prolatado uma decisão, no sentido de que o ICMS não compõe a base de incidência da

COFINS, "porque estranho ao conceito de faturamento" (RE 240.785, rel. Min. Marco Aurélio, Pleno, j. 10.2014). A discussão acerca da exclusão do ICMS da base de cálculo do PIS e da COFINS foi objeto, novamente, no STF, do RE 574.706/PR (rel. Min. Cármen Lúcia, Pleno, j. 15.03.2017, Tema 69), com repercussão geral reconhecida, e da ADC 18. O Tribunal Pleno decidiu que "*o ICMS não compõe a base de cálculo para a incidência do PIS e da Cofins*" (Tese fixada). A relatora, Min. Cármen Lúcia, entendeu, inspirada na doutrina, que valores como o ICMS são valores que apenas transitam no patrimônio das empresas privadas, sem se incorporarem a ele, por terem outra destinação já predeterminada pela lei. Trata-se de valores que não pertencem aos contribuintes, mas que terminam sendo sujeitos à incidência do PIS e da COFINS. Em resumo, entendeu que a parcela correspondente ao ICMS pago não ostenta natureza de faturamento nem de receita, mas de "simples ingresso de caixa", não podendo, portanto, integrar a base de incidência dessas contribuições. Opostos embargos de declaração do acórdão do RE 574.706, estes aguardam julgamento, previsto para 1º.04.2020.

4.3.3. ICMS. Inclusão na base de cálculo da contribuição previdenciária sobre a receita bruta. Possibilidade. A EC 42/2003 havia inserido o § 13 ao art. 195 da CF, permitindo a instituição de contribuição previdenciária sobre a receita bruta, em substituição à contribuição previdenciária sobre a folha de salários e pagamentos. Em 2011, o legislador instituiu a CPRB, objetivando desonerar a folha de pagamentos e reduzir a carga tributária. Em 2015, o regime passou a ser facultativo. As empresas autorizadas pelo legislador passaram a ter a faculdade de aderir ao regime, caso este fosse mais benéfico em termos de carga tributária no contexto da sua atividade econômica. Por maioria, o Pleno do STF, julgando o mérito da controvérsia, decidiu que é constitucional a inclusão do ICMS na base de cálculo da CPRB (Tema 1048). Entendeu pela impossibilidade de a empresa optar pelo "melhor dos dois mundos": aderir ao regime, com todos os seus benefícios e vantagens, e ao mesmo tempo excluir o ICMS da Base de cálculo da CPRB. Aderir ao novo regime e abater do cálculo da CPRB o ICMS sobre ela incidente traria uma ampliação desproporcional do benefício fiscal, violando ainda o art. 150, § 6º, da CF, que prevê lei específica para disciplinar redução de base de cálculo de tributo. No nosso entendimento, o fato do regime da CPRB ser facultativo e potencialmente mais benéfico, obrigada o seu aderente a aceitar todas as suas condições estruturais, dentre elas, a inclusão do ICMS na sua base de cálculo. Além disso, o contribuinte não pode se beneficiar do melhor dos dois mundos: se ele escolhe determinado regime tributário, então ele deve ser fiel a ele, cumprindo com as suas regras, sob pena do benefício tributário ser demasiadamente ampliado, indo além da intenção do legislador e violando a isonomia tributária. Portanto, trata-se de caso de distinção da controvérsia pautada no Tema 69 (RE 574.706). Da mesma forma, por maioria de votos, vencidos os Min. Marco Aurélio, Rosa Weber e Cármen Lúcia, o Pleno do STF negou provimento ao recurso extraordinário do contribuinte, decidindo que é constitucional a inclusão do ISS na base de cálculo da CPRB (RE 1.285.845/RS, rel. Min. Marco Aurélio, Pleno, j. 21.06.2021).

4.3.4. Base de cálculo. Inclusão da taxa da operadora de cartão de crédito. A Corte Suprema possui firme entendimento pela integração do valor da taxa de administração cobrado pelas operadoras de cartão de crédito/débito na receita obtida pela pessoa jurídica com a venda do produto ou do serviço, mesmo que esse valor (percentual) fique retido pela operadora por ocasião do repasse do valor da operação ao contribuinte (RE 890.781 AgR, rel. Min. Gilmar Mendes, 2ª Turma, j. 24.02.2017). Já havia, inclusive, entendimento pela inexistência de direito à exclusão da base de cálculo do ICMS da taxa cobrada pelas administradoras de cartão de crédito.

c) o lucro; *(Incluído pela Emenda Constitucional nº 20, de 1998)*

5. CSLL.

5.1. Conceito de lucro. O conceito constitucional de lucro leva em consideração o Direito infraconstitucional vigente à época da promulgação da CF, incluindo-se aqui a Lei das Sociedades por Ações (Lei 6.404/76), a qual prevê, no art. 187, que a *demonstração do resultado do exercício* discriminará, entre outras rubricas, o lucro operacional, o resultado do exercício antes do IR e o lucro líquido. A CSLL tem por base de incidência o *valor do resultado do exercício, antes da provisão para o IR* (art. 2º da Lei 7.689, de 15.12.1988). A lei considera o resultado do período-base encerrado em 31 de dezembro de cada ano. O *resultado do período-base*, que deve ser apurado conforme a legislação comercial, *deverá ser ajustado* pela: 1 – adição do resultado negativo da avaliação de investimentos pelo valor de patrimônio líquido; 2 – adição do valor de reserva de reavaliação, baixada durante o período-base, cuja contrapartida não tenha sido computada no resultado do período-base; 3 – adição do valor das provisões não dedutíveis da determinação do lucro real, exceto a provisão para o Imposto de Renda; 4 – exclusão do resultado positivo da avaliação de investimentos pelo valor de patrimônio líquido; 5 – exclusão dos lucros e dividendos derivados de participações societárias em pessoas jurídicas domiciliadas no Brasil que tenham sido computados como receita; 6 – exclusão do valor, corrigido monetariamente, das provisões adicionadas na forma do item 3, que tenham sido baixadas no curso de período-base (art. 2º, § 1º, "c", da Lei 7.689, de 15.12.1988).

5.2. CSLL e IRPJ. Dupla incidência sobre o lucro. Sobre o lucro das empresas, há uma dupla incidência, considerada tanto a CSLL como o IRPJ. A CF, no art. 154, I, dispõe que a União possui competência para instituir "impostos não previstos" na CF, desde que sejam não cumulativos e não tenham fato gerador ou base de cálculo próprios dos discriminados na CF. Em outras palavras, a CF traz a vedação para a incidência de um eventual novo imposto sobre uma base econômica já explorada por outro imposto já previsto na CF. O art. 195, § 4º, estatui que a lei poderá instituir a cobrança de outras contribuições voltadas para a seguridade social, desde que obedecido o disposto no art. 154, I. Dito de outra forma, não poderá ser criada nova contribuição com a mesma base de incidência já utilizada por outra contribuição de seguridade social. Contudo, tanto a compreensão isolada como a compreensão conjugada desses dispositivos não impedem que se legitime a dupla incidência, no caso, sobre o lucro das empresas, considerando que não se trata de dois impostos ou de duas contribuições sobre a mesma base, mas sim de um imposto e de uma contribuição. Questionou-se, à época do julgamento da constitucionalidade da CSLL, se a contribuição não era, em verdade, um adicional ao IR. A pretensão foi afastada, restando afirmado, no acórdão, que "(...) não há, na Constituição, nenhuma norma que vede a incidência dupla de imposto e contribuição sobre o mesmo fato gerador, nem que proíba tenham os dois tributos a mesma base de cálculo" (RE 146.733/SP, rel. Min. Moreira Alves, Pleno, j. 29.06.1992).

II – do trabalhador e dos demais segurados da previdência social, não incidindo contribuição sobre aposentadoria e pensão concedidas pelo regime geral de previdência social; *(Redação dada pela Emenda Constitucional nº 20, de 1998)*

6. Contribuição do trabalhador. Regime geral de previdência social. O Regime Geral de Previdência Social (RGPS), vinculado ao antigo Instituto Nacional da Seguridade Social (INSS), é o regime previdenciário aplicável a todos os trabalhadores e contribuintes individuais facultativos que não sejam servidores públicos, dado que estes possuem regime próprio de previdência social. A Lei 8.212/91 dispõe sobre o financiamento da seguridade social, prevendo as respectivas receitas, inclusive aquelas oriundas das contribuições sociais. A Lei 8.213/91 dispõe sobre os planos de benefícios da Previdência Social. O art. 12 da Lei 8.212/91 prevê os segurados obrigatórios da Previdência Social, entre eles (i) o empregado, (ii) o empregado doméstico, (iii) o contribuinte individual, (iv) o trabalhador avulso, (v) o segurado especial (rural, que explore, individualmente ou em regime de economia familiar, atividade agropecuária, de seringueiro ou extrativista vegetal ou de pescador artesanal). Na prática, todo aquele que estiver exercendo alguma atividade econômica, inclusive como profissional autônomo, deve contribuir para a Previdência Social. Excepcionalmente, o produtor, o parceiro, o meeiro e o arrendatário rurais e o pescador artesanal, bem como os respectivos cônjuges, que exerçam suas atividades em regime de economia familiar, sem empregados permanentes, contribuirão de forma especial, mediante a aplicação de uma alíquota sobre o resultado da comercialização da produção (§ 8°, art. 195). A EC 20/98 também trouxe a imunidade da contribuição sobre as aposentadorias e pensões concedidas pelo RGPS de que trata o art. 201 da CF. A base de incidência da contribuição é a remuneração decorrente do trabalho ou da atividade econômica desenvolvida. Não integram a base de incidência as verbas indenizatórias, como o auxílio-creche (Súmula 310 STJ: "O auxílio-creche não integra o salário-de-contribuição"). Quanto ao 13° salário, o STF consolidou seu entendimento na Súmula 688, no sentido de que "é legítima a incidência da contribuição previdenciária sobre o 13° salário". A partir de 1°.03.2020, a tabela de contribuição dos segurados (empregado, empregado doméstico e trabalhador avulso), para pagamento de remuneração, prevê alíquotas progressivas, para fins de recolhimento ao INSS, que vão de 7,5% a 14% (Portaria SEPRT 3.659, de 10.02.2020).

III – sobre a receita de concursos de prognósticos.

7. Contribuição sobre receita de concursos de prognósticos. Concursos de prognósticos são concursos com base em sorteios, tais como as loterias, as apostas, os bingos e as raspadinhas. A definição consta do art. 26, § 1°, da Lei 8.212/91. O sujeito passivo da contribuição é aquele que aufere a receita do concurso, não podendo ser o apostador. Na prática, o contribuinte deve ser o administrador do concurso. Caso haja exploração dessa atividade pela União, não haverá receita tributária propriamente dita, mas sim receita originária de natureza comercial, com destinação à seguridade social. Caso haja exploração direta pelos Estados, incidirá a contribuição sobre a receita dos concursos por eles administrados. Todavia, os recursos relativos à contribuição são receitas dos Estados destinados à seguridade social, devendo constar dos respectivos orçamentos, não integrando o orçamento da União (§ 1°, art. 195). Aqui não há que se falar em imunidade tributária recíproca, visto que esta é válida para os impostos sobre o patrimônio, a renda e os serviços dos entes federativos e suas autarquias e fundações públicas (art. 150, VI, "a", e §§ 2° e 3°, CF).

IV – do importador de bens ou serviços do exterior, ou de quem a lei a ele equiparar. ***(Incluído pela Emenda Constitucional nº 42, de 19.12.2003)***

8. Contribuições do importador de bens ou serviços. A EC 42/2003 ampliou a competência da União para tributar, via contribuição de seguridade social, a importação de bens ou serviços do exterior, elegendo como contribuinte o importador ou quem a lei a ele equiparar. A EC 42/2003 terminou por agravar a tributação sobre a importação de bens ou serviços do exterior, legitimando a cobrança de mais um tributo na importação, ao lado daqueles que já incidiam anteriormente: II, IPI-Importação, ICMS-Importação ou ISS (desde a LC 116/2003). Foi a Lei 10.865/04 que instituiu a COFINS-Importação e o PIS/PASEP-Importação, regulando a novel tributação sobre a importação. Fato gerador é a entrada de bens estrangeiros no território nacional ou o pagamento, o crédito, a entrega, o emprego ou a remessa de valores a residente ou domiciliados no exterior como contraprestação por serviço prestado (art. 3°). Considera-se ocorrido o fato gerador: "I – na data do registro da declaração de importação de bens submetidos a despacho para consumo; II – no dia do lançamento do correspondente crédito tributário, quando se tratar de bens constantes de manifesto ou de outras declarações de efeito equivalente, cujo extravio ou avaria for apurado pela autoridade aduaneira; III – na data do vencimento do prazo de permanência dos bens em recinto alfandegado, se iniciado o respectivo despacho aduaneiro antes de aplicada a pena de perdimento, na situação prevista pelo art. 18 da Lei nº 9.779, de 19 de janeiro de 1999" (art. 4º). São contribuintes: "I – o importador, assim considerada a pessoa física ou jurídica que promova a entrada de bens estrangeiros no território nacional; II – a pessoa física ou jurídica contratante de serviços de residente ou domiciliado no exterior; e III – o beneficiário do serviço, na hipótese em que o contratante também seja residente ou domiciliado no exterior" (art. 5º). São equiparados ao importador o destinatário de remessa postal internacional indicado pelo respectivo remetente e o adquirente de mercadoria entrepostada (§ único, art. 5º).

8.1. Base de cálculo. Valor aduaneiro. A Lei 10.865/04 previa, no art. 7º, I, que a base de cálculo do PIS e da COFINS incidentes sobre a importação deveria ser o valor que servir ou que serviria de base para o cálculo do II, acrescido do valor do ICMS incidente no desembaraço aduaneiro e do valor das próprias contribuições, na hipótese do inc. I do art. 3º da lei. Em outras palavras, estabeleceu uma nova fórmula de cálculo do valor aduaneiro, somando o valor do ICMS. A legitimidade da criação desses dois novos tributos deve ser compreendida de forma sistêmica, à luz do § 2º, III, "a", do art. 149, acrescido pela EC 33/2001, que autoriza que as contribuições sociais e de intervenção econômica "poderão ter alíquotas: a) *ad valorem*, tendo por base o faturamento, a receita bruta ou o valor da operação e, no caso de importação, o valor aduaneiro". Assim, a CF é clara ao dispor que, no caso de importação, o valor aduaneiro será a base de incidência. Ao fazê-lo, a CF considerou, inequivocamente, o conceito ou sentido já existente para a expressão "valor aduaneiro" pela legislação do II, quando indica sua base de cálculo. Como bem sustentou o Min. Marco Aurélio, no RE 166.772, que "o conteúdo político de uma Constituição não é conducente ao desprezo do sentido vernacular das palavras, muito menos ao do técnico" (RE 166.772/RS, rel. Min. Marco Aurélio, Pleno, j. 12.05.1994). Em reforço à consideração ao sentido e ao conceito preexistente das expressões jurídicas, o art. 110 do CTN não permite que a lei tributária altere a definição, o conteúdo e o alcance dos institutos, conceitos e formas de Direito privado. Ao tempo da EC 33/2001, o art. 2º do DL 37/66, com a redação dada pelo DL 2.472/88, dispunha que a base de cálculo do II, quando a alíquota fosse *ad valorem*, era "o valor aduaneiro apurado segundo as normas do art. 7º do GATT". Quando o STF se pronunciou sobre a base de cálculo do PIS e da COFINS incidentes na importação, vigorava o Dec. 6.759/09 (Regulamento Aduaneiro), que dispunha sobre o valor aduaneiro, prevendo que o integram: (i) o custo do transporte até o porto ou aeroporto; (ii) os gastos relativos à carga, à descarga e ao manuseio, associados ao transporte da mercadoria importada, até chegar ao porto, aeroporto ou ponto de fronteira alfandegado; (iii) o custo do seguro da mercadoria. O valor aduaneiro corresponde ao preço CIF (*cost, insurance and freight*), e não ao preço FOB (*free on board*). O STF, ao decidir sobre a base de cálculo alargada trazida pela Lei 10.865/04, asseverou, com propriedade, que o legislador desconsiderou a necessária observância ao sentido preexistente de *valor aduaneiro*, já utilizado pela legislação do II, extrapolando a norma do art. 149, § 2º, III, "a", da CF (RE 559.937/RS, rel. Min. Ellen Gracie, rel. p/ ac. Min. Dias Toffoli, Pleno, j. 20.03.2013). Com acerto, declarou a inconstitucionalidade de parte do art. 7º, I, da Lei 10.865/04, no que toca à parte que acresce o valor do ICMS incidente no desembaraço aduaneiro e do valor das próprias contribuições, por violação ao art. 149, § 2º, III, "a", da CF.

8.2. Majoração da alíquota em um ponto percentual. Aproveitamento integral dos créditos. O STF negou provimento ao recurso extraordinário do contribuinte, decidindo a controvérsia posta no Tema 1047 e fixando a seguinte tese de repercussão geral: "I – É constitucional o adicional de alíquota da Cofins-Importação previsto no § 21 do artigo 8º da Lei nº 10.865/2004. II – A vedação ao aproveitamento do crédito oriundo do adicional de alíquota, prevista no artigo 15, § 1º-A, da Lei nº 10.865/2004, com a redação dada pela Lei 13.137/2015, respeita o princípio constitucional da não cumulatividade". O adicional de 1% da COFINS-Importação, direcionado a determinados setores da economia, prescinde de lei complementar, na linha do que decidido no RE 559.937/RS, com repercussão geral reconhecida. Entendeu a Corte Suprema, por maioria, que "não cabe ao Poder Judiciário interferir na escolha de quais créditos devem ser abatidos no regime não cumulativo da COFINS-Importação, bem como se o aproveitamento deve ser integral ou parcial, uma vez que a Constituição Federal não estabeleceu os critérios norteadores da não cumulatividade para tal contribuição" (RE 1.178.310/PR, rel. Min. Marco Aurélio, Pleno, j. 16.09.2020).

§ 1º As receitas dos Estados, do Distrito Federal e dos Municípios destinadas à seguridade social constarão dos respectivos orçamentos, não integrando o orçamento da União.

§ 2º A proposta de orçamento da seguridade social será elaborada de forma integrada pelos órgãos responsáveis pela saúde, previdência social e assistência social, tendo em vista as metas e prioridades estabelecidas na lei de diretrizes orçamentárias, assegurada a cada área a gestão de seus recursos.

9. Orçamento da seguridade social. O orçamento da seguridade social é destacado na previsão constitucional sobre a lei orçamentária anual (art. 165, § 5º, CF). As contribuições sociais de seguridade social não só possuem finalidade e destinação específicas como também ganham autonomia e destaque no seu respectivo orçamento constante da lei orçamentária anual.

§ 3º A pessoa jurídica em débito com o sistema da seguridade social, como estabelecido em lei, não poderá contratar com o Poder Público nem dele receber benefícios ou incentivos fiscais ou creditícios.

10. Empresa com débitos. Restrições com o Poder Público. O dispositivo é claro ao vedar a pessoa jurídica em débito com a seguridade social de contratar com o Poder Público e de receber dele benefícios fiscais ou creditícios. Observe-se que o texto não se refere à pessoa jurídica "devedora" ou "devedora contumaz", mas unicamente à pessoa jurídica "em débito". Isso significa que, pela redação da norma, basta qualquer débito vinculado ao CNPJ da pessoa jurídica para lhe gerar uma restrição à possibilidade de participar de licitações e receber benefícios fiscais ou creditícios. Nunca se olvide que muitas empresas apenas conseguem manter suas operações e a contratação dos seus empregados se continuarem a contratar com o Poder Público ou dele conseguirem determinado benefício fiscal. O efeito dessa lógica desproporcional é a chamada *coerção indireta* ou *coerção política*, que termina por obrigar o contribuinte a pagar ou parcelar o débito em aberto, sob pena de não obter certidão de regularidade fiscal e não mais contratar com o Poder Público ou não mais receber incentivos fiscais. A postura do Poder Público é *desproporcional*, porque provoca uma restrição desmedida na liberdade econômica do contribuinte, colocando em risco a manutenção da sua atividade e dos empregos diretos e indiretos gerados, sem falar na continuidade do próprio recolhimento dos demais tributos. Além disso, há outras medidas mais adequadas ao atingimento da finalidade buscada e menos gravosas aos direitos fundamentais afetados na esfera do contribuinte, notadamente a execução fiscal, cujo procedimento e regras processuais específicas já trazem uma série de garantias e privilégios ao Estado na busca pela satisfação do seu crédito. O STF possui entendimento favorável, ao menos em parte, ao contribuinte, mas que está cada vez mais em desuso. A Súmula 70 do STF preceitua que "é inadmissível a interdição de estabelecimento como meio coercitivo para cobrança de tributo". A Súmula 323 do STF prevê ser "inadmissível a apreensão de mercadorias como meio coercitivo para pagamento de tributos". E a Súmula 547 do STF dispõe que "não é lícito à autoridade proibir que o contribuinte em débito adquira estampilhas, despache mercadorias nas alfândegas e exerça suas atividades profissionais". Na prática, o entendimento incorporado nessas súmulas não tem sido aplicado em favor dos contribuintes enquadrados como "devedores contumazes", sob o argumento de que eles sistematicamente não recolhem seus tributos. Assim, não apenas lesam o Estado mas também geram uma concorrência desleal no mercado em que atuam, em detrimento dos seus concorrentes que pagam regularmente seus tributos. Entretanto, mesmo na hipótese dos devedores "esporádicos" ou "eventuais", não raras vezes, eles são levados a aderir, às pressas, a algum programa de parcelamento, para poder obter certidão de regularidade fiscal, ou ingressar em juízo, depositando o valor integral e em dinheiro do débito apontado pelo Poder Público, suspendendo a exigibilidade do crédito tributário.

§ 4º A lei poderá instituir outras fontes destinadas a garantir a manutenção ou expansão da seguridade social, obedecido o disposto no art. 154, I.

11. Competência residual. Contribuições de seguridade social. A CF prevê competência residual para a União instituir outras contribuições de seguridade social, diversas das que já estão previstas no art. 195. No entanto, a competência da União está vinculada ao atendimento dos pressupostos de criação insculpidos no art. 154, I, da CF, a saber: (i) deverá ser mediante lei complementar; (ii) devem ser não cumulativos; (iii) não ter fato gerador ou base de cálculo próprios das contribuições já discriminadas na CF. Fica nítida a dificuldade que terá o legislador para criar eventual nova contribuição de seguridade social, visto que ela demandará quórum qualificado de aprovação (lei complementar) e terá de ser materialmente diferente das contribuições securitárias já existentes. O STF declarou a inconstitucionalidade dos dispositivos da Lei 8.870/94, que haviam criado contribuição social sobre o valor estimado da produção agrícola própria, considerado o seu preço de mercado, em violação à regra da legalidade qualificada (ADI 1.103, rel. p/ ac. Min. Maurício Corrêa, Pleno, j. 12.1996). Novamente, vale destacar que a cobrança dúplice da CSLL e do IRPJ não encerra uma superposição vedada pela CF. Isso porque a CSLL não fora criada no exercício da competência residual da União, mas no exercício da competência privativa da União, e porque não há vedação na CF à incidência dupla de imposto e contribuição sobre o mesmo fato gerador ou a mesma base de cálculo (RE 146.733, rel. Min. Moreira Alves, Pleno, j. 06.1992). Além disso, o STF não vislumbrou problema na superposição de contribuições sobre a folha, desde que tenham finalidades diversas (ADC 3, rel. Min. Nelson Jobim, Pleno, j. 12.1999). É o caso da superposição da contribuição patronal sobre a folha e a contribuição para o salário-educação. A primeira tem por finalidade o custeio da seguridade social; a segunda, o financiamento do ensino fundamental.

§ 5º Nenhum benefício ou serviço da seguridade social poderá ser criado, majorado ou estendido sem a correspondente fonte de custeio total.

12. Equilíbrio entre receita e despesa. Todo benefício e serviço no âmbito da seguridade social deve ser planejado e executado com a correspondente fonte de custeio. Além disso, como é da natureza das contribuições possuir finalidade e destinação específicas, toda e qualquer fonte de custeio deve estar suficientemente justificada na sua finalidade constitucionalmente ancorada. O STF bem advertiu que não se pode desvirtuar a natureza das contribuições de seguridade social, tornando-as instrumentos de custeio de despesas ordinárias do Estado, com as despesas de pessoal, as quais devem ser custeadas ordinariamente com a receita dos impostos (ADI 2.010 MC, rel. Min. Celso de Mello, Pleno, j. 09.1999).

§ 6º As contribuições sociais de que trata este artigo só poderão ser exigidas após decorridos noventa dias da data da publicação

da lei que as houver instituído ou modificado, não se lhes aplicando o disposto no art. 150, III, b.

13. Anterioridade nonagesimal. As contribuições sociais de seguridade social estão sujeitas ao prazo de noventa dias, entre a publicação da lei que as instituiu ou aumentou e o início da sua incidência. Exige-se a chamada anterioridade nonagesimal, não se aplicando a anterioridade de exercício. Trata-se de regra, não de princípio, que excepciona a aplicação cumulativa das regras da anterioridade de exercício e da anterioridade nonagesimal, que é a aplicação ordinária para os tributos. O início do prazo de contagem dos noventa dias pode se dar a partir da edição da primeira medida provisória, quando esta fixar o seu início (PET 2.698 AgR, rel. Min. Carlos Velloso, 2ª Turma, j. 08.2002). Nesse caso, a regra do art. 62, § 2º, da CF é aplicável às contribuições.

§ 7º São isentas de contribuição para a seguridade social as entidades beneficentes de assistência social que atendam às exigências estabelecidas em lei.

14. Imunidade às contribuições de seguridade social. A imunidade ancorada no § 7º amplia a desoneração já trazida às entidades beneficentes de assistência social quanto aos impostos (art. 150, VI, "c", CF), de modo que elas ficam imunes a estes e às contribuições de seguridade social. A reserva à lei é reserva de lei complementar, conforme foi exposto nos comentários ao art. 150, VI, "c", anteriormente. A lei ordinária pode definir "aspectos meramente procedimentais referentes à certificação, fiscalização e controle administrativo" das entidades de assistência social (ADI 2.028, rel. p/ o ac. Min. Rosa Weber, Pleno, j. 02.03.2017). Os requisitos previstos no art. 55 da Lei 8.212/91, ao revelarem condições prévias ao exercício do direito à imunidade ancorada no § 7º do art. 195, extrapolam os requisitos previstos no art. 14 do CTN, violando o art. 146, II, da CF (RE 566.622, rel. Min. Marco Aurélio, Pleno, j. 23.02.2017, Tema 32. *Vide* RE 636.941, rel. Min. Luiz Fux, Pleno, j. 13.02.2014, Tema 432). Portanto, os requisitos substanciais à fruição da imunidade, enquanto não editada nova lei complementar sobre a matéria, são somente aqueles ancorados no art. 14 do CTN. Por outro lado, a exigência de renovação do Certificado de Entidade Beneficente de

Assistência Social (CEBAS) é legítima, pois inexiste direito adquirido a regime jurídico, não havendo direito à imunidade por prazo indeterminado (RMS 27.093, rel. Min. Eros Grau, 2ª Turma, j. 02.09.2008 = RMS 27.300, rel. Min. Cármen Lúcia, 1ª Turma, j. 25.10.2011). A imunidade em questão abrange também as entidades assistenciais voltadas à educação, visto que elas concretizam o direito social fundamental à educação. A expressão "instituições de assistência social e educação" do art. 150, VI, "c", aplica-se por analogia à expressão "entidades beneficentes de assistência social" do art. 195, § 7º (RE 636.941, rel. Min. Luiz Fux, Pleno, j. 02.2014, Tema 432 da Repercussão Geral). *Entidade de assistência social* é aquela que atua em áreas voltadas para a realização de um ou mais dos objetivos insculpidos no art. 203 da CF: I – proteção à família, à maternidade, à infância, à adolescência e à velhice; II – amparo às crianças e aos adolescentes carentes; III – promoção da integração ao mercado de trabalho; IV – habilitação e reabilitação das pessoas portadoras de deficiência e a promoção de sua integração à vida comunitária; V – garantia de um salário mínimo de benefício mensal à pessoa portadora de deficiência e ao idoso que comprovem não possuir meios de prover a própria manutenção ou de tê-la provida por sua família, conforme dispuser a lei. A vinculação aos objetivos do art. 203 da CF não exclui o caráter assistencial das entidades voltadas à promoção de um ou mais dos direitos sociais fundamentais previstos no art. 6º da CF. De todo modo, em uma ou outra situação, é pressuposto que a atuação seja sem fins lucrativos, sob pena de denotar capacidade contributiva e ser sujeita à tributação, conforme a atividade desenvolvida. Quando se tratar de entidades filantrópicas, pressupõe-se que elas prestem serviços gratuitos, ao menos em parte dentro das suas atividades assistenciais. Por exemplo, o STJ já reconheceu a constitucionalidade da exigência de emissão e renovação periódica do CEBAS, vinculada à aplicação de 20% da receita bruta em gratuidade (STJ, MS 11.348, rel. Min. Eliana Calmon, 1 Seção, j. 09.2007).

§ 8º O produtor, o parceiro, o meeiro e o arrendatário rurais e o pescador artesanal, bem como os respectivos cônjuges, que exerçam suas atividades em regime de economia familiar, sem empregados permanentes, contribuirão para a seguridade social mediante a aplicação de uma alíquota sobre o resultado da comercialização da produção e farão jus aos benefícios nos termos da lei. ***(Redação dada pela EC n. 20/1998)***

15. Contribuição do segurado em regime de economia familiar. A CF prevê uma contribuição diferenciada para o produtor, o parceiro, o meeiro e o arrendatário rurais e o pescador artesanal, bem como dos respectivos cônjuges, na situação em que exerçam atividades econômicas ou laborais em regime de economia familiar e sem empregados permanentes. Nessa hipótese, a contribuição para a seguridade social dar-se-á mediante a aplicação de uma alíquota sobre o resultado da comercialização da produção resultante da sua atividade, e os benefícios previdenciários e assistenciais ocorrerão nos termos da lei. O § 1º do art. 12 da Lei 8.212/91 dispõe que se entende como *regime de economia familiar* "a atividade em que o trabalho dos membros da família é indispensável à própria subsistência e ao desenvolvimento socioeconômico do núcleo familiar e é exercido em condições de mútua dependência e colaboração, sem a utilização de empregados permanentes" (redação dada pela Lei 11.718/2008). São também chamados de "segurados especiais" e contribuem não sobre suas remunerações, mas sim sobre a receita bruta da comercialização da sua produção rural. Obviamente, quando a materialidade dessa contribuição pressupõe a comercialização da produção, ou seja, a transferência da propriedade a título oneroso, conclui-se que a contribuição não pode incidir sobre o simples retorno de crias submetidas a processo de engorda à empresa, dado que esse deslocamento não caracteriza comercialização (nesse sentido, STJ, REsp 489.156, rel. Min. Luiz Fux, 1ª Turma, j. 09.2003). A contribuição é devida pelos sujeitos previstos no dispositivo, não abarcando o empregador rural pessoa física. A Lei 8.212/91 havia sujeitado também o empregador rural pessoa física a essa contribuição, mas o STF afastou a exigência (RE 363.852, rel. Min. Marco Aurélio, Pleno, j. 02.2010). A Corte Suprema decidiu que é absolutamente legítima a contribuição do segurado especial, tendo por base a receita bruta proveniente da comercialização da sua produção, fixando a seguinte tese: "É constitucional, formal e materialmente, a contribuição social do segurado especial prevista no art. 25 da Lei 8.212/1991" (RE 761.263/SC, rel. Min. Alexandre de Moraes, Pleno, j. 15.04.2020).

§ 9º As contribuições sociais previstas no inciso I do caput deste artigo poderão ter alíquotas diferenciadas em razão da atividade econômica, da utilização intensiva de mão de obra, do porte da empresa ou da condição estrutural do mercado de trabalho,

sendo também autorizada a adoção de bases de cálculo diferenciadas apenas no caso das alíneas "b" e "c" do inciso I do *caput*. *(Redação dada pela Emenda Constitucional nº 103, de 2019)*

16. Contribuições patronais. Critérios quantitativos. A redação anterior do dispositivo, conferida pela EC 47/2005, previa a possibilidade de as contribuições sociais do inc. I do *caput* do art. 195 terem "alíquotas ou bases de cálculo diferenciadas, em razão da atividade econômica, da utilização intensiva de mão-de-obra, do porte da empresa ou da condição estrutural do mercado de trabalho". A atual redação, trazida pela EC 103/2019, prevê, para as contribuições sociais do inc. I do *caput* do art. 195, a possibilidade de terem *apenas alíquotas* diferenciadas em razão da atividade econômica, da utilização intensiva de mão de obra, do porte da empresa ou da condição estrutural do mercado de trabalho. A *segunda parte* do novo dispositivo prevê que também será autorizada a adoção de *bases de cálculo* diferenciadas *apenas no caso das alíneas "b" e "c"* do inc. I do *caput* do art. 195. Trata-se da possibilidade da adoção de bases de cálculo diferenciadas nos casos da contribuição social sobre a receita ou o faturamento (COFINS) e da contribuição social sobre o lucro (CSLL). A EC 20/98 havia inserido os critérios da (i) atividade econômica desenvolvida e (ii) o grau de utilização da mão de obra. A EC 47/05 trouxe mais dois critérios adicionais: (i) o porte da empresa e (ii) a condição estrutural do mercado de trabalho. No âmbito das *instituições financeiras* e das entidades legalmente equiparáveis a elas, a imposição de uma alíquota diferenciada em relação às contribuições sobre o faturamento ou a receita, superior à aplicável às demais pessoas jurídicas (levando-se em conta o regime comum da contribuição), foi declarada constitucional pelo STF (RE 656.089, rel. Min. Dias Toffoli, Pleno, j. 06.06.2018, Tema 515). A Corte Suprema bem destacou que (i) o art. 195, § 9º, da CF autoriza, em relação às contribuições sociais previstas no art. 195, I, (o que inclui a COFINS), alíquotas diferenciadas em razão da atividade econômica desenvolvida pelo contribuinte. O faturamento ou a receita podem ser utilizados como signos presuntivos de riqueza. No caso concreto, o art. 18 da Lei 10.684/03 estava condizente com a justiça tributária e com a equidade na forma de participação no custeio da seguridade social e com a diversidade de sua base de financiamento. No âmbito da COFINS, é razoável e proporcional que contribuintes com maior capacidade contributiva contribuam mais para a seguridade social. O STF entendeu também pela constitucionalidade da alíquota adicional de 2,5%, estabelecida pelo § 2° do art. 3° da Lei 7.787/89, incidente sobre a folha de salários de bancos e entidades assemelhadas (RE 599.309, rel. Min. Ricardo Lewandowski, Pleno, j. 06.06.2018, Tema 470).

17. CSLL. Alíquota específica para empresas financeiras e equiparadas. As contribuições sociais de seguridade social poderão ter alíquotas ou bases de cálculo diferenciadas, em razão da atividade econômica, da utilização intensiva de mão de obra, do porte da empresa ou da condição estrutural do mercado de trabalho. As alíquotas diferenciadas da CSLL para instituições financeiras e entidades assemelhadas (Lei 11.727/2008, fruto de conversão da MP 413/2007, modificada pela MP 675/2015, convertida na Lei 13.169/2015), não ofendem o Texto Constitucional. Como bem afirmou a Corte Suprema, "tributar de maneira diferenciada o lucro do segmento financeiro nada mais é do que escolher o signo representativo daquele segmento econômico para ser objeto de incidência da tributação" (ADI 4.101/DF, rel. Min. Luiz Fux, Pleno, j. 16.06.2020). O STF já declarou a constitucionalidade de alíquotas diferenciadas para instituições financeiras em diversos julgados: ARE 1.113.061-AgR, rel. Min. Dias Toffoli, Segunda Turma, DJe 15.06.2018; ARE 949.005-AgR, rel. Min. Roberto Barroso, Primeira Turma, DJe 28.09.2016; ADI 2.898, rel. Min. Dias Toffoli, DJe 03.12.2018.

§ 10. A lei definirá os critérios de transferência de recursos para o sistema único de saúde e ações de assistência social da União para os Estados, o Distrito Federal e os Municípios, e dos Estados para os Municípios, observada a respectiva contrapartida de recursos. *(Incluído pela Emenda Constitucional nº 20, de 1998)*

§ 11. São vedados a moratória e o parcelamento em prazo superior a 60 (sessenta) meses e, na forma de lei complementar, a remissão e a anistia das contribuições sociais de que tratam a alínea "a" do inciso I e o inciso II do *caput*. *(Redação dada pela Emenda Constitucional nº 103, de 2019)*

18. Vedações. Moratória, parcelamento, remissão e anistia. Na redação anterior, inserida pela EC 20/98, era vedada a concessão de remissão ou anistia das contribuições sociais de que tratam os incs. I, "a", e II do art. 195, para débitos em montante superior ao fixado em lei complementar. A atual redação é trazida pela EC 103/2019, que inseriu a vedação à concessão de *moratória e parcelamento* em *prazo superior a 60 meses*, mantendo a vedação à remissão e à anistia das contribuições do inc. I, "a", e do inc. II do art. 195. No que toca ao parcelamento, a EC 103/2019 inova no contexto histórico das concessões sucessivas e periódicas de programas de parcelamentos extraordinários ou especiais, sobretudo no âmbito federal, cujo prazo de concessão já atingiu 180 meses. A nova regra constitucional limita o parcelamento a 60 meses. Da forma como a nova redação foi trazida para o texto constitucional, a limitação temporal ao parcelamento vale de maneira geral e abrangente para todas as contribuições sociais para o custeio da seguridade social. Isso porque a restrição trazida para a contribuição patronal sobre as remunerações pagas (art. 195, I, "a") e a contribuição do segurado (art. 195, II) se aplica às hipóteses de *remissão e anistia*, na forma da lei complementar.

§ 12. A lei definirá os setores de atividade econômica para os quais as contribuições incidentes na forma dos incisos I, b; e IV do *caput*, serão não-cumulativas. *(Incluído pela Emenda Constitucional nº 42, de 19.12.2003)*

19. COFINS e COFINS-Importação. Não cumulatividade. Quando a CF estatui que "a lei definirá", o sentido do texto é mandamental, isto é, o legislador deverá estabelecer quais são os setores de atividade econômica para os quais a COFINS e a COFINS-Importação serão não cumulativas. A ordem resulta, na prática, em uma decisão legislativa discriminatória, entre setores onde haverá a não cumulatividade e setores onde não haverá a não cumulatividade. Essa discriminação somente pode ocorrer com base no critério de diferenciação do setor de atividade econômica, nenhum outro, dada a previsão expressa para apenas esse critério. A Lei 10.833/03, que regulou a não cumulatividade da COFINS, ao separar as pessoas jurídicas sujeitas a um e ao outro regime (cumulativo e não cumulativo), o fez com base no regime de tributação e com fundamento em outros critérios. Por exemplo, as pessoas jurídicas tributadas pelo IR com base no lucro presumido ou arbitrado permanecem sujeitas à tributação pela COFINS segundo as normas vigentes anteriormente à lei da não cumulatividade. Em outras palavras, o art. 10 restringiu a não cumulatividade a certas pessoas jurídicas tributadas com base no lucro real, excluindo expressamente as pessoas jurídicas tributadas de acordo com o lucro presumido ou arbitrado. Enquanto a sujeição ao regime do lucro presumido, que implica submissão ao regime cumulativo, for opcional, não há violação ao art. 150, II, da CF (RE 559.937/RS, rel. p/ ac. Min. Dias Toffoli, Pleno, j. 20.03.2013). Dessa forma, não se admitir o creditamento senão no âmbito do regime não cumulativo do PIS e da COFINS não ofende a isonomia.

19.1. Não cumulatividade. Medida Provisória 135/2003. Lei 10.833/2003. Legalidade. O STF, por maioria, entendeu que a majoração da alíquota de 3% para 7,6%, para as empresas optantes pelo lucro real foi realizada juntamente com a instituição da não cumulatividade e o direito ao aproveitamento de créditos (o art. 3º da Lei 10.833/2003), fixando a seguinte tese de repercussão geral (Tema 34): "É constitucional a previsão em lei ordinária que introduz a sistemática da não-cumulatividade à COFINS dado que observa os princípios da legalidade, isonomia, capacidade contributiva global e não confisco" (RE 570.122/RS, rel. Min. Marco Aurélio, Pleno, j. 02.09.2020).

19.2. Ativo imobilizado. Creditamento. Limitação. Lei 10.865/2004. O STF desproveu recurso extraordinário da União, entendendo, nos termos do voto do relator e por maioria, que "surge inconstitucional, por ofensa aos princípios da não cumulatividade e da isonomia, o artigo 31, cabeça, da Lei 10.865/2004, no que vedou o creditamento da contribuição para o PIS e da COFINS, relativamente ao ativo imobilizado adquirido até 30 de abril de 2004" (RE 599.316/SC, rel. Min. Marco Aurélio, Pleno, j. 29.06.2020). Pontuou o Min. Marco Aurélio que o Constituinte não deixou a critério do legislador o delineamento do regime não cumulativo das contribuições (art. 195, § 12): "estabelecidos os segmentos de atividade econômica, cumpre ao legislador observar o princípio da não cumulatividade, viabilizando a compensação sempre que gravada pelos tributos a operação precedente. (...) Ao simplesmente vedar o creditamento em relação aos encargos de depreciação e amortização de bens do ativo imobilizado, afrontou o legislador a não cumulatividade, incorrendo em vício de inconstitucionalidade material".

19.3. Empresas prestadoras de serviços. Manutenção na sistemática cumulativa. Critério de discrímen. Isonomia. Ausência de afronta. O STF entendeu que "a manutenção das pessoas jurídicas que apuram o IRPJ com base no lucro presumido ou arbitrado na sistemática cumulativa (Lei nº 9.718/98) e a inclusão automática daquelas obrigadas a apurar o IRPJ com base no lucro real no regime da não cumulatividade, por si sós, não afrontam a isonomia ou mesmo a capacidade contributiva". Por maioria, apreciando o tema nº 337 da repercussão geral, fixou a seguinte tese: "Não obstante as Leis nº 10.637/02 e 10.833/03 estejam em processo de inconstitucionalização, ainda é constitucional o modelo legal de coexistência dos regimes cumulativo e não cumulativo na apuração do PIS/Cofins das empresas prestadoras de serviços" (RE 607.642/RJ, rel. Min. Dias Toffoli, Pleno, j. 29.06.2020).

19.4. Não cumulatividade. Isonomia e razoabilidade. Direito a creditamento. PIS. COFINS. Regimes cumulativo e não cumulativo. Transição. De regra, não cabe ao Poder Judiciário interferir no mérito de políticas fiscais, equiparando contribuintes por meio da uniformização de alíquotas (Princípio da Isonomia), uma vez que não dispõe tipicamente de função legislativa. Julgando o Tema 179 da sistemática da repercussão geral, a Corte Suprema decidiu que "em relação às contribuições ao PIS/COFINS, não viola o princípio da não cumulatividade a impossibilidade de creditamento de despesas ocorridas no sistema cumulativo, pois os créditos são presumidos e o direito ao desconto somente surge com as despesas incorridas em momento posterior ao início da vigência do regime não-cumulativo" (RE 587.108/RS, rel. Min. Edson Fachin, Pleno, j. 29.06.2020).

§ 13. ***(Revogado). (Redação dada pela Emenda Constitucional nº 103, de 2019) (Revogado pela Emenda Constitucional nº 103, de 2019)***

§ 14. O segurado somente terá reconhecida como tempo de contribuição ao Regime Geral de Previdência Social a competência cuja contribuição seja igual ou superior à contribuição mínima mensal exigida para sua categoria, assegurado o agrupamento de contribuições. ***(Incluído pela Emenda Constitucional nº 103, de 2019)***

Capítulo III
Da Educação, da Cultura e do Desporto

Seção I
Da Educação

(...)

Art. 212. A União aplicará, anualmente, nunca menos de dezoito, e os Estados, o Distrito Federal e os Municípios vinte e cinco por cento, no mínimo, da receita resultante de impostos, compreendida a proveniente de transferências, na manutenção e desenvolvimento do ensino.

(...)

§ 5º A educação básica pública terá como fonte adicional de financiamento a contribuição social do salário-educação, recolhida pelas empresas na forma da lei. *(Redação dada pela Emenda Constitucional nº 53, de 2006)*

1. Contribuição social do salário-educação. A contribuição social denominada de *salário-educação* possui como finalidade específica a educação básica pública, que possui essa contribuição como fonte adicional para o seu custeio. Em 1999, o STF julgou o salário-educação, à luz da Lei 9.424/96, tendo decidido pela sua constitucionalidade (ADC 3, rel. Min. Nelson Jobim, Pleno, j. 12.1999). A vedação do art. 154, I, da CF não atinge essa contribuição, somente impostos. Para a Corte Suprema, restou claro que não se tratava de mais uma contribuição para a seguridade social, mas sim para o financiamento do ensino fundamental. Em 2001, o Pleno do STF confirmou que a CF acolheu o salário-educação, prevendo-o de forma expressa e conferindo-lhe caráter tributário, por sujeitá-lo à norma do art. 149 da CF (RE 290.079, rel. Min. Ilmar Galvão, Pleno, j. 10.2001). A contribuição é recolhida pelas *empresas*, o que indica sua sujeição passiva. O termo *empresa* é inequívoco e remete ao conceito de empresário, insculpido no art. 966 do CC: "considera-se empresário quem exerce profissionalmente atividade econômica organizada para a produção ou a circulação de bens ou de serviços. Parágrafo único. Não se considera empresário quem exerce profissão intelectual, de natureza científica, literária ou artística, ainda com o concurso de auxiliares ou colaboradores, salvo se o exercício da profissão constituir elemento de empresa". Ou seja, empresa é a atividade econômica organizada e desenvolvida pelo empresário, com intuito lucrativo. Uma associação desportiva, sem fins lucrativos, não pode ser enquadrada no conceito de empresa e, portanto, não pode ser contribuinte da contribuição ao salário-educação, ao contrário do que decidiu o STJ (REsp. 1.162.307, rel. Min. Luiz Fux, 1ª Seção, j. 11.2010, representativo de controvérsia).

(...)

§ 6º As cotas estaduais e municipais da arrecadação da contribuição social do salário-educação serão distribuídas proporcionalmente ao número de alunos matriculados na educação básica nas respectivas redes públicas de ensino.

(...)

Título IX

Das Disposições Constitucionais Gerais

(...)

Art. 239. **A arrecadação decorrente das contribuições para o Programa de Integração Social, criado pela Lei Complementar nº 7, de 7 de setembro de 1970, e para o Programa de Formação do Patrimônio do Servidor Público, criado pela Lei Complementar nº 8, de 3 de dezembro de 1970, passa, a partir da promulgação desta Constituição, a financiar, nos termos que a lei dispuser, o programa do seguro-desemprego, outras ações da previdência social e o abono de que trata o § 3º deste artigo.** ***(Redação dada pela Emenda Constitucional nº 103, de 2019)***

§ 1º Dos recursos mencionados no caput, no mínimo 28% (vinte e oito por cento) serão destinados para o financiamento de programas de desenvolvimento econômico, por meio do Banco Nacional de Desenvolvimento Econômico e Social, com critérios de remuneração que preservem o seu valor. ***(Redação dada pela Emenda Constitucional nº 103, de 2019)***

§ 2º Os patrimônios acumulados do Programa de Integração Social e do Programa de Formação do Patrimônio do Servidor Público são preservados, mantendo-se os critérios de saque nas situações previstas nas leis específicas, com exceção da retirada por motivo de casamento, ficando vedada a distribuição da arrecadação de que trata o "caput" deste artigo, para depósito nas contas individuais dos participantes.

§ 3º Aos empregados que percebam de empregadores que contribuem para o Programa de Integração Social ou para o Programa de Formação do Patrimônio do Servidor Público, até dois

salários mínimos de remuneração mensal, é assegurado o pagamento de um salário mínimo anual, computado neste valor o rendimento das contas individuais, no caso daqueles que já participavam dos referidos programas, até a data da promulgação desta Constituição.

§ 4º O financiamento do seguro-desemprego receberá uma contribuição adicional da empresa cujo índice de rotatividade da força de trabalho superar o índice médio da rotatividade do setor, na forma estabelecida por lei.

§ 5º Os programas de desenvolvimento econômico financiados na forma do § 1º e seus resultados serão anualmente avaliados e divulgados em meio de comunicação social eletrônico e apresentados em reunião da comissão mista permanente de que trata o § 1º do art. 166. *(Incluído pela Emenda Constitucional nº 103, de 2019)*

1. Contribuições para o PIS/PASEP. As contribuições para o PIS e para o PASEP foram recepcionadas expressamente no art. 239 da CF. Até a EC 103/2019, a arrecadação era destinada ao financiamento do (i) seguro-desemprego e (ii) do abono anual previsto no § 3º do art. 239. A EC 103/2019 incluiu "*outras ações da previdência social*" como destino possível da arrecadação dessas contribuições. A EC 103/2019 também alterou o § 1º do art. 239, modificando o percentual dos recursos, a serem destinados para o financiamento de programas de desenvolvimento econômico, por meio do Banco Nacional de Desenvolvimento Econômico e Social (BNDES), de 40% para 28%. Por fim, a EC 103/2019 também incluiu o § 5º ao art. 239, cujo texto prevê que "os programas de desenvolvimento econômico financiados na forma do § 1º e seus resultados serão anualmente avaliados e divulgados em meio de comunicação social eletrônico e apresentados em reunião da comissão mista permanente de que trata o § 1º do art. 166". As contribuições para o PIS e para o PASEP podem ser disciplinadas por lei ordinária (ADI 1.417, rel. Min. Octavio Gallotti, Pleno, j. 08.1999), visto que a regra do art. 146, III, "a", da CF incide apenas sobre os impostos discriminados na CF. O STF qualificou a contribuição ao PIS como contribuição de seguridade social, de modo que à lei que a institui se aplica a anterioridade nonagesimal (art. 195, § 6º, CF) (RE 568.503, rel. Min. Carmen Lúcia, Pleno, j. 02.2014, Tema 278 da Repercussão Geral). A Corte afastou ainda a suposta inconstitucionalidade das alterações introduzidas pela Lei 9.715/98, legitimando a majoração da contribuição para o PIS mediante a edição de medida provisória (RE 511.581 AgR, rel. Min. Eros Grau, 2ª Turma, j. 24.06.2008 = AI 623.157 AgR, rel. Min. Cezar Peluso, 2ª Turma, j. 25.08.2009). A imunidade prevista no art. 195, § 7º, da CF aplica-se igualmente à contribuição ao PIS. O STF entende que a tutela imunizante do art. 150, VI, "c", referente às instituições de assistência social e educação, aplica-se, por analogia, à expressão "entidades beneficentes de assistência social", do art. 195, § 7º, da CF (RE 636.941/RS, rel. Min. Luiz Fux, Pleno, j. 13.02.2014). Após o advento da CF, foram criados o PIS/PASEP não cumulativo (Lei 10.637/02) e o PIS/PASEP-Importação (Lei 10.865/04). O § 4º do art. 239 estabelece uma contribuição adicional da empresa, voltada para o financiamento do seguro-desemprego. Trata-se de um valor adicional às contribuições para o PIS e para o PASEP, cobrado da empresa com índice de rotatividade da força de trabalho que superar o índice médio da rotatividade do setor, na forma estabelecida em lei.

Art. 240. Ficam ressalvadas do disposto no art. 195 as atuais contribuições compulsórias dos empregadores sobre a folha de salários, destinadas às entidades privadas de serviço social e de formação profissional vinculadas ao sistema sindical.

1. Contribuições às entidades de serviço social (Sistema "S"). Do texto do *caput* do art. 240, extrai-se a norma constitucional de competência para a cobrança das contribuições às entidades privadas de serviço social e de formação profissional, vinculadas ao sistema sindical, já existentes à época da promulgação da CF. Trata-se da recepção das contribuições do âmbito comercial (SESC e SENAC) e do âmbito industrial (SESI e SENAI). Essas entidades são de Direito privado e sem fins lucrativos, voltadas para a assistência, o ensino e o aperfeiçoamento da mão de obra dos trabalhadores vinculados à sua respectiva área (comercial ou industrial), com vistas a fornecer ao mercado uma força de trabalho mais qualificada e preparada. Possuem uma atuação de interesse público, mas são autônomas com relação à administração pública. As contribuições arrecadadas sob a sua rubrica são destinadas ao custeio das suas atividades sociais. O Tribunal Pleno já decidiu que os serviços sociais autônomos (Sistema

"S") são pessoas jurídicas de direito privado, não integrantes da administração pública, e que, "quando o produto das contribuições ingressa nos cofres dos serviços sociais autônomos, perde o caráter de recurso público" (ACO 1.953 AgR, rel. Min. Ricardo Lewandowski, Pleno, j. 18.12.2013). A contribuição ao Serviço Nacional de Aprendizagem do Cooperativismo (SESCOOP), em que pese não esteja prevista no art. 240 da CF, pode ser validamente cobrada. A reserva de lei complementar do art. 195, § 4º, aplica-se apenas às novas fontes de custeio da seguridade social, hipótese diversa da contribuição ao SESCOOP. O STF vislumbrou o caráter de contribuição de intervenção no domínio econômico dessa contribuição, visto que integra a ordem econômica constitucional o estímulo ao cooperativismo (art. 174, § 2º), não se configurando como nova contribuição social de seguridade social (ADI 1.924 MC, rel. p/ o ac. Min. Joaquim Barbosa, Pleno, j. 20.05.2009). A contribuição ao SEBRAE foi enquadrada como contribuição de intervenção no domínio econômico pelo STF, embora seja referida pela lei como adicional às alíquotas das contribuições sociais gerais destinadas ao SESI, SENAI, SESC e SENAC (RE 396.266/SC, rel. Min. Carlos Velloso, Pleno, j. 26.11.2003). A contribuição ao SEBRAE não se inclui no art. 240 da CF. A base de cálculo das contribuições ao Sistema "S" é a *folha de salários*, e os contribuintes são os *empregadores*. Embora o SESC e o SENAC estejam ligados ao *comércio*, o STJ possui *entendimento* de que "as empresas prestadoras de serviços estão sujeitas às contribuições ao SESC e SENAC, salvo se integradas noutro serviço social" (Súmula STJ 499). O entendimento enquadra as sociedades prestadoras de serviços inadequadamente no conceito de sociedades empresárias, violando o conceito de empresa apreendido no art. 966 do CC. Além disso, obriga as prestadoras de serviços a contribuir ao serviço social do comércio, para a formação e o aperfeiçoamento dos trabalhadores ligados ao comércio, área diversa daquela em que atuam. Por exemplo, um escritório de advocacia não possui qualquer interesse na contratação de um colaborador altamente capacitado para o comércio varejista, muito menos se beneficiará da formação ou do aperfeiçoamento que ele receberá do SESC ou do SENAC. Considerando a tipologia tributária em questão, a cobrança somente pode ser legítima à luz da relação de pertinência ao grupo: apenas aqueles que pertencem ao grupo e que são beneficiados com os serviços prestados e custeados com a contribuição podem ser chamados a contribuir com a exação, sob pena de transmudar o tributo na feição de um imposto, cobrado em caráter universal.

ATO DAS DISPOSIÇÕES CONSTITUCIONAIS TRANSITÓRIAS

Art. 41. Os Poderes Executivos da União, dos Estados, do Distrito Federal e dos Municípios reavaliarão todos os incentivos fiscais de natureza setorial ora em vigor, propondo aos Poderes Legislativos respectivos as medidas cabíveis.

§ 1º Considerar-se-ão revogados após dois anos, a partir da data da promulgação da Constituição, os incentivos que não forem confirmados por lei.

§ 2º A revogação não prejudicará os direitos que já tiverem sido adquiridos, àquela data, em relação a incentivos concedidos sob condição e com prazo certo.

§ 3º Os incentivos concedidos por convênio entre Estados, celebrados nos termos do art. 23, § 6º, da Constituição de 1967, com a redação da Emenda Constitucional nº 1, de 17 de outubro de 1969, também deverão ser reavaliados e reconfirmados nos prazos deste artigo.

1. Revogação dos incentivos fiscais setoriais passados. Por ocasião da entrada em vigor da nova ordem constitucional em 1988, o Constituinte ordenou aos Poderes Executivos dos entes da Federação que reavaliassem todos os incentivos fiscais setoriais concedidos até então e em vigor, exigindo sua confirmação por lei, sob pena de serem considerados revogados após dois anos da data da promulgação da CF. Essa regra mandamental de reavaliação dos incentivos em vigor deve ser lida de forma sistêmica com outros dispositivos constitucionais, os quais tratam de questões envolvendo incentivos ou benefícios fiscais. Nesse sentido, o art. 151, I, ao mesmo tempo que veda à União instituir tributo que não seja uniforme em todo o território nacional ou que implique distinção ou preferência em relação a Estado, ao DF ou a Município, em detrimento de outro, admite a concessão de incentivos fiscais regionais, voltados para promover o equilíbrio do desenvolvimento socioeconômico entre as diferentes regiões do País. A preocupação constitucional com esse objetivo é expressa na ordem constitucional inaugurada em 1988, inclusive no âmbito da concessão dos incentivos fiscais. O caso paradigmático da revogação de um incentivo fiscal anterior, não confirmado por lei superveniente no prazo de dois anos, após a publicação da CF, é o caso do crédito-prêmio de IPI, que foi um incentivo fiscal setorial. Ele deixou de vigorar em 5 de outubro de 1990, por força da não confirmação por lei superveniente (RE 561.485, rel. Min. Ricardo Lewandowski, Pleno,

j. 08.2009). O art. 41 do ADCT compreende todas as espécies de incentivos fiscais, o que inclui as isenções (RE 280.294, rel. Min. Carlos Velloso, 2ª Turma, j. 14.05.2002). O § 2º prevê que a revogação não poderá prejudicar os direitos adquiridos à época, em relação a incentivos concedidos (i) sob condição e (ii) com prazo certo. O STF decidiu que essa ressalva somente se aplica aos casos em que houvesse incentivo setorial "com encargo oneroso e suportado pelo beneficiário da isenção" (AI 258.338 AgR, rel. Min. Gilmar Mendes, 2ª Turma, j. 31.08.2010).

Art. 74. A União poderá instituir contribuição provisória sobre movimentação ou transmissão de valores e de créditos e direitos de natureza financeira. *(Incluído pela Emenda Constitucional nº 12, de 1996)*

§ 1º A alíquota da contribuição de que trata este artigo não excederá a vinte e cinco centésimos por cento, facultado ao Poder Executivo reduzi-la ou restabelecê-la, total ou parcialmente, nas condições e limites fixados em lei. *(Incluído pela Emenda Constitucional nº 12, de 1996)*

§ 2º A contribuição de que trata este artigo não se aplica o disposto nos arts. 153, § 5º, e 154, I, da Constituição. *(Incluído pela Emenda Constitucional nº 12, de 1996)*

§ 3º O produto da arrecadação da contribuição de que trata este artigo será destinado integralmente ao Fundo Nacional de Saúde, para financiamento das ações e serviços de saúde. *(Incluído pela Emenda Constitucional nº 12, de 1996)*

§ 4º A contribuição de que trata este artigo terá sua exigibilidade subordinada ao disposto no art. 195, § 6º, da Constituição, e não poderá ser cobrada por prazo superior a dois anos. *(Incluído pela Emenda Constitucional nº 12, de 1996)*

Art. 75. É prorrogada, por trinta e seis meses, a cobrança da contribuição provisória sobre movimentação ou transmissão de valores e de créditos e direitos de natureza financeira de que trata o art. 74, instituída pela Lei nº 9.311, de 24 de outubro de 1996 , modificada pela Lei nº 9.539, de 12 de dezembro de 1997, cuja vigência é também prorrogada por idêntico prazo. *(Incluído pela Emenda Constitucional nº 21, de 1999)*

§ 1º Observado o disposto no § 6º do art. 195 da Constituição Federal, a alíquota da contribuição será de trinta e oito centésimos por cento, nos primeiros doze meses, e de trinta centésimos, nos meses subsequentes, facultado ao Poder Executivo reduzi-la total ou parcialmente, nos limites aqui definidos. ***(Incluído pela Emenda Constitucional nº 21, de 1999)***

§ 2º O resultado do aumento da arrecadação, decorrente da alteração da alíquota, nos exercícios financeiros de 1999, 2000 e 2001, será destinado ao custeio da previdência social. ***(Incluído pela Emenda Constitucional nº 21, de 1999)***

§ 3º É a União autorizada a emitir títulos da dívida pública interna, cujos recursos serão destinados ao custeio da saúde e da previdência social, em montante equivalente ao produto da arrecadação da contribuição, prevista e não realizada em 1999. ***(Incluído pela Emenda Constitucional nº 21, de 1999)*** **(Vide ADIN nº 2.031-5)**

1. CPMF. A Contribuição Provisória sobre Movimentação ou Transmissão de Valores e de Créditos e Direitos de Natureza Financeira (CPMF) foi introduzida pela Lei 9.311/96, tendo sido cobrada até 31 de dezembro de 2007 (EC 42/2003). Considerava-se movimentação ou transmissão de valores e créditos e direitos de natureza financeira qualquer operação liquidada ou lançamento realizado por instituição financeira, bancos e caixas econômicas, que representasse circulação escritural ou física de moeda, e de que resultasse ou não transferência da titularidade dos mesmos valores, créditos e direitos. A contribuição incidia sobre diferentes modalidades de depósitos, empréstimos, pagamentos e sobre o lançamento e qualquer outra forma de movimentação ou transmissão tanto de valores quanto de créditos e direitos de natureza financeira. A alíquota era de trinta e oito centésimos por cento. O produto da arrecadação da contribuição era destinado ao Fundo Nacional de Saúde, para financiamento das ações e serviços de saúde, ao custeio da Previdência Social e ao Fundo de Combate e Erradicação da Pobreza.

1.1. Eficiência fiscal x justiça tributária. O argumento econômico da *eficiência*, que gravita em torno da CPMF, pode seduzir inadvertidamente. A eficiência, como princípio, tem sua origem na Ciência das Finanças e se traduz em um ideal a ser buscado pelo legislador e pelo administrador fiscal, especialmente por meio da *simplificação* da legislação tributária e da *redução* *das despesas* da administração fiscal. Enquanto a eficiência da tributação é um fim, a simplificação da legislação tributária é um dos meios para se alcançar esse fim. Um tributo como a CPMF, olhado apenas sob o viés da eficiência, é inquestionavelmente eficiente para a arrecadação tributária. Incide, de regra, sobre qualquer forma de movimentação ou transmissão de valores e de créditos e direitos de natureza financeira: depósitos, empréstimos, pagamentos e lançamentos diversos, de que resulte ou não transferência da titularidade deles. Em outras palavras: valor que foi depositado ou que passou pela conta bancária sujeitou-se à CPMF. Em que pese a alíquota seja baixa, seu potencial arrecadatório é enorme, dado que aumenta exponencialmente com o número de contas bancárias no País e com os diferentes lançamentos que são nelas efetuados diariamente. Sob essa perspectiva, essa forma de tributação realiza, ao menos em parte, a justiça distributiva, quando divide, entre todos os correntistas no País, uma parte significativa do ônus do financiamento solidário da saúde pública, da Previdência Social e do combate à pobreza. No entanto, o argumento econômico da eficiência deve ser ponderado com os princípios constitucionais que norteiam a política fiscal, notadamente com o princípio da tributação isonômica com base na capacidade contributiva. Esse princípio se estrutura sobre o fundamento maior de que a tributação deve incidir sobre as possibilidades econômicas do cidadão, manifestadas tecnicamente mediante a renda, em três momentos possíveis: sobre a renda auferida, sobre a renda acumulada (propriedade) e sobre a renda despendida (consumo). A renda é o indicador de riqueza por excelência e que, nessa condição, melhor se adequa à tributação. Tanto que a CF prevê como princípio fundamental de todo o Sistema Tributário Nacional o princípio da capacidade contributiva, segundo o qual, "sempre que possível, os impostos terão caráter pessoal e serão graduados segundo a capacidade econômica do contribuinte". Essa capacidade econômica é manifestada por meio da renda do cidadão, seja quando ele a recebe, seja quando ele a acumula ou a consome. Esse pensamento não é novo: está presente em Adam Smith (*Wealth of Nations*, Livro V, Capítulo II, Ponto II, p. 350), na Declaração dos Direitos do Homem e do Cidadão (art. 13) e na Constituição de Weimar (art. 134). Um tributo como a CPMF ignora toda a lógica da tributação sobre a capacidade contributiva. De regra, não questiona a origem dos valores, dos créditos e dos direitos de natureza financeira, limitando-se, indiscriminadamente, a incidir sobre "tudo o que vê pela frente". Em princípio, pode vir a ser uma técnica de tributação razoavelmente eficiente, que alcança inclusive a renda do tráfico de drogas e valores objeto de lavagem de dinheiro. A OCDE (Organização para a Cooperação e o Desenvolvimento Econômico) já publicou um relatório denominado *Tax Morale – What Drives People and Businesses to Pay Tax?* (Disponível em: http://www.oecd.org/tax/tax-morale-f3d8ea10-en.htm?utm_source=Adestra&utm_medium=email&utm_content=Read%20more&utm_campaign=Tax%20News%20Alert%2011-09-2019&utm_term=demo. Acesso em 16.09.2019). A Organização ressalta, entre outras conclusões, que a *moral tributária* deve ser compreendida a partir de relações dinâmicas entre confiança, facilitação e cumprimento da lei. A confiança deve ser alcançada por meio de um sistema tributário visto como *justo, equitativo e previsível*, o que inclui *transparência, clareza e facilidade* no cumprimento da lei tributária. Além disso, uma administração fiscal mais orientada para atender e servir ao cidadão, em vez de ser voltada unicamente para fazer cumprir a lei tributária, auxiliou as autoridades fiscais na Suécia a aumentar a confiança dos cidadãos no governo, a moral tributária e consequentemente o *compliance* fiscal.

Art. 76. São desvinculados de órgão, fundo ou despesa, até 31 de dezembro de 2023, 30% (trinta por cento) da arrecadação da União relativa às contribuições sociais, sem prejuízo do pagamento das despesas do Regime Geral da Previdência Social, às contribuições de intervenção no domínio econômico e às taxas, já instituídas ou que vierem a ser criadas até a referida data. *(Redação dada pela Emenda constitucional nº 93, de 2016)*

§ 1º (Revogado). *(Redação dada pela Emenda constitucional nº 93, de 2016)* Produção de efeitos

§ 2º Excetua-se da desvinculação de que trata o caput a arrecadação da contribuição social do salário-educação a que se refere o § 5º do art. 212 da Constituição Federal. *(Redação dada pela Emenda Constitucional nº 68, de 2011).*

§ 3º (Revogado). *(Redação dada pela Emenda constitucional nº 93, de 2016)* Produção de efeitos

§ 4º A desvinculação de que trata o *caput* não se aplica às receitas das contribuições sociais destinadas ao custeio da seguridade social. *(Incluído pela Emenda Constitucional nº 103, de 2019)*

Art. 76-A. São desvinculados de órgão, fundo ou despesa, até 31 de dezembro de 2023, 30% (trinta por cento) das receitas dos

Estados e do Distrito Federal relativas a impostos, taxas e multas, já instituídos ou que vierem a ser criados até a referida data, seus adicionais e respectivos acréscimos legais, e outras receitas correntes. *(Incluído dada pela Emenda constitucional nº 93, de 2016)* Produção de efeitos

Parágrafo único. Excetuam-se da desvinculação de que trata o caput: *(Incluído dada pela Emenda constitucional nº 93, de 2016)* Produção de efeitos

I – recursos destinados ao financiamento das ações e serviços públicos de saúde e à manutenção e desenvolvimento do ensino de que tratam, respectivamente, os incisos II e III do § 2º do art. 198 e o art. 212 da Constituição Federal; *(Incluído dada pela Emenda constitucional nº 93, de 2016)* Produção de efeitos

II – receitas que pertencem aos Municípios decorrentes de transferências previstas na Constituição Federal; *(Incluído dada pela Emenda constitucional nº 93, de 2016)* Produção de efeitos

III – receitas de contribuições previdenciárias e de assistência à saúde dos servidores; *(Incluído dada pela Emenda constitucional nº 93, de 2016)* Produção de efeitos

IV – demais transferências obrigatórias e voluntárias entre entes da Federação com destinação especificada em lei; *(Incluído dada pela Emenda constitucional nº 93, de 2016)* Produção de efeitos

V – fundos instituídos pelo Poder Judiciário, pelos Tribunais de Contas, pelo Ministério Público, pelas Defensorias Públicas e pelas Procuradorias-Gerais dos Estados e do Distrito Federal. *(Incluído dada pela Emenda constitucional nº 93, de 2016)* Produção de efeitos

Art. 76-B. São desvinculados de órgão, fundo ou despesa, até 31 de dezembro de 2023, 30% (trinta por cento) das receitas dos Municípios relativas a impostos, taxas e multas, já instituídos ou que vierem a ser criados até a referida data, seus adicionais e respectivos acréscimos legais, e outras receitas correntes. *(Incluído dada pela Emenda constitucional nº 93, de 2016)* Produção de efeitos

Parágrafo único. Excetuam-se da desvinculação de que trata o caput: *(Incluído dada pela Emenda constitucional nº 93, de 2016)* Produção de efeitos

I – recursos destinados ao financiamento das ações e serviços públicos de saúde e à manutenção e desenvolvimento do ensino de que tratam, respectivamente, os incisos II e III do § 2º do art. 198 e o art. 212 da Constituição Federal; *(Incluído dada pela Emenda constitucional nº 93, de 2016)* Produção de efeitos

II – receitas de contribuições previdenciárias e de assistência à saúde dos servidores; *(Incluído dada pela Emenda constitucional nº 93, de 2016)* Produção de efeitos

III – transferências obrigatórias e voluntárias entre entes da Federação com destinação especificada em lei; *(Incluído dada pela Emenda constitucional nº 93, de 2016)* Produção de efeitos

IV – fundos instituídos pelo Tribunal de Contas do Município. *(Incluído dada pela Emenda constitucional nº 93, de 2016)* Produção de efeitos

1. Desvinculação de receitas. No ano de 2000, a EC 27/2000 institui a desvinculação de receitas da União (DRU), prevendo, originalmente, 20% dos recursos dos impostos e das contribuições sociais federais. A atual redação do art. 76 do ADCT, dada pela EC 93/2016, desvincula de órgão, fundo ou despesa, até 31 de dezembro de 2023, 30% da arrecadação da União relativa às contribuições sociais, às contribuições de intervenção no domínio econômico e às taxas, já instituídas ou que vierem a ser criadas até a referida data. Excetua-se da desvinculação a arrecadação da contribuição social do salário-educação (§ 2º). A desvinculação não se aplica às receitas das contribuições sociais destinadas ao custeio da seguridade social (§ 4º, incluído pela EC 103/2019). A desvinculação confere maior liberdade ao Poder Executivo para a aplicação dos recursos envolvidos. O STF, em 2009, decidiu que "não é inconstitucional a desvinculação de parte da arrecadação de contribuição social, levada a efeito por emenda constitucional" (RE 537.610, rel. Min. Cezar Peluso, 2ª Turma, j. 01.12.2009). Eventual declaração de inconstitucionalidade da desvinculação parcial da receita das contribuições sociais não teria como resultado a devolução ao contribuinte do montante da desvinculação (RE 566.007, rel. Min. Cármen Lúcia, Pleno, j. 13.11.2014, Tema 277). Isso porque, na visão da Suprema Corte, não se trataria de tributação inconstitucional ou ilegal, única hipótese que legitimaria a repetição do indébito tributário. A desvinculação parcial da receita não transmuda a natureza das contribuições sociais e de intervenção no domínio econômico em impostos, na visão da 1ª Turma do STF (RE 793.564 AgR, rel. Min. Marco Aurélio, 1ª Turma, j. 12.08.2014). A EC 93/2016 incluiu a desvinculação de 30% de impostos, taxas e multas nos âmbitos estadual e municipal.

Art. 88. Enquanto lei complementar não disciplinar o disposto nos incisos I e III do § 3º do art. 156 da Constituição Federal, o imposto a que se refere o inciso III do caput do mesmo artigo: ***(Incluído pela Emenda Constitucional nº 37, de 2002)***

I – terá alíquota mínima de dois por cento, exceto para os serviços a que se referem os itens 32, 33 e 34 da Lista de Serviços anexa ao Decreto-Lei nº 406, de 31 de dezembro de 1968; ***(Incluído pela Emenda Constitucional nº 37, de 2002)***

II – não será objeto de concessão de isenções, incentivos e benefícios fiscais, que resulte, direta ou indiretamente, na redução da alíquota mínima estabelecida no inciso I. ***(Incluído pela Emenda Constitucional nº 37, de 2002)***

1. ISS. Alíquota mínima. A LC 157/2016 estabeleceu a alíquota mínima de 2% ao ISS. Assim, a vigência do art. 88 do ADCT pode ser considerada como encerrada.

Diagramação eletrônica:
Linotec Fotocomposição e Fotolito Ltda., CNPJ 60.442.175/0001-80
Impressão e encadernação:
DEK Comércio e Serviços Ltda., CNPJ 01.036.332/0001-99